KB002865

지적소송실무

서보형

地籍

法 文 社

머 리 말

"한국국토정보공사가 도해측량을 전담한다는 법 조항이 어디 있나요?"

내가 이 책을 쓰기로 결심한 것은 지인의 위 질문 때문이었다.

지적(地籍)과 이를 규율하는 제도는 용어도 어렵거니와 기술적인 사항이 많아 일반인들이 이해하기가 어렵다. 특히 지적 관련 용어들은 일제강점기 시대에 만들어진 일본식 한자를 그대로 쓰고 있기 때문이기도 하다.

이 점은 지적 업무에 종사하는 지적공무원, 지적측량수행자들에게도 마찬가지이다.

나는 대한지적공사 시절부터 사내변호사로서 지적 관련 소송을 해왔으나, 소송 수행에 도움이 되는 문헌 등을 찾으려고 해도 이 부분은 워낙 독보적인 분야라서 그런지 제대로 길라잡이가 될 자료가 없었다. 종종 지적측량 판례집, 지적법령 서적, 논문 등이 눈에 띄긴 했으나 판례들을 범주로 묶어 나열하거나, 법령의 조문들 위주로 설명하거나, 또는 쟁점들을 제시한 것에 불과하였다.

그리하여 내가 대한지적공사 시절부터 사내변호사로서 지적 관련 소송을 해오면서 직접 수행하거나 찾았던 자료들을 바탕으로 책을 쓰기로 결심하였다.

이 책은 지적과 관련하여 법적 관심을 가지고 있는 사람들, 무엇보다도 지적인들 그리고 법조인들에게 지적과 관련한 법적 문제 전반을 이해시키고, 소송에서 어떠한 점들이 쟁점이 되고 있는가를 상세하게 설명하였다.

내용은 지적의 이해, 지적 소송의 형식 및 관할, 피고, 손해배상청구소송, 지적 업무 관련 형사 분쟁, 기타 지적 관련 법적 문제 등의 장으로 구성되어 있다.

특히 지적의 이해 부분에 많은 내용을 할애하여, 지적의 의의, 지적측량의 의의, 지적측량 적부심사, 등록사항정정, 지적재조사, 지적측량수행자의 변천, 지적관계 법령 및 행정규칙 등 항목별로 자세하게 설명하면서 관련 법적 쟁점들을 충실하게 설명하였다. 어느 분야나 마찬가지이겠지만, 지적 소송도 결국은 해당 분야에 대한 깊은 이해가 밑바탕이 되어야 하기 때문이다.

또한 지적 업무와 관련하여 가장 많은 소송 형태는 손해배상청구소송이므로, 해당 장에 손해배상책임의 요건, 손해액의 산정, 소멸시효, 부제소특약 등의 항목을 나누어 상세한 설명을 하였다.

더불어 마지막 장에서는 지적 업무와 관련이 되는 실무상의 법적 문제들을 확정판결에 의한 분할, 점유취득시효, 분묘기지권, 개인 소유 토지가 도로로 이용되는 경우의 법적 문제, 맹지의 통행로 이용을 위한 권리, 지적측량 위한 토지출입 방해에 대한 법적 대응, 감정측량, 이해관계인의 범위, 농지개혁법에 따른 농지 소유권의 귀속, 금양임야 및 묘토 등의 항목으로 나누어 실무적인 쟁점을 설명하였다.

이로써 지적과 관련된 법적 쟁점에 관하여는 이 책에서 모두 망라하여 다루고 있다고 감히 자부해 본다.

이 책을 집필하면서는 설명의 근거로서 일반 서적이나 논문에서는 찾아볼 수 없는 하급심 판결을 포함한 최신의 판례, 헌법재판소 결정례, 행정규칙, 주무기관의 유권해석 등 다양한 자료들을 풍부하게 인용하였다. 또한 기존의 다른 지적 관련 서적과는 달리 일제강점기 토지조사사업 당시부터의 지적업무에 대한 법적 근거 및 관련 문서 등을 세세히 들어 설명하였다.

스티븐 호킹의 『시간의 역사』 제1장에는 다음과 같은 에피소드가 소개되어 있다.

유명한 과학자가 천문학에 관하여 강연을 하였다. 그는 지구가 태양 주위를 돌고 또 태양이 은하계 중심을 도는 방식을 설명하고 있었다. 강연 마지막에 한 중년 여자가 일어나서 말했다. "당신이 말한 건 쓰레기요. 세상은 거대한 거북이 등에 떠받쳐져 있는 납작한 접시라오." 과학자는 미소를 지으면서 대답했다. "그러면 거북이는 무엇 위에 서 있는 거죠?." "영리하

군, 젊은이, 아주 영리해." 그 중년 여자가 말했다. "아래로 계속 거북이들
이 받치고 있는 거지!"

그 여자가 말한 거북이들이 기만의 거북이인지 무지의 거북이인지는 모
르겠다. 나는 이 에피소드를 자신이 틀렸다는 것을 아는 사람은 진실을 부
정하는 논리를 일부러 만들어 내려 하고, 자신이 틀렸다는 것을 모르는 사
람은 그에 부합하는 논리만 생각해낸다는 것(심리학에서는 확증편향이라고
한다)에 대한 예시라고 생각한다. 나의 경험으로는 소송에서는 어느 쪽이든
지 그러한 사례들이 부지기수로 발생하고 있는 것 같다.

그래서 법조인들은 객관적이고 공정한 논리에 기하여 판단할 수 있는
미덕을 가져야 하고, 그만큼 그러한 판단을 하기가 힘든 것 같다. 특히 생
소하고 특별한 분야에서는 판단의 기준이 될 수 있는 지침이 있으면 좋겠다
고 생각하는 것은 누구나 마찬가지일 것이다.

모쪼록 이 책이 지적측량을 수행하거나 지적 업무에 따른 민원을 해결
하려는 측량자와 지적공무원, 지적 소송을 진행하는 법조인, 그리고 지적측
량 성과에 관심을 가지는 토지소유자 등에게 실무에서 중요한 지침서로 쓰
일 것을 기대한다.

맨 위의 질문에 대한 답은 제1장 제2절에 있는 지적측량의 분류 부분에
서 찾아보시기 바란다.

이 책을 지금의 내가 있게 만들어주신 아버님, 어머님, 형제들, 그리고
사랑하는 아내에게 바친다.

2021년 7월
서 보 형

추 천 사

흔히들 지적 제도는 세지적(稅地籍)에서 법지적(法地籍)으로, 그리고 다목적지적으로 발전하였다고 이야기한다. 세지적이란 토지에 대한 과세를 위한 목적의 지적 제도를, 법지적이란 토지라는 재산권을 법적으로 보호하기 위한 지적 제도를, 다목적지적이란 토지와 관련된 다양한 정보를 종합적으로 제공하여 주는 지적 제도를 말한다.

일제강점기인 1910년부터 시작된 지적 제도는 당시 세지적에서 1950년 지적법 제정을 통하여 법지적으로 변하였고, 100여년이 훨씬 지난 지금 다목적지적을 향해 가고 있지만, 그동안 법지적에 걸맞다고 말할 수 있을 만큼 지적 업무의 법적 근거와 그로 인한 법적 분쟁 사례를 충실하게 설명한 책은 없었다.

다행히도 한국국토정보공사에서 사내변호사로 십수년을 근무하면서 소송 수행과 법률 자문을 맡아 하던 저자가 『지적소송실무』라는 책을 써서 이러한 갈증이 가뭄에 단비와 같이 해소되게 되었다.

한국국토정보공사와 같은 지적측량수행자는 일필지의 경계, 면적을 측량하는 업무를 수행하다보니, 인접한 경계의 소유자들 중 어느 한 쪽의 불만을 사는 경우가 많다. 민원 제기 전이나 막상 민원이 접수된 후에 법령에 근거한 업무 절차와 성과를 차근차근 설명해 주고, 유사 사례에 관한 판례를 습득하는 등 이를 해결하기 위한 기준은 꼭 필요했다.

이 책은 지적 관련 분쟁을 다루는 법조인들에게 유용한 실무서가 될 것이고, 지적측량을 수행하는 공사 직원 및 지적공무원들에게도 소중한 지침서가 될 것으로 기대한다.

김 용 하
한국국토정보사 지적사업본부장

추 천 사

지적(地籍)이라는 말은 일반인은 물론 법조인에게도 낯설게 느껴진다. 경계확인 소송이나 건물철거 소송 등에서 문제되는 경우 외에도 토지의 거래에서는 토지대장, 지적도 등 지적공부를 기준으로 거래가 이루어지므로, 지적이 무엇인지, 지적측량은 어떻게 이루어지고 지적공부는 어떻게 작성되는지 등은 소송 업무에 종사하는 변호사들뿐만 아니라 자문 업무에 종사하는 변호사들에게도 기본적으로 요구되는 전문지식이라고 할 것인데, 현실은 그렇지 못한 실정이다.

지적 업무가 전문적, 기술적인 것이기 때문이기도 하고, 우리 국민들 대부분은 지적이 문제되어 골머리를 앓는 상황에 처하게 되는 경험을 하지 않기에 일반 대중들은 물론 법조인들에게도 익숙하게 느껴지지 않기 때문인 것으로 보인다.

이에 본인을 비롯한 많은 변호사들은 토지 관련 소송을 진행하면서 측량감정이나 분할 등 실무에서 접하게 되는 용어의 생경함, 근거 법령에 대한 이해 부족으로 두려움부터 앞서게 되는데, 서보형 변호사의 이 책은 이런 걱정을 말끔히 씻어내줄 한 줄기의 서광과도 같은 자료이다.

이 책에는 지적이 무엇인지, 또 지적측량이 무엇인지, 지적측량 적부심사, 등록사항정정, 지적재조사 등은 어떤 식으로 진행되고 그와 관련된 법적 쟁점은 무엇인지, 그리고 지적법령에는 어떤 것이 있는지와 같은 지적에 관한 기본적이고도 중요한 내용들이 빠짐없이 들어있다.

뿐만 아니라 서보형 변호사의 오랜 경험과 꼼꼼한 업무처리 방식에 따라 지적 관련 소송에서 쟁점이 되는 다양한 부분에 대하여 친절하고 자세하게 설명해 놓았을 뿐만 아니라, 우리들이 접해보지 못한 하급심 판결례, 유권해석 등을 꼼꼼하게 실어놓았다.

이 책을 탐독하고 나면 적어도 지적 업무와 관련한 법률실무에서만큼은 기본적인 체계가 서 있게 될 것이라고 감히 말할 수 있을 것이다.

부동산 전반에 관한 소송실무를 경험해 보거나 부동산 관련 전문가로서 성장하고 싶은 법조인에게 필독서로서 이 책을 권한다.

김 경 호
법무법인 세종 파트너 변호사

일러두기

법 =「공간정보의 구축 및 관리 등에 관한 법률」
시행령 =「공간정보의 구축 및 관리 등에 관한 법률 시행령」
시행규칙 =「공간정보의 구축 및 관리 등에 관한 법률 시행규칙」

차 례 ⛪

제3장 피   고

제4장 손해배상청구소송

제5장　지적 업무 관련 형사 분쟁

제6장　기타 지적 업무 관련 법적 문제

1
CHAPTER

지적의 이해

제 1 절 지적의 의의

Ⅰ. 지적의 개념

1. 지적의 정의

지적(地籍, Cadastre)이란, 토지에 대하여 지번, 지목, 경계, 면적 등 일정한 사항을 국가가 지적공부에 등록하여 비치하는 기록을 말한다.[1]

2. 지   번

"지번(地番)"이란 필지에 부여하여 지적공부에 등록한 번호를 말한다 (법 제2조 제22호).

지번은 지적소관청이 부여한다(법 제66조 제1항).

---

1) 한국국토정보공사, 지적측량용어해설집 하권, 2018

지번은 아라비아숫자로 표기하되, 임야대장 및 임야도에 등록하는 토지의 지번은 숫자 앞에 "산"자를 붙인다(시행령 제56조 제1항). 지번은 본번(本番)과 부번(副番)으로 구성하되, 본번과 부번 사이에 "－" 표시로 연결한다. 이 경우 "－" 표시는 "의"라고 읽는다(시행령 제56조 제2항).

지번의 부여방법은 다음과 같다.

지번은 북서에서 남동으로 순차적으로 부여한다.

신규등록 및 등록전환2)의 경우에는 그 지번부여지역에서 인접토지의 본번에 부번을 붙여서 지번을 부여한다. 다만, 대상토지가 그 지번부여지역의 최종 지번의 토지에 인접하여 있는 경우, 대상토지가 이미 등록된 토지와 멀리 떨어져 있어서 등록된 토지의 본번에 부번을 부여하는 것이 불합리한 경우, 대상토지가 여러 필지로 되어 있는 경우에는 그 지번부여지역의 최종 본번의 다음 순번부터 본번으로 하여 순차적으로 지번을 부여할 수 있다.

분할의 경우에는 분할 후의 필지 중 1필지의 지번은 분할 전의 지번으로 하고, 나머지 필지의 지번은 본번의 최종 부번 다음 순번으로 부번을 부여한다. 이 경우 주거·사무실 등의 건축물이 있는 필지에 대해서는 분할 전의 지번을 우선하여 부여하여야 한다.

합병의 경우에는 합병 대상 지번 중 선순위의 지번을 그 지번으로 하되, 본번으로 된 지번이 있을 때에는 본번 중 선순위의 지번을 합병 후의 지번으로 한다. 이 경우 토지소유자가 합병 전의 필지에 주거·사무실 등의 건축물이 있어서 그 건축물이 위치한 지번을 합병 후의 지번으로 신청할 때에는 그 지번을 합병 후의 지번으로 부여하여야 한다.

지적확정측량3)을 실시한 지역의 각 필지에 지번을 새로 부여하는 경

---

2) 뒤에 설명하는 것처럼 임야대장 및 임야도에 등록된 토지를 토지대장 및 지적도에 옮겨 등록하는 것을 말한다.
3) 뒤에 설명하는 것처럼 개발사업으로 새로이 토지를 구획하여 지번·지목·면적·

우에는, 지적확정측량을 실시한 지역 안과 지역 밖에 있는 본번이 같은 지번과 지적확정측량을 실시한 지역의 경계에 걸쳐 있는 지번 두 가지를 제외한 본번으로 부여한다. 다만, 부여할 수 있는 종전 지번의 수가 새로 부여할 지번의 수보다 적을 때에는 블록 단위로 하나의 본번을 부여한 후 필지별로 부번을 부여하거나, 그 지번부여지역의 최종 본번 다음 순번부터 본번으로 하여 차례로 지번을 부여할 수 있다.

지번부여지역의 지번을 변경할 때, 행정구역 개편에 따라 새로 지번을 부여할 때 또는 축척변경 시행지역의 필지에 지번을 부여할 때에는 지적확정측량을 실시한 지역의 각 필지에 지번을 새로 부여하는 경우를 준용하여 지번을 부여한다(시행령 제56조 제3항).

도시개발사업 등이 준공되기 전에 사업시행자가 지번부여 신청을 하면 지번을 부여할 수 있다(시행령 제56조 제4항).

분할시 지번 부여와 관련하여, 일제강점기 토지・임야조사사업시에는 원칙적으로 분할한 토지는 모두 분할 전의 지번에 부호를 붙여 부번을 부여하였다.4) 1950년 제정된 「지적법」 제16조 제1항도 "분할한 토지

경계・좌표를 등록하기 위한 측량을 말한다.

4) 세부측도실시규정(細部測圖實施規程, 1913. 10. 5. 임시토지조사국 훈령 제18호)
　제108조 지번은 이를 붙인 후에는 분할, 합병 또는 추가를 요하는 경우 외에 지번(枝番)을 붙이거나 또는 결번으로 하지 못함
　지번(枝番)을 붙일 때에는 원지번 또는 인접지번을 「의1」이라 하고 순차 「의2」, 「의3」 등으로 할 것
　이동지정리규정(異動地整理規程, 1914. 3. 24. 임시토지조사국 훈령 제7호)
　제14조 분할지의 지번은 좌기 각호에 의하여 이를 붙일 것
　1. 구지번에 부호가 없는 것은 본번에 「의1」, 「의2」, 「의3」의 부호를 붙이어 이를 각필의 지번으로 함
　2. 구지번에 부호가 있는 것은 그 1필에는 구지번을 거치하고 다른 각필에는 본번 최종의 부호를 따라 순차 부호를 붙일 것임
　조선임야조사령시행수속(朝鮮林野調査令施行手續, 1918. 11. 26. 훈령 제59호)
　제64조 1동리의 부번을 완료한 후에 추가, 분할 또는 합병을 요하는 때는 다음 각호에 의하여 그 지번을 정리하여야 한다.
　…

에 대하여서는 분할전의 지번에 부호를 붙여서 각 토지의 지번을 정한
다"라고 규정하여, 분할된 토지들은 모두 본번을 붙이지 않고 순서대로
부번을 부여하였다. 이후 개정「지적법」(1975. 12. 31. 법률 제2801호로 개
정되어 1976. 4. 1. 시행) 제4조 제1항의 위임에 따라 같은 법 시행령
(1976. 5. 7. 대통령령 제8110호로 개정되어 같은 날 시행) 제2조 제3항은
"분할의 경우에는 분할 후의 필지 중 1필지의 지번은 분할 전의 지번으
로 하고, 나머지 필지는 분할 전의 지번의 본번에 부번을 붙여 설정한
다"라고 규정하여 토지의 분할 후 한 필지의 지번에는 본번을 그대로
유지하도록 하였으며, 현행「공간정보의 구축 및 관리 등에 관한 법률
시행령」제56조 제3항 제3호에서도 같은 내용으로 규정하고 있다.

참고로 건물의 위치(주소)는「도로명주소법」에 따라 도로명과 건물번
호로 표기하는 "도로명주소"를 사용하여야 하나, 지적공부, 등기부, 건축
물대장 등에서 권리의 객체인 토지나 건물을 표시하기 위해서는 지번을
사용하여야 함을 유의하여야 한다.

3. 지 목

"지목(地目)"이란 토지의 주된 용도에 따라 토지의 종류를 구분하여
지적공부에 등록한 것을 말한다(법 제2조 제24호).

현행 법령상 지목은 전, 답, 과수원, 목장용지, 임야, 광천지, 염전,
대, 공장용지, 학교용지, 주차장, 주유소용지, 창고용지, 도로, 철도용지,
제방, 하천, 구거, 유지(溜池), 양어장, 수도용지, 공원, 체육용지, 유원지,

---

2. 분할을 한 때에는 그 한쪽에는 종전의 지번에「의1」의 부호를 붙이고, 다른 것
   에는「의2」,「의3」부호를 붙여야 한다.
   ...
   조선지세령(朝鮮地稅令, 1943. 3. 31. 제령 제6호)
   제32조 분할한 토지는 분할 전의 지번에 부호를 붙여 각 토지의 지번을 정한다.
   합병한 토지는 합병 전의 지번 중 상위의 것을 지번으로 한다.
   특별한 사정이 있을 때는 전 2항의 규정에 불구하고 적당한 지번을 정할 수 있다.

종교용지, 사적지, 묘지, 잡종지 등 28가지로 구분되어 있다(법 제67조 제1항, 시행령 제58조).

지목의 설정방법은 필지마다 하나의 지목을 설정하고(1필지 1지목의 원칙), 1필지가 둘 이상의 용도로 활용되는 경우에는 주된 용도에 따라 지목을 설정한다(주지목 추종의 원칙). 토지가 일시적 또는 임시적인 용도로 사용될 때에는 지목을 변경하지 아니한다(시행령 제59조, 영속성의 원칙). 그리고 주된 용도의 토지의 편의를 위하여 설치된 도로·구거(溝渠, 도랑) 등의 부지, 주된 용도의 토지에 접속되거나 주된 용도의 토지로 둘러싸인 토지로서 다른 용도로 사용되고 있는 토지는 주된 용도의 토지에 편입하여 1필지로 할 수 있다. 다만, 종된 용도의 토지의 지목이 "대"(垈)인 경우와 종된 용도의 토지 면적이 주된 용도의 토지 면적의 10퍼센트를 초과하거나 330제곱미터를 초과하는 경우에는 그러하지 아니하다(시행령 제5조 제2항).

지목은 공익사업 시행시 토지보상액을 정하는 중요한 기준이 된다. 공익사업에 필요한 토지등의 취득 또는 사용으로 인한 보상액은 가격시점에 있어서의 현실적인 이용상황과 일반적인 이용방법에 의한 객관적 상황을 고려하여 산정하되, 일시적인 이용상황 등은 고려하지 않는다(「공익사업을 위한 토지 등의 취득 및 보상에 관한 법률」 제70조 제2항). 특히 「국토의 계획 및 이용에 관한 법률」 등 관계법령에 의하여 허가를 받거나 신고를 하고 형질변경을 하여야 하는 토지를 허가를 받지 아니하거나 신고를 하지 아니하고 형질변경한 토지(불법형질변경토지)에 대하여는 형질변경될 당시의 이용상황을 상정하여 평가하고(같은 법 시행규칙 제24조), 공익사업시행지구에 편입되는 농지 여부를 판단함에 있어 일시적으로 농지로 이용되고 있는 토지는 농지에서 제외한다(시행규칙 제48조 제3항 제2호). 다만 지적 실무에서는 지목을 정할 때 예를 들어 실제 이용상황은 농지, 공부상 지목은 임야인 경우 임야로 보상하여 실제 이용상황이 공부상 지목과 다르면 일률적으로 불법형질변경 토지로 처리하는 등 경직되게 제도를 운영하지 않도록, 불법형질변경 토지가 아닌 한 공부상 지목과는 무관하게 실제 이용상황을 기준으로 한 현장지목 위주로 지적 현황측량[이지목(異地目) 지적현황측량]을 수행하도록 하고 있다.[5]

　지목변경(地目變更)은 지적공부에 등록된 지목을 다른 지목으로 바꾸어 등록하는 것을 말한다(법 제2조 제33호). 지목의 변경은 사실상 형질 변경 등이 이루어진 것만으로 이루어지는 것이 아니라 지적소관청의 등록이라는 행정행위가 있어야 한다. 지목변경을 할 수 있는 경우는 「국토의 계획 및 이용에 관한 법률」 등 관계 법령에 따른 토지의 형질변경 등의 공사가 준공된 경우, 토지나 건축물의 용도가 변경된 경우, 도시개발사업 등의 원활한 추진을 위하여 사업시행자가 공사 준공 전에 토지의 합병을 신청하는 경우이다(시행령 제67조 제1항). 토지소유자는 지목변경을 할 토지가 있으면 그 사유가 발생한 날부터 60일 이내에 지적소관청에 지목변경을 신청하여야 한다(법 제81조).

　토지를 개발하여 이용하는 절차에 있어서 지목변경과 구별해야 할 개념이 형질변경이다. 형질변경(形質變更)은 절토·성토·정지·포장 등의 방법으로 토지의 형상을 변경하는 행위와 공유수면의 매립(경작을 위한 토지의 형질변경을 제외)을 말한다. 형질변경에 대한 법령상의 정의 규정은 없지만, 「국토의 계획 및 이용에 관한 법률」 제56조 제1항 제2호는 토지의 형질변경은 경작을 위한 경우로서 대통령령으로 정하는 것을 제외한 것에 대하여는 개발행위허가를 받도록 규정하고 있다.

　지목은 토지소유권을 제대로 행사하기 위한 전제요건으로서 토지소유자의 실체적 권리관계에 밀접하게 관련되어 있으므로 지적공부 소관청의 지목변경신청 반려행위는 국민의 권리관계에 영향을 미치는 것으

---

5) 건설교통부, "실제 이용상황에 따른 보상업무처리지침"[토지관리과-4885(2004. 10. 30.)]

로서 항고소송의 대상이 되는 행정처분에 해당한다.[6]

4. 경 계

"경계(境界)"란 필지별로 경계점들을 직선으로 연결하여 지적공부에 등록한 선을 말한다(법 제2조 제26호).

지상 경계의 결정기준은 다음과 같다.

연접되는 토지 간에 높낮이 차이가 없는 경우: 그 구조물 등의 중앙

연접되는 토지 간에 높낮이 차이가 있는 경우: 그 구조물 등의 하단부

도로·구거 등의 토지에 절토(땅깎기)된 부분이 있는 경우: 그 경사면의 상단부

토지가 해면 또는 수면에 접하는 경우: 최대만조위 또는 최대만수위가 되는 선

공유수면매립지의 토지 중 제방 등을 토지에 편입하여 등록하는 경우: 바깥쪽 어깨부분

(시행령 제55조 제1항)

분할에 따른 지상 경계는 지상건축물을 걸리게 결정해서는 안되는 것이 원칙이다. 다만, ① 법원의 확정판결이 있는 경우, ② 공공사업 등에 따라 학교용지·도로·철도용지·제방·하천·구거·유지·수도용지 등의 지목으로 되는 토지를 분할하는 경우, ③ 도시개발사업 등의 사업시행자가 사업지구의 경계를 결정하기 위하여 토지를 분할하거나「국토의 계획 및 이용에 관한 법률」제30조 제6항에 따른 도시·군관리계획 결정고시와 같은 법 제32조 제4항에 따른 지형도면 고시가 된 지역의 도시·군관리계획선에 따라 토지를 분할하려는 경우에는 지상건축물을 걸리게 분할할 수 있다(시행령 제55조 제4항).

---

6) 대법원 2004. 4. 22. 선고 2003두9015 전원합의체 판결

이러한 제한은 과거 「지적사무처리지침」(1977. 5. 7. 내무부 예규 제406호로 제정) 제33조 제3호에서 "토지의 분할선 결정은 지상건물을 침범하거나 관통하게 할 수 없다. 다만, 건물 관통경계선이 건물내부의 벽 등의 구획된 선으로 할 경우에는 그러하지 아니한다"라고 규정한데서 비롯되었다. 이후 개정 「지적법 시행령」(1995. 4. 6. 대통령령 제14568호로 개정되어 같은 날 시행) 제26조 제2항은 "분할에 따른 경계는 지상건물을 걸리게 하거나 관통하게 설정할 수 없다. 다만, 법원의 확정판결이 있는 경우와 제22조 제2항의 규정에 의하여 분할하는 경우에는 그러하지 아니하다."라고 규정하여, 법령으로 법원의 확정판결에 따라 건물을 관통하는 분할을 허용하게 되었으며, 현행 「공간정보의 구축 및 관리 등에 관한 법률 시행령」에서도 앞에서 본 바와 같이 동일한 취지의 규정을 두고 있다. 이와 관련하여 판례는, 「지적업무처리지침」(※ 위 「지적사무처리지침」이 바뀐 것)이 측량성과를 사실심사의 방법에 의하여 결정하도록 하고 또 건물을 관통하는 분할을 할 수 없게 규정하고 있기는 하나 이는 행정 내부의 지침에 불과하여 일반 국민이나 법원을 구속하지 못한다고 판시한 바 있다.[7]

5. 면   적

"면적(面積)"이란 지적공부에 등록한 필지의 수평면상 넓이를 말한다(법 제2조 제27호). 과거에는 토지의 면적을 "지적(地積)"이라고 하여 발음상 혼동되었으나, 구 「지적법」(1975. 12. 31. 법률 제2801호로 개정되어 1976. 4. 1. 시행)에서 "면적"으로 용어를 변경하였다.

면적의 단위는 제곱미터로 한다(법 제68조 제1항).

일제 강점기 토지조사사업, 임야조사사업 때는 일본식 도량형 단위

---

7) 대법원 1975. 9. 23. 선고 75누167 판결; 대법원 1993. 3. 23. 선고 91누8968 판결

인 척관법(尺貫法)에 따라 토지는 평(坪)을, 임야는 보(步)를 면적 단위로 사용하였다. 즉 개정 「도량형법」(1909. 9. 20. 법률 제26호) 제2조는 도량형의 명칭 및 단위를 면적의 경우 작(勺, 보의 100분의 1), 홉(合, 보의 10분의 1), 보(步) 또는 평(坪), 무(畝, 30보), 단(段, 300보), 정(町, 3,000보)으로 하였다.8) 「토지조사령」(土地調査令, 1912. 8. 13. 제령 제2호) 제3조는 지반측량에 있어서는 평(坪) 또는 보(步)를 면적의 단위로 한다고 하였고,9) 「조선임야조사령」(朝鮮林野調査令, 1918. 5. 1. 제령 제5호) 제1조는 토지조사령에 의한 것을 제외하고는 본령에 의한다고 규정하였으며,10) 「조선임야조사령시행수속」(朝鮮林野調査令施行手續, 1918. 11. 26. 훈령 제59호) 제75조는 면적계산을 함에 있어서 무(畝)미만의 단수가 생기면 그 단수는 사사오입하여 무자리에서 그치되, 1보 미만인 토지에 대하여는 보자리에 그치도록 하였다.11)

---

8) 도량형법
제2조 도량형의 명칭 및 단위는 다음과 같음
…
면적

작(勺)	보(步)의 백분의 1
홉(合)	보(步)의 십분의 1
보(步) 또는 평(坪)	육척평방
무(畝)	삼십보
단(段)	삼백보
정(町)	삼천보

…

이후 「조선도량형령」(1926. 2. 27. 제정되어 1926. 4. 1. 시행)에 따라 미터법이 채택됨으로써 제4조 제1항에서 면적은 평방미터 단위를 사용하도록 하고, 부칙 제28조에서 「도량형법」을 폐지하였으나, 한편으로 부칙 제29조에서 종래의 도량형을 조선총독이 정하는 바에 의하여 당분간 사용할 수 있도록 하였고, 이후 일본 본국에서의 미터법 전면 유예에 따라 조선에서도 유예되었다.

9) 토지조사령
제3조 지반측량에 있어서는 평(坪) 또는 보(步)를 면적의 단위로 한다.

10) 조선임야조사령
제1조 임야조사 및 측량은 토지조사령에 의한 것을 제외하고는 본령에 의한다.

11) 조선임야조사령시행수속

이는 1950년 제정된 「지적법」(1950. 12. 1. 법률 제165호로 제정되어 같은 날 시행)에도 그대로 이어져, 토지대장의 면적은 평을 단위로 하고, 평의 10분의 1을 홉(合), 홉의 10분의 1을 작(勺)이라 하며, 임야대장의 면적은 무(畝)를 단위로 하고, 1무 미만인 때에 보(步)를 단위로 하였다.12)

그러다가 「계량법」(1961. 5. 10. 법률 제615호로 제정되어 같은 날 시행)에서 미터법을 채택하여 제7조 제1호에서 면적의 계량단위는 평방미터로 정하였다.13) 다만 부칙 제49조에서 척관법 등에 의한 계량단위를 1963년 12월 31일까지 사용할 수 있도록 하고, 특히 토지 또는 건물에 관하여는 1967년 1월 1일 이후 국무원령에서 정하는 날까지 사용할 수 있도록 하였다.14) 그에 따라 「계량법 시행령」(1961. 10. 4. 각령 제221호로 제정되어 같은 날 시행) 부칙 제2항 및 제3항은 척관법에 의한 계량단

제75조 면적계산을 함에 있어서 무(畝)미만의 단수가 생기면 그 단수는 사사오입하여 무위에 그쳐야 한다. 단, 1무보 미만인 임야에 있어서는 보위(步位)까지 산출하고 보미만의 단수는 보에 절상하여야 한다.

12) 지적법[시행 1950. 12. 1] [법률 제165호, 1950. 12. 1, 제정]
　　제7조 (면적의 단위) ①지적은 평을 단위로 하여 이를 정한다.
　　②평의 10분의 1을 홉, 홉의 10분의 1을 작이라 칭한다.
　　제26조 ①지적은 무를 단위로 하여 이를 정한다.
　　②지적에 1무 미만의 단수가 있을 때에는 15보 미만은 절사하고 15보 이상은 무로 절상하고 지적이 1무 미만인 때에 보위를 단위로 하고 1보 미만인 때에는 1보로 한다.

13) 계량법[시행 1961. 5. 10] [법률 제615호, 1961. 5. 10, 제정]
　　제7조 (유도단위) 면적, 체적, 속도, 가속도, 역량, 압력, 일, 공률, 열량, 각도, 류량, 점도, 밀도, 농도, 광도, 광속, 조도, 주파수와 소음도의 계량단위는 다음과 같다.
　　1. 면적의 계량단위는 평방미터로 한다.
　　평방미터는 변의 길이가 1미터의 정방형의 면적을 말한다.

14) 계량법[시행 1961. 5. 10] [법률 제615호, 1961. 5. 10, 제정]
　　부칙 <제615호, 1961. 5. 10.>
　　제49조 (척관법등) 척관법 및 야아드파운드법에 의한 계량단위는 단기4296년 12월 31일까지 본법에 의한 계량단위로 본다. 단, 토지 또는 건물에 관하여는 단기4300년 1월 1일이후에 있어서 국무원령의 정하는 날까지 본 법에 의한 계량단위로 본다.
　　② 척관법 및 야아드파운드법에 의한 계량단위는 각령으로 정한다.

위 중 면적의 계량단위는 평방척 및 보 또는 평으로 하고, 보의 보조계
량단위는 당분간 작, 홉, 무, 단 및 정에 의하도록 하였다.[15] 이후 개정
「계량법 시행령」(1982. 4. 7. 대통령령 제10790호) 부칙 제2조는 토지 또
는 건물에 관한 계량단위는 1983년 1월 1일부터 법정계량단위를 사용하
도록 하였다.[16]

　　이와는 별개로 개정 「지적법」(1975. 12. 31. 법률 제2801호로 개정되어
1976. 4. 1. 시행) 제7조 제1항은 평방미터 단위를 채택하였고,[17] 「지적법
시행규칙」(1976. 5. 7. 내무부령 제208호로 제정되어 같은 날 시행) 부칙 제3
항에서는 면적환산 기준을 "평(또는 보) × 400/121 = 평방미터"로 정하였

---

15) 계량법 시행령[시행 1961. 10. 4] [각령 제221호, 1961. 10. 4, 제정]
　　부칙　＜제221호, 1961. 10. 4.＞
　　②(척관법) 법 제49조의 척관법에 의한 계량단위는 당분간 다음 각호에 의한다.
　　…
　　3. 면적의 계량단위는 평방척 및 보 또는 평으로 한다.
　　평방척은 변의 길이가 33분의 10미터의 정4각형의 면적을 말한다.
　　보 또는 평은 평방미터의 121분의 400의 면적을 말한다.
　　③(척관법의 보조계량단위) 전항의 계량단위의 보조계량단위는 당분간 다음 각호에
　　의한다.
　　…
　　5. 전항 제3호의 보의 보조계량단위는 작, 홉, 무, 단 및 정으로 말한다.
　　작은 보의 100분의 1을 말한다.
　　홉은 보의 10분의 1을 말한다.
　　무는 30보를 말한다.
　　단은 300보를 말한다.
　　정은 3,000보를 말한다.
16) 계량법 시행령[시행 1982. 4. 7] [대통령령 제10790호, 1982. 4. 7, 전부개정]
　　부칙　＜제10790호, 1982. 4. 7.＞
　　제2조 (토지 또는 건물의 계량에 관한 경과조치) 법 제49조 제1항의 규정에 의하여
　　토지 또는 건물에 관한 계량단위는 1983년1월1일부터 법정계량단위를 사용하여야
　　한다.
17) 지적법[시행 1976. 4. 1] [법률 제2801호, 1975. 12. 31, 전부개정]
　　제7조 (면적의 단위) ①토지대장 및 임야대장에 등록하는 면적은 평방미터를 단위
　　로 하여 이를 정한다.
　　②제1항의 면적결정에 있어 그 단수계산과 1평방미터미만의 필지에 대한 면적의
　　표시에 관하여 필요한 사항은 대통령령으로 정한다.

다.[18] 이후 개정된 「지적법」(1986. 5. 8. 법률 제3810호로 개정되어 1986. 11. 9. 시행) 제7조 제1항은 평방미터라는 용어를 제곱미터로 변경하였다.[19]

현행 법령상 토지의 지적공부상 면적의 최소단위는, 도해지역 중 지적도의 축척이 1,200분의 1 이하인 지역에서는 1제곱미터로 하고, 1제곱미터 미만의 끝수가 있는 경우 0.5제곱미터 미만일 때에는 버리고 0.5제곱미터를 초과하는 때에는 올리며, 0.5제곱미터일 때에는 구하려는 끝자리의 숫자가 0 또는 짝수이면 버리고 홀수이면 올리되, 다만 1필지의 면적이 1제곱미터 미만일 때에는 1제곱미터로 한다.[20] 지적도의 축척이 600분의 1인 지역과 경계점좌표등록부에 등록하는 지역의 토지 면적은 0.1제곱미터로 하여 동일한 기준을 적용한다(시행령 제60조 제1항).[21]

---

18) 지적법 시행규칙[시행 1976. 5. 7] [내무부령 제208호, 1976. 5. 7, 제정]
　　부칙 ＜제208호, 1976. 5. 7.＞
　　③(면적환산의 기준) 영 부칙 제4조의 규정에 의하여 면적단위를 환산등록하는 경우의 환산기준은 다음에 의한다.
　　평(또는 보)×400/121 = 평방미터
19) 지적법[시행 1986. 11. 9.] [법률 제3810호, 1986. 5. 8., 일부개정]
　　제7조 (면적의 단위) ①토지대장 및 임야대장에 등록하는 면적은 제곱미터를 단위로 하여 이를 정한다.
20) 근사값을 구할 때에 끝수를 처리하는 방법 중 소위 '오사오입(五捨五入, Banker's Rounding 또는 Gaussian Rounding)'으로서, 맨 뒷자리가 필연적으로 손실되는 근사값의 계산 특성상 이 방식으로 처리하는 것이 오차가 가장 적기 때문에 과학 및 공학의 유효 숫자 개념에서 사용 된다.
21) 판례는 선고된 판결이 1필지 토지의 일부분에 대하여 소유권이전등기를 명하면서 구 지적법 시행령 제7조 제1호의 규정에 반하여 ㎡ 미만 단수를 존치하여 위치와 면적을 표시하였다면, 당사자의 일방이 그 소유로 될 토지의 지적에 존치되어 있는 ㎡ 미만의 단수를 포기하고 그 포기한 부분을 상대방의 소유로 될 토지의 지적에 존치되어 있는 단수와 합산하여 단수 이하를 없앰으로써 그 판결의 실질적 내용을 변경하지 아니하면서 판결의 집행을 가능하게 하는 취지의 판결경정의 신청을 한 경우에는 민사소송법 제197조의 이른바 판결에 위산, 오기 기타 이에 유사한 오류가 있음이 명백한 경우에 해당하는 것으로 보아 판결의 경정을 허가하여야 한다고 하였다(대법원 1999. 12. 23. 자 99그74 결정). 그리고 법원이 토지의 공유물분할을 내용으로 하는 조정조서를 작성하는 경우에도, 구 측량·수로조사 및 지적에 관한 법률 시행령 제60조 제1항 제1호 규정에 반하여 제곱미터 미만의 단수를 표시하여 위치와 면적을 표시하였다면, 당사자 일방이 그 소유로 될 토지의 지적에 표시된 제곱미터 미만의 단수를 포기하고 그 포기한 부분을 상대방의 소유로 될 토지의

6. 도상 경계와 지상 경계

여기서 주의하여야 할 것은, 지적법령상의 경계, 면적 등은 현장에서의 그것이 아니라 지적공부상의 경계, 면적 등을 의미한다는 것이다. 따라서 실제 현장에서 실측한 경계나 면적 등이 지적공부상의 그것과 다르다고 하여 지적공부가 잘못되었다고 주장할 수는 없는 것이다.

이러한 점은 강학상으로는 "도상 경계(圖上 境界)"와 "지상 경계(地上 境界)"의 대립으로 논쟁이 되기까지 하고 있으나, 지적 제도가 지적공부에 기반한 것인 한 도상 경계에 따를 수밖에 없다.

판례도 토지의 사정22) 당시 소유자를 달리하던 토지들이 분필 또는 합필되지 않은 채 사정 당시 등록된 그대로인 경우, 사정이 당연 무효라는 등 특별한 사정이 없는 이상 각 토지의 경계는 사정 당시 등록된 지적공부인 지적도상의 경계에 따라야 한다고 하고,23) 어떤 토지가 지적법에 의하여 1필지의 토지로 지적공부에 등록되면 그 토지는 특별한 사정

지적에 표시된 단수와 합산하여 단수 이하를 없앰으로써 조정조서의 실질적 내용을 변경하지 아니하면서 조정조서 집행을 가능하게 하는 취지의 조정조서 경정 신청을 한 경우에는 민사소송법 제211조의 '잘못된 계산이나 기재, 그 밖에 이와 비슷한 잘못이 있음이 분명한 때'에 해당하는 것으로 보아 조정조서 경정을 허가하여야 한다고 하였다(대법원 2012. 2. 10. 자 2011마2177 결정).

22) 사정(査定)이란 토지조사 및 임야조사사업 당시 토지조사부 및 지적도에 의하여 토지소유자 및 강계를 확정하는 행정처분을 말한다(한국국토정보공사, 지적측량용어해설집 중권, 2018). 사정은 토지조사부 및 지적도에 의하여 행하여졌으며, 이를 공시하여 공시기간 만료후 60일 이내에 고등토지조사위원회에 이의를 제출하여 재결을 구할 수 있었다. 토지소유자의 권리는 사정의 확정 또는 재결에 의하여 확정되었다(조선총독부 임시토지조사국, 조선토지조사사업보고서, 1918, p.411~412). 토지조사령에 의한 토지조사부에 토지소유자로 등재되어 있는 자는 재결에 의하여 사정내용이 변경되었다는 등의 반증이 없는 이상 토지소유자로 사정받고 그 사정이 확정된 것으로 추정된다(대법원 1986. 6. 10. 선고 84다카1773 전원합의체 판결). 토지조사령에 의한 토지사정을 받은 자는 그 토지를 원시적으로 취득한다(대법원 1984. 1. 24. 선고 83다카1152 판결).

23) 대법원 2007. 1. 11. 선고 2004다23523 판결

이 없는 한 그 등록으로써 특정되고 그 소유권의 범위는 현실의 경계와 관계없이 공부상의 경계에 의하여 확정되는 것이고, 지적도상의 경계표시가 분할측량의 잘못 등으로 사실상의 경계와 다르게 표시되었다 하더라도 그 토지에 대한 매매도 특별한 사정이 없는 한 현실의 경계와 관계없이 지적공부상의 경계와 지적에 의하여 소유권의 범위가 확정된 토지를 매매 대상으로 하는 것으로 보아야 할 것이나, 다만 지적도를 작성함에 있어서 기술적인 착오로 인하여 지적도상의 경계선이 진실한 경계선과 다르게 작성되었기 때문에 경계와 지적이 실제의 것과 일치하지 않게 되었다는 등의 특별한 사정이 있는 경우에는 실제의 경계에 의하여야 할 것이므로, 이와 같은 사정이 있는 경우 그 토지에 대한 매매에 있어서 매매 당사자 사이에 진실한 경계선과 다르게 작성된 지적도상의 경계대로 매매할 의사를 가지고 매매한 사실이 인정되는 등의 특별한 사정이 없는 한 진실한 경계에 의하여 소유권의 범위가 확정된 토지를 매매 대상으로 하는 것으로 보아야 한다고 판시하였다.[24]

7. 지적 제도의 성립

우리나라의 지적 제도는 일제 강점기에 확립되었다. 1910년부터 1918년까지 조선총독부가 주도하여 근대적인 토지제도와 지세제도를 마련한다는 명목으로 토지조사령(土地調査令)에 근거하여 전국의 모든 택지와 경지에 대하여 필지별로 측량을 하고 토지소유권, 토지 가격, 그리고 지형지모를 조사하는 토지조사사업이 이루어졌다. 그리고 1916년부터 1924년까지는 조선임야조사령(朝鮮林野調査令)에 근거하여 위 토지조사사업에서 제외되었던 임야에 대하여 임야조사사업이 이루어졌다.[25]

---

24) 대법원 1998. 6. 26. 선고 97다42823 판결; 대법원 1991. 2. 22. 선고 90다12977 판결 등
25) 토지 임야 조사에 관한 상세한 내용은 대한지적공사, 한국지적백년사(역사편), 2005.

위 조사사업의 성과로 만들어진 지적원도(地籍原圖)와 임야원도(林野原圖)를 기초로 각 현재의 지적도(地籍圖)와 임야도(林野圖)가, 토지조사부(土地調査簿)와 임야조사서(林野調査書)를 기초로 각 현재의 토지대장(土地臺帳)과 임야대장(林野臺帳)이 만들어졌다.26)

그리고 조선부동산등기령(朝鮮不動産登記令, 1912. 3. 18. 제령 제9호)은 토지대장등본에 의하여 자기 또는 피상속인이 토지대장에 소유자로서 등록된 것을 증명하는 자는 미등기 토지의 소유권보존등기를 신청하도록 규정함으로써,27) 토지에 관한 공부로서 토지대장과 토지등기부의 이

제3편 제4장 토지 임야 조사 부분 p.675~924 참조

26) 지적도, 토지대장 등의 조제 과정에 관한 상세한 설명은, 원영희, 한국지적사 3정판, 신라출판사, 1981, p.326~334, p.402~405 참조

27) 「조선부동산등기령」 제1조 제1항 본문은 "부동산에 관한 권리의 등기에 대하여는 이 영 기타 법령에 특별한 규정이 있는 경우를 제외하고 부동산등기법에 의한다"라고 규정하여 일본 부동산등기법을 적용하도록 하였고, 일본 부동산등기법(의용) 제105조 제1호는 "토지대장등본에 의하여 자기 또는 피상속인이 토지대장에 소유자로서 등록된 것을 증명하는 자"가 미등기의 토지소유권의 등기를 신청하도록 규정하고 있었다. 이후 개정으로 제1조 제2항 후단에 "임야대장은 이를 토지대장으로 본다"라는 문구를 추가하였다.
한편으로 조선총독부는 「조선부동산증명령」(朝鮮不動産證明令, 1912. 3. 22. 제령 제15호로 제정되어 1912. 4. 1. 시행)을 만들어, 아직 토지조사사업이 완료되어 토지대장이 마련되지 않은 지역에 대하여는 증명의 원인을 증명하는 서면을 제출하여 소유권 등의 증명을 받았다. 증명의 원인을 증명하는 서면으로는 결수연명부(結數連名簿, 일제통감부가 토지조사사업에 앞서 식민지재정정리사업의 일환으로 만든 징세·과세 대장으로서, 면내의 결수를 각 납세의무자별로 조사한 지세정비대장의 내역서)와 과세지견취도(課稅地見取圖, 일제강점기 시절 토지조사사업 성과가 나오기 이전에 지세부과를 목적으로 작성한 약도 형태의 도면)가 있었다. 「조선부동산등기령」 부칙 제7조에 따라 이러한 증명은 등기령에 의한 등기로 간주되었다.
다만 일제의 토지조사사업이 진행되어 토지대장이 완성된 지역부터 등기제도가 시행됨에 따라 「조선부동산등기령」이 시행되는 지역에서는 「조선부동산증명령」의 적용이 배제되었고, 1918년 7월 1일부터는 전국적으로 「조선부동산등기령」에 의한 등기제도가 시행되었다(조선부동산증명령에 의한 부동산증명부 등, 2003. 5. 20. 등기선례 제200305-7호).
한편, 「지세령 시행규칙」(地稅令 施行規則, 1915. 5. 12. 조선총독부령 제51호로 개정)에 따라 토지대장 중에서 민유과세지만을 뽑아 소유자별로 토지의 소재, 지번, 지목, 면적, 지가, 세액, 납세의무자의 주소·성명 또는 명칭, 납세관리인의 주소·성명 등을 기재한 지세명기장(地稅名寄帳), 임야세 명기장(林野稅 名寄帳)이 조제되

원화가 이루어졌다.

Ⅱ. 지적공부

1. 개 념

지적이 공적 장부로 표시된 것이 지적공부이다. 지적공부는 토지대
장, 임야대장, 공유지연명부, 대지권등록부, 지적도, 임야도 및 경계점좌
표등록부 등 지적측량 등을 통하여 조사된 토지의 표시와 해당 토지의
소유자 등을 기록한 대장 및 도면(정보처리시스템을 통하여 기록·저장된
것을 포함)을 말한다(법 제2조 제19호).

지적소관청은 해당 청사의 지적서고에 지적공부를 영구히 보존하여
야 하며, 지적공부를 정보처리시스템을 통하여 기록·저장한 경우 지적
정보관리체계에 영구히 보존하여야 한다(법 제69조 제1항 및 제2항).

2. 종 류

가. 토지대장, 임야대장

토지 또는 임야의 소재·지번·지목·면적, 소유자의 주소·주민등
록번호·성명 또는 명칭 등을 등록하여 토지의 상황을 명확하게 하는
장부이다(법 제71조 제1항).

토지대장은 토지에 대한 공법상의 규제, 개발부담금의 부과대상, 지
방세의 과세대상, 공시지가의 산정, 손실보상가액의 산정 등 토지행정의
기초자료로서 공법상의 법률관계에 영향을 미칠 뿐만 아니라, 토지에 관
한 소유권보존등기 또는 소유권이전등기를 신청하려면 이를 등기소에
제출해야 하는 점 등을 종합해보면, 토지대장은 토지의 소유권을 제대로

없고(「지세령 시행규칙」 제1조 및 제2조, 「조선총독부 임시토지조사국 조사규정」
제34조), 이는 종전의 결수연명부를 대체하게 되어, 토지에 대한 과세 제도까지 유
기적으로 만들어지게 되었다.

행사하기 위한 전제요건으로서 토지 소유자의 실체적 권리관계에 밀접하게 관련되어 있으므로, 이러한 토지대장을 직권으로 말소한 행위는 국민의 권리관계에 영향을 미치는 것으로서 항고소송의 대상이 되는 행정처분에 해당한다.[28]

나. 지적도, 임야도

토지대장에 등록된 토지 또는 임야대장에 등록된 임야의 소재, 지번, 지목, 경계 등을 등록·공시하는 도면이다(법 제72조).

지적도의 축척은 1/500, 1/600, 1/1,000, 1/1,200, 1/2,400, 1/3,000, 1/6,000의 7가지가 있는데 보통 1/1,200이 통상의 축척이며, 임야도의 축척은 1/3,000, 1/6,000의 2가지가 있는데 보통 1/6,000이 통상의 축척이다(시행규칙 제69조 제6항).

다. 공유지연명부

1필지의 토지소유자가 둘 이상일 때 토지의 소재, 지번, 소유권 지분, 소유자의 성명 또는 명칭, 주소 및 주민등록번호 등을 등록하는 장부이다(법 제71조 제2항).

라. 대지권등록부

대지권 등기가 되어 있는 토지에 대하여 토지의 소재, 지번, 대지권 비율, 소유자의 성명 또는 명칭, 주소 및 주민등록번호 등을 등록하는 장부이다(법 제71조 제3항).

마. 경계점좌표등록부

도시개발사업 등에 따라 새로이 지적공부에 등록하는 토지에 대하여 평면직각종횡선 수치인 좌표로 등록하는 지적공부이다(법 제73조). 즉 경

---

28) 대법원 2013. 10. 24. 선고 2011두13286 판결

계가 도면이 아닌 수치로 표시된 지적도면을 말한다. 구「지적법」(1975. 12. 31. 법률 제2801호로 개정되어 1976. 4. 1. 시행)에서 처음 시행되었으며, 당시에는 수치지적부라고 불리었으나 2001년 개정된 지적법(2001. 1. 26. 법률 제6389호로 개정되어 2002. 1. 26. 시행) 이후 현재는 경계점좌표등록부라 불린다.

Ⅲ. 지적공부와 등기부

구「지적법」(1975. 12. 31. 법률 제2801호로 개정되어 1976. 4. 1. 시행) 제36조는 "①토지의 소유권의 득실변경에 관한 등록사항은 관할등기소에서 등기한 것을 증명하는 등기필증등본 또는 등기부등본에 의하여 지적공부를 정리하여야 한다. 다만, 지적공부에 신규등록하는 토지의 소유자는 소관청이 이를 조사하여 등록한다. ②제1항의 경우에 있어 등기부에 기재된 토지의 표시가 지적공부와 부합하지 아니할 때에는 이를 정리할 수 없다. 이 경우에는 그 뜻을 관할등기소에 통지하여야 한다.", 제38조 제4항은 "제1항 또는 제2항의 규정에 의한 오류사항이 토지소유자에 관한 사항일 때에는 그 정정은 등기필증등본 또는 등기부등본에 의하여야 한다."라고 규정하였다. 또한 구「부동산등기법」(1978. 12. 6. 법률 제3158호로 개정되어 1979. 3. 1. 시행) 제56조 제1항은 "등기부에 게기한 부동산의 표시가 토지대장·임야대장 또는 가옥대장과 부합하지 아니하는 경우에는 그 부동산의 소유권의 등기명의인은 부동산의 표시의 변경의 등기를 하지 아니하면 당해 부동산에 대하여 다른 등기를 신청할 수 없다."라고 규정하였다.[29]

위 법령 규정들을 종합하면, 부동산의 권리의 득실변경에 관한 등록

---

29) 다만 개정「부동산등기법」(2011. 4. 12. 법률 제10580호로 개정되어 2011. 10. 13. 시행)에서는 관련 규정이 삭제되었다.

사항은 등기부를 기준으로 하고, 부동산의 표시에 관한 등록사항은 토지대장을 기준으로 하였음을 알 수 있다.

판례도 지적공부는 등기된 토지에 관한 한 토지소유자에 관한 사항을 증명하는 것은 아니므로, 등기부에 먼저 소유자에 관한 사항이 변경 또는 경정된 후에 그에 따라 후속적으로 공부의 기재사항이 변경되어야 한다고 판시하였다.[30]

현행 「공간정보의 구축 및 관리 등에 관한 법률」 제88조에서도 등기부에 적혀 있는 토지의 표시가 지적공부와 일치하지 아니하면 토지소유자를 정리할 수 없도록 규정하고 있고, 「부동산등기법」 제29조 제11호에서 신청정보 또는 등기기록의 부동산의 표시가 토지대장·임야대장 또는 건축물대장과 일치하지 아니한 경우 등기관이 등기신청을 각하하도록 규정하고 있으며, 「부동산등기규칙」 제46조 제1항 제7호는 소유권이전등기를 신청하는 경우에는 토지대장·임야대장·건축물대장 정보나 그 밖에 부동산의 표시를 증명하는 정보를 첨부하도록 규정함으로써, 동일한 내용이 유지되고 있음을 알 수 있다.

Ⅳ. 지적사무의 법적 성격

「지방자치법」 제11조는 지방자치단체는 다른 법률에 다른 규정이 있는 경우를 제외하고 "① 외교, 국방, 사법(司法), 국세 등 국가의 존립에 필요한 사무, ② 물가정책, 금융정책, 수출입정책 등 전국적으로 통일적 처리를 요하는 사무, ③ 농산물·임산물·축산물·수산물 및 양곡의 수급조절과 수출입 등 전국적 규모의 사무 국가종합경제개발계획, ④ 국가하천, 국유림, 국토종합개발계획, 지정항만, 고속국도·일반국도, 국립공원 등 전국적 규모나 이와 비슷한 규모의 사무, ⑤ 근로기준, 측량단위

---

30) 대법원 2003. 11. 13. 선고 2001다37910 판결

등 전국적으로 기준을 통일하고 조정하여야 할 필요가 있는 사무, ⑥ 우편, 철도 등 전국적 규모나 이와 비슷한 규모의 사무, ⑦ 고도의 기술을 요하는 검사·시험·연구, 항공관리, 기상행정, 원자력개발 등 지방자치단체의 기술과 재정능력으로 감당하기 어려운 사무"에 해당하는 국가사무를 처리할 수 없다고 규정하고 있다.

위 조항을 살펴보면, '지적사무'는 ①의 국가의 존립에 필요한 사무, ②의 전국적으로 통일적 처리를 요하는 사무, ⑤의 측량단위 등 전국적으로 기준을 통일하고 조정하여야 할 필요가 있는 사무, 그리고 ⑦의 지방자치단체의 기술과 재정능력으로 감당하기 어려운 사무에 해당한다고 할 것이므로, 지방자치단체가 처리할 수 없는 '국가사무'에 해당한다 할 것이다.

또한 법 제105조는 "이 법에 따른 국토교통부장관의 권한은 그 일부를 대통령령으로 정하는 바에 따라 소속 기관의 장, 시·도지사 또는 지적소관청에 위임할 수 있다."고 규정함으로써 국가사무로서의 지적사무의 위임에 대해 규정하고 있다.

판례도 다음과 같이 판시하고 있다.

지방자치단체 공무원이 착오로 임야대장에 임야의 실소유자 갑이 아닌 동명이인 을의 주민등록번호를 기재하여 비치해 놓았다. 위 동명이인 을의 채권자는 승소판결에 따라 집행권원에 기하여 해당 임야에 관하여 강제경매를 신청하였고 병이 낙찰받아 소유권이전등기를 경료하였다. 갑은 병을 상대로 원인무효로 인한 소유권말소등기청구의 소를 제기하여 승소하였고 해당 소유권이전등기는 말소되었다. 그러자 병은 지방자치단체와 국가를 상대로 손해배상의 소를 제기하였다. 법원은 지적법은 국가는 이 법이 정하는 바에 의하여 모든 토지를 필지마다 소재, 지번, 지목, 면적, 경계 또는 좌표 등을 조사·측량하여 지적공부에 등록하여야 하고, 임야대장은 지적공부에 해당하며, 소관청이라 함은 지적공부를 관리하는 시장, 군수를 말한다고 규정하고 있다. 따라서 국가로부터 지적소관청으로의 사건 임야의 지적공부 등록에 관한 사무위임은 기관위임이고, 그 수임자인 지적소관청은 국가의 산하 행정기관의 지위에서 위 사무를 처리하는 것이라 할 것이므로, 지방자치단체 소속 담당공무원이 그 사무를 지적소관청을 보조하여 집행함에 있어 과실로 인하여 병에게 손해를 가하였다면 국가가 국가배상책임을 진다. 그에 따라 지방자치단체 담당공무원의 착오로 사건 임야에 관하여 동명이인의 주민등록번호를 기재함으로써 사실과 다른 지적공부를 작성하여 비치하도록 하였을 뿐만 아니라, 그러한 오류가 있는 지적공부를 그 기재 이래 방치하여 왔으므로, 국가는 이와 같은 직무상 위법행위로 말미암아 등기말소로 입게 된 손해를 배상할 책임이 있고, 지방자치단체는 담당공무원에 대한 봉급을 부담하는 이상 사건 임야의 지적공부에 관한 비용부담자로서 국가배상법 제6조 제1항에 따라 사건 임야의 지적공부상 잘못으로 인해 입은 손해를 배상할 의무가 있다고 판시하였다.[31]

또한 토지대장의 비치·관리업무는 구 지적법(1961.12.8 법률 제829호 62.1.1 시행) 시행당시는 지방자치단체인 서울특별시 또는 시·군의 사무였고, 현재의 지적법(1975.12.31 법률 제2801호 1976.4.1 시행)하에서는 국가기관으로서의 시장·군수의 소관이며, 시·군에서 취급하는 가옥대장의·관리사무는 지방자치단체의 고유사무라고 판시하였다.[32]

이러한 법령의 해석 및 판례에 비추어보면, '지적사무'는 국가의 경비와 책임 하에서 수행되는 기관위임사무에 해당한다고 보는 것이 타당하다.

---

31) 서울고등법원 2009. 8. 12. 선고 2008나119073 판결
32) 대법원 1979. 6. 26. 선고 79다586 판결

제 2 절 지적측량의 의의

Ⅰ. 지적측량의 개념

지적측량(地籍測量, Cadastral Surveying, Cadastration)이란, 토지를 지적공부에 등록하거나 지적공부에 등록된 경계점을 지상에 복원하기 위하여 필지의 경계 또는 좌표와 면적을 정하는 측량을 말하며, 지적확정측량 및 지적재조사측량을 포함한다(법 제2조 제4호).

Ⅱ. 지적측량의 분류

1. 대상에 따른 분류

지적측량의 대상에 따른 분류는 크게 기초측량과 세부측량으로 구분한다.

기초측량은 지적측량의 기준이 되는 기초점의 설치를 위하여 시행하는 측량, 즉 세부측량 시행을 위하여 기초점이 필요한 경우에 실시하는 측량을 말한다. 지적기준점이 되는 기초점에는 지적삼각점, 지적삼각보조점, 지적도근점이 있으므로(시행령 제8조 제1항 제3호), 기초측량에는 지적삼각측량, 지적삼각보조측량, 지적도근측량이 있다.

세부측량은 어느 정도로 측정된 골조 또는 기초점을 기준으로 하여 그 주위의 지물·지형 및 경계점 등을 측량하는 것이다.[33] 일반적인 지적측량이란 이러한 세부측량을 말한다.

세부측량은 다시 토지의 이동이 발생할 때 실시하는 측량과 이동이 발생하지 않는 측량으로 구분할 수 있다. 여기서 토지의 이동(異動)이란 토

---

[33] 한국국토정보공사, 지적측량용어해설집 중권, 2018

지의 표시를 새로 정하거나 변경 또는 말소하는 것을 말한다(법 제2조 제28호). 즉 이는 토지를 새로 지적공부에 등록하는 신규등록 토지가 생기거나, 기 등록된 토지의 지번, 지목, 경계, 좌표, 면적이 달라지는 것을 말한다.

토지의 이동이 발생할 때 실시하는 측량에는 신규등록측량, 등록전환측량, 분할측량, 지적확정측량이 있고, 이동이 발생하지 않는 측량에는 경계복원측량과 지적현황측량이 있다.

가. 신규등록측량(新規登錄測量)

신규등록이란 새로 조성된 토지와 지적공부에 등록되어 있지 아니한 토지를 지적공부에 등록하는 것을 말한다(법 제2조 제29호). 즉 이는 지적공부에 아직 등록되지 않은 토지의 지번, 지목, 경계, 면적 등을 결정하여 그 소유자와 함께 소관청이 지적공부에 등록하는 행정처분을 말하는 것이다.

토지를 신규등록하는 경우에 실시하는 측량을 신규등록측량이라 한다(법 제23조 제1항 제3호 나목).

※ 도로·하천·구거·제방·성첩·철도선로·수도선로 등 미등록토지의 등록

일제 강점기 1912년 3월 25일 제정된 「토지조사령」 제2조 제1항 본문은 토지는 그 종류에 따라 지목을 정하고 지반을 측량하여 1구역 마다 지번을 붙인다고 하면서, 단서에서 도로, 하천, 구거, 제방, 성첩, 철도선로, 수도선로는 지번을 붙이지 않을 수 있다고 하였다. 그리고 「조선총독부 임시토지조사국 조사규정」(1913. 6. 7. 조선총독부훈령 제33호) 제17조는 도로, 구거, 제방, 성첩(城堞), 철도선로 및 수도선로로서 민유의 신고가 없는 토지 및 하천, 호해(湖海)에 있어서는 소유권의 조사를 할 필요가 없다고 하였으며, 「토지대장규칙」(1914. 4. 25. 조선총독부령 제45호) 제1조는 도로, 하천, 구거, 제방, 성첩, 철도선로, 수도선로 및 토지조사를 하지 않은 임야는 토지대장에 등록하지 않는다고 규정하였다.

또한 임야에 관하여도, 「임야정리조사내규」(1917. 10. 일자미상)[34] 제

---

34) 「조선임야조사령」이 제정되기 전에 각도마다 상이한 조문을 담은 임야정리조사내규

22조는 지목의 구분은 「토지조사령」에 의하고, 제53조는 도로, 하천, 구거, 제방, 성첩, 철도선로, 수도선로에는 지번을 붙이지 않도록 하였으며, 「조선임야조사령」(1918. 5. 1. 제령 제5호) 제1조는 토지조사령에 의한 것을 제외하고는 본령에 의한다고 규정하고, 제20조는 임야 내에 있는 임야 이외의 토지로서 조사 및 측량을 하지 않았던 것은 본령의 전부 또는 일부를 준용할 수 있고, 토지조사령 제2조 제1항은 본령 시행전의 임야조사 및 측량에 관한 수속 기타 행위는 본령에 의해서 이를 한 것으로 간주한다고 하였으며, 부칙 제2항에서는 본령 시행 전 도장관이 한 임야의 조사 및 측량에 관한 절차 기타의 행위로서 조선총독이 지정한 지역 내의 임야에 관한 것은 본령에 의한 것으로 간주하도록 하였다. 「임야대장규칙」(1920. 8. 23. 조선총독부령 제113호) 제2조도 토지대장규칙 제1조의 규정은 질권, 전당권 및 지상권에 관계되는 규정을 제외한 외에 본령에서 이를 준용한다고 규정하였다.

그에 따라 일제에 의해 시행된 토지·임야조사사업 시 도로, 하천, 구거 등은 지적도, 임야도에 표시는 되어 있으나 지번, 지목, 면적, 소유자 등이 설정되지 않았다.

이는 우리 지적제도가 세지적(稅地籍), 즉 토지에 대한 과세를 위한 지적 제도에서 출발하였기 때문에, 국세를 부과하지 않는 이른바 비과세지목인 공공성 토지에 해당하는 토지를 등록대상에서 제외하였기 때문이다.

이에 해방 후 새로 제정된 「지적법」(1950. 12. 1. 법률 제165호로 제정되어 같은 날 시행) 부칙 제37조 제2항에서 지번, 지목, 면적, 소유자 등이 미등록된 토지에 대하여 본법 시행일로부터 3년 이내에 이동정리를 완료하도록 하였다.[35] 이들 등록대상지를 소위 "37조 등록지"라 부른다.

그러나 위 기간은 훈시규정으로 해석되었고, 6·25 전쟁으로 국가시책

를 편법으로 만들어 조사를 시행하였는데, 그 중 「조선임야조사령시행수속」(1918. 11. 26. 조선총독부 훈령 제59호) 제115조에 따라 만들어진 <경기도 임야조사종말 보고서>의 부록에 실린 「임야정리조사내규」가 조선임야조사령과 가장 유사하다.

35) 지적법[시행 1950. 12. 1.] [법률 제165호, 1950. 12. 1., 제정]
제37조 ①본법의 시행기일은 대통령령으로 이를 정한다.
②본법 시행으로 인하여 새로이 지적공부에 등록하여야 할 토지의 이동정리는 본법 시행일로부터 3년 이내에 하여야 한다.

들이 전반적으로 제대로 추진되지 못하다가, 지적법의 세부적인 시행을 위한 「지적법 시행령」(1950. 4. 1. 대통령령 제497호로 제정되어 같은 날 시행)과 세부적인 측량방법 등을 규정한 「지적측량규정」(1954. 11. 12. 대통령령 제951호로 제정되어 같은 날 시행)이 제정되고 나서 1950년대 후반에야 본격적으로 도로, 하천, 구거 등 지적법 제37조에 의한 미등록 토지의 조사 · 등록에 착수하게 되었다. 1970년 중반 한강 이남의 지적도상 미등록지는 거의 등록되었으나 임야도상의 도로, 구거, 하천 등은 계속 미결로 남아 있다가, 6.25 전쟁으로 멸실 · 훼손된 지적공부의 지적복구사업의 마무리와 병행하여 한강 이북의 경기, 강원 등 수복지역의 미등록지가 일소됨으로써 완료되었다.[36]

판례는 이러한 37조 등록지는 비록 지번 등이 설정되지 않았다고 하더라도 토지, 임야조사사업 당시는 물론 그 후 공용폐지되기 전까지는 국유의 공공용재산으로서 행정재산에 해당하므로 시효취득의 대상이 되지 않는다고 판시하였다.[37]

나. 등록전환측량

등록전환이란 임야대장 및 임야도에 등록된 토지를 토지대장 및 지적도에 옮겨 등록하는 것을 말한다(법 제2조 제30호). 임야를 개발하여 대지, 잡종지, 공장 등으로 지목변경을 하기 위하여는, 정밀도가 떨어지는 임야도의 소축척인 1/3,000 또는 1/6,000을 지적도의 대축척인 1/1,200 등으로 바꾸어야 하며, 이를 위하여 임야대장 및 임야도에 등록된 토지를 토지대장 및 지적도에 등록하는 행정처분을 말하는 것이다.

토지를 등록전환하는 경우에 실시하는 측량을 등록전환측량이라 한다(법 제23조 제1항 제3호 다목).

---

36) 자세한 내용은 대한지적공사, 한국지적백년사(역사편), 2005. p.416~417, p.459~461 참조

37) 대법원 2010. 11. 25. 선고 2010다58957 판결; 대법원 2009. 12. 10. 선고 2006다11708 판결; 대법원 1997. 9. 12. 선고 95다25886 판결

다. 분할측량

분할이란 지적공부에 등록된 1필지를 2필지 이상으로 나누어 등록하는 것을 말한다(법 제2조 제31호).

토지소유자는 소유권이전, 매매 등을 위하여 필요한 경우, 토지이용상 불합리한 지상 경계를 시정하기 위한 경우에는 지적소관청에 토지의 분할을 신청할 수 있다. 그러나 분할이 개발행위 허가 등의 대상인 경우에는 개발행위 허가 등을 받은 이후에 분할을 신청할 수 있다(법 제79조 제1항, 시행령 제65조 제1항). 분할에 허가 요건을 규정한 법령 조항으로는 「개발제한구역의 지정 및 관리에 관한 특별조치법」 제12조, 「국토의 계획 및 이용에 관한 법률」 제56조, 「건축법」 제55조에서 제57조까지가 있다.

토지를 분할하는 경우에 실시하는 측량을 분할측량이라 한다(법 제23조 제1항 제3호 라목).

라. 지적확정측량

지적확정측량이란 도시개발사업 등이 끝나 토지의 표시를 새로 정하기 위하여 실시하는 지적측량을 말한다(법 제2조 제4의2호, 제23조 제1항 제3호 아목). 즉 도시개발사업, 농어촌정비사업 등에 의하여 새로이 토지를 구획하여 지번·지목·면적·경계·좌표를 등록하기 위한 측량이 지적확정측량이다.

마. 경계복원측량

경계복원측량이란 경계점을 지상에 복원하기 위한 측량(법 제23조 제1항 제4호), 다시 말하면 지적도에 그려진 경계점에 대하여 현장에서 경계점표지(말목)를 설치하는 것을 말한다.

경계복원측량 종목의 연혁은 다음과 같다.

경계복원측량은 원래 1938년 조선지적협회가 창립되면서 「재판소의 명에 의한 토지강계감정(土地疆界鑑定)에 관한 건」[1938. 6. 7. 조지(朝地) 제105호, 회장과 경성지부장간의 질의조복(質疑照復) 및 각 지부장에 대한 통첩(通牒)]에 따라 "강계감정측량(疆界鑑定測量)"이라는 종목으로 수행되어 왔다.

해방 후에는 「지적사무개선지침」(내무부장관 지시각서 제1호 시행지시 제5호, 1970. 7. 10.)에서 "경계감정측량(境界鑑定測量)"이라는 명칭하에 그 의의를 "지적도와 임야도에 등록되어 있는 도상의 경계를 실지 토지상에 표시하여 토지이해관계에 대한 분쟁을 해결케 하는 현지 복원(표시)측량"이라고 설명하였다.

그러다가 개정 「지적법」(1975. 12. 31. 법률 제2801호로 개정되어 1976. 4. 1. 시행) 제25조 제2항 제4호는 "경계를 지표상에 복원함에 있어 측량을 필요로 할 때" 지적측량을 하여야 한다고 규정하여 법률로써 경계복원측량 종목을 규정하였고, 이는 현행 「공간정보의 구축 및 관리 등에 관한 법률」 제23조 제1항 제4호에서 동일한 내용으로 유지되고 있다.

바. 지적현황측량

지적현황측량이란 지상건축물 등의 현황을 지적도 및 임야도에 등록된 경계와 대비하여 표시하는 측량을 말한다(법 제23조 제1항 제5호, 시행령 제18조).

이는 「지적법」 제정 당시에는 없었다가 1976년 「지적법 시행규칙」이 제정되면서 도입되었다.[38]

감정측량시 대부분 도면상에 지상구조물을 표시하는 지적현황측량의 형태로 감정결과가 제공된다.

---

38) 지적법 시행규칙[시행 1976. 5. 7.] [내무부령 제208호, 1976. 5. 7., 제정]
제28조 (현황측량) 법 제25조 제2항 제5호의 규정에 의하여 지적측량을 실시할 경우는 지상구조물 또는 지형지물이 점유하는 위치현황을 지적도 또는 임야도에 등록될 경계와 대비하여 표시하기 위하여 필요한 경우로 한다.

측량업자들은 이를 일반측량의 일종이라고 하면서 측량업의 범위에 속한다고 주장하기도 하나, 일반측량은 지적공부상의 경계와 무관하게 주요 지형, 지물의 형태와 위치 등을 나타내기 위한 측량을 말함에 반하여, 지적현황측량은 지적도, 임야도 등 지적공부에 기하여 지상구조물을 표시하는 것이므로 이와는 다르다.

2. 측량의 단계에 따른 분류

지적측량은 측량의 단계에 따라 토지소유자 등 이해관계인의 의뢰에 따라 지적측량수행자(지적측량업의 등록을 한 지적측량업자와 지적측량 등을 위하여 설립된 특수법인인 한국국토정보공사를 말한다)가 실시하는 "초벌측량"과, 초벌측량의 정확도를 검사하기 위하여 지적소관청이 실시하는 "검사측량"으로 나뉜다.[39]

여기서 검사의 주체인 지적소관청이란, 지적공부를 관리하는 특별자치시장, 시장(「제주특별자치도 설치 및 국제자유도시 조성을 위한 특별법」 제10조 제2항에 따른 행정시의 시장을 포함하며, 「지방자치법」 제3조 제3항에 따라 자치구가 아닌 구를 두는 시의 시장은 제외)·군수 또는 구청장(자치구가 아닌 구의 구청장을 포함)을 말한다(법 제2조 제18호).

3. 대상지역에 따른 분류

가. 구 분

1) 도해측량(圖解測量)

토지의 경계를 도면위에 표시하는 지적측량으로서, 각 필지의 경계점을 일정한 축척의 도면위에 기하학적으로 폐합된 다각형의 형태로 표시하여 등록하는 것을 말하며, 1910년대 토지조사사업 당시부터 사용한 측량방법으로 현재까지 사용하고 있다.

---

39) 헌법재판소 2002. 5. 30. 선고 2000헌마81 결정

2) 수치측량(數値測量)

토지의 경계점위치를 평면직각 종횡선좌표(X, Y)로 표시하는 지적측량으로서, 경계점좌표등록부를 작성하거나 그 등록부를 근거로 이루어지는 측량을 말하며, 우리나라는 지가가 높은 도시개발사업 지구와 농경지 구획정리사업 지구, 그리고 지적재조사사업 완료 지구 등 새로이 지적공부에 등록하는 지역에 대하여 수치지적제도를 채택하고 있다.

나. 업무범위

1) 도해측량

한국국토정보공사에게 전담시키고 있다「국가공간정보 기본법」제14조 제4호, 「감정인등 선정과 감정료 산정기준 등에 관한 예규」(재일 2008-1, 개정 2014.09.12 재판예규 제1485호, 시행 2014.09.12) 제17조 제2항 제2호]

2) 수치측량

한국국토정보공사 및 지적측량업자의 경쟁체제로 이루어져 있다[법 제45조 제1호 및 제3호, 「감정인등 선정과 감정료 산정기준 등에 관한 예규」(재일 2008-1, 개정 2014.09.12 재판예규 제1485호, 시행 2014.09.12) 제17조 제2항 제1호]. 수치측량은 구「지적법」(1975. 12. 31. 법률 제2801호로 개정되어 1976. 4. 1. 시행)에서 처음 도입되었다.

도해측량과 수치측량의 구분은 법령상의 용어가 아니라 실무상 측량 대상지역의 성격에 따른 것이며, 법령상으로는 지적측량수행자의 업무범위에 관한 규정에서 간접적으로 나타나고 있을 뿐이다.

즉 한국국토정보공사는 「국가공간정보 기본법」제14조 제4호에 따라 "「공간정보의 구축 및 관리 등에 관한 법률」제23조 제1항 제1호 및 제3호부터 제5호까지의 어느 하나에 해당하는 사유로 실시하는 지적측량"

을 할 수 있으므로 도해측량과 수치측량 전부를 할 수 있다. 그러나 지
적측량업자는 「공간정보의 구축 및 관리 등에 관한 법률」 제45조에 따
라 "① 제73조에 따른 경계점좌표등록부가 있는 지역에서의 지적측량,
② 「지적재조사에 관한 특별법」에 따른 사업지구에서 실시하는 지적재
조사측량, ③ 제86조에 따른 도시개발사업 등이 끝남에 따라 하는 지적
확정측량"을 할 수 있는데, 이 중 ①과 ③이 소위 수치측량인 것이다(②
지적재조사측량도 「지적재조사에 관한 특별법」 제24조 제2항에 따라 지적재조
사사업이 완료되어 새로이 작성하는 지적공부에 경계점좌표를 등록하므로 실
질적으로는 수치측량이라 할 수 있다).

다만 재판예규인 「감정인등 선정과 감정료 산정기준 등에 관한 예
규」 제17조 제1항은 측량감정의 목적을 토지대장의 기재에 의하여 "「공
간정보의 구축 및 관리 등에 관한 법률」에 따른 지적측량 중 경계점좌
표등록부가 비치된 지역(수치지역)에서의 지적측량"과 "「공간정보의 구
축 및 관리 등에 관한 법률」에 따른 지적측량 중 경계점좌표등록부가
비치되지 않은 지역(도해지역)에서의 지적측량"으로 분류하고, 제2항은
수치지역에서의 지적측량의 경우에는 한국국토정보공사에 감정을 촉탁
하거나 『감정인선정전산프로그램』을 이용하여 지적측량업자가 포함된 감
정인을 선정하고, 도해지역에서의 지적측량의 경우에는 한국국토정보공사
에 감정을 촉탁하도록 규정함으로써 명시적으로 해당 용어를 쓰고 있다.

다. 구분 방법

1) 축척에 의한 구별

○ 1/500은 모두 수치지역이다(「지적측량 시행규칙」 제18조 제9항 제2호).

○ 1/1,000은 대부분 수치지역, 일부 경지정리 지역은 도해지역이다
(「지적측량 시행규칙」 제18조 제9항 제2호).

○ 1/1,200은 대부분 도해지역, 일부 수치지역이다.

○ 1/3,000은 대부분 도해지역, 일부 수치지역이다.

○ 1/6,000은 대부분 도해지역, 일부 수치지역이다.

2) 지적도에 의한 구별

○ 지적도상 굴곡점간 거리가 수치로 기재되어 있으면 수치지역, 기재되어 있지 않으면 도해지역이다.

3) 토지대장에 의한 구별

○ 토지대장 「축척」란에 축척이 기재되어 있으면 도해지역, "수치"라고 표시되어 있으면 수치지역이다.

4. 성과결정방법에 따른 분류

가. 현형측량

기지점(旣知點)이란 기초측량에서는 국가기준점 또는 지적기준점을 말하고, 세부측량에서는 지적기준점 또는 지적도면상 필지를 구획하는 선의 경계점과 상호 부합되는 지상의 경계점을 말한다. 특히 통상적인 의미에서의 기지점이란 지적도면상 의 경계점과 상호 부합되는 지상의 경계점인 논두렁, 밭둑, 석축하단, 담장, 건물의 모퉁이, 도로의 절각지점, 구거, 하천하단 등 식별이 가능한 지형지물을 말하며, 이러한 지형지물에 의한 측량을 현형(現形)측량이라고 한다.

나. 지적기준점에 의한 측량

지적기준점(地籍基準點)이란 특별시장·광역시장·특별자치시장·도지사 또는 특별자치도지사나 지적소관청이 지적측량을 정확하고 효율적으로 시행하기 위하여 국가기준점을 기준으로 하여 따로 정하는 측량기준점을 말한다(법 제7조 제1항 제3호). 지적기준점에는 기초측량을 통하여 설치된 지적삼각점(地籍三角點), 지적삼각보조점(地籍三角補助點), 지적도근점(地籍圖根點)이 포함된다(시행령 제8조 제1항 제3호). 세부측량에 주로 쓰이는 지적도근점은 지적측량 시 필지에 대한 수평위치 측량 기준으로 사용하기 위하여 국가기준점, 지적삼각점, 지적삼각보조점 및 다른 지적도근점을 기초로 하여 정한 기준점을 말한다(같은 법 시행령 제8조 제1항 제3호 다목). 이러한 지적기준점을 기준으로 경계를 정하는 측량을 지적기준점 측량이라 한다.

다. 현형측량성과와 지적기준점 측량성과의 충돌

1) 문제점

원래 현형측량성과와 지적기준점에 의한 측량성과는 동일하여야 하며, 보통 동일하게 나타난다.

그러나 지적측량용으로 사용하는 지적도 또는 임야도는 1910년에서 1924년까지 평판과 대나무자를 이용하여 측량을 한 후 종이(한지배접지)로 만들어진 도면이었다. 이러한 지적도면의 100년간의 신·축에 따른 부정확, 개발행위 등으로 인한 현장과 도면의 불일치, 1910년대 지적공부 작성 시 설치한 측량기준점 16,089점 중 6·25전쟁 등으로 인하여 12,567점(76%)의 측량기준점이 망실됨에 따라 재복구에 따른 성과의 차이, 도면상 총 9종의 다양한 축척으로 인한 축척별 경계선 판독의 차이, 측량장비의 발달 등 지적제도의 근원적 문제로 인하여 과거 측량대상 필지에 대한 지적공부가 현재의 기준으로 정확하게 나타날 수는 없는 것이다. 그에 따라 현재 새로이 지적기준점(지적도근점)을 설치하여 측량을 할 때 성과의 차이가 발생하는 경우가 있다.

2) 해결 기준

현형측량성과와 지적기준점에 의한 측량성과의 불일치의 문제를 해결하기 위한 기준은 다음과 같다.

가) 「지적업무처리규정」의 규정

「지적업무처리규정」(국토교통부 훈령) 제20조 제4항은 "세부측량성과를 결정하기 위하여 사용하는 기지점은 지적기준점이어야 한다. 다만, 도면의 기지점이 정확하고 보존이 양호하여 기지점을 이용하여도 측량에 지장이 없다고 인정되는 축척 1천분의 1 이하의 지역에는 그러하지 아니하다."라고 규정하여, 지적측량 당시 양호한 기지점이 있는 경우 이를 이용하여 현형측량을 할 수 있도록 규정하고 있다.

또한 제13조는 "① 지적도근점측량을 한 때에는 지적도근점측량성과와 기지경계선과의 부합여부를 도해적으로 확인하여야 한다. 이 경우 지적도근점측량성과와 기지경계선이 부합하지 아니할 경우에는 사용한 지적기준점 및 측량방법을 다르게 하여 지적도근점측량성과를 재확인하여야 한다. ② 제1항에 따라 기지경계선의 부합여부를 확인한 결과 기지경계선이 같은 방향과 거리로 이동하여 등록되었음이 판명된 때에는 기지경계선 등록당시 지적도근점측량성과에 오류가 있는 것으로 보고, 지적소관청이 지적도근점측량성과에 그 이동수치를 가감하여 사용할 수 있다. 이 경우 수정한 좌표는 지적도근점측량계산부 및 지적도근점성과표의 좌표란 윗부분에 붉은색으로 기재하여야 한다."라고 규정하고 있다.

위 조항의 의미는, 지적도근점(기준점) 측량성과와 현형에 의한 기지경계선[40]이 부합하지 아니하는 경우에는 우선 다른 방식으로 지적도근점 측량성과를 다시 한 번 확인하여야 하고, 그 결과로도 양자에 차이가 있는 경우에는 지적도근점 측량성과에 오류가 있는 것으로 보고, 지적소관청이 지적도근점 측량성과를 기지경계선에 맞추어 사용한다는 것이다.

나) 지적법령의 규정

과거 개정 「지적법 시행령」(1976. 5. 7. 대통령령 제8110호로 개정되어

---

40) "기지경계선(旣知境界線)"이란 세부측량성과를 결정하는 기준이 되는 기지점을 필지별로 직선으로 연결한 선을 말한다(「지적업무처리규정」 제3조 제2호).

같은 날 시행) 제40조는 "경계복원 측량방법"이라는 제목으로 "경계를 실지에 복원하기 위하여 행하는 측량은 등록할 당시의 측량방법과 동일한 방법으로 시행하여야 한다"라는 규정을 둠으로써 경계복원측량은 등록할 당시의 측량방법으로 하여야 한다는 내용을 규정하게 되었으며, 해당 조항은 개정 「지적법 시행령」(1986. 11. 3. 대통령령 제11998호로 개정되어 1986. 11. 9. 시행)에서 제45조로 조문 위치가 바뀌었다.

그러나 이후 개정된 「지적법 시행령」(1995. 4. 6. 대통령령 제14568호로 개정되어 같은 날 시행) 제45조 제1항은 "경계를 지표상에 복원하기 위한 경계복원측량에 있어서 경계를 지적공부에 등록할 당시에 거리측정착오 · 측량성과의 결정착오 또는 경계오인 등의 사유로 경계가 잘못 등록되었다고 판단될 경우에는 법 제38조 제2항의 규정에 의하여 등록사항이 정정된 후 측량을 하여야 한다"라고 규정하여, 등록할 당시의 측량방법과 동일한 방법이라는 문구를 없앴다. 이는 기존 규정에서의 "등록할 당시의 측량 방법과 동일한 방법"을 기계적으로 고수할 경우 잘못 등록된 경계라도 그대로 따라서 경계복원측량을 해야 한다는 그릇된 결론으로 나아갈 수 있으며, 오히려 이러한 경우에는 잘못 등록된 경계를 등록사항정정한 후에 측량을 하여야 하는 것이 타당하다는 고려에서 비롯된 것으로 보인다. 즉 경계복원측량은 측량 방법 자체를 기준으로 삼을 것이 아니며, 측량은 올바르게 등록된 경계라는 전제하에 이루어져야 하는 것이다. 이러한 내용이 현재까지 이어져 현행 「지적측량 시행규칙」 제24조 제1항은 "경계점을 지표상에 복원하기 위한 경계복원측량을 하려는 경우 경계를 지적공부에 등록할 당시 측량성과의 착오 또는 경계 오인 등의 사유로 경계가 잘못 등록되었다고 판단될 때에는 법 제84조 제1항에 따라 등록사항을 정정한 후 측량하여야 한다."라고 규정하고 있다.[41]

---

41) 이상 경계복원측량의 자세한 연혁에 관하여는, 한국국토정보공사, 지적측량용어해설집 상권, 2018의 "경계복원측량" 항목 참조

따라서 현행 법령에서는 명시적으로 경계복원측량을 등록 당시의 측량방법으로 해야 한다는 근거는 없으며, 다만 등록 자체가 잘못된 경우에는 그대로 따를 것이 아니라 등록사항정정 후에 측량을 하여야 한다고 규정하고 있는 것이다.

다) 판례

판례는 경계침범 여부가 문제로 되어 지적도상의 경계를 실지에 복원하기 위하여 행하는 경계복원측량은 등록할 당시의 측량 방법과 동일한 방법으로 하여야 하므로, 첫째 등록 당시의 측량 방법에 따르고, 둘째 측량 당시의 기준점을 기준으로 하여야 하며, 비록 등록 당시의 측량 방법이나 기술이 발전하지 못하여 정확성이 없다 하더라도 경계복원측량을 함에 있어서는 등록 당시의 측량 방법에 의하여야 하는 것이지 보다 정밀한 측량 방법이 있다 하여 곧바로 그 방법에 의하여 측량할 수는 없다. 토지의 등록 당시 기지점을 기준으로 한 측판측량 방법에 의하여 분할 측량이 이루어진 경우 등록 당시의 기지점을 기준으로 하여 경계복원측량을 하여야 함이 원칙이나, 현재에 이르러 등록 당시의 기지점을 찾을 수 없어 등록 당시의 기지점을 기준으로 하여 경계복원측량을 하는 것이 불가능하게 되었다면 분할측량원도를 토대로 등록 당시와 비슷한 조건의 주위 기지점에 의거하여 경계복원측량을 할 수 있는바, 대상 토지의 사정변경으로 위 방법에 의하여 경계복원측량을 하는 것마저 불가능하게 되었다면 기초측량에 의하여 해당 토지 인근의 도근점을 찾아내어 이를 기준으로 하여 경계복원측량을 할 수밖에 없다고 판시하고 있다.[42]

판례의 취지에 따르면, 기존의 측량성과에 따른 경계에 관한 법적안정성을 보장하기 위한 취지에서 지적측량은 보다 정밀한 측량방법이 있

---

42) 대법원 2003. 10. 10. 선고 2002다17791, 17807 판결; 대법원 1998. 3. 27. 선고 96 다34283 판결; 대법원 1997. 2. 14. 선고 96다42451 판결; 대법원 1991. 6. 14. 선고 90다10346, 10353 판결 등

다 하더라도 우선적으로 토지의 등록 당시와 동일한 측량방법에 의하여야 하며, 토지의 등록 당시 기지점을 기준으로 한 측량이 이루어진 경우 등록 당시의 기지점을 기준으로 하여 경계복원측량을 하여야 한다는 원칙이 확립되어 있음을 알 수 있다.

이러한 판례를 곧이곧대로 적용하여 아쉬움이 있는 결과가 나온 판결례도 있다.

사실관계를 보면, 사건 토지 일대 토지들의 지적공부상 경계와 실제 점유현황이 일치하지 않아 피고 ○○시는 1976. 3. 22. 점유현황과 일치시키기 위한 등록사항정정측량성과에 따라 토지대장 및 지적도를 정리하여 원고는 사건 토지를 점유하고 있었다. 당시 측량결과도가 남아 있지 않아 측량방법은 확인되지 않았다. 그런데 구 대한지적공사(현 한국국토정보공사)가 2002. 8. 8. 실시한 지적기준점 측량방법에 의한 경계복원측량에 따르면 경계선이 왼쪽으로 이동하여 사건 토지 지상 건물의 점유현황이 오른쪽 인접 도로를 침범한 것으로 나타났다.

전라북도지방지적위원회는 지적측량 적부심사에서, 대한지적공사가 1976년 및 1993년 시행한 기지점에 의한 현형측량성과와 2002년 시행한 지적기준점에 의한 측량성과가 서로 다르게 나온 데 대하여, 기지점에 의한 현형측량성과로 결정한다면 블록 내의 다른 모든 필지가 지적기준점, 주위 기지경계선, 인근 도로부분 등이 북서방향으로 3~4m 정도 일률적으로 밀리는 결과를 초래하게 된다는 이유 등으로 이는 잘못된 것이고, 지적기준점에 의한 측량성과가 타당하다고 의결하였다.

다시 사건 토지 소유자가 제기한 경계확정소송에서 1심은 지적측량 적부심사 의결과 동일하게 지적기준점에 의한 측량성과에 따라 각 토지의 경계를 확정하는 판결을 내렸다.[43]

---

43) 전주지방법원 군산지원 2010. 8. 18. 선고 2009가단7309 판결

그러나 항소심은 1976. 3. 22.경 사건 토지 주변의 토지들에 대한 경계복원측량이 모두 기지점 측량방식에 의한 점 등을 고려할 때 당시 실시된 측량방법이 기지점 측량방식으로 추정되므로 현재의 경계복원측량 역시 이에 따라야 할 것임에도, 2002. 8. 8. 사건 토지에 대한 측량을 하면서 위 기지점 측량방법을 따르지 아니하고 경계복원측량을 실시한 것은 위법하다고 하여, 기지점 측량방법에 따라 경계를 확정하였다.44)

상고심도 원심이 1976. 3. 22.경 사건 토지 및 인근 토지들에 대한 지적오류 정정신청에 따라 측량이 이루어지고 지적도가 정리된 사실 등을 인정한 다음, 당시 실시된 측량방법은 기지점 측량방식으로 추정된다고 보아 이에 따른 경계복원측량의 성과를 채택하여 원고 토지와 피고들 소유 토지들의 경계를 확정한 것은 정당하다고 판시하였다.45)

그런데 이러한 판례에 따른 경계복원측량의 방법은 현행 지적법령과도 맞지 않을뿐더러 내용에 불명확한 점이 있는 것으로 보인다.

우선 이러한 판례가 나오게 된 경위를 살펴보면, 판례가 인용하고 있는 판결을 거슬러 올라가면 그 시초는 "지적법 시행령 제45조에 의하면 경계복원측량은 경계를 측량, 등록할 당시의 측량방법과 동일한 방법으로 시행하여야 할 것으로 규정하고 있는데 위 각 토지를 분할 측량하여 등록할 당시의 대한지적협회 서울출장소 성동분소 소속의 측량기사인 원심 감정인 ○○○은 이 사건 토지를 측량, 분할할 당시의 측량방법과 동일한 방법으로 경계선을 복원 측량하는 것은 불가능하다고 진술하고 있으므로 결국 피고들 소유 건물이 원고 소유 토지를 침범하여 있는지의 여부는 가릴 수 없다 할 것인데도, 원심은 경계선의 복원측량에 있어 준수하여야 할 지적법 시행령 제45조의 규정에 충실한 감정인 ○○○, ○○○ 등의 증언을 가볍게 배척하고, 1심에서의 감정인 ○○○

---

44) 전주지방법원 2011. 8. 8. 선고 2010나6867 판결
45) 대법원 2012. 1. 12. 선고 2011다72066 판결

의 감정결과만을 증거로 채택하여 피고들 소유 건물이 원고 대지를 침범한 것으로 쉽사리 판단하였음은 경계복원측량에 관한 지적법 시행령 제45조 규정의 법리를 오해하고 채증법칙에 위반하여 사실을 인정한 위법이 있다"라고 판시한 것이다.[46)]

이 판결에서 분명히 언급하고 있는 것처럼 등록할 당시의 측량방법이라는 원칙은 구 「지적법 시행령」 제45조에 따라 생겨난 것이다. 그러나 앞서와 같이 경계복원측량 방법에 관한 지적법령의 변천 과정을 보면, 「지적법 시행령」 제45조에서 규정한 "경계복원측량은 등록할 당시의 측량방법과 동일한 방법으로 시행하여야 한다"는 내용은 변경되었으므로, 시행령 변경 전의 측량방법에 관한 내용을 그대로 따르는 것은 타당하지 않다.

또한 기지점의 정의에서 알 수 있듯이 기지점은 지적기준점과 지상의 경계점을 포괄하는 개념이다. "기지점"의 사전적인 의미도 "삼각점과 수준점, 평면과 높이에 대한 위치 좌표 등 정보를 이미 알고 있는 지점"을 말한다고 한다.[47)] 판례는 지적기준점(지적도근점)과 기지점을 서로 대비되는 별개의 개념으로 판단하는 것으로 보이나, 오히려 지적기준점에 의한 측량과 대비되는 것은 기준점 없이 현장 일대의 지형지물들을 도면으로 표시한 후 지적도와 중첩하여 일치시키면서 대상 토지의 경계를 표시하는 현형측량(現形測量)이다.

경계복원측량이 지적도, 임야도에 등록된 경계를 지상에 복원하기 위한 것이라면, "등록할 당시의 측량 방법과 동일한 방법"을 찾을 것이 아니라 "올바르게" 등록된 측량"성과"를 찾아야 할 것이며, 따라서 측량방법을 그 기준으로 삼는 것은 타당하지 않다.

그러므로, 토지의 등록 당시 측량성과가 있다면 이를 따르도록 하고,

---

46) 대법원 1991. 6. 14. 선고 90다10346, 10353 판결
47) 우리말샘 https://opendict.korean.go.kr

다만 그것이 주위 일대의 광범위한 지형지물과 비교하여 잘못된 성과임이 판명되었다면 수정하는 방향으로 나아가야 할 것이다. 판례의 경계복원측량의 등록 당시의 "측량 방법"이라는 원칙은 등록 당시의 "성과"라는 원칙으로 수정되어야 하며, 나아가 등록 당시의 측량성과가 잘못되었다면 그에 따를 필요가 없다는 설시도 있어야 할 것이다.

라) 등록 당시의 측량방법을 알 수 없는 경우

한편, 등록 당시의 측량방법이 어떠한지 알 수 없는 경우에는 어떤 측량방법으로 지적측량을 수행해야 하는지가 문제된다.

과거 지적주무기관의 유권해석은, 구 「지적법 시행령」 제45조의 규정에 의한 등록할 당시의 측량방법이라 함은 경계를 지적공부에 최초로 등록할 당시의 측량방법을 뜻하며, 등록할 당시의 측량원도 분실 등으로 인하여 당해 토지에 대한 측량방법을 알 수 없는 경우에는 인접 토지가 지적공부에 등록된 측량성과 등 관련자료를 조사 참고하여 측량성과를 결정하여야 한다고 하였다.[48]

이에 반하여 판례는 등록 당시의 측량방법이 어떠한지 및 그 측량기준점이 지적기준점인지 기지점인지도 알 수 없다면 기초측량에 의하여 해당 토지 인근의 지적기준점을 찾아내거나 이를 찾지 못한 경우에는 새로 지적기준점을 설치하여 이를 기준으로 경계복원측량을 할 수밖에 없다고 판시하여, 위 유권해석과 다른 기준을 제시하고 있다.[49]

5. 측량장비에 따른 분류

지적측량은 측량장비를 기준으로 토탈스테이션과 지적측량 운영프로그램 등이 설치된 컴퓨터를 연결하여 세부측량을 수행하는 "전자평판측량"(「지적업무처리규정」 제3조 제3호)과, 종이로 된 지적도면을 기준으로

---

48) 지적 01254-852(1991. 3. 8.)
49) 대법원 2012. 7. 12. 선고 2010다11606, 11613 판결

줄자와 삼각대 위에 올려진 평판과 알리다드[평판측량에 사용하는 방향 시준기(方向視準器)] 등을 사용하여 방향, 거리, 및 고저차를 측량하는 "평판측량"으로 나뉜다.

2005년경 구 대한지적공사에서 수작업 방식의 평판측량을 개선하여 디지털 방식인 전자평판을 개발하여 지적측량업무에 활용하게 된 이후 점진적으로 종이 지적도면은 폐쇄되고 평판측량 장비는 폐기되어 사용하지 않고 있다.

여기서 판례에서 설시한 경계복원측량은 등록할 당시의 측량 방법과 동일한 방법으로 하여야 한다는 원칙의 해석에 있어서, 그것이 "등록할 당시에 사용된 장비와 동일한 장비에 의한 측량(즉 측량장비의 동일)"을 말하는 것인지, "등록할 당시의 성과와 동일한 성과에 의한 측량(즉 성과 결정방법의 동일)"을 말하는 것인지가 문제되나, 국토교통부는 후자라고 유권해석하였다.[50]

그리고 2005년경 이후로 종이지적도를 전산도면으로 전환하여 현재까지 사용하고 있는 지역에서 경계복원측량을 실시할 경우, 등록할 당시와 동일한 측량방법인 종이지적도에 의한 평판측량이 허용되는지 질의에 대하여, 지적도면 전산화 이후 지적도가 폐쇄되면서 측량등사도 작성 및 측량원도의 작성 등을 수작업에 의하지 아니하고, 지적도면 파일을 이용하여 작성하게 되면서 세부측량은 전자평판에 의해 실시하고 있어, 원칙적으로는 평판측량이 허용되지 아니하나, 지적측량 적부심사 또는 소송 등을 위하여 평판측량 방법에 의한 측량이 필요하다는 재판부 등의 요청이 있는 경우 평판측량이 가능하다고 하고 있다.[51]

---

50) 지적기획과-2582(2014. 8. 14.)
51) 지적기획과-3108(2014. 10. 6.)

Ⅲ. 지적측량시 작성 도면

1. 서 설

지적측량 성과는 현장에서의 경계점표지의 설치(경계복원측량, 분할측량)와 도면의 작성으로 나타난다. 따라서 지적측량 성과를 이해하는데 있어 도면에는 어떤 것이 있고, 그 내용은 어떠한가를 파악하는 것은 매우 중요하다. 지적측량시 작성되는 도면에는 지적측량결과도와 지적측량성과도가 있다.

2. 지적측량결과도

지적측량결과도(地籍測量結果圖)란 세부측량을 실시한 결과를 작성한 과정이 표시된 도면이다(「지적측량 시행규칙」 제26조, 「지적업무처리규정」 제25조 제1항).

과거 토지조사사업 당시 「세부측도 실시규정」(1913. 10. 5. 임시토지조사국 훈령 제18호)에서 지적측량원도(地籍測量原圖)라고 불리었으나, 개정 「지적법 시행령」(1995. 4. 6. 대통령령 제14568호로 개정되어 같은 날 시행)에서 지적측량결과도로 명칭이 변경되었다.

토지의 이동이 발생할 때 실시하는 측량, 즉 지적공부의 정리를 요하는 측량의 지적측량결과도는 지적소관청이 보관하고, 그렇지 않은 측량, 즉 경계복원측량과 지적현황측량의 지적측량결과도는 지적측량수행자가 보관한다(「지적측량 시행규칙」 제28조 제2항 제1호, 「지적업무처리규정」 제25조 제3항). 특히 한국국토정보공사가 보관하는 경계복원측량과 지적현황측량의 지적측량결과도는 과거 보존기간을 10년으로 하다가, 1994. 7. 1. 개정 시행된 공사 업무규정에 따라 영구보관하는 것으로 변경되었다.

다음 [그림 1]은 「지적업무처리규정」에 첨부되어 있는 경계복원측량의 지적측량결과도 작성 예시이다.

①에서는 실선으로 표시된 지적선에 굴곡점마다 경계점표지를 설치하였음을 원(○)으로 표시하고 있다. 그리고 「지적측량 시행규칙」 제26조 제1항

그림 1

7. 경계복원측량결과도 (1200분의 1)

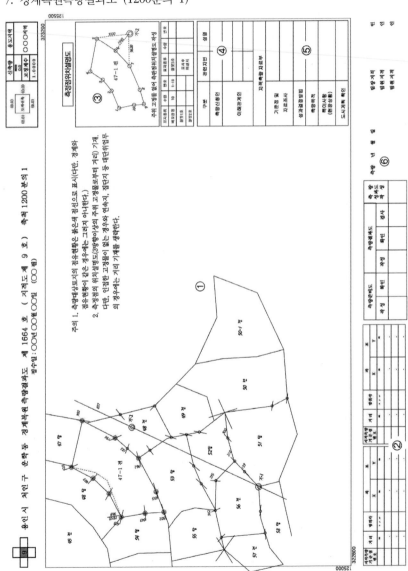

제6호 및 같은 조 제2항 제7호에 따라 측량대상토지의 검은색 실선으로 표시된 지적선과 달리 나타난 점유현황선은 붉은색 점선으로 표시한다.

②에서는 지적측량기준점에 의하여 측량을 한 경우에 그 기준점번호, 거리, 방위각, 좌표 등을 기재하도록 하고 있다. 따라서 기준점에 의하지 않은 경우에는 기재되지 않는다.

③에서는 측정점위치설명도를 작성하도록 하고 있다. 지적측량을 완료한 때에는 분할 등록될 경계점의 위치 또는 경계복원점의 위치를 지적기준점·담장모서리 및 전신주 등 주위 고정물로부터 거리를 측정하여 지적측량의뢰인 및 이해관계인에게 확인시키고, 측량결과도 여백에 그 거리를 기재하거나 경위의측량방법에 따른 평면직각종횡선좌표 등 측정점의 위치설명도를 작성하여야 한다. 다만, 주위 고정물이 없는 경우와 도로, 구거, 하천 등 연속·집단된 토지 등의 경우에는 작성을 생략할 수 있다(「지적업무처리규정」 제20조 제7항). 이 측정점위치설명도는 지적측량성과의 적정성 여부를 판단함에 있어서 중요한 자료가 된다.

④에서는 토지소유자 및 이해관계인의 서명·전자서명 또는 날인을 받는다. 다만, 토지소유자 및 이해관계인이 입회하지 못하는 경우와 입회는 하였으나 서명 또는 날인을 거부하는 때에는 그 사유를 기재하여야 한다(「지적업무처리규정」 제20조 제2항).

⑤에서는 기타 지적측량 자료를 기재한다. 특히 "성과결정방법"란에서는 지적측량기준점에 의한 것인지, 현형측량에 의한 것인지를 기재한다.

⑥에서는 지적측량수행자 및 지적측량검사자가 지적측량결과도상의 측량준비도, 측량결과도, 측량성과도작성, 도면 등의 작성, 확인 및 검사란에 날인 또는 서명을 한다. 이 경우 서명은 정자(正字)로 하여야 한다(「지적업무처리규정」 제25조 제2항).

지적현황측량 등 기타 지적측량결과도도 형식은 동일하다.

참고로 과거 2000년대 중반 이전 평판측량으로 지적측량을 수행하여 지적측량결과도가 종이도면으로 만들어지던 당시 결과도의 뒷면에는 측량대상토지 주위의 현형을 연필로 표시한 도면이 있었으며, 이를 "실형도"라고 불렀다.

3. 지적측량성과도

지적측량성과도란 측량결과도에 의하여 작성한 측량성과도면으로서 측량의뢰인에게 교부하는 것을 말한다(「지적측량 시행규칙」 제28조 제2항 제3호, 「지적업무처리규정」 제28조 제1항, 제29조).

지적측량성과도는 "지적측량 결과부"에 포함되어 있으며, 지적측량결과부는 지적측량성과도, 측정점의 위치 현황도(현장 사진), 참고도, 토지 공시현황, 지적측량 수행자 등의 내용으로 구성되어 있다(「지적측량 시행규칙」 [별지 제41호서식], [별지 제42호서식]).

[그림 2]는 경계복원측량의 지적측량성과도 작성 예시이다.

경계복원측량은 현장에 경계점표지를 설치하는 것이 주된 업무이므로, 측량의뢰인에게 교부하는 지적측량성과도에는 굴곡점마다 경계점표지를 설치하였음을 원(○)으로 표시하는 것 외에는 특별한 내용이 없다.

[그림 3]에서 [그림 6]까지는 지적현황측량의 각 지적측량성과도 작성 예시이다.

의뢰인이 요구하는 구조물의 점유 현황, 면적 현황, 선 현황, 특정 지점의 현황 등을 도면에 표시해 준다.

그림 2 | 측량성과도의 작성 예시(경계복원)

경계복원측량 성과도

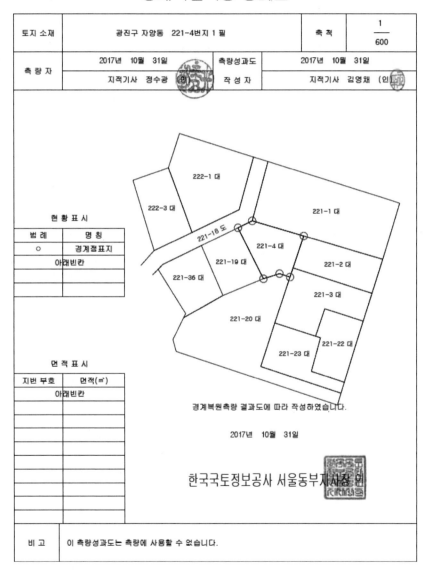

토지 소재	광진구 자양동 221-4번지 1 필		축 척	$\frac{1}{600}$
측 량 자	2017년 10월 31일	측량성과도	2017년 10월 31일	
	지적기사 정수광 (인)	작 성 자	지적기사 김영채 (인)	

현 황 표 시

범 례	명 칭
○	경계점표지
아래빈칸	

면 적 표 시

지번 부호	면적(㎡)
아래빈칸	

경계복원측량 결과도에 따라 작성하였습니다.

2017년 10월 31일

한국국토정보공사 서울동부지사장 인

비 고	이 측량성과도는 측량에 사용할 수 없습니다.

그림 3 측량성과도의 작성 예시(구획 현황)

지적현황측량 성과도

토지 소재	군 면 리 754-27번지 외 5필			축 척	$\dfrac{1}{1200}$
측 량 자		측량성과도			
		작 성 자			

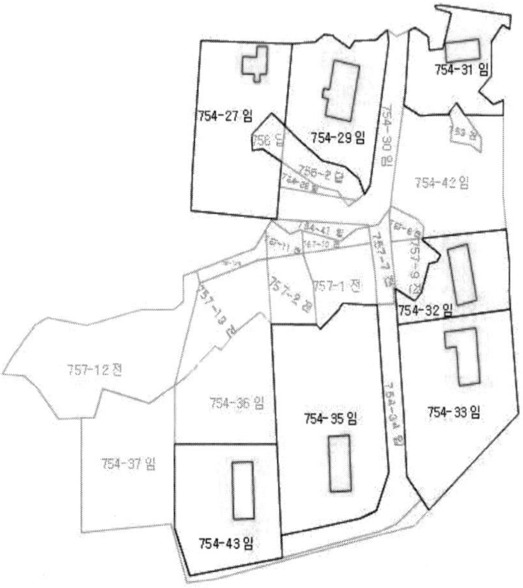

현 황 표 시

범 례	명 칭
▭	건물외벽선
아래빈칸	

면 적 표 시

지번 부호	면적(m²)
아래빈칸	

754-27 임
754-29 임
754-30 임
754-31 임
754-42 임
756 답
756-2 답
754-41 답
757-12 전
757-13 전
757-2 전
757-1 전
757-9 전
754-32 임
754-36 임
754-35 임
754-33 임
754-34 임
754-37 임
754-43 임

지적현황측량 결과도에 따라 작성하였습니다.

한국국토정보공사   지사

그림 4 | 측량성과도의 작성 예시(면적 현황)

지적현황측량 성과도

토지 소재	군 면 리 465번지 외 5필	축 척	$\dfrac{1}{1200}$

측 량 자		측량성과도 작성자	

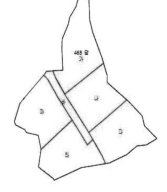

현 황 표 시

범 례	명 칭
————	신청인지정선
	현황선(석축하단및도로)
아래빈칸	

면 적 표 시

지번 부호	면적(㎡)
465 가	666
나	539
다	594
라	567
마	584
바	165
465	3115
아래빈칸	

지적현황측량 결과도에 따라 작성하였습니다.

한국국토정보공사   지사

| 그림 5 | 측량성과도의 작성 예시(선 현황) |

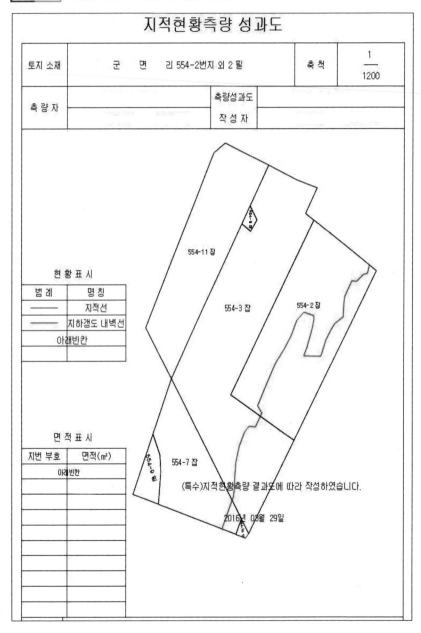

지적현황측량 성과도

| 토지 소재 | 군   면   리 554-2번지 외 2 필 | 축 척 | $\dfrac{1}{1200}$ |

| 측량자 | | 측량성과도 작성자 | |

현황표시

범례	명칭
——	지적선
——	지하갱도 내벽선
아래빈칸	

면적표시

지번 부호	면적(㎡)
아래빈칸	

554-11 잡

554-3 잡   554-2 잡

554-7 잡

(특수)지적현황측량 결과도에 따라 작성하였습니다.

2016년 03월 29일

그림 6	측량성과도의 작성 예시(점 현황)

지적현황측량 성과도

토지 소재	구례군 토지면 구산리 314-1번지		축 척	$\dfrac{1}{1200}$
측 량 자		측량성과도		
		작 성 자		

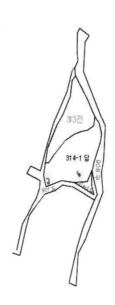

현 황 표 시

범 례	명 칭
◇	전주
ㄱ	155L14R1
ㄴ	155L14R2

면 적 표 시

지번 부호	면적(㎡)
아래빈칸	

(특수)지적현황측량 결과도에 따라 작성하였습니다.

한국국토정보공사   지사

Ⅳ. 지적측량과 일반측량과의 관계

일반측량은 지적도 또는 임야도에 등록된 경계와 무관하게 건설공사의 시공 등을 위하여 주요 지형, 지물의 형태와 위치 등을 나타내기 위한 측량을 말한다.

현행 법률 규정에 따르면 "일반측량"은 기본측량, 공공측량 및 지적측량 외의 측량을 말한다고 하여(법 제2조 제6호), 소극적인 형식으로 규정하고 있다.

연혁적으로 토지를 조사하고 측량하는 것은 일제시대의 토지조사 및 임야조사 등을 거쳐 1938년 재단법인 조선지적협회의 설립에 따라 "지적측량"의 형태로 이루어졌고, 지적측량 관계를 규율하는 「지적법」은 일찍이 1950. 12. 1. 법률 제165호로 제정되었으며, 지적현황측량에 관하여도 「지적법 시행규칙」(1976. 5. 7. 내무부령 제208호로 제정되어 같은 날 시행) 제28조에서 "법 제25조 제2항 제5호의 규정에 의하여 지적측량을 실시할 경우는 지상구조물 또는 지형지물이 점유하는 위치현황을 지적도 또는 임야도에 등록될 경계와 대비하여 표시하기 위하여 필요한 경우로 한다."라고 규정하여 근거 규정을 두었었다.

반면에 「측량법」은 1961. 12. 31. 법률 제938호로 제정되었고 제정 당시 법 제2조의 정의 규정에서는 기본측량과 공공측량이란 개념만 있었을 뿐 "일반측량"이라는 개념은 없다가 개정 「측량법」(1986. 12. 31. 법률 제3898호로 개정되어 같은 날 시행)에 의해 비로소 생겨났다. 따라서 측량법의 규율대상인 기본측량과 공공측량은 지적법의 규율대상인 지적측량보다 훨씬 이후에 개별적으로 생겨난 것이고, 일반측량은 지적측량 등에 대한 보완적인 개념이다.

판례는, 소송 중 사건 토지와 인접한 도로와의 경계에 관하여 피고

인과 같은 측지측량기사의 공공측량인 도시계획선 명시측량에 따른 감
정결과와 지적기사의 (지적측량의 한 종류인) 경계복원측량에 따른 감정
결과가 상이하게 나온 사례에서, 지적공부에 등록된 토지의 경계는 기술
적인 착오로 말미암아 지적공부상의 경계선이 진실한 경계선과 다르게
작성되었다는 등의 특별한 사정이 없는 한 그 등록으로써 특정되므로
지적공부의 표시에 의하여 결정되어야 하고, 이는 그 토지가 도시계획사
업의 시행을 위하여 도시계획선에 맞추어 분할·등록된 경우에도 마찬
가지로서 그 도시계획선 자체의 명시측량 결과에 의한다고 볼 수 없으
므로, 도시계획사업을 위하여 분할·등록된 토지의 경계침범 여부가 문
제된 경우, 그 토지의 지표상의 경계복원방법은 측량법에 의한 공공측량
이 아니라 지적법의 경계복원측량에 의하여야 한다고 판시하였다.[52]

또한 국토교통부의 유권해석에 따르면, 주거환경정비사업지구 내 보
상 및 준공을 위한 편입토지의 면적 및 현황측량 업무를 일반측량기술
자가 할 수 있는지 여부에 대하여, 도해지역의 지적현황측량은 구「측
량·수로조사 및 지적에 관한 법률」제60조 제1호에 따라 대한지적공사
에서만 수행할 수 있다고 하였고,[53] 지적도 및 임야도를 기반으로 하는
모든 측량은 지적측량에 속하므로 "국·공유지 현황측량"은 지적측량수
행자인 대한지적공사 또는 지적측량업자를 제외하고는 지적측량을 실시
할 수 없으며, 지적측량업의 등록을 하지 아니하고 지적측량을 실시한
자는 구「지적법」제50조의2 제1호의 규정에 의하여 처벌받을 수 있다
고 하였다.[54]

---

52) 대법원 2000. 10. 24. 선고 99다44090 판결
53) 지적기획과-17(2013. 3. 29.)
54) 지적팀-887(2006. 2. 23.)

<div>표 1</div>	지적측량과 일반측량의 구분	
구 분	지적측량	일반측량
근거법	구 지적법	구 측량법
	※ 「측량·수로조사 및 지적에 관한 법률」(2009. 6. 9. 법률 제9774호로 제정되어 2009. 12. 10. 시행)(현행 「공간정보의 구축 및 관리 등에 관한 법률」로 통합)	
측량범위	- 토지소유권등록 측량 - 지적공부에 등록된 경계점복원	- 국토의 위치 및 형상 측량 - 토목/시공에 필요한 측량
측량종류	- 기초측량(삼각/도근) - 세부측량(경계/분할 등)	- 기본측량(삼각/중력/천문) - 공공측량 / 일반측량
측량기준	- 동부, 중부, 서부원점 - 수평거리(평면거리)	- 경위도원점/수준원점 - 평균해수면
위치표시	- 평면직각좌표(X,Y)	- 경위도 및 평면직각(X,Y)
기 술 자	- 지적기술사 - 지적기사	- 측량및지형공간정보 기술사 - 측량및지형공간정보기사

제3절 지적측량 적부심사

Ⅰ. 의   의

지적측량 적부심사란 지적측량성과에 대하여 다툼이 있는 경우에 이를 심의하여 의결하는 일종의 특별행정심판이다.

Ⅱ. 절   차

지적측량 적부심사 청구사항을 심의·의결하기 위하여 특별시·광역시·특별자치시·도 또는 특별자치도에 지방지적위원회가 설치되어 있다(법 제28조 제2항). 그리고 지적측량 적부심사에 대한 재심사 사항을 심의·의결하기 위하여 국토교통부에 중앙지적위원회가 설치되어 있다 (법 제28조 제1항).

토지소유자, 이해관계인 또는 지적측량수행자는 지적측량성과에 대하여 다툼이 있는 경우에는 관할 시·도지사를 거쳐 지방지적위원회에 지적측량 적부심사를 청구할 수 있다(법 제29조 제1항).

지적측량 적부심사청구를 받은 시·도지사는 30일 이내에 "① 다툼이 되는 지적측량의 경위 및 그 성과, ② 해당 토지에 대한 토지이동 및 소유권 변동 연혁, ③ 해당 토지 주변의 측량기준점, 경계, 주요 구조물 등 현황 실측도"를 조사하여 지방지적위원회에 회부하여야 하고(법 제29조 제2항), 이를 회부 받은 지방지적위원회는 그 심사청구를 받은 날로부터 60일 이내에 심의·의결하여야 하는데, 부득이한 경우에는 그 심의 기간을 해당 지적위원회의 의결을 거쳐 30일 이내에서 한 번만 연장할 수 있다(법 제29조 제3항).

지방지적위원회는 지적측량 적부심사를 의결하였으면 위원장과 참석 위원 전원이 서명 및 날인한 지적측량 적부심사 의결서를 작성하여 지체 없이 시·도지사에게 송부하여야 한다(법 제29조 제4항 및 시행령 제25조 제1항). 시·도지사는 의결서를 받은 날부터 7일 이내에 지적측량 적부심사 청구인 및 이해관계인에게 그 의결서를 통지하여야 하는데(법 제29조 제5항), 시·도지사는 지적측량 적부심사 의결서를 지적측량 적부심사 청구인 및 이해관계인에게 통지하면서 재심사를 청구할 수 있음을 서면으로 알려야 한다(시행령 제25조 제2항).

이후 의결서를 받은 지적측량 적부심사 청구인 및 이해관계인이 이에 불복하는 경우에는 그 의결서를 받은 날부터 90일 이내에 국토교통부장관을 거쳐 중앙지적위원회에 재심사를 청구할 수 있으며(법 제29조 제6항), 재심사에 관하여는 적부심사의 절차 규정을 준용하게 된다(법 제29조 제7항 전단). 재심사청구 시에는 시·도지사의 역할은 국토교통부장관이, 지방지적위원회의 역할은 중앙지적위원회가 담당하게 된다(법 제 29조 제7항 후단).

지적측량 적부재심사에 대한 중앙지적위원회의 의결서를 받은 국토교통부장관은 그 의결서를 관할 시·도지사에게 송부하여야 한다(법 제29조 제8항). 시·도지사는 지방지적위원회의 의결서를 받은 후 해당 지적측량 적부심사 청구인 및 이해관계인이 재심사를 청구하지 아니하면 그 의결서 사본을 지적소관청에 보내야 하고, 중앙지적위원회의 의결서를 받은 경우에는 그 의결서 사본에 지방지적위원회의 의결서 사본을 첨부하여 지적소관청에 보내야 한다(법 제29조 제9항).

지방지적위원회의 의결이 있은 후 90일 이내에 재심사를 청구하지 아니하거나 중앙지적위원회의 의결이 있는 경우에는 해당 지적측량성과에 대하여 다시 지적측량 적부심사청구를 할 수 없다(법 제29조 제12항).

Ⅲ. 효   력

1. 행정심판과의 관계

지적측량 적부심사 청구인이 법에 따라 지방지적위원회의 의결에 대하여 재심사를 청구하지 않거나 중앙지적위원회에 재심사를 청구하여 의결을 받았다면, 이는 특별행정심판절차를 거친 것으로 보아야 하며, 그에 불복하여 다시 행정심판위원회에 행정심판을 청구하는 경우, 이는 「행정심판법」 제3조 제1항에 따른 '다른 법률에 특별한 규정이 있는 경우'에 해당한다고 보아 행정심판법에 의한 심판청구의 요건을 결한 부적법한 청구로서 각하하는 것이 실무의 태도이다.

2. 의결의 기속력

지적측량 적부심사는 일종의 특별행정심판이므로 행정심판법상의 재결의 기속력에 따라 청구인의 청구를 인용한 경우에는 피청구인과 그 밖의 관계 행정청을 기속한다(「행정심판법」 제49조 제1항). 「공간정보의 구축 및 관리 등에 관한 법률」에서도 마찬가지의 규정을 두고 있으며, 지적소관청 또는 특별자치시장은 그 내용에 따라 지적공부의 등록사항을 정정하거나 측량성과를 수정하여야 한다(법 제29조 제10항, 제11항).

그러나 청구를 기각 또는 각하한 경우에는 필요적 행정심판전치주의가 적용되지 않으므로, 청구인은 다시 민사상 인접토지소유자를 상대로 한 경계확정청구소송, 토지인도청구소송, 소유권이전등기청구소송 등 다양한 경계관련 소를 제기할 수 있고, 그 소송절차 내에서 감정측량, 사실조회 등을 통하여 종전 측량성과의 잘못을 주장할 수 있다.

이러한 소송에서 지적측량 적부심사 의결 내용은 중요한 증거자료가 되어 통상적으로 법원에서 그 판단을 받아들이는 경우가 많지만, 의결 내용과 다른 판단을 하는 경우도 있다.

실제 판결례 중에는 지적측량 적부심사에서 현형측량성과시 사건 토지를 포함한 4필지만이 지적도와 부합하고 블록 내의 다른 수십 필지가 북서방향으로 3~4m 정도 일률적으로 밀리는 결과를 초래하게 된다는 이유 등으로 기준점 측량성과를 채택하였으나, 과거 사건 토지 일대에 대한 등록 당시 실시된 측량방법이 기지점 측량방식으로 추정된다는 이유로 기지점에 따른 경계복원측량성과에 따라 경계를 확정한 사례가 있는바,[55] 앞에서 본 것처럼 경계복원측량은 등록할 당시의 측량 방법에 따라야한다는 원칙을 곧이곧대로 적용하여 아쉬움이 남는 판결례이다.

---

55) 대법원 2012. 1. 12. 선고 2011다72066 판결

제 4 절 등록사항정정

I. 의 의

등록사항정정이란 지적공부의 등록사항에 잘못이 있어 이를 정정하는 것을 말한다. 주의할 것은 통상 지적측량에 있어서 현형측량성과와 지적기준점측량성과가 서로 달라 경계가 다르게 나타난 경우에는 측량방법의 문제로서 등록사항정정대상으로 보지 않는다는 것이다.

II. 주 체

등록사항정정은 토지소유자의 신청에 따라 지적소관청이 할 수 있다. 이 경우에는 모든 정정대상토지가 대상이 될 수 있다(법 제84조 제1항).

그리고 지적소관청은 다음 경우에 직권으로 등록사항을 정정할 수 있다. 이는 ① 토지이동정리 결의서의 내용과 다르게 정리된 경우, ② 지적도 및 임야도에 등록된 필지가 면적의 증감 없이 경계의 위치만 잘못된 경우, ③ 1필지가 각각 다른 지적도나 임야도에 등록되어 있는 경우로서 지적공부에 등록된 면적과 측량한 실제면적은 일치하지만 지적도나 임야도에 등록된 경계가 서로 접합되지 않아 지적도나 임야도에 등록된 경계를 지상의 경계에 맞추어 정정하여야 하는 토지가 발견된 경우, ④ 지적공부의 작성 또는 재작성 당시 잘못 정리된 경우, ⑤ 지적측량성과와 다르게 정리된 경우, ⑥ 지적측량 적부심사 의결에 따라 지적공부의 등록사항을 정정하여야 하는 경우, ⑦ 지적공부의 등록사항이 잘못 입력된 경우, ⑧ 「부동산등기법」 제37조 제2항에 따라 합필 등기의 신청을 각하한다는 통지가 있는 경우(지적소관청의 착오로 잘못 합병한 경우만 해당), ⑨ 법률 제2801호 지적법개정법률 부칙 제3조에 따른 면적 환산이 잘못된 경우 등 9가지이다(법 제84조 제2항, 시행령 제82조 제1항).

Ⅲ. 절 차

등록사항정정의 절차는 지적측량수행자의 등록사항정정 통보(「지적업무처리규정」 제20조 제8항), 등록사항정정 측량(시행규칙 제94조), 등록사항정정 신청(시행규칙 제93조), 토지이동 정리결의서 작성(시행규칙 제94조), 지적공부 정리(시행령 제84조 제1항 제3호), 등기촉탁(법 제89조), 지적정리 통지(법 제90조) 등의 순서로 이루어진다.

등록사항정정대상으로 판단된 토지에 대하여는 측량의뢰인의 지적측량 취소·연기나 불통보 요청과 상관없이 지적측량수행자가 지적소관청에 그 내용을 통보해야 하고, 지적측량을 중지해야 한다.[56]

Ⅳ. 요 건

토지소유자의 신청에 따른 등록사항정정으로 인접 토지의 경계가 변경되는 경우에는 인접 토지소유자의 승낙서 또는 인접 토지소유자에 대항할 수 있는 확정판결서 정본이 필요하다(법 제84조 제3항).

반대해석으로 지적소관청이 직권으로 정정하는 경우에는 그러한 승낙서 또는 확정판결서가 필요하지 않다.

구 「지적법」 제38조 제3항에서는 "제2항의 규정에 의한 오류사항의 정정으로 경계와 면적이 변경될 경우에 이해관계인이 있는 때에는 그 정정은 이해관계인의 승낙서 또는 이에 대항할 수 있는 판결서의 정본에 의하여야 한다."라고 규정하고 있었다. 그러나 이후 개정 「지적법」 (2001. 1. 26. 법률 제6389호로 개정되어 2002. 1. 27. 시행) 제24조 제3항은

---

56) 감사원 국토해양감사국제1과-296(2015. 1. 21.)

"제1항의 규정에 의한 정정으로 인하여 인접 토지의 경계가 변경되는 경우 그 정정은 인접 토지소유자의 승낙서 또는 이에 대항할 수 있는 확정판결서 정본에 의하여야 한다."라고 규정함으로써 "면적"의 변경 부분을 삭제하여, 현행 법에서까지 유지되고 있다. 따라서 면적등록정정신청은 경계등록정정신청과 달리 인접 토지소유자의 승낙서 또는 확정판결서 정본을 필요로 하지 않는다.[57)

그리고 판례에 따르면, 인접 토지 소유자에 대항할 수 있는 "확정판결"은 지적공부를 기준으로 하여 그 지번에 해당하는 토지를 특정하고 소유자로서 인접 토지 소유자를 상대로 그에 관한 소유권의 범위나 경계를 확정하는 내용이 담긴 판결을 말하며, 경계확정의 판결, 공유물분할의 판결, 지상물 철거 및 토지인도의 판결, 소유권확인의 판결 및 경계변경 정정신청에 대한 승낙 의사의 진술을 명하는 판결 등이 포함될 수 있다.[58)

예를 들어 구 「지적법」을 적용한 판례에 따르면, 1필지의 토지를 2필지로 분할함에 있어 토지대장에 등재할 때 착오로 피고 소유의 갑토지는 실제보다 면적이 많게, 원고 소유의 을토지는 면적이 실제보다 적게 잘못 등재된 경우 위 2필지의 토지대장 중 어느 하나에 대한 지적법 제38조 제2항에 의한 등록사항의 오류정정에 대하여 다른 하나의 토지 소유자가 같은 법 제3항의 이해관계인은 틀림없으므로, 원고 소유인을 토지에 관한 한 원고의 피고에 대한 토지대장상의 면적정정에 관한 승낙청구는 정당하다고 판시하였다.[59)

그러나 지적공부의 오류사항의 정정으로 경계와 면적이 변경될 경우에 이해관계인이 있는 때에는 그 토지소유자는 이해관계인의 승낙서 또

는 이에 대항할 수 있는 판결서의 정본에 의하여 이를 정정할 수 있는 바, 여기에서 이해관계인이라 함은 등록사항의 정정으로 인하여 손해를 입게 되는 등 등록사항의 정정에 이해관계를 갖는 모든 자를 가리키는 것으로 위 등록사항의 오류가 발생할 당시의 당해 토지소유자에 한하는 것은 아니고, 후에 그 토지를 전전매수하여 소유권을 취득하게 된 자도 이해관계인에 해당된다고 하면서, 이 사건에서 분할 전의 임야인 경기 ○○군 ○○면 ○리 산 000 임야가 같은 리 산 000의1 임야와 산 000 의2 임야(이 사건 임야) 등 2필지로 분할등록되고, 원고는 이 사건 임야를, 피고는 위 산 000의1 임야를 매수한 경우, 피고가 지적법 제38조 제 3항 소정의 이해관계인에 해당됨은 인정하면서도, 피고로서는 그 임야를 사실상의 경계선에 관계없이 지적공부에 기재된 지번, 지적 및 경계에 의하여 확정되는 임야부분을 매수하여 그 지적공부대로의 소유권을 취득하였다 할 것이어서, 설사 원고의 주장과 같이 임야도상 위 2필지 임야의 경계표시가 기지점을 잘못 선택하는 등 기술적 착오로 말미암아 잘못 작성된 측량성과도를 기초로 하여 작성되어 사실상의 경계표시와 다르게 표시되었다고 하더라도 분할등록신청의 당사자나 이 사건 임야의 매매당사자가 아닌 그 인접 토지의 취득자에 불과한 피고로서는 임야도상의 경계표시의 정정을 승낙할 법률상의 의무를 부담한다고 할 수 없다고 하였다.60) 이는 어떤 토지가 지적공부에 1필지의 토지로 등록되면 그 토지의 소재, 지번, 지적 및 경계는 다른 특별한 사정이 없는 한 이 등록으로써 특정되고 그 소유권의 범위는 현실의 경계와 관계없이 공부상의 경계에 의하여 확정되는 것이고, 이 토지에 대한 매매도 특별한 사정이 없는 한 현실의 경계와 관계없이 지적공부상의 경계와 지적에 의하여 확정된 토지를 매매의 대상으로 하는 것으로 본다는 기존 판

---

60) 대법원 1993. 11. 9. 선고 93다22845 판결

례의 취지에 따라,[61] 피고가 분할된 인접 토지를 사실상의 경계선에 관계없이 지적공부대로의 소유권을 취득한 것으로 보아 임야도상의 경계표시의 정정을 승낙할 법률상의 의무가 없다고 판시한 것이다.

또한 토지소유자는 자신의 소유가 아닌 토지에 관하여 지적공부의 등록사항 정정신청을 할 수 없으므로 그 토지의 소유자를 상대로 그 토지의 경계정정에 대한 승낙의 의사표시를 구하는 소는 권리보호의 이익이 없어 부적법하므로, 피고들 소유의 대지 및 도로의 경계 정정에 대한 승낙의 의사표시를 구하는 부분은 공간정보법상 토지소유자는 그 소유 토지에 관한 지적공부의 등록사항 정정을 신청할 수 있을 뿐 인접 토지에 관한 지적공부의 등록사항 정정을 구할 수 없어 소의 이익이 없다는 이유로 이를 각하하였다. 그리고 자신 소유 토지의 경계 정정에 따라 그 경계가 변경되는 인접 토지소유자가 아닌 사람을 상대로 자신 소유 토지의 경계 정정에 대한 승낙의 의사표시를 구하는 소 역시 권리보호의 이익이 없어 부적법하므로, 원고 소유 대지의 경계 정정으로 인하여 해당 피고들 소유 토지의 경계가 변경되지 아니하므로 그 승낙의 의사표시를 구할 이익이 없다는 이유로 역시 부적법 각하하였다.[62]

V. 지적측량의 정지

지적공부의 등록사항 중 경계나 면적 등 측량을 수반하는 토지의 표시가 잘못된 경우에는 지적소관청은 그 정정이 완료될 때까지 지적측량을 정지시킬 수 있다(시행령 제82조 제3항).

지적소관청이 지적측량성과를 제시할 수 없어 등록사항정정대상토지로 결정한 경우에는 그 정정할 사항이 정리되기 전까지는 지적측량을

---

61) 대법원 1986. 10. 14. 선고 84다카490 판결; 대법원 1991. 2. 22. 선고 90다12977 판결; 대법원 1993. 5. 11. 선고 92다48918,48925 판결 등
62) 대법원 2016. 6. 28. 선고 2016다1793 판결

할 수 없다는 뜻을 토지소유자에게 통지하고 일반인에게 공고하여야 한다(「지적업무처리규정」제55조 제3항).

Ⅵ. 등록사항정정으로 인한 면적 증감시 손해배상의 문제

통상 등록사항정정으로 인하여 토지의 공부상의 면적에 변경이 생기게 된다. 그런데 특히 면적이 줄어드는 경우 소유자의 입장에서는 본인의 귀책사유 없이 재산권이 감소하는 결과가 되어 이에 대한 법적 책임을 물을 수 있는지가 문제된다.

이에 관하여 판례는 다음과 같이 판시하고 있다.

서울시가 토지구획정리사업을 시행하여 사건 대지에 대한 환지처분을 한 후 지적도에 등록하였고, 이후 원고가 위 대지를 매수하였는데, 이후 위 대지는 원래는 축척 1/1,200의 인접토지 경계를 기준으로 지구계를 결정, 등록하여야 하는 것을 담당공무원의 잘못으로 축척 1/600로 된 지적도에 변경등록함으로써 그 중 일부 면적이 인접토지와 중첩된 것이 발견되어 소관청의 통보에 따라 갑은 등록사항정정신청을 하여 사건 대지의 면적을 그만큼 줄여 등록정정하였고, 갑은 그에 따라 서울시를 상대로 줄어든 면적만큼의 손해배상을 청구하는 소를 제기한 사안에서, 환지등록시 공무원의 착오로 실제 환지된 면적보다 많은 환지면적이 등록되었다가 지적공부의 정정으로 공부상 면적이 줄어든 경우, 그 공부상 감소된 면적은 실제로는 그 대지에 관하여 인정되지 않는 면적인데 절차상의 실수로 잘못 기재하여 공부상으로만 존재하던 것이고, 인접토지와 중첩된 경계를 정정한 것은 그 대지에 관하여 환지된 면적 즉 실제로 존재하는 면적으로 바로잡은 것에 불과한 것이지 이로 인하여 그 토지 소유자가 공부상 감소된 면적만큼 실제로 토지를 상실하였거나 또는 당연히 취득하였어야 할 토지를 취득하지 못한 것은 아니므로, 나아가 토지 소유자가 그 대지를 매수할 당시 단위면적을 기준으로 매매대 금을 산정함으로써 그 감소된 면적에 해당하는 만큼의 매매대금을 더 지급하였다는 등의 특별한 사정이 인정되지 않는 한 그 지적공부의 정 정으로 인하여 손해가 발생하였다고 볼 수 없다.[63]

또한 하급심 판례 중에는 다음과 같이 판시한 것이 있다.

어떤 토지가 1필지의 토지로 지적공부에 등록되면 그 토지는 특별한 사정이 없는 한 그 등록으로써 특정되고 그 소유권의 범위는 현실의 경 계와 관계없이 공부상의 경계에 의하여 확정되는 것이고, 지적도상의 경 계표시가 분할측량의 잘못 등으로 사실상의 경계와 다르게 표시되었다 하더라도 그 토지에 대한 매매도 특별한 사정이 없는 한 현실의 경계와 관계없이 지적공부상의 경계와 지적에 의하여 소유권의 범위가 확정된 토지를 매매 대상으로 하는 것으로 보아야 할 것이다. 사건 토지의 실제 면적이 7,978㎡임에도 인접 토지와 경계가 중복되어 임야대장을 비롯한 지적공부상 면적이 8,628㎡으로 등록된 경우, 매수인인 원고는 진실한 경계에 의하여 소유권의 범위가 확정된 토지, 즉 면적이 7,978㎡인 사건 토지를 매매대금 1억 3,000만원에 매수한 것으로 인정된다. 따라서 사건 토지의 지적공부상 면적이 실제 면적인 7,978㎡로 축소되었다고 하더라 도 원고는 축소된 면적인 650㎡ 부분을 당초부터 매수하였다고 볼 수 없으므로, 위 650㎡의 면적 상당의 매매대금의 손해를 입게 되었다고 보기 어렵다.[64]

사건 토지를 분할측량할 당시 측량성과도 및 토지대장상의 면적은 162.6㎡이지만 실제 면적은 지적공부보다 38.5㎡ 줄어들어 124.1㎡가 된다는 이유로 등록사항정정 대상토지임을 통보받자 토지소유자가 등록 사항정정도 하지 않고서 지적소관청이 소속된 지방자치단체를 상대로

---

63) 대법원 1996. 11. 15. 선고 96다34702 판결
64) 대전지방법원 천안지원 2018. 11. 1. 선고 2017가단104428 판결

손해배상청구를 한 사안에서, 어떤 토지의 지적도에 따른 면적과 토지대
장상 면적이 상이한 경우 현실의 경계에 합치되는 것을 유효한 것으로
인정하여야 할 것이므로, 현실경계 및 지적도와 불합치되는 토지대장 및
토지등기부상 토지 면적의 기재는 유효하지 아니하다고 할 것이어서, 사
건 토지의 대장 및 등기부상 면적의 기재가 유효함을 전제로 위 토지의
실제 면적과의 차이에 해당하는 부분에 대하여 실제 소유권을 행사하지
못함으로써 손해가 발생하였다고 주장하는 원고의 청구는 더 나아가 살
펴볼 필요 없이 이유없다.[65)]

Ⅶ. 등록사항정정의 대위 신청

1. 문 제 점

등록사항정정대상토지에 대하여는 지적측량이 정지되므로 경계 또는
면적이 확정되지 않아 도로, 철도 등 공공사업을 시행하는 사업시행자가
수용범위를 특정할 수 없어 수용에 어려움이 발생한다.

이와 관련하여 다음과 같은 판례가 있다.

◆ **사실관계**

분할 전 평택시 ○○동 임야 4정 4단 6무보로부터 사건 토지 포함 4필지
로 분할이 되었다. 6. 25 전쟁으로 관련 공부들이 멸실되면서 현재 이 사건
토지를 비롯하여 분할된 토지들에 대한 임야대장은 복구되었음에도, 임야도상
에는 위와 같은 분할에 대한 표시가 없이 단지 분할 전의 토지만이 표시되어
있었다. 사건 토지는 원고와 소외 1이 각기 11,340/11,640 및 300/11,640 지
분 비율로 공유하고 있었다. 그런데 국유지인 인접 토지 4 필지가 지적도상
분할 전 토지의 일부와 중복 표시되어 있음이 발견되어, 위 토지들은 물론 위

---

65) 서울고등법원 2005. 10. 27. 선고 2005나32892 판결(※ 대법원 2006. 3. 9. 선고
2005다71529 판결에서 심리불속행 기각)

분할 전 토지에서 분할된 사건 토지를 포함한 토지들 모두가 토지대장 또는 임야대장에 '등록사항정정대상토지'로 기재되어 있었다. 서울지방국토관리청장은 도로 확장 공사를 위하여 사건 토지의 원고의 공유지분 중 일부 및 위 토지 지상 지장물 수용을 신청하여, 중앙토지수용위원회가 최종 수용재결을 하였다. 이에 대하어 원고는 피고 중앙토지수용위원회를 상대로 수용재결을 취소하라는 소를 제기하였다.

✦ 판결요지

임야도상 분할 전의 토지만 표시되어 있을 뿐 거기로부터 분할된 사건 토지가 표시되어 있지 아니하고, 또한 위 분할 전의 토지가 같은 동 (이하지번 6 생략), (이하지번 7 생략), (이하지번 8 생략) 및 (이하지번 9 생략) 등의 토지와 사이에 지적불부합 관계에 있다면, 위 토지들의 위치와 상호간의 경계를 전혀 확인할 방법이 없어, 수용되는 토지 부분이 물리적으로 특정이 가능하다고 하더라도, 과연 어느 토지가 얼마만큼 수용의 목적물이 되는지는 알 길이 없으므로 먼저 적법한 절차를 거쳐서 위치와 경계가 확정되지 아니하는 이상 이를 수용할 수는 없다고 할 것이다(사업시행자가 여러 정황을 토대로 하여 이 사건 토지의 위치와 경계를 상세도면 및 용지도에 특정하여 이를 근거로 수용대상 토지와 그 지분을 선정한 것으로 보이나, 그 신빙성을 확인할 방법이 없을 뿐만 아니라 그 절차에 지적정정에 갈음하는 효력을 부여할 수는 없다고 할 것이므로 위와 같은 도면을 근거로 하여 수용의 목적물을 특정할 수는 없다). 따라서 위치와 경계가 특정되지 아니한 토지의 일부분을 임의로 지분을 정하여 수용한 이 사건 재결은 위법하다.[66]

이러한 경우 등록사항정정으로 지적공부상의 면적이 늘어나면 상관이 없겠지만, 줄어든다면 소유자가 등록사항정정을 신청할리는 없을 것이므로, 사업시행자가 사업의 원활한 진행을 위하여 취할 수 있는 방법에는 어떤 것이 있는지 문제된다.

---

66) 서울고등법원 2007. 12. 18. 선고 2007누12769 판결

2. 사업시행자의 등록사항정정 대위 신청

가. 법 개정 전 등록사항정정의 대위 신청에 관한 판례(대법원 2011. 8. 25. 선고 2011두3371 판결)

◆ 사실관계

구 「지적법」은 다음과 같이 규정하고 있었다.

"제24조 (등록사항의 정정) ①토지소유자는 지적공부의 등록사항에 잘못이 있음을 발견한 때에는 소관청에 그 정정을 신청할 수 있다.

③제1항의 규정에 의한 정정으로 인하여 인접 토지의 경계가 변경되는 경우 그 정정은 인접 토지소유자의 승낙서 또는 이에 대항할 수 있는 확정판결서 정본에 의하여야 한다.

제28조 (신청의 대위) 다음 각호의 1에 해당하는 자는 이 법에 의한 토지소유자가 하여야 하는 신청을 대위할 수 있다.

1. 공공사업 등으로 인하여 학교용지·도로·철도용지·제방·하천·구거·유지·수도용지 등의 지목으로 되는 토지의 경우에는 그 사업시행자
2. 국가 또는 지방자치단체가 취득하는 토지의 경우에는 그 토지를 관리하는 국가기관 또는 지방자치단체의 장
3. 주택법에 의한 공동주택의 부지의 경우에는 집합건물의소유및관리에관한법률에 의한 관리인(관리인이 없는 경우에는 공유자가 선임한 대표자) 또는 사업시행자
4. 민법 제404조의 규정에 의한 채권자"

(개정된 구 「측량·수로조사 및 지적에 관한 법률」 제84조 및 제87조도 동일한 내용의 규정을 두고 있었다)

원고는 「사회기반시설에 대한 민간투자법」에 기하여 고속국도 153호선 평택–시흥간 고속도로 건설공사의 사업시행자로 지정되었다. 그러던 중 위 고속도로 건설공사에 편입되는 일부 토지들이 경계에는 문제가 없으나 지적공부에 등록된 면적과 실제 측량한 면적이 서로 일치하지 않는 것을 발견하였다. 원고는 2009. 6. 18. 지적소관청인 피고에게 등록사항정정측량 성과도를 첨부하여 지적불부합지임을 통보하였다. 그리고 인접토지 소유자의 승낙서 등은

첨부하지 아니한 채, 구 지적법 제28조 제1호에 기하여 토지소유자들을 대위하여 토지면적등록정정신청을 하였다. 이에 피고는, 지적법 제28조에 의하여 사업시행자가 지적법 제24조 제3항의 규정에 의한 등록사항정정을 대위신청하는 경우에는 인접토지 소유자의 승낙서 또는 이에 대항할 수 있는 확정판결서 정본이 첨부되어야 하나, 토지소유자의 승낙서 및 확정판결서 정본이 누락되어 있다는 이유로 이를 반려하는 처분을 하였다. 이에 대하여 원고가 지적공부 등록사항정정 반려처분 취소청구의 소를 제기하였다.

◆ 판결요지

사업시행자가 토지소유자를 대위하여 토지대장상 면적정정신청을 하였는데 지적소관청이 반려시, 이는 공공사업의 원활한 수행을 위하여 부여된 사업시행자의 관계법령상의 권리 또는 이익에 영향을 미치는 공권력의 행사 또는 그 거부에 해당하는 것으로서 항고소송의 대상이 되는 행정처분이다(행정소송 대상적격 인정).

토지면적등록정정신청은 경계등록정정신청과 달리 인접 토지소유자의 승낙서 또는 확정판결서 정본을 필요로 하지 않은 점, 공공사업의 사업시행자가 토지소유자가 하여야 하는 지적등록 정정신청을 대위할 수 있도록 한 취지는 토지소유자가 이를 임의로 이행하지 않는 경우 공공사업의 원활한 진행이 가능하도록 하기 위한 것인 점, 지적소관청은 일정한 경우 지적공부의 등록사항에 잘못이 있음을 발견한 경우에 토지소유자들의 승낙 등이 없어도 직권으로 지적공부를 정정할 권한이 있는 점 등에 비추어 보면, 고속도로 건설 사업시행자가 그에 편입되는 토지소유자들을 대위하여 토지면적등록정정신청을 한 것에 대하여 지적소관청이 신청을 거부한 것은 위법하다(처분의 위법성 인정).

나. 「공간정보의 구축 및 관리 등에 관한 법률」 개정

개정 「공간정보의 구축 및 관리 등에 관한 법률」(2014. 6. 3. 법률 제12738호로 개정되어 2015. 6. 4. 시행)은 다음과 같이 규정하고 있다.

"제87조(신청의 대위) 다음 각 호의 어느 하나에 해당하는 자는 이 법에 따라 토지소유자가 하여야 하는 신청을 대신할 수 있다. 다만, 제84

조에 따른 등록사항 정정 대상토지는 제외한다.

　1. 공공사업 등에 따라 학교용지·도로·철도용지·제방·하천·구
거·유지·수도용지 등의 지목으로 되는 토지인 경우: 해당 사업의 시
행자

　2. 국가나 지방자치단체가 취득하는 토지인 경우: 해당 토지를 관리
하는 행정기관의 장 또는 지방자치단체의 장

　3. 「주택법」에 따른 공동주택의 부지인 경우: 「집합건물의 소유 및
관리에 관한 법률」에 따른 관리인(관리인이 없는 경우에는 공유자가 선임
한 대표자) 또는 해당 사업의 시행자

　4. 「민법」 제404조에 따른 채권자"

　즉 제87조 본문에 단서를 추가하여 등록사항 정정 대상토지에 대하
여는 등록사항 정정의 대위 신청을 할 수 없도록 한 것이다.

다. 법 개정 후 등록사항정정의 대위 신청에 관한 실무

　「공간정보의 구축 및 관리 등에 관한 법률」 개정 이후 등록사항 정
정 대상토지에 대하여는 대위 신청을 할 수 없게 되었다. 그런데 이로
인하여 예기치 못한 문제점이 발생하게 되었다. 여기에 두 가지 흥미로
운 사례가 있다.

1) 등록사항 중 경계에는 오류가 없이 면적에 오류가 있는 토지의 지적측량 대위 신청

◆ 사실관계

　한국철도시설공단은 수원~인천 복선전철 건설공사의 사업시행자로
서 위 사업에 편입되는 경기도 화성시 ○○면 ○○리 000-0, 00, 00,
00 토지 일부의 매입 및 보상업무를 위하여 분할이 필요하였다. 해당 토
지는 지적도상 면적에 비하여 토지대장상 면적이 3천 제곱미터 정도 과
다 등재되어 지적소관청인 화성시가 토지대장에 등록사항정정대상 토지

로 등재하였다. 그러나 해당 토지 소유자들은 등록사항정정 및 분할을 신청하지 않고 있었다. 2014. 7. 1. 한국철도시설공단은 화성시장에게 구 「측량·수로조사 및 지적에 관한 법률」제87조 및 제84조에 따라 소유자들을 대위하여 토지면적 정정을 위한 등록사항정정을 신청하였다. 2014. 7. 8. 화성시장은 토지소유자들의 승낙서 등이 첨부되지 않았다는 이유로 신청을 반려하였다.

한국철도시설공단은 반려 처분의 취소를 구하는 소를 제기하여, 1심 수원지방법원 2014구합57295 및 항소심 서울고등법원 2015누45436을 거쳐, 상고심 대법원 2015두52685 판결에서, 공공사업의 사업시행자가 토지소유자를 대위하여 지적공부 등록사항 정정신청을 할 때는 토지소유자의 승낙서 또는 이에 준하는 확정판결서 정본이 필요하지 않다는 이유로 반려 처분 취소 판결이 확정되었다. 2016. 3. 14. 화성시장은 판결 확정에 따라 해당 토지들의 면적을 정정하고 이를 한국철도시설공단에 통보하였다.

그런데 2016. 4. 1. 화성시장은 위 등록사항정정 통보일인 2016. 3. 14. 기준 구 「측량·수로조사 및 지적에 관한 법률」이 아니라, 당시 시행중인 개정 「공간정보의 구축 및 관리 등에 관한 법률」제87조를 적용하여, 다시 해당 토지들에 대한 면적정정 직권취소(등록사항 회복)을 하고, 한국철도시설공단에게 대위신청 권한이 인정되지 않는다는 이유로 등록사항정정신청을 반려하였다.

한국철도시설공단은 다시 화성시장의 2016. 4. 1.자 지적공부 등록사항정정 대위신청 처리 취소(등록사항 회복) 처분 및 대위신청 반려 처분의 취소를 구하는 소를 제기하였다. 그러나 수원지방법원 2017. 5. 2. 선고 2016구합65313 판결에서, 확정 판결 후인 2015. 6. 4.부터 개정 시행된 법에 따라 공공사업 시행자 등의 대위신청권의 범위에서 '등록사항정정 대상토지'를 제외하는 것이 확정판결의 기속력에 반하지 않는다는 이유로 반려 처분이 타당하다는 내용의 판결이 내려져 확정되었다.

한국철도시설공단은 다시 토지소유자들을 상대로 등록사항정정신청 절차를 이행하라는 내용의 소를 제기하였으나, 수원지방법원 2019. 4. 4. 선고 2016가합78468 판결에서, 타인 소유의 토지에 관하여 지적공부의 등록사항정정신청을 할 수 없으므로 토지소유자를 상대로 등록사항정정에 대한 승낙의 의사표시를 구하는 해당 소는 부적법 각하한다는 판결이 내려져 확정되었다.

한국철도시설공단은 수용공탁을 위하여 한국국토정보공사에게 공부상의 면적을 확인하기 위한 지적현황측량을 의뢰하였으나, 2018. 4. 18. 한국국토정보공사는 등록사항정정 대상토지는 등록사항정정이 완료될 때까지 지적측량이 불가하다는 이유로 이를 거부하였다. 그러자 원고 한국철도시설공단은 피고 한국국토정보공사를 상대로 지적현황측량 이행청구의 소를 제기하였다.

◆ 판결요지

1심 판결[67]은 ① 이 사건 각 토지는 현재 그 지적공부에 등록된 면적 이외에 경계점 등 다른 등록사항에 관한 기재가 실제와 다르지 않는 점, ② 이 사건 지적측량은 이 사건 각 토지의 전체 면적의 증감 여부와는 무관한 점, ③ 이 사건 각 토지의 지적소관청인 화성시장이 이 사건 지적측량의 정지를 요청하는 등의 행정적인 제약도 존재하지 않는 점, ④ 이 사건 지적측량이 허용되지 않는다면 공익사업의 시행자인 원고의 사업에 커다란 지장을 초래할 것으로 예상되는 점 등에 비추어 보면, 이 사건 지적측량 자체가 불가능하다거나 그 밖에 피고에게 원고로부터의 이 사건 지적측량 의뢰를 거부할 정당한 사유가 있다고 보기 어려우므로, 피고는 원고에게 이 사건 지적측량을 이행해 줄 의무가 있다고 판시

---

67) 전주지방법원 2019. 6. 27. 선고 2018가합4115 판결

하였다.

위 판결에 대하여 항소심[68]은 1심 판결 내용을 그대로 인용하여 항소기각 판결을 하였고, 상고심[69]에서 심리불속행기각 판결이 내려져 확정되었다.

✦ 해설

시행령 제82조 제3항은 "지적공부의 등록사항 중 경계나 면적 등 측량을 수반하는 토지의 표시가 잘못된 경우에는 지적소관청은 그 정정이 완료될 때까지 지적측량을 정지시킬 수 있다. 다만, 잘못 표시된 사항의 정정을 위한 지적측량은 그러하지 아니하다."라고 규정하고 있다. 또한 「지적업무처리규정」 제55조 제3항은 "지적소관청이 지적측량성과를 제시할 수 없어 등록사항정정대상토지로 결정한 경우에는 그 정정할 사항이 정리되기 전까지는 지적측량을 할 수 없다는 뜻을 토지소유자에게 통지하고 일반인에게 공고하여야 한다"라고 규정하고 있다.

해당 조항의 해석상 지적소관청이 지적측량을 정지시키는 것이 기속행위인지 재량행위인지, 그리고 명시적으로 지적측량을 정지시키는 행위를 하지 않은 경우 지적측량을 할 수 없는지가 문제된다. 원고는 해당 처분이 재량행위이고, 지적소관청이 사건 토지에 대하여 지적측량을 정지시킨 사실이 없으므로 피고 한국국토정보공사가 사건 토지의 지적현황측량을 수행하여야 한다고 주장하였다. 해당 사건에서 지적소관청이 사건 토지에 대하여 소유자에게 등록사항정정 통보를 할 당시 지적측량을 할 수 없다는 뜻을 토지소유자에게 통지하고 일반인에게 공고한 사실은 없었다.

그러나 한편으로 등록사항정정 대상토지는 법 제84조에 따라 면적,

---

68) 광주고법(전주재판부) 2019. 12. 5. 선고 2019나12362 판결
69) 대법원 2020. 4. 29. 선고 2020다200634 판결

경계 등의 실제 현황에 관한 지적공부의 등록사항에 잘못이 있는 토지를 말하고, 지적측량이란 법 제2조 제4호에 따라 토지를 지적공부에 등록하거나 지적공부에 등록된 경계점을 지상에 복원하기 위하여 필지의 경계 또는 좌표와 면적을 정하는 측량을 말한다. 그렇다면 지적측량을 하기 위한 기준이 되는 지적공부에 잘못이 있다면 지적측량을 할 수 없음은 당연한 것이며, 등록사항정정대상토지로 통보되면 지적소관청의 지적측량 정지 통지 여부와 상관없이 지적공부에 기한 지적측량은 불가능한 것이라는 주장도 가능하다.

본 판결은 명시적으로 재량행위 여부에 관하여 판단하지는 않았으나, 지적측량의 정지 처분이 재량행위임을 전제로, 대상 토지의 등록 사항 중 경계에는 잘못이 없이 면적만이 잘못되었고, 지적소관청이 지적측량의 정지를 통지하지 않은 특수한 사례에 관하여 지적측량을 하여야 한다는 판단을 한 것이다.

따라서 본 판결을 근거로 모든 등록사항정정대상토지에 대하여 지적측량이 가능하다고 해석할 수는 없다.

2) 등록사항 중 주소 정정의 대위신청

✦ 사실관계

갑은 미등기토지의 사정명의자 을의 상속인인 병을 상대로 취득시효완성을 원인으로 한 소유권이전등기청구소송에서 승소 확정판결을 받았다. 갑은 위 확정판결을 근거로 상속인 병 명의의 소유권보존등기를 신청한 후 자신의 명의로 소유권이전등기를 받으려고 하였으나, 토지대장상 소유자 주소가 누락되어 있었다. 그리하여 갑은 우선 지적소관청에 민법상의 채권자대위권한에 기하여 을의 제적등본과 확정판결을 첨부하여 토지대장상 주소정정을 신청하였다. 그러나 지적소관청은 상속인 병의 직접 신청 또는 위임이 없다는 이유로 반려 처분을 하였다. 갑은 지적업무의 주무기관인 국토교통부에 민원을 제기하였다.

◆ 민원 회신 요지

소유권이전등기 절차 이행청구 확정판결은 이전등기청구권의 존부에 관한 효력만 있을 뿐 그 목적 부동산의 소유권 자체의 존부에까지 미치는 것이 아니므로, 승소확정판결을 받은 양수인(원고)은 채권자일 뿐이지 「공간정보의 구축 및 관리 등에 관한 법률」 제84조에 따른 토지소유자라고 할 수 없으며, 이전등기절차를 명하는 확정판결은 해당 이행청구의 소의 채무자기 진정한 소유자임을 확인하는 소유권확인청구의 소라고도 볼 수 없어 양수인(원고)은 양도인(피고)을 대위하여 토지대장상에 누락된 주소의 정정등록 신청도 할 수 없습니다.[70]

◆ 해설

미등기부동산에 관하여 그 소유자의 신청에 의해서 처음으로 행하여지는 소유권등기를 '보존등기'라고 하는데, 미등기토지의 소유권보존등기는 ①토지대장, 임야대장에 최초소유자로 등록되어 있는 자 또는 그 상속인, 그 밖의 포괄승계인(「부동산등기법」 제65조 제1호), ②확정판결에 의하여 자기의 소유권을 증명하는 자(「부동산등기법」 제65조 제2호) 등이 이를 신청할 수 있다

(※ 제3호, 제4호의 다른 신청 요건은 본 사안과 무관)

우선 본 사안에서 취득시효 완성을 원인으로 한 소유권이전등기 승소확정판결을 받은 자가 「부동산등기법」 제65조 제2호에 따른 확정판결에 의하여 자기의 소유권을 증명하는 자에 해당하는지가 문제된다.

부동산소유권 이전등기절차의 이행청구에 관한 확정판결은 이전등기청구권의 존부에 관한 효력만 있을 뿐 그 목적 부동산의 소유권 자체의 존부에까지 미치는 것이 아니므로, 부동산소유권 이전등기절차의 이행청구의 소에서 승소확정판결을 받은 양수인은 승소한 채권자일 뿐 구 「지적법」 제24조(현행법 제84조)에 따른 토지소유자라고 할 수 없으며, 이전등기절차를 명하는 확정판결은 해당 이행청구의 소의 채무자가 진정한 소유자임을 확인하는 소유권확인청구의 소라고도 볼 수 없다.[71] 따라서 미등기 토지에 대하여 소유권이전

---

70) 공간정보제도과-4(2016. 1. 4.)
71) 국토해양부-「지적법」 제24조(주소 정정등록을 신청할 수 있는 토지소유자의 범위) 관련[법제처 08-0308(2008. 11. 19.)]

등기 승소확정판결을 받은 양수인은 「부동산등기법」 제65조 제2호에 따른 "확정판결에 의하여 자기의 소유권을 증명하는 자"에 해당하지 않는다.

다음으로 취득시효 완성을 원인으로 한 소유권이전등기 승소확정판결을 받은 자가 「부동산등기법」 제65조 제1호에 따라 소유권보존등기를 신청할 수 있는 자를 대위하여 신청을 할 수 있는지가 문제된다.

판례에 따르면, 부동산등기법에 따른 토지대장등본에 의하여 자기 또는 피상속인이 토지대장상 소유자로 등록되어 있는 것을 증명하여 소유권보존등기를 신청함에 있어서 그 토지대장 등재당시의 과오로 그 소유자의 성명·주소 등의 일부누락 또는 착오가 있는 경우, 그 등재당시의 오류를 증명할 수 있는 권한이 있는 관서는 지적공부의 소관청뿐이므로 그 소관청의 조사결정 또는 당사자신청에 의하여 경정등록을 한 후 그 등본을 첨부하여 소유권보존등기신청을 하여야 한다.72) 또한 법제처의 유권해석에 따르면, 토지·임야조사당시 (1910~1924년) 지적공부에 등록된 미등기 토지의 소유자의 누락된 주소의 등록 또는 잘못된 주소의 정정은 소관청이 이를 조사하여 할 수 있다고 하였다.73) 위 판례 및 유권해석은 해당 토지의 소유자의 성명·주소 등의 일부누락 또는 착오가 있는 경우 당사자(본인 또는 상속인)가 직접 신청에 의하여 경정등록을 한 후 소유권보존등기신청을 할 수 있다는 취지이다.

그런데 소유자가 아닌 채권자가 토지대장 등의 경정등록을 대위신청하는 것이 가능한지와 관련하여, 개정 「공간정보의 구축 및 관리 등에 관한 법률」 (2014. 6. 3. 법률 제12738호로 개정되어 2015. 6. 4. 시행) 제87조 본문은 제4호에서 규정한 「민법」 제404조에 따른 채권자는 토지소유자가 하여야 하는 신청을 대신할 수 있도록 하고 있음에도, 단서에서 제84조에 따른 등록사항 정정 대상토지는 제외한다고 규정하고 있다. 따라서 법 제87조 단서에 따라, 소유권이전등기 승소확정판결을 받은 자는 부동산등기법 제65조 제1호에 따라 소유권보존등기를 신청할 수 있는 자를 대위하여 등록사항정정으로써 주소 정정 신청을 할 수는 없다.

다만 소유권이전등기 승소확정판결을 받은 자는 다시 의사의 진술을 명하는 판결을 받는 방법, 즉 토지소유자 또는 상속인을 상대로 법 제84조 제1항

---

72) 대법원 1994. 9. 8. 선고 94마1373 결정
73) 법제처 기획 02102-36(1987. 10. 14.)

에 따른 토지소유자의 등록사항정정을 신청하라는 내용의 소를 제기하여 승소한 후 판결문을 지적소관청에 제시함으로써 등록사항정정을 할 수 있을 것으로 판단된다.

또한 최근 판례에 따르면, 토지대장상의 소유자 표시 중 주소 기재의 일부가 누락된 경우는 등록명의자가 누구인지 알 수 없는 경우에 해당하여 그 토지대장에 의하여 소유권보존등기를 신청할 수 없고, 「공간정보의 구축 및 관리 등에 관한 법률」 제87조 제4호에 의하면 채권자는 자기의 채권을 보전하기 위하여 채무자인 토지소유자가 위 법에 따라 하여야 하는 신청을 대위할 수 있으나, 같은 법 제84조에 따른 지적공부의 등록사항 정정은 대위하여 신청할 수 없어, 토지대장상 토지소유자의 채권자는 토지소유자를 대위하여 토지대장상 등록사항을 정정할 수 없으므로, 토지대장상 토지소유자의 채권자는 소유권보존등기의 신청을 위하여 토지소유자를 대위하여 국가를 상대로 소유권확인을 구할 이익이 있으므로,74) 국가를 상대로 소유권확인의 소를 제기하여 승소한 후 상속인 명의의 소유권보존등기 및 채권자 명의의 소유권이전등기를 할 수도 있을 것이다.

제 5 절 지적재조사

Ⅰ. 의 의

지적재조사사업은 지적공부의 등록사항을 조사·측량하여 기존의 지적공부를 디지털에 의한 새로운 지적공부로 대체함과 동시에 지적공부의 등록사항이 토지의 실제현황과 일치하지 아니하는 경우 이를 바로잡기 위하여 실시하는 국가사업을 말한다(「지적재조사에 관한 특별법」 제2조 제2호).

현재 우리나라에서 운영하고 있는 지적제도는 일제강점기 시대에 조

---

74) 대법원 2019. 5. 16. 선고 2018다242246 판결

선총독부의 식민지 정책에 따라 토지수탈 및 토지세 징수를 목적으로 하여 행한 토지조사사업(1910년에서 1918년까지)과 임야조사사업(1916년에서 1924년까지)를 통해 작성된 토지·임야대장과 지적·임야도를 근간으로 현재에 이르고 있는 상황이다.

지적제도는 국토를 개발·활용하기 위한 계획을 세우고 효율적으로 이용하는데 필요한 기초자료이며, 토지의 질과 용도 등 가치를 평가하여 토지를 사고 팔 때 거래의 기준이 되고, 토지 등기와 토지 과세의 기준이 되는 등 국가토지행정의 기초로서 토지의 물리적 현황과 권리적 사항 등을 정확하게 표시하고 있어야 함에도 불구하고 현재 우리나라의 지적제도는 시대적인 변화를 반영하지 못함은 물론, 지적제도 전반에 걸쳐 다양한 문제점을 노출하고 있다.

「지적재조사에 관한 특별법」 제정 당시 파악한 지적불부합지(지적도 등 공부상의 경계, 면적과 실제가 일치하지 않는 토지)는 약 554만 필지로서 전 국토의 14.8 퍼센트로 확인되었다.

그리하여 2012. 3. 17. 「지적재조사에 관한 특별법」(2011. 9. 16. 법률 제11062호로 제정)이 시행됨으로써 1910년대에 만들어진 종이기반의 아날로그 지적을 세계표준의 디지털지적으로 전환되고, 전국의 14.8 퍼센트에 달하는 지적불부합지도 해소될 것으로 전망하고 있다.

주의할 것은, 현행 법령에 따른 지적재조사사업은 전 국토를 대상으로 하는 것이 아니며, 지적불부합지 중 지적재조사지구로 지정된 지역에 한하여 이루어진다는 것이다.

Ⅱ. 절 차

1. 기본계획의 수립

국토교통부장관은 지적재조사사업을 효율적으로 시행하기 위하여 미리 공청회를 개최하여 관계 전문가 등의 의견을 듣고, 시·도지사에게 송부하여 의견을 들은 후 중앙지적재조사위원회의 심의를 거쳐 지적재조사사업에 관한 기본방향 등이 포함된 기본계획을 수립하여야 한다(「지적재조사에 관한 특별법」 제4조).

2. 실시계획의 수립

지적소관청은 기본계획을 통지 받았을 때에는 지적재조사사업의 시행자 등이 포함된 지적재조사사업에 관한 실시계획을 수립하여야 한다(「지적재조사에 관한 특별법」 제6조).

3. 지적재조사지구의 지정

지적소관청은 실시계획을 수립하여 사업지구 안 토지소유자 총수의 3분의 2 이상과 토지면적 3분의 2 이상에 해당하는 토지소유자의 동의를 받아 시·도지사에게 사업지구 지정을 신청하고, 사업지구의 지정고시가 있었던 날부터 2년 내에 토지현황조사 및 지적재조사측량을 시행하여야 한다. 해당 기간 내에 시행이 되지 않았을 때에는 사업지구의 지정 효력이 상실된다(「지적재조사에 관한 특별법」 제7조 및 제9조).

4. 지적재조사사업의 시행자

지적재조사사업은 지적소관청이 시행하며, 지적소관청은 지적재조사사업의 측량·조사 등을 그러한 업무를 전문적으로 수행하는 책임수행기관에 위탁할 수 있다(「지적재조사에 관한 특별법」 제5조 및 제5조2).

5. 토지현황조사 및 지적재조사측량

지적소관청은 사업지구 지정고시가 있으면 그 사업지구의 토지를 대상으로 토지현황조사를 하여야 하며, 토지현황조사는 지적재조사측량과 병행하여 실시할 수 있다(「지적재조사에 관한 특별법」 제10조 및 제11조).

6. 경계설정의 기준

지적소관청은 토지의 현실경계, 등록할 때의 측량기록을 조사한 경계, 지방관습에 의한 경계의 순위로 경계를 설정하여야 하며, 그러한 방법이 불합리하다고 인정하는 경우에는 토지소유자들이 합의한 경계를 기준으로 지적재조사를 위한 경계를 설정한다(「지적재조사에 관한 특별법」 제14조).

7. 경계의 설정

지적소관청은 경계가 설정되면 지체 없이 임시경계점표지를 설치하고 지적재조사측량을 실시하며, 기존 지적공부상의 종전 토지면적과 지적재조사를 통하여 산정된 토지면적에 대한 지번별 내역 등을 표시한 지적확정예정조서를 작성하여야 한다. 지적소관청은 경계결정위원회의 의결에 따라 경계를 결정하고, 경계결정위원회의 결정에 이의신청이 없거나, 이의신청에 대한 결정에 불복이 없거나, 행정소송에서 판결이 확정되었을 때에는 경계가 확정된다(「지적재조사에 관한 특별법」 제15조부터 제19조까지).

8. 조정금의 산정

경계 확정으로 지적공부상의 면적이 증감된 경우에는 시·군·구 지적재조사위원회의 심의를 거쳐 조정금을 산정하여 징수하거나 지급한다(「지적재조사에 관한 특별법」 제20조).

9. 새로운 지적공부의 작성

지적소관청은 지적재조사지구에 있는 모든 토지에 대하여 경계 확정이 있었을 때에는 사업완료 공고를 하고 관계 서류를 공람하게 하여야 하며, 사업완료 공고가 있었을 때에는 기존의 지적공부를 폐쇄하고 새로운 지적공부를 작성하여야 한다(「지적재조사에 관한 특별법」 제23조 및 제24조).

10. 등기촉탁

지적소관청은 새로이 지적공부를 작성하였을 때에는 관할등기소에 그 등기를 촉탁하여야 한다(「지적재조사에 관한 특별법」 제25조).

Ⅲ. 조 정 금

1. 의　　의

지적재조사 조정금은 경계 확정으로 지적공부상의 면적이 증감된 경우 필지별 면적 증감내역을 기준으로 산정하여 징수하거나 지급하는 금원을 말한다(「지적재조사에 관한 특별법」 제20조 제1항).

2. 산정대상

가. 국유지 · 공유지

국가 또는 지방자치단체 소유의 국유지 · 공유지 행정재산의 조정금은 징수하거나 지급하지 아니한다(「지적재조사에 관한 특별법」 제20조 제2항). 다만, 반대해석으로, 국유지 · 공유지 일반재산의 면적 증감이 발생한 경우에는 조정금을 산정하여 징수 또는 지급하여야 한다.[75]

나. 등록사항정정대상토지

지적재조사사업이 완료되어 면적 증가에 따른 조정금 발생 토지에

---

75) 지적재조사기획단 기획총괄과-547(2013. 10. 21.)

대하여 사업완료 전 면적으로 되돌리기 위한 등록사항정정 처리가 가능한지 여부가 문제된다. 지적재조사사업은 「지적재조사에 관한 특별법」 제2조 제2호에 따라 지적공부의 등록사항이 토지의 실제 현황과 일치하지 아니하는 경우 이를 바로잡기 위하여 실시하는 국가사업으로서, 같은 법 제3조는 이 법은 지적재조사사업에 관하여 다른 법률에 우선하여 적용하며, 지적재조사사업을 시행할 때 이 법에서 규정하지 아니한 사항에 대하여는 「공간정보의 구축 및 관리 등에 관한 법률」에 따른다고 규정하고 있다. 한편, 「공간정보의 구축 및 관리 등에 관한 법률」 제84조 제1항 및 제2항에서는 지적공부의 등록사항에 잘못이 있음을 발견한 때에는 토지소유자의 신청 또는 지적소관청의 직권으로 조사·측량하여 정정할 수 있다고 규정하고 있다. 따라서 지적공부의 등록사항이 토지의 실제 현황과 일치하지 않는 등 잘못이 있는 경우에 지적재조사사업 또는 등록사항정정의 방법으로 바르게 정리할 수 있으나, 해당 토지가 지적재조사사업지구로 지정되었다면 「지적재조사에 관한 특별법」 제3조에 의하여 지적재조사사업으로 정리되어야 하며, 지적재조사사업이 완료된 이상 사업지구 내 토지의 지적공부 등록사항이 바르게 정리되었다고 볼 수 있으므로, 사업이 완료되어 새로운 지적공부가 작성된 토지를 지적공부의 등록사항에 잘못이 있다고 보아 또다시 등록사항정정을 하는 것은 타당하지 않다.

또한 사정등록 당시 경계 및 면적이 잘못 등록되어 등록사항정정대상 토지로 관리되고 있는 토지에 대한 지적재조사사업 시행 시 면적 감소로 인한 조정금을 지급해야 하는지 여부가 문제되나, 위 취지에 따라 필지별 면적 증감내역을 기준으로 시·군·구 지적재조사위원회의 심의·의결을 거쳐 산정한 조정금을 지급하여야 할 것이다.[76]

---

76) 지적재조사기획단 사업총괄과-1197(2015. 8. 19.)

다. 동일인 소유의 여러 토지

동일인 소유의 여러 토지가 필지별로 면적 증감이 발생하였으나 그 면적 합계는 종전과 동일한 경우에도 조정금을 징수하거나 지급하여야 하는지 여부가 문제되나, 지적재조사 사업으로 동일인 소유 토지 중 일부가 서로 인접하여 경계가 조정되었다고 하더라도 각 토지별로 면적 증감분에 대하여 조정금이 산정되어야 한다.77)

라. 경계 변동 없이 지적공부상 면적 증감만 있는 토지

개별 토지의 경계 변동 여부와 상관없이 지적공부상 면적 증감만 있는 경우 조정금을 징수하거나 지급할 수 있는지 문제가 된다. 이는 「지적재조사에 관한 특별법」 제20조 제1항이 "지적소관청은 제18조에 따른 경계 확정으로 지적공부상의 면적이 증감된 경우에는 필지별 면적 증감 내역을 기준으로 조정금을 산정하여 징수하거나 지급한다."라고 규정하여, "경계 확정"의 의미에 따라 조정금 발생 여부가 결정되기 때문이다.

이에 관한 해석이 문제된 사례에서, 1심 법원은 「지적재조사에 관한 특별법」 제20조 제1항은 "지적재조사측량의 결과 경계의 변동이 있고 그 경계의 변동에 따라 토지에 새롭게 포함되는 부분의 면적이 있는 경우 그 경계의 변동으로 증가하는 면적에 대하여만 토지소유자로부터 조정금을 산정하여 징수하고, 토지에서 새롭게 제외되는 부분의 면적이 있는 경우 그 경계의 변동으로 제외되는 면적에 대하여만 토지소유자에게 조정금을 산정하여 지급한다."는 의미로 해석하여, 지적재조사사업에 따라 경계 변동 없이 공부상 면적만이 증가한 토지에 대하여 조정금 납부 의무를 부과한 것은 위법하다는 이유로 이를 취소하였다.78)

---

77) 지적재조사기획단 사업지원과-622(2015. 4. 8.); 사업총괄과-497(2015. 7. 7); 대법원 2020. 5. 14. 선고 2017두68639 판결
78) 대전지방법원 2017. 4. 13. 선고 2016구합713 판결

그러나 항소심은 「지적재조사에 관한 특별법」 제20조 제1항의 "제18조에 따른 경계확정"이란 "지적재조사법상 지적재조사사업의 절차규정에 따라 그 경계가 확정된 경우"를 말하는 것이지, "경계확정 중 지적공부상 경계가 변동된 경우"만에 한정되는 것이 아니라는 이유로, 경계 변동 여부와 상관없이 기존의 지적공부상 면적보다 지적재조사측량 결과면적이 증감된 경우에 조정금을 부과 또는 지급하는 것으로 해석하여, 지적재조사사업으로 인한 지적공부상 면적 증감분을 반영하여 조정금을 부과한 처분은 적법하다고 판시하였다.[79] 상고심도 개별 토지의 경계 변동 여부와 상관없이 지적공부상 면적 증감이 있는 경우 지적재조사법 제20조 제1항에 따른 조정금 지급·징수의 대상이 된다는 원심을 인용하여 상고기각 하였다.[80]

3. 산정기준

가. 내 용

종전에는 조정금은 지적소관청이 사업지구를 지정하여 고시하였을 때의 「부동산 가격공시 및 감정평가에 관한 법률」에 따른 개별공시지가를 기준으로 정하거나 또는 감정평가 법인에 의뢰하여 평가한 감정평가액으로 산정하도록 정하였다.

그러나 조정금 산정기준에 대한 우선순위를 정하고 있지 않아, 조정금을 납부할 자는 개별공시지가를, 지급받을 자는 감정평가액을 선호하여 이해관계 대립으로 소모적 갈등이 발생할 수 있다는 이유로, 2017. 4. 18. 개정법에서는 경계가 확정된 시점을 기준으로 「감정평가 및 감정평가사에 관한 법률」에 따른 감정평가법인 등이 평가한 감정평가액으로 산정하되, 토지소유자협의회가 요청하는 경우에는 시·군·구 지적재조

---

79) 대전고등법원 2017. 10. 12. 선고 2017누11228 판결
80) 대법원 2020. 5. 14. 선고 2017두68639 판결

사위원회의 심의를 거쳐 「부동산 가격공시에 관한 법률」에 따른 개별공시지가로 산정할 수 있도록 하였다(「지적재조사에 관한 특별법」 제20조 제3항).

나. 구체적 사례

1) 지적재조사사업 지구 내 조정금 산정 시 면적이 증가한 토지는 개별공시지가로 산정하고, 감소한 토지는 감정평가액으로 산정하는 등 동일한 사업지구에서 조정금 산정방법을 다르게 적용할 수 있는지가 문제되나, 동일한 사업지구에서 필요에 따라 조정금 산정 방법을 다르게 적용할 수 없다.[81]

2) 지적재조사에 따른 경계 변경으로 인접하는 두 토지 중 도로는 면적이 감소하고 대지는 면적이 증가한 경우, 면적이 증가한 대지는 당해 대지를 기준으로 조정금을 산정하고, 면적이 감소한 도로는 당해 도로를 기준으로 각각 조정금을 산정한다.[82]

3) 지적재조사사업 경계 확정으로 지적공부상 면적이 증감된 경우에 토지소유자협의회에서 조정금을 정산하지 아니하기로 결정할 수 있는지 여부가 문제되나, 「지적재조사에 관한 특별법」 제20조 제1항에서 지적소관청은 경계 확정으로 지적공부상의 면적이 증감된 경우에는 필지별 증감내역을 기준으로 조정금을 산정하여 징수하거나 지급하며, 같은 법 제13조 제3항 제5호에 따라 토지소유자협의회는 조정금 산정기준에 대한 의견을 제출할 수 있으나 조정금을 정산하지 아니하기로 결정할 수는 없으므로, 필지별로 조정금을 산정하여 지급 또는 징수하여야 한다.[83]

---

81) 충청북도행정심판위원회 제2015-167호, 지적재조사기획단 사업지원과-1489(2015. 6. 1.)

82) 경기도행정심판위원회 제2015-1555호(2015. 12. 30.)

83) 지적재조사기획단 기획총괄과-547(2013. 10. 21.)

4. 조정금의 지급·징수 또는 공탁

가. 현금 지급 또는 납부 원칙

조정금은 현금으로 지급하거나 납부하여야 한다(「지적재조사에 관한 특별법」 제21조 제1항).

나. 지급 또는 납부의 절차

지적소관청은 조정금을 산정하였을 때에는 지체 없이 조정금조서를 작성하고, 토지소유자에게 개별적으로 조정금액을 통보하여야 하고(「지적재조사에 관한 특별법」 제21조 제2항), 조정금액을 통지한 날부터 10일 이내에 토지소유자에게 조정금의 수령통지 또는 납부고지를 하여야 한다(「지적재조사에 관한 특별법」 제21조 제3항).

지적소관청은 수령통지를 한 날부터 6개월 이내에 조정금을 지급하여야 하고(「지적재조사에 관한 특별법」 제21조 제4항), 납부고지를 받은 자는 그 부과일부터 6개월 이내에 조정금을 납부하여야 하나, 지적소관청은 1년의 범위에서 대통령령으로 정하는 바에 따라 조정금을 분할납부하게 할 수 있다(「지적재조사에 관한 특별법」 제21조 제5항).

지적소관청은 조정금을 납부하여야 할 자가 기한 내에 납부하지 아니할 때에는 「지방세외수입금의 징수 등에 관한 법률」에 따라 징수할 수 있다(「지적재조사에 관한 특별법」 제21조 제6항).

지적재조사사업으로 서로 인접하는 토지 면적의 증감이 발생한 경우 토지소유자 간 서로 직접 조정금을 주고받을 수 있는지 여부가 문제되나, 토지소유자 간 서로 직접 조정금을 주고받는 것은 불가하며, 지적소관청이 토지소유자에게 조정금을 징수 또는 지급하여야 한다.[84]

---

84) 지적재조사기획단 사업총괄과-2628(2016. 6. 9.)

다. 공 탁

지적소관청이 조정금을 지급하여야 하는 경우로서 다음 어느 하나의 사유가 있으면 조정금을 지급받을 자의 토지 소재지 공탁소에 그 조정금을 공탁할 수 있다.

첫째, 조정금을 받을 자가 그 수령을 거부하거나 주소 불분명 등의 이유로 조정금을 수령할 수 없을 때

둘째, 지적소관청이 과실 없이 조정금을 받을 자를 알 수 없을 때

셋째, 압류 또는 가압류에 따라 조정금의 지급이 금지되었을 때

(「지적재조사에 관한 특별법」 제21조 제7항).

면적 감소로 인하여 토지소유자에게 지급하여야 할 조정금이 발생한 토지 자체에 가압류, 압류, 가처분 등기가 되었을 경우에 조정금을 공탁하여야 하는지 여부가 문제된다.

유사한 사례에서 판례는 「공익사업을 위한 토지 등의 취득 및 보상에 관한 법률」 제40조 제2항 제4호에 의하면 "압류 또는 가압류에 의하여 보상금의 지불이 금지된 때"에는 기업자는 보상금을 공탁할 수 있다고 규정하고 있는데, 이 경우의 "압류 또는 가압류에 의하여 보상금의 지불이 금지된 때"란 수용대상토지에 부동산가압류가 된 경우가 아니라 수용보상금에 대한 채권압류 또는 채권가압류에 의하여 보상금의 지불이 금지되었을 때를 의미하는 것이므로, 수용대상토지가 일반채권자에 의하여 압류 또는 가압류되어 있더라도 그 토지의 수용에 따른 보상금 청구권 자체가 압류 또는 가압류되어 있지 아니한 이상 보상금의 지급이 금지되는 것은 아니며, 공탁사유에 해당한다고 볼 수 없다고 판시하고 있다.[85] 또한 수용 대상 토지에 대하여 처분금지가처분의 등기가 경료되어 있는 경우에 그 사유만으로는 피보상자를 알 수 없다는 이유로

---

85) 대법원 2000. 5. 26. 선고 98다22062 판결

공탁할 수 없지만, 소유권등기말소청구권을 피보전권리로 하는 처분금지 가처분등기가 경료되어 있는 등 수용 대상 토지에 대한 소유권의 귀속에 관하여 다툼이 있는 경우에는 기업자가 피보상자를 알 수 없다는 이유로 공탁을 할 수 있으나, 그 피보전권리가 소유권이전등기청구권인 때에는 피공탁자의 상대적 불확지를 이유로 하는 공탁을 할 수는 없다고 판시하고 있다.[86]

따라서, 조정금 지급 대상 토지에 가압류, 압류, 체납처분에 의한 압류, 가처분 등이 되어 있더라도 조정금을 가압류권자나 압류권자에게 지급할 수는 없으며, 토지소유자에게 지급하는 것이 원칙이나, 다만, ① 채권자가 다시 조정금청구권 자체에 가압류, 압류, 체납처분에 의한 압류 등을 한 경우 및 ② 소유권등기말소청구권을 피보전권리로 하는 처분금지가처분등기가 경료되어 있는 등 수용 대상 토지에 대한 소유권의 귀속에 관하여 다툼이 있는 경우에는 피보상자를 알수 없다는 이유로 공탁을 할 수 있을 것이다.

라. 조정금 또는 공탁금의 수령 및 납부

지적재조사지구 지정이 있은 후 권리의 변동이 있을 때에는 그 권리를 승계한 자가 제1항에 따른 조정금 또는 제7항에 따른 공탁금을 수령하거나 납부한다(「지적재조사에 관한 특별법」 제21조 제8항).

지적재조사 사업 완료에 따라 면적이 증가하여 경계가 확정된 토지에 대하여 사업완료 공고일 이전에 종전 면적으로 매매계약서가 작성되었고 사업완료 공고일 이후에 소유권이전등기가 된 경우 조정금 부과 대상이 문제가 되는데, 토지를 매매한 당사자 사이에 조정금에 관한 특별한 약정이 없다면 조정금이 확정된 현재의 소유자(그 권리를 승계한

---

86) 대법원 1996. 3. 22. 선고 95누5509 판결; 대법원 2002. 10. 11. 선고 2002다35461 판결

자)에게 부과하는 것이 타당하다.[87]

그러나, 사업공고 당시의 토지소유자에게 조정금을 부과하였으나 이를 체납하던 중 경매로 소유권이전이 된 경우, 경매 낙찰자에게 조정금 납부의무가 승계되는지 여부에 있어서는, 토지의 면적 증가로 발생한 이익을 향유한 것은 종전 토지소유자(또는 경매절차에서 배당받은 채권자)이기 때문에, 조정금 납부의무 역시 종전 토지소유자에게 귀속된다고 보아야 하고, 단지 경매낙찰자가 이 토지의 승계인이라는 이유만으로 조정금 납부의무가 승계된다고 보는 것은 부당하다.[88]

5. 조정금에 관한 이의신청

수령통지 또는 납부고지된 조정금에 이의가 있는 토지소유자는 수령통지 또는 납부고지를 받은 날부터 60일 이내에 지적소관청에 이의신청을 할 수 있다.

지적소관청은 이의신청을 받은 날부터 30일 이내에 시·군·구 지적재조사위원회의 심의·의결을 거쳐 이의신청에 대한 결과를 신청인에게 서면으로 알려야 한다(「지적재조사에 관한 특별법」 제21조의 2).

6. 조정금의 소멸시효

조정금을 받을 권리나 징수할 권리는 5년간 행사하지 아니하면 시효의 완성으로 소멸한다(「지적재조사에 관한 특별법」 제22조).

7. 조정금에 대한 비과세 혜택

「지적재조사에 관한 특별법」 제18조에 따른 경계의 확정으로 지적공부상의 면적이 감소되어 같은 법 제20조에 따라 지급받는 조정금은 소

---

87) 지적재조사기획단 사업총괄과-2376(2015. 10. 27.); 법제처 16-0112(2016. 10. 27.)
88) 의정부지방법원 2016. 11. 22. 선고 2016구합443 판결

득세법(법률 제16104호, 2018.12.31., 일부 개정) 제89조 제1항 제5호 및 부칙 제9조에 따라 2012년 3월 17일 이후 발생한 분부터 양도소득세가 비과세된다.

제 6 절   지적측량수행자의 변천

Ⅰ. 국가직영체제(1910년~1923년)

1910년부터 1918년까지의 토지조사사업과 1916년부터 1924년까지의 임야조사사업에는 국가직영(조선총독부 직영)의 운영체제가 유지되었다. 특히 토지조사사업은 조선총독부 임시토지조사국이 수행하였다.

지적측량을 포함한 토지 및 임야조사사업이 국가직영으로 운영된 주된 이유는 대규모의 지적 창설작업을 시행함에 있어 통일적이고도 획일적인 지적 창설의 필요성이 긴요했기 때문에, 국가가 이를 직접 운영, 감독하는 국가직영체제가 적합했기 때문이다.[89]

토지 및 임야조사사업에 따라 사정이 확정된 후 지적공부와 관련된 토지대장, 토지대장집계부, 지세명기장, 기타 관계서류 및 지적도 등이 차례로 임시토지조사국에서 부(府)·군청(郡廳)에 인계됨에 따라 부군에서 토지이동정리가 실시되었다. 당시의 사회적 경제적 여건에 따라 토지의 이동건수는 아주 적었고, 더구나 토지조사를 위한 각종 토지측량이 끝난 직후여서 삼각점, 도근점, 세부측량의 기지경계점이 그대로 남아있어 지적측량은 기술상 그다지 어려운 것이 아니었기 때문에 임시토지조사국의 해산과 동시에 부(府)·군(郡)·도(島)에 전속된 기술직원만으로도 지적정리는 충분히 수행할 수 있었다. 즉, 1918년부터 1923년까지 5개

---

89) 한국법제연구원, 지적측량 대행제도의 합리화방안, 2002, p.7

년간은 당시 분할측량 등을 필요로 하는 자는 지세령 시행규칙에 따라 소정의 수수료를 첨부하여 소관의 부윤, 군수, 도지사에게 그 측량을 신청할 수 있게 하고 이런 신청이 있으면 부, 군, 도의 기술직원이 관비로 출장하여 측량한 후 토지대장 및 지적도 등을 정리하는 국가직영의 방식을 운영하였던 것이다.[90]

Ⅱ. 기업자 측량제도 및 지정측량자제도에 따른 경쟁체제 (1923년~1938년)

토지조사사업 및 임야조사사업이 완료됨에 따라 임시토지조사국은 폐국되고, 토지대장 및 지적도 등 지적공부는 1918년부터는 통상의 행정관서인 부(府)·군(郡)·도(島)로, 1934년부터는 세무서로 이관되었다.[91]

그러나 도로, 하천, 구거 또는 철도의 시설 기타 공유수면의 매립 등에 따르는 토지이동이 급격히 증가하게 되어 부·군·도에 배속된 기술직원만으로는 도저히 이를 소화할 수 없었다.

이에 조선총독부 재무국은 통첩(通牒)[92]에 의하여 기업자 측량제도(企業者 測量制度) 및 지정측량자제도(指定測量者制度)를 도입하게 되었다.

기업자측량제도란 도로·하천·구거·철도·수도 등의 신설, 보수를 위한 기업자(企業者)인 관청이나 개인이 자기의 산하에 지적측량기술자를 채용하고 지적 주무관청의 승인을 얻어 자기사업에 따르는 지적측량을 하게 하는 제도이고, 지정측량자제도란 도에서 민간인 지적측량기술자를 지정하여 지적측량을 시키는 제도로서, 이 두 가지 모두 토지대장 소관청이 이를 검사하여 공부를 정리하도록 하였다. 당시에는 지적측량

---

90) 대한지적공사, 한국지적백년사(역사편), 2005, p.929
91) 대한지적공사, 대한지적공사50년사, 1989, p.62
92) 1923년 7월 20일 세을(稅乙) 제674호 광대지역(廣大地域)에 긍(亘)한 이동지정리 (異動地整理)에 관한 건(件), 동일부(同日付) 세을(稅乙) 제675호 지정측량자(指定 測量者)의 지정(指定)에 관한 건(件)

기술자에 대한 법적인 자격규정은 없었고, 다만 도에서 행정적으로 그 자격을 인정한데 불과하였는데, 지적측량기술자의 수요는 그다지 많지는 않았으며 그들의 결합체라고는 아무 것도 없었다.[93]

이는 다수의 기업자와 지정측량자가 국가의 지적측량업무를 대행하였다는 점에서 경쟁체제로 평가된다.

Ⅲ. 조선지적협회 전담대행체제(1938년~1945년 8월)

기업자 측량제도 및 지정측량자제도는 각 세무감독국 단위로 제각기 업무가 처리되어 통일성 및 획일성 등이 결여되었다. 또한 지정측량자의 자질저하 및 통제의 어려움으로 제도나 운영상의 결함과 모순을 현저히 드러내었다. 그리하여 이러한 경험을 거치면서 기업자측량제도와 지정측량자제도의 운영은 결국 국가직영제도에서 대행제도로 전환되는 직접적인 계기가 되었다.[94]

그리하여 조선총독부는 1938. 1. 17. 재단법인(財團法人) 조선지적협회(朝鮮地籍協會)를 설립하여 지적업무 대행기관으로 지정한 다음, 1938. 2. 25. 재무국장의 각 세무조사국장에 대한 통첩인 '재단법인(財團法人) 조선지적협회(朝鮮地籍協會)의 설립 및 광대지역(廣大地域)에 긍(亘)한 이동지정리제도(異動地整理制度) 폐지에 관한 건'에 따라 기업자 측량제도 및 지정측량자제도를 폐지하였다.[95]

조선지적협회의 설립과 관련하여 한 가지 살펴봐야 하는 것은 '역둔토협회(驛屯土協會)'이다. 역둔토란 '역토(驛土)'와 '둔토(屯土)'를 일컫는 것으로, 역토란 역참(驛站)에 부속된 토지를 말하는 것이고, 둔토란 국경

---

93) 한국법제연구원, 지적측량 대행제도의 합리화방안, 2002, p.8
94) 지종덕, 지적측량사 자격제도의 변천, ≪지적≫ Vol.24, No.8, 대한지적공사, 1994, p.40
95) 대한지적공사, 대한지적공사50년사, 1989, p.64

지대의 군수물자에 충당하기 위하여 그 부근의 주둔군에 부속시킨 토지를 말하는 것으로서 모두 국유지였다. 역둔토협회는 이러한 국유지의 조사, 관리를 위하여 1931년 설립된 단체로서 기업자측량제도와 지정측량자제도가 시행될 때에도 국유지에 대하여는 이 단체가 전담대행하여 지적측량 및 이동정리를 수행하였다. 그러나 역둔토의 매각완료에 따라 더이상 협회 존립의 필요성이 없어짐에 따라 역둔토협회는 1938년 5월 해산하고, 해산시의 잔여재산은 조선지적협회에 귀속되었다.[96]

Ⅳ. 개인영업체제(1945년~1948년)

1945년 8월 15일 광복과 함께 미군정이 실시함에 따라 지적업무는 재무국에서 관장했다. 이에 따라 지적측량업무를 처리하던 조선지적협회는 휴면상태가 되었는데 각 지부별 직원들은 지적유지회라 칭하며 세무서내 출장소에 머물렀다. 당시는 무질서한 혼란기라 업무에 관한 신고신청이 전연 없을 뿐만 아니라 미군정이 들어오고 정계에 질서와 체계가 잡히면서 지적유지회는 인정되지 않아 그 형태가 없어졌다.

지적협회 측량사들은 각자가 직을 바꾸어 국가공무원인 세무서 기사 또는 기원 등이나 소규모 측량업으로 전직했으며, 지적협회에서 처리하던 지적업무는 초창기로 되돌아가 국가에서 직접 업무를 취급했고 세무서 지적계에서 집행하였다. 그리고 지적측량은 한시적으로나마 지정측량자제도를 두어 군정청과 지정측량자간에 용역계약으로 측량업무를 처리하였다.[97]

---

96) 한국법제연구원, 지적측량 대행제도의 합리화방안, 2002, p.10
97) 대한지적공사, 한국지적백년사(역사편), 2005. p.966

V. 대한지적협회 전담대행체제(1949년~1977년 6월)

1948년 8월 15일 대한민국정부가 수립되면서 국가발전 및 개발을 위해 정부에서 농지개혁, 토지개척, 시가지 계획, 하천제방의 구축, 관개수리공사 등을 활발히 추진하자 토지이동이 빈번해졌으나, 지적정리는 국가재정 및 기술인력 부족 등으로 손도 쓰지 못하는 형편이었다.[98]

대책마련에 고심하던 재무부는 1949년 4월 29일 재무부장관의 통첩(지적협회 업무재개시에 관한 건)에 의해 종래의 조선지적협회를 대한지적협회(大韓地籍協會)로 재편성 발족시켜, 같은 해 5월 1일 업무를 재개하도록 하였다. 그리하여 지적측량업무는 다시금 종전의 전담대행체제로 환원되었다.[99]

VI. 대한지적공사 전담대행체제(1977년 7월~2003년)

1950년 지적법(1950. 12. 1. 법률 제165호로 제정되어 같은 날 시행)이 시행되었으나 지적측량 대행법인에 관한 근거규정은 없었다. 다만 「지적측량사규정」(1967. 12. 14. 대통령령 제3301호로 개정되어 1968. 1. 1. 시행) 제5조 제1항에서 등록된 지적측량사 또는 내무부장관이 인정하는 법인격이 있는 지적단체가 아니면 지적측량을 할 수 없도록 규정하여, 대한지적협회의 대행기관 자격을 인정하고 있었다.

이후 1976년 개정 지적법(1975. 12. 31. 법률 제2801호로 개정되어 1976. 4. 1. 시행) 제28조 제2항 및 개정 지적법 시행령(1976. 5. 7. 대통령령 제8110호로 개정되어 같은 날 시행) 제61조에서 1개 법인에 의한 대행전담제도의 근거를 마련하였다. 그에 따라 내무부장관은 1976년 11월 6

---

98) 지종덕, 지방자치와 지적측량제도, ≪지적≫ Vol.21, No.3, 대한지적공사, 1991, p.33

99) 대한지적공사, 한국지적백년사(역사편), 2005. p.967

일 행정조치(내무稅 2, 1236~16306호)로 대한지적공사를 지적측량업무 대
행법인으로 지정하였고, 1977년 7월 1일 대한지적협회는 정관을 개정하
여 재단법인 대한지적공사로 명칭을 변경하였다.[100]

　　1999년 시행된 개정 지적법 시행령(1999. 2. 26. 대통령령 제16124호로
개정되어 1999. 4. 19. 시행)에서는 제67조 제2항이 삭제되어 1개 법인의
대행전담제도의 근거는 삭제되었다.

Ⅶ. 부분경쟁체제(2004년~현재)

1. 전담대행체제에 대한 헌법불합치결정(헌법재판소 2002. 5. 30. 선고 2000헌마81 결정)

가. 사건의 개요

　　청구인은 1999. 12. 6. 국가기술자격법에 의한 지적기사 자격을 취득
한 자로서, 지적측량 업무를 비영리법인만 대행할 수 있도록 규정한 구
지적법(2001. 1. 26. 법률 제6389호로 개정되기 전의 것) 제28조 제2항은 지
적기술자의 자격을 취득한 개인이나 그들로 구성된 영리법인 등의 직업
선택의 자유와 평등권을 침해하여 헌법에 위반된다고 주장하면서 2000.
2. 1. 이 헌법소원심판을 청구하였는데, 그 후 위와 같이 지적법이 전문
개정되어 2002. 1. 27.부터 시행되자 2002. 3. 7. 심판청구의 대상을 개
정된 지적법 제41조 제1항으로 변경하는 청구취지변경신청서를 제출하
였다.

나. 심판의 대상

　　「지적법」(2001. 1. 26. 법률 제6389호로 전문개정된 것) 제41조(지적측량
업무의 대행) ① 행정자치부장관은 대통령령이 정하는 바에 의하여 지적

---

100) 대한지적공사, 대한지적공사50년사, 1989. p.41

측량 업무의 일부를 지적측량을 주된 업무로 하여 설립된 비영리법인에게 대행시킬 수 있다.

② 생략

다. 결정 요지

토지소유자의 위탁에 의한 제1단계 지적측량, 즉 "초벌측량"의 대행용역 활동을 자신의 독립적인 직업으로 선택하기 위하여 청구인과 같이 지적기술자의 자격을 취득한 자는 이 법률조항으로 말미암아 비영리법인을 설립하지 아니하는 한 초벌측량의 대행용역 활동을 자신의 독립적인 직업으로 선택할 수 없는 것이므로, 이 법률조항은 좁은 의미의 직업선택의 자유를 제한하고 있다.

이 사건 법률조항은 초벌측량을 대행하려면 비영리법인을 설립하도록 강제하고 있는바, 그러한 요건은 그 비영리법인의 주된 목적사업인 지적측량이란 결국 지적법 제50조 제1항에 따라 토지소유자로부터 지적측량수수료를 직접 납부받는 초벌측량을 뜻하는바 초벌측량은 지적측량수수료를 대가로 한 수익사업이므로 비영리법인이 추구할 목적사업 자체가 될 수 없다는 의미에서 측량성과의 정확성을 확보한다는 입법목적 달성과는 무관한 수단으로 보이고, 법인의 형태와 개인인 지적기술자의 업무영역을 나눈다거나 같은 법인형태라도 자본규모나 소속 지적기술자의 수에 따라, 그리고 개인인 지적기술자의 경우는 그 자격의 차이에 따라 업무영역을 나누는 등 덜 제한적인 방법이 가능하다는 점에서 기본권침해의 최소성을 충족시키지 못하고 있고, 나아가 그 입법목적에 비추어 볼 때 직업선택의 자유를 제한당하는 청구인 등 지적기술자의 기본권과의 법익의 균형성도 현저하게 상실하고 있으므로, 과잉금지의 원칙에 위배되는 위헌적인 법률이다.

이 사건 법률조항의 경우 초벌측량의 대행을 비영리법인(사실상 재단

법인 대한지적공사)에게만 대행하도록 하는 "전담대행체제"가 위헌이라는
것이지 비영리법인에게 초벌측량의 대행을 할 수 없다는 것이 아니다.
또한 초벌측량의 대행을 모든 지적기술자에게 허용하는 이른바 경쟁체
제를 택하는 경우에 대행자가 법인인지 또는 개인인지 여부에 따라, 같
은 법인인 경우에도 소속 지적기술자의 수나 자본금의 크기, 개인의 경
우에는 그 자격의 차이 등 합리적인 기준에 따라 대행할 수 있는 초벌
측량의 범위를 제한할 수는 있다 할 것이고 이는 입법자가 입법형성의
범위내에서 자유롭게 정할 수 있는 것이다. 그러므로 입법자가 합헌적인
방향으로 이 법률조항을 개선할 때까지 일정 기간 동안 이를 존속케 하
고 또한 잠정적으로 적용하게 할 필요가 있다.

2. 지적법 개정에 따른 부분경쟁체제

지적측량업무를 비영리법인에게만 대행하도록 한 규정이 직업선택의
자유를 제한한 것이므로 헌법에 불합치된다는 헌법재판소 2002. 5. 30.
선고 2000헌마81 결정에 따라 개정 「지적법」(2003. 12. 31. 법률 제7036호
로 개정되어 2004. 1. 1 시행)은 종전의 대한지적공사 외에 지적측량업자
도 지적측량업을 수행할 수 있도록 하였다.

다만 「지적법」 제41조의3은 지적측량업자의 업무범위를 수치측량(경
계점좌표등록부가 비치된 지역에서의 지적측량, 지적법 제26조의 규정에 의한
도시개발사업 등이 완료됨에 따라 실시되는 지적확정측량)으로 정하여 해당
업무는 대한지적공사와 지적측량업자가 경쟁에 의하여 수행하도록 한
반면,101) 제41조의11 및 제32조 제2항은 대한지적공사의 사업 범위에

---

101) 지적법[시행 2004. 1. 1] [법률 제7036호, 2003. 12. 31, 일부개정]
　　제41조의3 (지적측량업자의 업무범위) 지적측량업자는 제32조 제2항의 규정에 의
　　한 지적측량(동항 제2호의 사유에 의하여 실시하는 지적측량을 제외한다)으로서
　　다음 각호의 1에 해당하는 지적측량업무를 행한다.
　　1. 경계점좌표등록부가 비치된 지역에서의 지적측량

제한을 두지 않아102) 도해측량은 대한지적공사에게 전담하게 하였다.

3. 도해측량의 대한지적공사 전담 제도에 관한 합헌 결정(헌법재판소 2007. 6. 28. 선고 2004헌마262 결정 지적법 제41조의3 위헌확인)

가. 사건의 개요

청구인은 1977. 2. 10. 국가기술자격법에 의한 지적기사 1급자격을 취득한 자인바, 지적측량업자로 등록된 자라도 모든 지적측량업무를 수행할 수 없고 경계점좌표등록부가 비치된 지역에서의 지적측량과 도시개발사업 등이 완료됨에 따라 실시하는 지적확정측량만을 수행할 수 있도록 그 업무범위를 제한하고 있는 지적법 제41조의3이 청구인의 직업선택의 자유와 평등권을 침해하여 위헌이라고 주장하면서 2004. 3. 30. 헌법소원심판을 청구하였다.

---

2. 제26조의 규정에 의한 도시개발사업 등이 완료됨에 따라 실시하는 지적확정측량(경계점좌표등록부에 토지의 표시를 새로이 등록하기 위한 측량을 말한다)
102) 지적법[시행 2004. 1. 1] [법률 제7036호, 2003. 12. 31, 일부개정]
　　제32조 (지적측량의 목적과 대상)
　　②다음 각호의 1에 해당하는 때에는 지적측량을 하여야 한다.
　　1. 제12조·제17조 내지 제19조·제22조·제23조 제1항·제24조 및 제26조 제1항의 경우에 측량을 필요로 하는 때
　　2. 제36조의 규정에 의하여 지적측량성과를 검사하는 때
　　3. 제38조 제1항의 규정에 의하여 지적측량기준점표지를 설치하는 때
　　4. 경계점을 지상에 복원함에 있어 측량을 필요로 하는 때
　　5. 그 밖에 행정자치부령이 정하는 경우에 해당하는 때
　　제41조의11 (사업) 공사는 다음 각호의 사업을 한다.
　　1. 제32조 제2항(동항 제2호의 사유에 의하여 지적측량을 하는 경우를 제외한다)의 규정에 의한 지적측량
　　2. 지적제도 및 지적측량에 관한 외국기술의 도입과 국외진출사업 및 국제교류협력
　　3. 지적제도 및 지적측량에 관한 연구·교육 등 지원사업
　　4. 그 밖에 공사의 목적달성을 위하여 필요한 사업으로서 정관이 정하는 사업

나. 심판의 대상

지적법 제41조의3(2003. 12. 31. 법률 제7036호로 개정된 것)의 위헌 여부

지적법 제41조의3(지적측량업자의 업무범위) 지적측량업자는 제32조 제2항의 규정에 의한 지적측량(동항 제2호의 사유에 의하여 실시하는 지적측량을 제외한다.)으로서 다음 각호의 1에 해당하는 지적측량업무를 행한다.

1. 경계점좌표등록부가 비치된 지역에서의 지적측량

2. 제26조의 규정에 의한 도시개발사업 등이 완료됨에 따라 실시하는 지적확정측량(경계점좌표등록부에 토지의 표시를 새로이 등록하기 위한 측량을 말한다.)

다. 결정 요지

1) 이 사건의 쟁점은, 대한지적공사의 경우에는 지적측량업무 범위에 제한이 없는 반면, 지적측량업자는 이 사건 법률조항에 의해 수치측량만 할 수 있을 뿐 도해측량을 할 수 없도록 그 업무범위가 제한되는바, 이러한 제한이 청구인의 직업의 자유와 평등권을 침해하는지 여부이다.

2) 국가가 어떤 임무수행방법을 선택할 것인가 하는 문제는 입법자가 당해 사무의 성격과 수행방식의 효율성 정도 및 비용, 공무원 수의 증가 또는 정부부문의 비대화 문제, 민간부문의 자본능력과 기술력의 성장정도, 시장여건의 성숙도, 민영화에 대한 사회적·정치적 합의 등을 종합적으로 고려하여 판단해야할 사항으로서 그 판단에 관하여는 입법자에게 광범위한 입법재량 내지 형성의 자유가 인정된다.

국가의 임무인 지적측량의 경우 역시 입법자는 그 임무수행방법에 관한 광범위한 입법재량을 가지는바, 이와 같이 입법자가 가지는 국가의 임무수행방법에 관한 입법재량의 범위 내에서는 직업의 자유에 대한 심사기준을 엄격하게 유지할 수 없게 된다. 더욱이 이 사건의 경우는 좁은

의미의 직업선택의 자유가 아니라 직업수행의 자유의 제한이 문제되는 것인바, 직업수행의 자유는 좁은 의미의 직업선택의 자유에 비하여 상대적으로 그 침해의 정도가 작다고 할 것이어서 이에 대하여는 공공복리 등 공익상의 이유로 비교적 넓은 법률상의 규제가 가능하다. 그렇다면 입법자가 선택하는 국가 임무의 수행방법에 따라서는 직업의 자유를 제한하는 결과가 생기게 된다 하더라도, 그에 관한 입법재량의 범위 내에 있는 한, 직업의 자유 침해 여부에 대한 심사기준은 완화되는 것이다. 따라서 그러한 제한이 어느 정도 합리성을 인정할 수 있는 경우에는 헌법 제37조 제2항이 규정한 기본권제한입법의 한계를 준수한 것이 된다.

한편, 토지측량 중 그 측량의 통일성·획일성이 상당 정도 보장되고 있는 수치측량의 경우와는 달리, 도해측량에 있어서는 지적측량 과정에서 단순한 측량기술적인 오차가 아닌 측량자의 주관적인 판단이 개입될 소지가 크므로 수많은 지적측량업자들이 제각기 다른 측량성과를 결정하는 경우에는 국가의 지적질서가 혼란에 빠질 우려가 있다. 이와 같이 도해측량과 수치측량은 측량자의 주관적 판단의 개입에 의한 오차를 배제하고 통일성·획일성을 기할 필요성의 정도라는 측면에서 양자간에 뚜렷한 차이를 보이고, 다른 한편 대한지적공사는 측량자들의 오랜 경험, 축적된 노하우 및 측량결과자료의 활용, 측량종합도의 작성·관리, 측량이력 및 자료관리를 위한 정보시스템 운영 등을 통해 도해측량의 통일성 및 획일성을 추구하는데 기여할 수 있을 것으로 보인다. 따라서 지적측량을 위해 대한지적공사를 특수법인으로 설립한 다음 도해측량을 대한지적공사에게 전담시키는 것은 통일적이고 획일적인 지적측량을 통해 지적제도의 공공성과 토지 관련 법률관계의 법적 안정성을 확보하고 국민의 권익을 보호하고자 하는 입법목적을 달성함에 있어 현저하게 불합리하고 불공정한 수단이라 볼 수 없다.

그러므로 이 사건 법률조항은 직업수행의 자유를 침해하지 아니한다.

3) 그리고 국가 임무의 수행방법으로 그 기능을 민간 부문으로 하여금 수행하게 하는 경우에는 그로 인하여 개방되는 부분에 참여하게 되는 자들의 직업의 자유는 회복되지만, 그러한 개방 부분에 참여하지 못하는 자들의 직업의 자유는 회복되지 아니하여 상대적 차별을 발생시키게 되나, 국가 임무의 수행과 관련하여 어떠한 방법을 선택할 것인지에 관하여는 입법자에게 광범위한 입법재량 내지 형성의 자유가 인정되는 것이므로, 이러한 차별에 합리적인 이유가 없어 자의적이고 불공정한 차별에 해당하지 않는 한 평등권을 침해하지 아니한다.

그런데 대한지적공사는 30년 이상 지적측량의 업무를 수행하여 왔고, 지적관계 기술자를 포함한 4천여 명의 전문인력과 고가의 측량장비, 전국적인 조직망, 지적연구원과 같은 전문연구기관을 보유하고 있는 점 등에 비추어 볼 때, 일반 지적측량업자에 비해 지적측량의 통일성과 법적 안정성을 달성하기에 훨씬 용이한 입장에 있다고 할 것이므로, 이러한 대한지적공사를 특수법인으로 설립하여 초벌측량 중 도해측량을 전담케 하는 것에는 합리적인 이유가 있다.

그러므로 이 사건 법률조항은 평등권을 침해하지 아니한다.

4. 대한지적공사의 명칭 변경

대한지적공사는 「국가공간정보 기본법」(2015. 6. 3. 법률 제12736호로 개정되어 2015. 6. 4. 시행) 제12조 및 부칙 제2조에 따라 "대한지적공사"에서 "한국국토정보공사"로 명칭을 변경하였다.

한국국토정보공사의 사업범위는 종전의 지적측량 관련 사업에서 확대되어, ① 공간정보체계 구축 지원에 관한 사업, ② 공간정보·지적제도에 관한 연구, 기술 개발, 표준화 및 교육사업, ③ 공간정보·지적제도에 관한 외국 기술의 도입, 국제 교류·협력 및 국외 진출 사업, ④ 「공간정보의 구축 및 관리 등에 관한 법률」 제23조 제1항 제1호 및 제3

호부터 제5호까지의 어느 하나에 해당하는 사유로 실시하는 지적측량, ⑤ 「지적재조사에 관한 특별법」에 따른 지적재조사사업, ⑥ 다른 법률에 따라 공사가 수행할 수 있는 사업, ⑦ 그 밖에 공사의 설립 목적을 달성하기 위하여 필요한 사업으로서 정관으로 정하는 사업 등을 수행할 수 있게 되었다(「국가공간정보 기본법」 제14조).

제 7 절   지적관계 법령 및 행정규칙

Ⅰ. 지적 업무

지적 업무에 관한 기본적인 법령은 「공간정보의 구축 및 관리 등에 관한 법률」, 「공간정보의 구축 및 관리 등에 관한 법률 시행령」, 「공간정보의 구축 및 관리 등에 관한 법률 시행규칙」, 「지적측량 시행규칙」의 네 가지이다.

지적 업무는 일제강점기의 토지조사사업과 임야조사사업에 따라 만들어진 지적공부에 따라 수행되고 있다. 토지조사사업으로 확정한 토지소유권은 법적으로는 구래의 소유권과는 완전히 단절된 것이다.[103] 그리고 판례는 지적 업무, 특히 토지 경계의 확정 기준과 관련하여 사정이 당연 무효라는 등 특별한 사정이 없는 이상 각 토지의 경계는 사정 당시 등록된 지적공부인 지적도상의 경계에 따라야 한다고 판시하고 있다.[104] 따라서 지적 업무의 근거 법령은 일제강점기 토지조사사업 당시의 법령으로 거슬러 올라가야 한다.

1910. 8. 23. 대한제국은 「토지조사법」(土地調査法, 1910. 8. 23. 법률

---

103) 조선총독부 임시토지조사국, 조선토지조사사업보고서, 1918. 11., p.412
104) 대법원 2007. 1. 11. 선고 2004다23523 판결

제7호)과 「토지조사법 시행규칙」(土地調查法 施行規則, 1910. 8. 23. 탁지부령 제26호)을 제정·공포하고 토지조사사업을 추진하기 위한 법적 근거를 마련하였으나, 이는 1910. 8. 29. 한일합방(경술국치)으로 시행이 중단되었다.

이후 「조선총독부 임시토지조사국 관제」(朝鮮總督府 臨時土地調查局 官制, 1910. 9. 30. 칙령 제361호)가 제정·공포되어 제1조에서 조선총독부 임시토지조사국을 설치하여 조선총독의 관리하에 토지의 조사 및 측량에 관한 사무를 관장하도록 규정하였다. 그리고 1912년 8월 제정·공포된 「토지조사령」(土地調查令, 1912. 8. 13. 제령105) 제2호)에 따라 토지조사사업이 본격적으로 추진되었고, 1914년 3월 「지세령」(地稅令, 1914. 3. 16. 제령 제1호)이 제정·공포되어 토지조사사업의 주목적인 토지에 대한 과세규정 즉, 지세의 대상, 부과방법과 절차 등에 관한 규정이 마련되었다.

또한 토지조사 측량을 완료하고 그 결과를 등록·공시하여야 할 지적도와 토지대장의 등록 사항, 비치기관, 열람 등본교부 절차, 분할 절차, 면적 결정방법 등을 규정한 「토지대장규칙」(土地臺帳規則, 1914. 4. 25. 조선총독부령106) 제45호)이 제정·공포되었다. 이어서 토지조사사업의 마무리 단계에서 「조선임야조사령」(朝鮮林野調查令, 1918. 5. 1. 제령 제5호)이 제정·공포되어 임야조사사업에 착수하였으며, 임야조사측량을 완

---

105) 제령(制令)은 일제강점기에 외지(外地)로 분류된 조선에서 법률을 필요로 하는 사항을 조선총독의 명령으로 규정한 것, 즉 조선에서 법률의 효력을 지닌 명령이다. 당시 제국의회가 폐회 중이어서 긴급칙령인 「조선에 시행할 법령에 관한 건」(1910. 8. 29. 칙령 제324호)에 따라 제령의 시행 근거가 만들어졌다. 그러나 제국의회에서 해당 긴급칙령이 위헌 소지가 있다고 하여 그 승인을 거부함에 따라, 일본정부는 「1910년 칙령 제324호의 효력을 장래에 실효시키는 건」(1911. 3. 25. 칙령 제30호)에 따라 칙령의 효력이 없어졌음을 공포하게 되었다. 그러나 조선총독에게 입법권을 위임할 실제상의 필요성이 커짐에 따라, 제국의회의 협찬을 거쳐 같은 날 「조선에 시행할 법령에 관한 법률」(1911. 3. 25. 법률 제30호)을 공포하여 조선총독의 제령 제정권을 다시 인정하게 되었다.

106) 조선총독부령(朝鮮總督府令)은 조선총독부가 직권 또는 특별위임에 따라 발하는 위임명령이다.

료하고 그 결과를 등록, 공시하여야 할 임야도와 임야대장의 작성방법, 비치기관, 임야대장 등록지의 토지대장 등록방법, 면적의 결정방법 등을 규정한 「임야대장규칙」(林野臺帳規則, 1920. 8. 23. 조선총독부령 제113호) 이 제정되었다.

이후 토지조사사업을 완료하고 그 결과를 등록·공시하는 지적도와 토지대장의 정리방법, 비치기관, 토지대장 등록지의 등록방법, 면적의 결정방법 등을 규정한 「토지측량규정」(土地測量規程, 1921. 3. 18. 조선총 독부 훈령 제10호), 임야조사사업을 완료하고 그 결과를 등록·공시하는 임야도와 임야대장의 정리방법, 비치기관, 임야대장 등록지의 등록방법, 면적의 결정방법 등을 규정한 「임야측량규정」(林野測量規程, 1935. 6. 12. 조선총독부 훈령 제27호)이 각각 제정되었다.

1943년 조선총독부는 그동안 각각 시행해 오던 지세 및 지적과 관련 된 각종 영·예규를 하나로 통합하여 「조선지세령」(朝鮮地稅令, 1943. 3. 31. 제령 제6호)을, 토지조사령에 의해 조사를 하지 않은 임야 또는 분묘 지 및 유지에 대하여 지목, 경계 및 면적을 정하는 「조선임야대장규칙」 (朝鮮林野臺帳規則, 1943. 3. 31. 조선총독부령 제69호)을 각 제정하였는데, 전자는 지세와 관련된 사항뿐만 아니라 지적정리·지적측량 등에 관한 사항도 동시에 규정하고 있었다.[107]

해방 후 제헌헌법에 따라 효력을 유지하고 있던 「조선지세령」은 토 지의 이동정리에 관한 사항과 토지에 대한 세금의 부과·징수 절차에 관한 사항 등의 이질적인 내용이 혼합되어 있어 당시의 지적행정 수행 에 많은 지장을 가져왔다. 이에 정부는 「지적법」(1950. 12. 1. 법률 제165 호로 제정되어 같은 날 시행)과 「지세법」(1950. 11. 30. 법률 제155호로 제정 되어 1950. 12. 1. 시행)을 분리하여 각각 제정하고, 「지적법」 부칙 제38

---

107) 이상의 내용에 대한 자세한 설명은, 대한지적공사, 한국지적백년사(역사편), 2005. p.318~338 참조

조에서 「조선임야대장규칙」을 폐지하고, 「지세법」 부칙 제42조에서는 「조선지세령」을 폐지함으로써, 대한민국의 지적 업무에 관한 근거법령이 만들어졌다. 「지적법」의 하위 법령으로는 「지적법 시행령」(1951. 4. 1. 대통령령 제497호로 제정되어 1950. 4. 1. 시행), 「지적측량규정」(1954. 11. 12. 대통령령 제951호로 제정되어 같은 날 시행), 「지석측량사규징」(1960. 12. 31. 국무원령 제176호로 제정되어 1961. 1. 1. 시행), 「지적측량사규정 시행규칙」(1961. 2. 7. 재무부령 제194호로 제정되어 1961. 1. 1. 시행)이 있었는데, 이 중 「지적측량규정」과 「지적측량사규정」은 「지적법 시행령」(1976. 5. 7. 대통령령 제8110호로 전부개정되어 1976. 5. 7. 시행) 부칙에 따라 폐지되었고, 「지적측량사규정 시행규칙」은 「지적법 시행규칙」(1976. 5. 7. 내무부령 제208호로 제정되어 같은 날 시행) 부칙에 따라 폐지되었다.

이후 측량, 지적 및 수로업무 분야를 각 규율하는 「측량법」, 「지적법」, 그리고 「수로업무법」을 통합하여 측량의 기준과 절차를 일원화하기 위하여 2009년 「측량·수로조사 및 지적에 관한 법률」(2009. 6. 9. 법률 제9774호로 제정되어 2009. 12. 10. 시행)이 제정되었다. 그리고 다시 공간정보의 구축을 위한 측량 및 수로조사의 기준 및 절차와 지적공부의 작성 및 관리 등에 관한 사항을 규정한다는 목적에 걸맞게 「공간정보의 구축 및 관리 등에 관한 법률」(2014. 6. 3. 법률 제12738호로 개정되어 2015. 6. 4. 시행)로 제명이 변경되어 현재 시행되고 있다.

Ⅱ. 지적재조사 사업

지적재조사에 관한 법령으로는 「지적재조사에 관한 특별법」, 「지적재조사에 관한 특별법 시행령」, 「지적재조사에 관한 특별법 시행규칙」이 있다.

Ⅲ. 공간정보 업무

공간정보 업무 관련 법령으로는 국가공간정보체계의 효율적인 구축과 종합적 활용 및 관리에 관한 사항, 그리고 한국국토정보공사의 설립 근거 및 사업범위를 규정한 「국가공간정보 기본법」, 「국가공간정보 기본법 시행령」, 「국가공간정보센터 운영규정」과, 공간정보산업의 경쟁력을 강화하고 그 진흥을 도모하기 위한 「공간정보산업 진흥법」, 「공간정보산업 진흥법 시행령」, 「공간정보산업 진흥법 시행규칙」이 있다.

「공간정보의 구축 및 관리 등에 관한 법률」, 「국가공간정보 기본법」, 그리고 「공간정보산업 진흥법」을 합쳐 소위 "공간정보 3법"이라 부른다.

Ⅳ. 행정규칙

지적 업무 관련 행정규칙으로는 「지적업무처리규정」(국토교통부 훈령)이 있는데, 이는 지적업무와 지적측량의 세부 기술적인 사항을 규정하고 있어, 지적업무 전반의 법적 근거를 이해하기 위한 중요한 자료가 된다.

그 시초는 「지적사무처리규정」(1970. 7. 10. 내무부 예규로 제정되어 같은 해 8. 16. 적용)이었고, 「지적사무처리지침」(1977. 5. 7. 내무부 예규 제406호로 제정), 「대행법인 지적측량업무 처리지침」(1984. 10. 1. 내무부 예규 제595호로 제정 ※ 위 「지적사무처리지침」과 병존하여 시행되었음), 「지적사무처리규정」(1995. 9. 26. 내무부예규 제773호로 제정)을 거쳐, 현재는 「지적업무처리규정」(2011. 11. 30. 국토해양부 훈령 제762호로 제정되어 2012. 1. 1. 시행)으로 시행되고 있다.

기타 「부동산종합공부시스템 운영 및 관리규정」(국토교통부 훈령), 「지적확정측량규정」(국토교통부 예규), 「지적확정측량 대상 요건 및 토지개발사업 고시」(국토교통부 고시), 「GNSS에 의한 지적측량규정」(국토교통부 예규), 「지적측량수수료 산정기준 등에 관한 규정」(국토교통부 예규), 「지적공부 세계측지계 변환규정」(국토교통부 훈령), 「지적원도 데이터베이스 구축 작업기준」(국토교통부 예규), 「중앙지적위원회 운영세칙」(국토교통부 세칙), 「지적재조사업무규정」(국토교통부 고시), 「지적재조사측량규정」(국토교통부 고시), 「지적재조사행정시스템 운영규정(국토교통부 훈령), 「지적재조사기획단의 구성 및 운영에 관한 규정」(국토교통부 훈령), 「지적재조사측량·조사 등의 수행자 선정기준」(국토교통부 고시), 「지적재조사 책임수행기관 운영규정」(국토교통부 고시) 등의 행정규칙이 있다.

2

지적 소송의 형식 및 관할

제1절 소송의 형식

I. 서 설

어떤 토지의 경계나 면적과 관련하여 측량성과가 결정되는 경우 당해 토지 소유자나 인접 토지 소유자 중에 한 사람은 불만을 가질 가능성이 많다. 이러한 경우 당사자들이 소송 단계에서 어떤 해결책을 요구할 수 있겠지만, 지적측량에 관한 모든 요구 사항들이 소송 형식으로 해결될 수 있는 것은 아니다. 즉 소송 형식 중 일정한 것만 법원의 본안 판단을 받아 청구인용 혹은 기각이란 결과가 나올 수 있으며, 다른 것들은 소송요건을 충족하지 못하여 본안 판단의 대상조차 되지 않아 부적법 각하되는 경우가 많다.

여기서는 지적측량성과와 관련하여 관련 토지의 당사자들이 제기할 수 있는 소송 형식에 대하여 살펴보기로 한다.

II. 경계확인청구소송

경계확인소송의 청구취지는 보통 "원고 소유 토지의 경계가 특정한 각 점을 순차 연결한 선임"을 확인해달라는 것이다.

그런데 확인의 소는 그 대상이 "권리·법률관계"이어야 한다. 따라서 판례는 어느 건물이 어느 사단법인의 유족을 수용하는 모자원이라는 확인,[1] 갑이 학교법인의 설립자임의 확인,[2] 환지처분이 된 사실의 확인,[3] 종손이란 지위의 확인,[4] 지번·지적확인,[5] 어느 대지가 어느 건물의 부지가 아니라는 확인[6] 등의 청구는 사실관계의 확인이라 하여 부적법하다고 판시하고 있다.

지적 업무와 관련한 소송 사례에서도, 하급심 판결은 원고가 점유·경작하고 있는 부분의 지번·지적이 사건 각 부동산이라는 사실을 확인하여 달라는 청구는 사실관계의 확인을 구하는 것에 불과하다는 이유로 부적법 각하하였다.[7]

여기서 주의할 것은, 인접한 토지와의 경계선이 불명한 경우에 법원의 판결에 의하여 이를 확정할 것을 구하는 소송인 경계확정소송은 허용된다는 것이다. 다만 이는 처분권능을 가진 인접토지소유자 등을 피고로 하여 제기하여야 한다. 하급심 판결에 따르면, 토지경계확정의 소는 인접한 토지의 경계가 사실상 불분명하여 다툼이 있는 경우에 재판에 의하여 그 경계를 확정하여 줄 것을 구하는 소송으로서 그 소송 결과에

---

1) 대법원 1960. 3. 10. 선고 4291민상868 판결
2) 대법원 1989. 2. 14. 선고 88다카4710 판결
3) 대법원 1971. 8. 31. 선고 71다1341 판결
4) 대법원 1961. 4. 13. 선고 4292민상940 판결
5) 대법원 1977. 10. 11. 선고 77다408·409 판결
6) 대법원 1991. 12. 24. 선고 91누1974 판결
7) 대전지방법원 서산지원 2008. 8. 13. 선고 2008가단5051 판결

따라 계쟁 토지를 처분하는 것과 동일한 효과가 발생하므로 계쟁 토지에 관하여 처분권능을 가지고 있지 않는 사람은 그 당사자가 될 수 없다 할 것인데, 원고는 그 주장에 의하더라도 사건 토지의 점유자에 불과하므로, 원고의 이 사건 소는 당사자적격 없는 사람에 의하여 제기된 부적법한 소라 하였다.[8]

Ⅲ. 소유권확인청구소송

미등기부동산에 관하여 그 소유자의 신청에 의해서 처음으로 행하여지는 소유권보존등기는 ①토지대장, 임야대장에 최초소유자로 등록되어 있는 자 또는 그 상속인, 그 밖의 포괄승계인(「부동산등기법」 제65조 제1호), ②확정판결에 의하여 자기의 소유권을 증명하는 자(「부동산등기법」 제65조 제2호), ③수용으로 인하여 소유권을 취득하였음을 증명하는 자, ④건물에 한하여 특별자치도지사, 시장, 군수 또는 자치구의 구청장의 확인에 의하여 자기의 소유권을 증명하는 자 등이 이를 신청할 수 있다.

이 중 토지대장 등에 등록되어 있지 않은 자가 직접 미등기토지에 관한 소유권이 있음을 증명하려면 「부동산등기법」 제65조 제2호에 따라 확정판결을 받아야 하는데, 피고가 될 토지소유자를 알 수 없다는 이유로 등기부를 관리하는 국가를 상대로 소유권확인청구의 소를 제기하는 경우가 있다.

판례에 따르면, 국가를 상대로 한 토지소유권확인청구는 그 토지가 미등기이고 토지대장이나 임야대장상에 등록명의자가 없거나 등록명의자가 누구인지 알 수 없을 때와 그 밖에 국가가 등기 또는 등록명의자인 제3자의 소유를 부인하면서 계속 국가소유를 주장하는 등 특별한 사정이 있는 경우에 한하여 그 확인의 이익이 있으므로, 사건 부동산에 대

8) 서울지방법원 2000. 5. 17. 선고 98가단28503 판결

하여 그 지번으로는 소유권보존등기가 되어 있지 아니하나 토지대장상
으로 주소가 특정되어 있는 타인 명의로 등록되어 있고, 피고 대한민국
이 별도로 위 부동산이 자신의 소유라고 주장하고 있는 것도 아니라면
원고가 국가를 피고로 하여 소유권확인을 구할 이익이 없다.9)

　그러나, 어느 토지에 관하여 등기부나 토지대장 또는 임야대장상 소
유자로 등기 또는 등록되어 있는 자가 있는 경우에는 그 명의자를 상대
로 한 소송에서 당해 부동산이 보존등기신청인의 소유임을 확인하는 내
용의 확정판결을 받으면 소유권보존등기를 신청할 수 있는 것이므로, 그
명의자를 상대로 한 소유권확인청구에 확인의 이익이 있는 것이 원칙이
지만, 토지대장 또는 임야대장의 소유자에 관한 기재의 권리추정력이 인
정되지 아니하는 경우에는 국가를 상대로 소유권확인청구를 할 수 밖에
없다. 그런데 1975. 12. 31. 법률 제2801호로 전문 개정된 지적법이 시
행되기 이전에 소관청이 아무런 법적 근거 없이 행정의 편의를 위하여
임의로 복구한 구 토지대장에 소유자 이름이 기재되어 있다고 하더라도
그 소유자에 관한 사항에는 그 권리추정력이 인정되지 않으므로, 이러한
경우에는 원고의 피고 대한민국에 대한 소유권확인청구는 확인의 이익
이 있다.10)

　또한 토지대장상의 소유자 표시 중 주소 기재의 일부가 누락된 경우
는 등록명의자가 누구인지 알 수 없는 경우에 해당하여 그 토지대장에
의하여 소유권보존등기를 신청할 수 없고, 「공간정보의 구축 및 관리 등
에 관한 법률」 제87조 제4호에 의하면 채권자는 자기의 채권을 보전하
기 위하여 채무자인 토지소유자가 위 법에 따라 하여야 하는 신청을 대
위할 수 있으나, 같은 법 제84조에 따른 지적공부의 등록사항 정정은 대

---

9) 대법원 1994. 12. 2. 선고 93다58738 판결
10) 대법원 2010. 11. 11. 선고 2010다45944 판결; 대법원 2010. 7. 8. 선고 2010다
　　21757 판결

위하여 신청할 수 없어, 토지대장상 토지소유자의 채권자는 토지소유자를 대위하여 토지대장상 등록사항을 정정할 수 없으므로, 토지대장상 토지소유자의 채권자는 소유권보존등기의 신청을 위하여 토지소유자를 대위하여 국가를 상대로 소유권확인을 구할 이익이 있다.[11)]

이러한 취지에 따라 등기 예규에서는, 「부동산등기법」 제65조 제2호에서 규정한 소유권을 증명하는 판결에 있어서의 상대방은 (1) 토지(임야)대장 또는 건축물대장상에 최초의 소유자로 등록되어 있는 자 또는 그 상속인, 그 밖의 포괄승계인(대장상 소유자 표시에 일부 오류가 있어 대장상 소유자 표시를 정정등록한 경우의 정정등록된 소유명의인을 포함), (2) 미등기토지의 지적공부상 "국"으로부터 소유권이전등록 받은 자, (3) 토지(임야)대장상의 소유자 표시란이 공란으로 되어 있거나 소유자표시에 일부 누락이 있어 대장상의 소유자를 특정할 수 없는 경우에는 국가라고 규정하고 있다. 그리고 판결의 종류에 있어서 소유권을 증명하는 판결은 보존등기신청인의 소유임을 확정하는 내용의 것이어야 하나 그 판결은 소유권확인판결에 한하는 것은 아니며, 형성판결이나 이행판결이라도 그 이유중에서 보존등기신청인의 소유임을 확정하는 내용의 것이면 이에 해당한다고 한다. 위 판결에 해당하는 경우의 예시로는 (1) 당해 부동산이 보존등기 신청인의 소유임을 이유로 소유권보존등기의 말소를 명한 판결, (2) 토지대장상 공유인 미등기토지에 대한 공유물분할의 판결이 있다고 한다.[12)]

한편 미등기토지의 토지대장 또는 임야대장상 등록명의자로부터 매매 등으로 소유권이전을 받거나 시효취득을 한 자는, 물권변동에 관한 형식주의를 취하고 있는 현행 민법상 소유권을 취득했다고 할 수 없고,

---

11) 대법원 2019. 5. 16. 선고 2018다242246 판결
12) "미등기부동산의 소유권보존등기 신청인에 관한 업무처리지침"(2013. 2. 22. 등기예규 제1483호로 개정되어 같은 날 시행)

따라서 미등기 토지의 지적공부상 '국'으로부터 소유권이전등록을 받은 경우를 제외하고는 자기 명의로 직접 소유권보존등기를 신청할 수 없고, 대장상 최초의 소유자 명의로 소유권보존등기를 한 다음 자기 명의로 소유권이전등기를 신청하여야 한다.13)14)

그러나 이 경우에도, 미등기토지에 대하여 토지대장상 최초의 소유 명의인은 등재되어 있지 않고 소유권을 이전받은 원고만이 등재되어 있다면, 대장상 소유권이전등록을 받은 것으로만 등재되어 있음에 불과한 원고로서는 바로 보존등기를 신청할 수는 없으므로, 대장에 등록명의자가 없거나 등록명의자가 누구인지 알 수 없을 때에 해당하여 원고에게는 국가를 상대로 토지소유권확인청구를 할 확인의 이익이 있다.15)

Ⅳ. 행정소송

1. 측량거부처분취소소송, 측량정정청구소송, 지적측량무효확인소송

위 소송들은 한국국토정보공사의 지적측량 행위를 대상으로 하는 것으로서, 청구취지는 "지적측량거부처분을 취소하라", "피고가 행한 경계측량을 정정하라", "피고가 언제 행한 경계측량은 무효임을 확인한다"는 내용이다. 이러한 소는 행정소송, 즉 「행정소송법」 제3조 제1호에 따른 일종의 항고소송의 형식으로 제기되는 경우가 대부분이다.

행정소송은 소송요건 중의 하나로서 대상적격, 즉 취소나 무효확인을 구하는 대상의 처분성이 있어야 하는데, 「행정소송법」 제2조 제1항

---

13) 대법원 2009. 10. 15. 선고 2009다48633 판결, 위 "미등기부동산의 소유권보존등기 신청인에 관한 업무처리지침"
14) 이와 관련하여 미등기토지를 매매, 취득시효 등으로 취득하였으나 토지대장 또는 임야대장상 소유자의 성명 등이 가족관계등록부(또는 제적부)와 상이하거나 주소란이 공란으로 되어 있는 등 등록사항에 잘못이 있는 경우 소유권보존등기를 하는 방법에 관하여는 제1장 제4절 Ⅶ. 등록사항정정의 대위 신청 부분을 참고하기 바란다.
15) 위 대법원 2009. 10. 15. 선고 2009다48633 판결

제1호는 행정소송의 대상인 "처분등"이라 함은 행정청이 행하는 구체적 사실에 관한 법집행으로서의 공권력의 행사 또는 그 거부와 그 밖에 이에 준하는 행정작용 및 행정심판에 대한 재결을 말한다고 한다.

판례에 따르면 행정소송의 대상이 되는 행정처분이라 함은 행정청 또는 그 소속기관이나 법령에 의하여 행정권한의 위임 또는 위탁을 받은 공공단체가 국민의 권리의무에 관계되는 사항에 관하여 직접효력을 미치는 공권력의 발동으로서 하는 공법상의 행위를 말하며, 그것이 상대방의 권리를 제한하는 행위라 하더라도 행정청 또는 그 소속기관이나 권한을 위임받은 공공단체의 행위가 아닌 한 이를 행정처분이라고 할 수는 없다고 한다.16)

그런데 한국국토정보공사는 「국가공간정보 기본법」에 근거하여 설립되었고, 「공공기관의 운영에 관한 법률」 제5조 및 부칙 제3조에 의하여 제정된 재정경제부 고시에 따라 공공기관으로 지정되어 있을 뿐, 공사를 행정기관으로 규정한 법령이 존재하는 것도 아니므로, 한국국토정보공사는 행정소송법 소정의 행정청 또는 그 소속기관이라고 볼 수 없으며, 지적측량행위는 사실조사의 성격을 띠는 것으로서 공권력의 행사라고 볼 수도 없다. 그러므로 한국국토정보공사의 지적측량행위에 대한 행정소송은 처분성 요건이 결여되어 부적법 각하될 수밖에 없다.

지적업무 사례와 관련하여 다음과 같은 판례가 있다.

피고 한국국토정보공사의 경계복원측량 결과 인접토지와 1.5m의 경계 차이가 발생하였고, 입구에 3m50cm의 경계차이가 생겨 원고가 다시 지적경계복원측량을 요구하였음에도 피고가 이를 거부하였다는 이유로 그 거부처분의 취소를 구하기 위하여 원고가 제기한 지적경계복원측량 거부처분 취소의 소에 대하여, 법원은 부적법 각하 판결을 내렸다.17)

---

16) 대법원 1999. 2. 9. 선고 98두14822 판결; 대법원 1999. 11. 26. 자 99부3 결정 등
17) 서울행정법원 2007. 10. 5. 선고 2007구합22153 판결

그리고 피고 한국국토정보공사가 사건 토지에 대하여 원고에게 한 경계복원측량거부처분 그리고 경계복원측량성과 및 현황측량성과가 각 무효임을 확인해 달라는 청구에 대하여, 피고 한국국토정보공사는 지적 측량과 지적제도에 관한 연구를 수행하기 위하여 설립된 법인으로서, 토지소유자 등 이해관계인의 의뢰에 따라 소정의 지적측량수수료를 지급받고 지적측량을 실시하여 그 측량성과를 결정하는 업무 등을 수행하나, 그 지적측량은 토지를 지적공부에 등록하거나 지적공부에 등록된 경계점을 지상에 복원할 목적으로 소관청 또는 지적측량수행자가 각 필지의 경계 또는 좌표와 면적을 정하는 것으로서 사실조사의 성격을 갖는 것에 불과하고, 그와 같은 업무를 수행하는 지적측량수행자에는 피고 한국국토정보공사 뿐만 아니라 일반 지적측량업자도 포함되므로, 피고 한국국토정보공사와 같은 지적측량수행자가 행정청 등의 지위에 있다거나 그 지적측량행위가 공권력의 발동으로서 행정처분에 해당한다고 볼 수 없으므로, 피고 한국국토정보공사에 대한 사건 소는 행정소송법상 피고적격이 없는 자를 상대로 한 것이어서 부적법하다고 판시하였다.[18]

다만 민사소송의 형식으로 측량정정청구의 소를 제기한 사례에서는, 원고가 주장하는 바와 같이 피고 한국국토정보공사가 각 경계복원측량 대상 토지에 대하여 한 경계복원측량에 어떠한 오류가 있다고 하더라도, 피고가 원고에 대하여 위 각 측량 결과를 정정하고 새롭게 경계복원측량을 실시할 작위의무를 부담한다는 점에 관한 아무런 법률상 근거를 발견할 수 없고, 피고가 원고와의 사이에 그와 같은 작위의무를 부담하기로 하는 내용의 법률행위를 하였다고 볼 만한 증거도 없으므로, 원고에게 피고를 상대로 청구취지 기재와 같은 작위의무 이행을 구할 권리가 있다고 보기 어렵다는 이유로 청구기각 판결을 하였다.[19]

---

18) 서울행정법원 2009. 9. 11. 선고 2009구합8656 판결(※ 서울고등법원 2010. 6. 3. 선고 2009누30518 판결 및 대법원 2010두14510 판결을 거쳐 확정)

2. 지적측량 성과검사

지적측량성과검사는 지적측량 대행법인이 지적측량을 하여 지적공부의 소관청에게 제출한 측량부, 측량원도, 면적측정부 등 측량성과에 관한 자료의 정확성을 검사하는 행위로 측량성과에 의하여 지적공부를 정리하기 위한 것이고, 실체상의 권리관계에 변동을 가져오는 것은 아니므로 이를 행정소송의 대상이 되는 행정처분이라고 할 수 없다.[20]

3. 지적위원회의 지적측량 적부심사

원고가 지적측량 적부심사의 의결 내용이나 절차 자체를 문제삼아 이를 취소하라는 행정소송을 제기하는 경우가 있다.

이러한 소송에서 피고를 해당도지사나 국토해양부장관으로 하는 경우, 취소소송은 다른 법률에 특별한 규정이 없는 한 그 처분 등을 행한 행정청을 피고로 하여야 하는바, (구)지적법 제44조, 제45조, (구)지적법시행령 제57조의 규정에 의하면, 지적측량 적부재심사사항에 관하여는 중앙지적위원회가 이를 심의·의결하도록 되어 있고, 피고는 재심사청구인으로부터 청구서를 접수받아 측량자별 측량경위 및 측량성과 등을 조사하여 중앙지적위원회에 회부하는 일, 중앙지적위원회로부터 송부받은 재심사의결 결과를 재심사청구인 및 시·도지사에게 통지하는 일을 하도록 되어 있으므로, 중앙지적위원회는 국가의사를 결정함에 있어서 피고를 돕기 위하여 필요한 사항을 심의하는데 그치는 내부기관에 불과한 것이 아니라, 스스로 지적측량 적부재심사 업무에 관한 국가의사를 결정하는 국가기관이라고 할 것인데, 단지 재심사청구서의 접수 및 재심사의결 결과의 통지를 피고를 통하여 하는 것뿐이므로 피고를 국토해양

---

19) 수원지방법원 평택지원 2012. 5. 30. 선고 2011가합5136 판결
20) 대법원 1997. 3. 28. 선고 96누19000 판결

부장관으로 하여 지적측량 적부재심사청구 기각 결정의 취소를 구하는 소는 처분청이 아닌 자를 상대로 제기한 것이어서 부적법 각하된다.[21]

그리고 피고를 지적위원회로 하는 경우라도, 지적측량 적부심사 청구에 대한 지적위원회의 의결은 '지적측량성과'에 대한 다툼을 대상으로 하는 것이므로 이는 측량성과의 수정 또는 이를 통한 지적공부의 등록사항의 정정을 목적으로 하는데, 측량성과도는 토지나 임야에 관한 사실상태의 파악을 목적으로 작성되는 것에 불과하고, 그 등재사항의 변경으로 인하여 당해 토지에 대한 실체상의 권리관계에 변동을 가져오는 것은 아니므로, 소관청이 그 등재사항에 대한 정정신청을 거부하였더라도 이를 행정소송의 대상이 되는 '처분'이라고 할 수 없다는 점(대법원 93누555 판결 등) 등을 종합하여 보면, 처분성이 없는 지적측량성과의 수정을 목적으로 하는 지적측량 적부심사 청구에 대한 지적위원회의 의결도 행정소송의 대상이 되는 '처분'에 해당한다고 할 수 없으므로, 이러한 소는 부적법하여 각하된다.[22]

4. 지적도 경계 정정 거부, 등록사항 직권정정

지적공부에 기재된 일정한 사항을 변경하는 행위는 행정사무집행의 편의와 사실증명의 자료로 삼기 위한 것으로, 이로 인하여 당해 토지에 대한 실체상의 권리관계에 변동을 가져오는 것이 아니고, 토지 소유권의 범위가 지적공부의 기재만에 의하여 증명되는 것도 아니므로, 지적도의 경계를 현재의 도로경계선에 따라 정정해 달라는 지적정리 요청을 거부하는 내용의 회신은 항고소송의 대상이 되는 행정처분이라고 할 수 없다.[23]

---

21) 서울행정법원 2004. 11. 26. 선고 2004구합11312 판결; 서울고등법원 2005. 11. 1. 선고 2005누106 판결
22) 대법원 2012. 5. 24. 선고 2010두9488 판결
23) 대법원 2002. 4. 26. 선고 2000두7612 판결

지적도 등 지적공부에 일정한 사항을 등재하거나 등재된 사항을 변경하는 행위는 행정사무집행의 편의와 사실증명의 자료로 삼기 위한 것으로 그 등재 또는 변경으로 인하여 당해 토지에 대한 실체상의 권리관계에 변동을 가져오는 것이 아니고, 토지의 소재, 지번, 지목 및 경계가 지적공부의 기재에 의하여 확정된다 하여 토지소유권의 범위가 지적공부의 기재만에 의하여 증명되는 것도 아니므로 소관청이 그 등재사항을 직권으로 정정하였다 하여도 이는 항고소송의 대상이 되는 행정처분이라고 할 수 없다.[24]

5. 토지대장상의 소유자명의 변경 거부

토지대장에 기재된 일정한 사항을 변경하는 행위는, 그것이 지목의 변경이나 정정 등과 같이 토지소유권 행사의 전제요건으로서 토지소유자의 실체적 권리관계에 영향을 미치는 사항에 관한 것이 아닌 한 행정사무집행의 편의와 사실증명의 자료로 삼기 위한 것일 뿐이어서, 그 소유자 명의가 변경된다고 하여도 이로 인하여 당해 토지에 대한 실체상의 권리관계에 변동을 가져올 수 없고 토지 소유권이 지적공부의 기재만에 의하여 증명되는 것도 아니므로, 소관청이 토지대장상의 소유자명의변경신청을 거부한 행위는 이를 항고소송의 대상이 되는 행정처분이라고 할 수 없다.[25]

6. 토지대장상 면적정정 거부

사업시행자인 원고가 구 지적법 제28조 제1호의 '공공사업 등으로 인하여 학교용지·도로·철도용지·제방·하천·구거·유지·수도용지 등의 지목으로 되는 토지의 경우에는 그 사업시행자가 이 법에 의하여

---

24) 대법원 1995. 12. 12. 선고 95누9747 판결
25) 대법원 2012. 1. 12. 선고 2010두12354 판결

토지소유자가 하여야 하는 신청을 대위할 수 있다'는 규정에 따라 토지소유자의 법 제24조 제1항에 규정된 지적공부 등록사항 정정신청권을 대위하여 피고에게 한 이 사건 토지면적등록 정정신청을 피고가 반려한 것은 공공사업의 원활한 수행을 위하여 부여된 원고의 위 관계법령상의 권리 또는 이익에 영향을 미치는 공권력의 행사 또는 그 거부에 해당하는 것으로서 항고소송의 대상이 되는 행정처분이다.[26]

(※ 위 판결 이후 개정 「공간정보의 구축 및 관리 등에 관한 법률」(2014. 6. 3. 법률 제12738호로 개정되어 2015. 6. 4. 시행)이 시행되어, 제87조에서 "다음 각 호의 어느 하나에 해당하는 자는 이 법에 따라 토지소유자가 하여야 하는 신청을 대신할 수 있다. 다만, 제84조에 따른 등록사항정정대상토지는 제외한다."라는 문구로 단서 조항이 추가되었으며, 그에 따라 등록사항정정대상토지에 대하여는 사업시행자의 대위 신청이 불가능하게 되었다[27]).

7. 지목 변경신청 반려

구 지적법 제20조, 제38조 제2항의 규정은 토지소유자에게 지목변경신청권과 지목정정신청권을 부여한 것이고, 한편 지목은 토지에 대한 공법상의 규제, 개발부담금의 부과대상, 지방세의 과세대상, 공시지가의 산정, 손실보상가액의 산정 등 토지행정의 기초로서 공법상의 법률관계에 영향을 미치고, 토지소유자는 지목을 토대로 토지의 사용·수익·처분에 일정한 제한을 받게 되는 점 등을 고려하면, 지목은 토지소유권을 제대로 행사하기 위한 전제요건으로서 토지소유자의 실체적 권리관계에 밀접하게 관련되어 있으므로 지적공부 소관청의 지목변경신청 반려행위는 국민의 권리관계에 영향을 미치는 것으로서 항고소송의 대상이 되는 행정처분에 해당한다.[28]

---

26) 대법원 2011. 8. 25. 선고 2011두3371 판결
27) 수원지방법원 2017. 5. 2. 선고 2016구합65313 판결
28) 대법원 2004. 4. 22. 선고 2003두9015 전원합의체 판결

8. 토지대장 말소

토지대장은 토지에 대한 공법상의 규제, 개발부담금의 부과대상, 지방세의 과세대상, 공시지가의 산정, 손실보상가액의 산정 등 토지행정의 기초자료로서 공법상의 법률관계에 영향을 미칠 뿐만 아니라, 토지에 관한 소유권보존등기 또는 소유권이전등기를 신청하려면 이를 등기소에 제출해야 하는 점 등을 종합해보면, 토지대장은 토지의 소유권을 제대로 행사하기 위한 전제요건으로서 토지 소유자의 실체적 권리관계에 밀접하게 관련되어 있으므로, 이러한 토지대장을 직권으로 말소한 행위는 국민의 권리관계에 영향을 미치는 것으로서 항고소송의 대상이 되는 행정처분에 해당한다.[29]

9. 분할신청 거부

토지소유자가 지적법 제17조 제1항, 같은 법 시행규칙 제20조 제1항 제1호의 규정에 의하여 1필지의 소유자가 다르게 되었음을 이유로 토지분할을 신청하는 경우, 1필지의 토지를 수필로 분할하여 등기하려면 반드시 법이 정하는 바에 따라 분할절차를 밟아 지적공부에 각 필지마다 등록되어야 하고 이러한 절차를 거치지 아니하는 한 1개의 토지로서 등기의 목적이 될 수 없기 때문에 만약 이러한 토지분할신청을 거부한다면 토지소유자는 자기 소유 부분을 등기부에 표창할 수 없고 처분도 할 수 없게 된다는 점을 고려할 때, 지적 소관청의 이와 같은 토지분할신청에 대한 거부행위는 국민의 권리관계에 영향을 미친다고 할 것이므로 항고소송의 대상이 되는 처분으로 보아야 한다.[30]

---

29) 대법원 2013. 10. 24. 선고 2011두13286 판결
30) 대법원 1993. 3. 23. 선고 91누8968 판결

10. 소   결

지적공부 등을 작성하거나 말소, 변경하는 행위나 작성 및 변경 신청에 대한 거부행위나 건축물대장의 생성, 변경, 재작성, 전환, 합병, 말소, 용도·지번 등 표시사항 변경, 기재내용 정정 등의 행위 또는 그러한 신청에 대한 거부행위가 항고소송의 대상이 되는 행정처분에 해당하는지 여부가 문제가 된다.

「행정소송법」 제2조 제1항 제1호는 행정소송의 대상인 "처분등"이라함은 행정청이 행하는 구체적 사실에 관한 법집행으로서의 공권력의 행사 또는 그 거부와 그 밖에 이에 준하는 행정작용 및 행정심판에 대한 재결을 말한다고 한다. 따라서 행정소송의 대상으로서 본안판단을 받을수 있으려면, 행정청의 행위일 것, 공권력적 행위일 것, 구체적 사실에 관한 법집행행위일 것, 국민의 권리 의무에 직접 영향이 있는 법적 행위일 것이라는 요건을 충족하여야 한다.

그런데 판례는 행정청의 어떤 행위가 항고소송의 대상이 될 수 있는지의 문제는 추상적·일반적으로 결정할 수 없고, 관련 법령의 내용과취지, 그 행위의 주체·내용·형식·절차, 그 행위와 상대방 등 이해관계인이 입는 불이익과의 실질적 견련성, 그리고 법치행정의 원리와 당해행위에 관련한 행정청 및 이해관계인의 태도 등을 참작하여 개별적으로결정하여야 한다고 판단하고 있다. 또한 판례는 거부처분이 처분성을 인정받기 위해서는 신청한 행위가 공권력의 행사여야 하고, 그러한 신청을할 법규상 또는 조리상의 권리가 있어야 하며, 그로 인해 신청인에게 실체적 법률관계에 영향을 미치는 행위여야 한다고 보고 있으며, 일반적으로 지적공부 등의 변경 및 정정 거부행위와 관련하여 주류적 판례는 지적공부 등은 공적증명에 불과하고 개인의 실체상의 권리관계에 어떤 변경을 가져오는 것은 아니라는 이유로 처분성을 인정하지 않는다.

그러나 분할등록신청거부행위와 지목변경신청거부행위에 대하여는 처분성을 인정하면서 소유권의 득실이라는 측면뿐만 아니라 공·사법상의 권리관계에 대한 영향도 고려하면서 그 판단기준을 완화하는 태도를 취하고 있다.

하지만 대법원은 지목정정신청 및 분할신청에 대한 거부행위를 제외하고는, 경계정정신청의 거부행위 등 그 밖의 지적공부의 등록사항에 대한 정정신청 반려행위에 대해서는 처분성을 부인하면서도, 사업시행자의 대위 권한에 기한 지적공부 등록사항 정정신청을 거부한 것은 항고소송의 대상이 되는 행정처분이라고 판시하는 등 일관성 없는 태도를 보이고 있다.

장기적인 전망으로는 지적공부의 내용은 토지 소유자의 실체적 권리관계에 밀접하게 관련되어 있다는 점에서 지적 업무 전반에 대한 처분성이 확대될 것으로 판단된다.

V. 손해배상청구소송

지적행정 업무 및 지적측량 성과에 대하여 제기할 수 있는 통상적인 소송형태는 법 제51조에 따라 공사가 고의 또는 과실로 지적측량을 부실하게 함으로써 지적측량의뢰인이나 제3자에게 재산상의 손해를 발생하게 한 때에 제기하는 손해배상청구소송이다.

위 소송은 대부분이 민법 제750조 및 제756조 불법행위를 원인으로 하는 손해배상청구의 성격을 가지나, 민법 제390조 및 제391조 이행보조자의 과실로 인한 채무불이행(불완전이행)에 기한 손해배상청구의 형태로도 가능하다.[31]

---

31) 서울동부지방법원 1987. 11. 6. 선고 87가합1451 판결

제 2 절 관 할

I. 서 설

관할이란 재판권을 행사하는 여러 법원 사이에서 어떤 법원이 어떤 사건을 담당처리하느냐의 재판권의 분담관계를 정해 놓은 것을 말한다.

관할은 여러 가지 기준으로 구분하여 정할 수 있지만, 지적 소송과 관련하여서는 특히 소재지를 달리하는 동종의 법원 사이에 재판권의 분담관계를 어떻게 정할 것인가, 즉 제1심 소를 제기할 경우 전국에 있는 법원 중 어느 곳을 택할 것이냐가 문제되며, 이를 토지관할(재판적)이라고 한다.

II. 지적 소송 관련 토지관할을 가지는 법원

1. 보통재판적

소는 피고가 자연인인 경우에는 피고의 주소지, 주소가 없거나 주소를 알 수 없는 때에는 거소(현재 사실상 거주), 거소가 없거나 알 수 없는 때에는 최후의 주소지 관할법원에 제기하고(「민사소송법」 제2조, 제3조), 피고가 법인인 경우에는 주된 사무소 또는 영업소소재지, 주된 영업소가 없는 때에는 주된 업무담당자의 주소지 관할법원에 제기할 수 있는데(「민사소송법」 제2조, 제5조), 이를 보통재판적이라 한다. 그리고 취소소송의 제1심 관할법원은 피고의 소재지를 관할하는 행정법원으로 하고(「행정소송법」 제9조 제1항), 이는 무효등 확인소송 및 부작위위법확인소송, 그리고 당사자소송에 준용한다(「행정소송법」 제38조, 제40조).

따라서 지적소관청의 지적측량 성과 검사 잘못으로 인한 손해배상청구의 소 또는 처분에 대한 행정소송은 지적소관청이 소재한 법원에, 한국국토정보공사의 지적측량 오류로 인한 소는 현재 주된 사무소인 본사가 위치한 전라북도 전주시의 주소지 관할법원인 전주지방법원에 각 제기할 수 있다.

2. 의무이행지 관할법원

손해배상청구의 소는 재산권에 관한 소이므로 의무이행지의 법원에 제기 가능하며(「민사소송법」 제8조), 의무이행지는 특정물의 인도청구 이외의 채무에 대해서는 지참채무의 원칙을 채택하고 있기 때문에(민법 제467조) 채권자인 원고의 주소지가 된다.

따라서 지적소관청 소속 지방자치단체나 한국국토정보공사를 상대로 한 손해배상청구의 소는 원고의 주소지 관할법원에 제기할 수 있다.

3. 불법행위지 또는 부동산 소재지 관할법원

불법행위에 관한 소를 제기하는 경우에는 행위지의 법원에 제기할 수 있다(「민사소송법」 제18조). 또한 토지의 수용 기타 부동산 또는 특정의 장소에 관계되는 처분등에 대한 취소소송은 그 부동산 또는 장소의 소재지를 관할하는 행정법원에 이를 제기할 수 있고(「행정소송법」 제9조 제3항), 이는 무효등 확인소송 및 부작위위법확인소송, 그리고 당사자소송에 준용한다(「행정소송법」 제38조, 제40조).

따라서 지적소관청이나 한국국토정보공사를 상대로 한 손해배상청구의 소는 통상 민법상의 불법행위로 인한 것이므로 불법행위지(지적측량을 한 당해 토지의 소재지) 관할법원에 제기할 수 있다. 그리고 지적소관청의 처분에 대한 행정소송은 해당 부동산 소재지 관할법원에 제기할 수 있다.

4. 관련재판적

하나의 소로 여러 개의 청구를 하거나, 공통의 원인으로 여러 사람
이 당사자가 되는 경우에는 여러 개 가운데 하나의 관할권이 있는 법원
에 소를 제기할 수 있다(「민사소송법」 제25조). 그리고 행정소송에서는
당해 처분등과 관련되는 손해배상·부당이득반환·원상회복등 청구소송
과 당해 처분등과 관련되는 취소소송을 행정소송이 계속된 법원으로 이
송할 수 있다(「행정소송법」 제10조 제1항, 제40조, 제44조 제2항).

따라서 한국국토정보공사에 대하여 여러 개의 청구원인이 있거나,
공사 이외에 지방자치단체 등 여러 피고를 상대로 소를 제기하는 경우
에는 각 청구원인 또는 다른 피고에 관련되는 관할법원에 소를 제기할
수 있다. 그리고 예를 들어 지적소관청의 분할거부처분에 대한 취소청구
의 소와 같은 행정소송을 제기한 경우 그로 인한 손해배상청구의 소 등
관련 청구소송을 행정소송이 계속된 법원으로 이송하여 병합할 수 있다.

5. 합의관할

손해배상청구소송에서 당사자는 일정한 법률관계에 기인한 소에 관
하여 서면으로써 합의에 의하여 제1심 관할법원을 정할 수도 있다(「민사
소송법」 제29조). 또한 행정소송의 토지관할은 전속관할이 아니므로 당사
자의 합의에 의한 합의관할이 가능하다.[32]

따라서 원고는 피고와 합의하여 서면으로 특정 법원을 관할로 하는
조항을 삽입할 수 있다.

---

32) 대법원 1994. 1. 25. 선고 93누18655 판결

6. 변론관할

원고가 관할권 없는 법원에 제소하였더라도 피고가 이의없이 응소하면 관할이 발생하며, 이 때 피고가 이의를 할 수 있는 기한은 답변서나 준비서면 등을 제출한 시기까지가 아니라 본안에 대하여 변론하거나 변론준비기일에서 진술할 때까지이다(「민사소송법」 제30조). 행정소송도 마찬가지이다.

따라서 원고가 전혀 관할이 없는 법원에 소를 제기하더라도 피고가 이의없이 응소하면 그 때부터 관할이 발생하게 된다.

Ⅲ. 토지관할의 경합

하나의 사건에 대하여 여러 곳의 법원이 중복하여 관할권을 갖게 되는 경우로서 관련 규정상 흔히 발생하게 된다.

이러한 경우에 원고는 경합하는 관할법원 중 아무 곳이나 임의로 선택하여 제소할 수 있다. 하나의 법원에 제소하였다고 해서 다른 법원의 관할권이 소멸되지는 않으나, 다만 다른 법원에 제소시 중복소송으로 부적법 각하될 수 있다.

Ⅳ. 토지관할의 위반

법원은 소송의 전부 또는 일부에 대하여 관할권이 없다고 인정하는 경우에는 결정으로 이를 관할법원에 이송한다(「민사소송법」 제34조 제1항).

법원은 소송에 대하여 관할권이 있는 경우라도 현저한 손해 또는 지연을 피하기 위하여 필요하면 직권 또는 당사자의 신청에 따른 결정으로 소송의 전부 또는 일부를 다른 관할법원에 이송할 수 있다(「민사소송법」 제35조 본문). 여기서 현저한 손해란 법원이 주로 피고측에 관련성이 없거나 장거리에 위치해 있어 소송수행상의 부담이 생겨 소송불경제가 되는 것을 의미하고, 지연이란 법원이 사건을 처리함에 있어서 증거조사 등 시간과 노력이 크게 소요되어 소송촉진이 저해된다는 의미이다. 그러나 법원은 본 조항에 의한 소송이송을 거의 인정한 적이 없다.

3
CHAPTER

피　　고

제 1 절 서 설

토지소유자 등이 지적측량의 잘못으로 인한 손해배상의 소를 제기하 거나 지적 업무와 관련한 행정소송을 제기하는 경우 누구를 상대로 해 야 하는지, 즉 피고를 누구로 해야 하는지가 문제된다. 이는 소를 제기 하는 원고의 입장에서 주로 관심을 가질 사항이겠지만, 피고의 입장에서 도 당해 소송에서 손해를 부담하는 주체가 누구인지를 명확히 하여 이 후 분담관계를 정할 수 있게 되는 실익이 있다.

제 2 절   피고가 될 수 있는 자

Ⅰ. 행정소송

취소소송은 다른 법률에 특별한 규정이 없는 한 그 처분등을 행한 행정청을 피고로 한다(「행정소송법」 제13조 제1항 본문). 따라서 지적 업무와 관련한 행정소송은 지적소관청을 피고로 하여야 한다.

피고를 잘못 지정하여 소를 제기한 경우에는 제소요건에 흠결이 있는 부적법한 소로서 각하 판결을 받게 된다. 다만 원고가 피고를 잘못 지정한 것을 발견한 때에는 피고의 경정을 신청할 수 있고, 법원은 결정으로써 피고의 경정을 허가할 수 있다(「행정소송법」 제14조).

주의할 것은, 앞서 본 바와 같이 한국국토정보공사는 지적측량과 지적제도에 관한 연구를 수행하기 위하여 설립된 법인으로서, 토지소유자 등 이해관계인의 의뢰에 따라 소정의 지적측량수수료를 지급받고 지적측량을 실시하여 그 측량성과를 결정하는 업무 등을 수행하나, 그 지적측량은 토지를 지적공부에 등록하거나 지적공부에 등록된 경계점을 지상에 복원할 목적으로 소관청 또는 지적측량수행자가 각 필지의 경계 또는 좌표와 면적을 정하는 것으로서 사실조사의 성격을 갖는 것에 불과하고, 그와 같은 업무를 수행하는 지적측량수행자에는 한국국토정보공사 뿐만 아니라 일반 지적측량업자도 포함되므로, 한국국토정보공사와 같은 지적측량수행자는 행정청 등의 지위에 있다고 볼 수 없어 지적측량 관련 행정소송에 대하여는 행정소송법상 피고적격이 없는 자를 상대로 한 것이어서 부적법하다는 것이다.[1] 다만, 정보공개 처분과 관련하여

---

1) 서울행정법원 2009. 9. 11. 선고 2009구합8656 판결(※ 서울고등법원 2010. 6. 3. 선고 2009누30518 판결 및 대법원 2010두14510 판결을 거쳐 확정)

서는, 한국국토정보공사는 정보공개 청구 대상기관인 "공공기관"에 해당
되므로(「공공기관의 정보공개에 관한 법률」 제2조 제3호 다목), 청구인은 정
보공개와 관련한 한국국토정보공사의 결정에 대하여 행정심판을 청구하
거나 행정소송을 제기할 수 있다(「공공기관의 정보공개에 관한 법률」 제19
조 및 제20조).

Ⅱ. 손해배상청구소송

1. 지적측량수행자

법 제51조 제1항은 "지적측량수행자가 타인의 의뢰에 의하여 지적측
량을 함에 있어서 고의 또는 과실로 지적측량을 부실하게 함으로써 지
적측량의뢰인이나 제3자에게 재산상의 손해를 발생하게 한 때에는 지적
측량수행자는 그 손해를 배상할 책임이 있다"라고 규정하여 지적측량수
행자가 손해배상책임을 짐을 명시하고 있다. "지적측량수행자"라 함은
법 제24조 제1항에 규정한 지적측량업자와 한국국토정보공사를 말하므
로, 이들이 손해배상소송의 피고가 될 수 있다.

2. 개인 측량자

민법 제750조는 일반적인 불법행위로 인한 손해배상책임으로서 "고
의 또는 과실로 인한 위법행위로 타인에게 손해를 가한 자는 그 손해를
배상할 책임이 있다"라고 규정하고 있으며, 지적측량수행자 소속 직원으
로서 실제 지적측량을 한 자는 동 조항에 따라 손해배상책임을 질 수
있다.

3. 지방자치단체

법 제2조 제18호는 지적공부를 관리하는 시장·군수 또는 구청장을

"지적소관청"이라고 정의하고 있으며, 이들은 제25조 제1항 본문에 따라 지적공부를 정리하는 측량에 있어서 지적측량수행자가 지적측량을 실시하여 제출한 측량성과에 대하여 검사를 하므로, 부실한 측량으로 인한 손해 발생시 지적소관청이 소속된 지방자치단체는 손해배상책임을 진다.[2]

다만 법 제25조 제1항 단서 및 시행규칙 제28조 제1항은 지적공부를 정리하지 아니하는 세부측량인 경계복원측량 및 지적현황측량에 대하여는 성과검사를 하지 않는다고 규정하고 있으므로, 경계복원측량 및 지적현황측량 관련 손해배상소송에 있어서는 이들이 손해배상책임을 지지 않는다.

4. 국　가

법 제64조 제1항은 "국토해양부장관은 모든 토지에 대하여 필지별로 소재·지번·지목·면적·경계 또는 좌표 등을 조사·측량하여 지적공부에 등록하여야 한다"라고 규정하여 국가가 토지의 조사·측량의 주체로 되어 있음을 규정하고 있으며, 지적측량수행자인 한국국토정보공사 및 지적측량업자는 법 제24조에 따라 국가의 임무인 지적측량업무를 대행 내지 위탁받아 토지소유자 등 이해관계인이 의뢰한 지적측량업무를 수행하는 것이다.

따라서 부실한 지적측량으로 인한 손해에 대하여는 지적측량업무를 위탁한 국가 자신이 손해배상책임을 진다고 하기는 어려우며, 지적측량업무를 위탁받은 지적측량수행자 등이 손해배상책임을 진다고 보아야 할 것이다.

다만 지적공부의 관리 소홀 책임에 대하여는 국가가 지방자치단체와 함께 부진정연대책임을 진다는 것이 판례의 태도이다.

---

2) 청주지방법원 2004. 1. 29. 선고 2003나3974 판결

※ 지적공부에 등재되어 있으나 실제로 존재하지 않거나 면적이 줄어든 토지에 대한 국가, 지방자치단체의 책임

가. 손해배상책임 인정 여부

토지대장이나 지적도와 같은 지적공부에 등재되어 있으나 실제로는 합병, 말소 등으로 존재하지 않거나 면적이 공부에 비하여 적은 토지가 있다. 더구나 지방자치단체도 그러한 사정을 알지 못한 채 이러한 토지에 대하여 재산세와 같은 세금을 징수하게 된다.

이러한 경우 국가나 지방자치단체가 해당 토지를 매수한 자에 대하여 존재하지 않거나 과소한 면적의 토지에 관한 손해배상책임을 지는지가 문제된다.

판례에 따르면, 계쟁 토지가 다른 토지에 포함되는 것처럼 지적공부에 토지의 면적 및 경계를 사실과 다르게 잘못 등재한 후 장기간 이를 방치한 담당 공무원의 과실로 인하여, 그러한 지적공부의 기재를 믿고 토지를 매수하였다가 계쟁 토지에 관한 원고들의 등기부상 소유 명의가 말소되고 실제 소유자에게 인도하게 된 경우, 국가는 매도인에게 지급한 매매대금 상당의 손해배상책임을 진다고 하며, 그 손해배상채권은 그 매매대금을 실제로 지급한 때에 성립하고 그때 이행기가 도래하므로 그날부터 갚는 날까지의 지연손해금을 지급하여야 한다.[3]

또한 부동산등기부등본 및 임야대장은 존재하지만 인접 토지와 경계가 정정되면서 그와 통합되는 바람에 임야가 실제로는 존재하지 아니함에도 불구하고, 국가는 임야대장을 작성하였고, 지적소관청은 토지이동지조서와 지적공부 및 동 집계부 이동정리결의서를 작성하고 임야대장에 등록사항정정대상토지라고 기재한 상태에서 더 이상 임야대장을 정리하지 아니한 경우, 국가는 실제로 존재하지 아니하는 임야에 대하여

---

3) 대법원 2010. 7. 22. 선고 2010다18829 판결

정확하게 조사하지 아니하고 마치 실제로 존재하는 것처럼 임야대장을 작성한 과실이 있고, 지방자치단체는 직권으로 임야대장을 정리하였어야 함에도 단지 임야대장에 등록사항정정대상토지라고 기재만 한 채 그대로 방치한 과실 및 이와 같이 임야대장이 작성되어 있음을 근거로 개별공시지가를 결정하여 통지한 과실이 있어, 매수인에게 매매대금 상당의 손해배상책임을 진다고 한다.[4]

그리고 원고가 사건 토지를 매수하였으나 지적도가 미작성되어 실제로는 존재하지 않는 토지에 대하여 토지대장, 농지원부에 기재되어 있고, 재산세가 부과되고, 개별공시지가도 결정되어 온 경우, 대한민국은 부동산등기부, 토지대장의 작성, 비치, 관리사무를 수행하면서 사건 토지가 실제 존재하지 않는데도 부동산등기부, 토지대장에 존재하는 것처럼 기재한 과실이 있고, 지방자치단체는 지적공부의 등록사항의 잘못을 알았음에도 별다른 조치를 취하지 아니한 과실이 있어 원고에게 매매대금에 상당하는 손해를 입게 하였다고 봄이 타당하다고 하였다.[5]

나. 손해배상책임의 주체

1) 국 가

법 제64조 제1항은 "국토해양부장관은 모든 토지에 대하여 필지별로 소재·지번·지목·면적·경계 또는 좌표 등을 조사·측량하여 지적공부에 등록하여야 한다"라고 규정하여 국가가 토지의 조사·측량의 주체임을 확인하고 있다.

또한 앞서 보았듯이 판례에 따르면 지적공부의 등록 및 관리 업무는 기관위임사무로서, 그 수임자인 지적소관청은 국가 산하 행정기관의 지위에서 위 사무를 처리하는 것이다.[6]

---

4) 서울중앙지방법원 2007. 10. 9. 선고 2006가단178456(※ 항소심 서울중앙지방법원 2007나32473에서 2008. 5. 31. 화해권고결정 확정)
5) 서울중앙지방법원 2012. 2. 2. 선고 2010가단390178 판결

따라서, 국가는 토지의 소재, 지번, 지목, 면적, 경계 등을 조사, 측량하여 지적공부에 등록하여야 하며, 지적소관청에 지적공부 등록에 관한 사무를 위임한 것은 기관위임으로서 그 수임자인 지적소관청은 국가의 산하 행정기관의 지위에서 위 사무를 처리하는 것이므로, 국가는 그 잘못으로 인한 손해배상책임의 주체가 된다.

2) 지방자치단체

국가배상법 제6조 제1항은 "제2조·제3조 및 제5조에 따라 국가나 지방자치단체가 손해를 배상할 책임이 있는 경우에 공무원의 선임·감독 또는 영조물의 설치·관리를 맡은 자와 공무원의 봉급·급여, 그 밖의 비용 또는 영조물의 설치·관리 비용을 부담하는 자가 동일하지 아니하면 그 비용을 부담하는 자도 손해를 배상하여야 한다"라고 규정하고 있다.

따라서, 지방자치단체의 장이 기관위임된 국가행정사무를 처리하는 경우 그에 소요되는 경비의 궁극적·실질적 부담자는 국가라고 하더라도 당해 지방자치단체는 국가로부터 내부적으로 교부된 금원으로 그 사무에 필요한 경비를 대외적으로 지출하는 자이므로, 이러한 경우 지방자치단체는 국가배상법 제6조 제1항 소정의 비용부담자로서 공무원의 불법행위로 인한 같은 법에 의한 손해를 배상할 책임이 있다.[7]

다만, 하급심 판결례에 따르면 위 서울고등법원 2008나119073 판결과 동일한 사실관계의 사례에서 국가는 지적공부 등록에 관한 사무의 귀속주체이자 실질적 비용부담자이고, 지방자치단체는 형식적 비용부담자이어서, 양자의 내부관계에서는 오로지 국가에게 배상책임을 지도록 함이 타당하므로, 지방자치단체가 국가를 상대로 전액 구상청구가 가능

---

6) 서울고등법원 2009. 8. 12. 선고 2008나119073 판결
7) 위 서울고등법원 2008나119073 판결

하다고 판시하였다.[8]

다. 국가, 지방자치단체의 항변 사항

1) 손해의 불발생

토지가 잘못 등록된 당시의 토지 소유자는 실제 존재하지 않는 토지 부분을 공부상으로만 소유하고 있었던 것이므로 그에게 손해가 발생하였다고 볼 수가 없다.

그러나 토지의 매수인에게는 손해가 발생하였다고 볼 여지가 있다.

그런데 여기서도 손해가 발생하였는지 여부는 개별적으로 판단해야 한다.

판례에 따르면 매수인이 등록사항정정에 따라 공부상 면적 감소로 인한 매매대금 상당의 손해배상을 청구한 경우, 환지등록시 공무원의 착오로 실제 환지된 면적보다 많은 환지면적이 등록되었다가 지적공부의 정정으로 공부상 면적이 줄어든 경우, 그 공부상 감소된 면적은 실제로는 그 대지에 관하여 인정되지 않는 면적인데 절차상의 실수로 잘못 기재하여 공부상으로만 존재하던 것이고, 인접토지와 중첩된 경계를 정정한 것은 그 대지에 관하여 환지된 면적 즉 실제로 존재하는 면적으로 바로잡은 것에 불과한 것이지 이로 인하여 그 토지 소유자가 공부상 감소된 면적만큼 실제로 토지를 상실하였거나 또는 당연히 취득하였어야 할 토지를 취득하지 못한 것은 아니므로, 나아가 토지 소유자가 그 대지를 매수할 당시 단위면적을 기준으로 매매대금을 산정함으로써 그 감소된 면적에 해당하는 만큼의 매매대금을 더 지급하였다는 등의 특별한 사정이 인정되지 않는 한 그 지적공부의 정정으로 인하여 손해가 발생하였다고 볼 수 없다고 하였다.[9]

---

8) 수원지방법원 2011. 7. 21. 선고 2010가합19993 판결
9) 대법원 1996. 11. 15. 선고 96다 34702 판결

또한 일반적으로 토지의 매매에 있어 목적물을 등기부상의 면적에 따라 특정한 경우라도 당사자가 그 지정된 구획을 전체로서 평가하였고 면적에 의한 계산이 하나의 표준에 지나지 아니하여 그것이 당사자들 사이에 대상토지를 특정하고 그 대금을 결정하기 위한 방편이었다고 보일 때에는 이를 가리켜 수량을 지정한 매매라 할 수 없다고 하였다.10)

따라서 국가나 지방자치단체는 개별적인 사안에서 위와 같은 근거로 당해 토지의 매수인에게 손해가 발생하지 않았음을 주장할 수 있다.

2) 소멸시효

민법 제766조는 "① 불법행위로 인한 손해배상의 청구권은 피해자나 그 법정대리인이 그 손해 및 가해자를 안 날로부터 3년간 이를 행사하지 아니하면 시효로 인하여 소멸한다. ② 불법행위를 한 날로부터 10년을 경과한 때에도 전항과 같다."라고 하여 불법행위로 인한 손해배상청구권의 소멸시효를 규정하며, 위 두 가지 요건 중 어느 하나만 충족하면 소멸시효는 완성된다.

장기소멸시효인 불법행위를 한 날로부터 10년에 있어서 "불법행위를 한 날"이란 피해자가 손해의 발생을 알았는지 여부와 관계없이 가해행위로 인하여 손해가 현실적으로 발생한 때를 의미한다.11)

하급심 판결례를 보면, 지적공부에는 존재하나 실제로 존재하지 않는 토지를 매수함으로 인한 손해배상청구 사안에서, 법원은 매수인이 사건 토지를 실제로 존재하는 것으로 오인하고 매수하여 소유권이전등기를 마친 시점에 매매대금 또는 그 당시의 토지가액 상당의 손해가 현실적으로 발생하였으므로, 그 날로부터 10년이 지난 후 소가 제기된 경우 소멸시효가 완성되었다고 판시하였다.12)

---

10) 대법원 2003. 1. 24. 선고 2002다65189 판결 등
11) 대법원 1998. 5. 8. 선고, 97다36613 판결
12) 청주지방법원 2009. 9. 11. 선고 2009나1758 판결

또 다른 판결례에서는, 원고는 사건 토지를 부동산등기부등본상의 소유자로부터 매수하고 그 대금을 모두 지급한 후 원고 명의의 소유권이전등기를 마쳤고, 사건 토지에 관하여는 토지대장이 작성되어 있고, 농지원부에도 원고의 소유로 기재되어 있으며, 원고는 지금까지 재산세 등 세금을 납부하여 왔고, 매년 개별공시지가도 결정되어 왔다. 그러나 사건 토지가 지적도가 미작성된 관계로 실제로는 존재하지 않는 것이 발견되어 SH공사의 수용대상에 포함되지 않자, 원고가 대한민국 및 지방자치단체를 상대로 손해배상을 청구하였다. 이에 대하여 법원은 피고 대한민국은 부동산등기부, 토지대장의 작성, 비치, 관리사무를 수행하면서 사건 토지가 실제 존재하지 않는데도 부동산등기부, 토지대장에 존재하는 것처럼 기재한 과실이 있고, 피고 강서구는 지적공부의 등록사항의 잘못을 알았음에도 별다른 조치를 취하지 아니한 과실이 있으며, 이로 인하여 원고로 하여금 사건 토지가 실제로 존재하는 것으로 믿고 사건 토지를 매수하게 함으로써 원고에게 사건 토지의 매매대금에 상당하는 손해를 입게 하였으므로, 피고들은 연대하여 원고에 대하여 손해배상채무를 부담한다고 하였다. 그러나 적어도 원고가 사건 토지를 실제로 존재하는 것으로 오인하고 매수하여 소유권이전등기를 마친 시점에는 원고에게 사건 토지의 매매대금 또는 그 당시의 토지가액 상당의 손해가 현실적으로 발생하였다고 할 것이므로, 사건 소가 그로부터 10년이 경과한 후 제기되어 토지매입 가액 부분 및 위자료 부분에 대한 손해배상청구권은 시효의 완성으로 소멸하였다고 하였다. 다만 원고가 지방자치단체에 납부한 재산세 합계액은 지방자치단체가 존재하지 아니하는 토지에 부과한 것이므로 이를 원고에게 반환하여야 한다고 판시하였다.[13]

---

13) 서울중앙지방법원 2012. 2. 2. 선고 2010가단390178 판결

제3절 공동불법행위

Ⅰ. 원고의 공동피고에 대한 청구방법

민사상 손해배상청구소송에 있어서 부실한 지적측량으로 인한 손해 배상책임의 주체가 측량자 개인, 지적측량수행자, 그리고 지방자치단체 등 여럿인 경우 이들은 공동불법행위자가 된다.

민법 제760조 제1항은 "수인이 공동의 불법행위로 타인에게 손해를 가한 때에는 연대하여 그 손해를 배상할 책임이 있다"라고 규정하고 있으므로, 원고는 이들 모두를 공동피고로 하거나, 어느 한쪽만을 피고로 하여 하여 소를 제기할 수 있다. 판례는 위와 같은 공동불법행위자의 책임의 성질을 소위 부진정연대채무(不眞正連帶債務)로 보고 있다. 이는 여러 명의 채무자가 동일한 내용의 급부에 관하여 각각 독립해서 전부를 급부하여야 할 채무를 부담하고, 그 중 한 사람 또는 여러 명이 변제를 하면 모든 채무자의 채무가 소멸하는 다수당사자의 채권관계이다. 각 채무는 별개의 원인으로 성립하므로 연대채무자 상호간에 연대채무의 성립의 의사가 없다는 점에서 연대채무와 다르다. 부진정연대채무는 연대채무(민법 제413조에서 제427조까지)와 같은 주관적 관련성이 없어, 채무자 1인에게 생기는 사유 중 변제, 대물변제, 공탁 등 목적도달 사유의 경우에만 다른 채무자에게도 효력을 미치는 소위 절대적 효력이 인정되나, 그 외에 무효·취소, 이행청구, 경개, 상계14), 면제, 혼동, 소멸시효, 채권자지체 등의 사유는 다른 채무자에게 효력을 미치지 못하는 소위 상대적 효력만 인정된다.

---

14) 대법원 1989. 3. 28. 선고 89다카4994 판결

공동불법행위에 대한 부진정연대채무의 특성상 법원은 판결에서 피고들이 원고에게 배상해야 할 손해액 총액만을 정해주며 피고들 간의 손해분담비율을 정해주지 않는다. 따라서 그 주문은 "피고들은 공동하여 원고에게 금 00원을 지급하라"라는 형태가 된다.

Ⅱ. 공동불법행위자 중 1인의 대응방법

여러 당사자들이 공동불법행위 책임이 있는 경우에 그 중 1인만이 피고로 된 때에는, 소송 진행 단계에서는 다른 공동불법행위자에 대하여 소송고지(訴訟告知)를 할 수 있으며(「민사소송법」 제84조), 소송고지를 받은 자는 피고를 돕기 위하여 소송참가[보조참가(補助參加)]를 할 수 있으나(「민사소송법」 제71조) 참가하느냐의 여부는 피고지자의 자유이다. 피고지자가 소송참가를 하였든 하지 않았든 고지자인 피고가 패소하였다면 피고지자는 "참가적 효력"을 받게 되며(「민사소송법」 제86조, 제77조), 이는 고지인이 패소하고 나서 뒤에 고지인과 피고지인 간의 구상금청구소송 등에 있어서 피고지인이 원판결의 주문뿐만 아니라 이유 중 패소이유가 되었던 사실상·법률상의 판단으로서 공동이익으로 주장할 수 있었던 사항에 관하여 그 내용이 부당하다고 주장할 수 없는 구속력을 말한다.

1인만이 피고로 된 채로 소송이 종료되어 손해배상책임이 인정된 단계에서는 다른 공동불법행위자를 상대로 그 과실정도에 따라 손해분담비율 만큼의 구상금을 청구할 수 있으며, 당사자 간에 협의가 되지 않는다면 별도로 구상금청구의 소를 제기할 수 있다.

특히 측량을 하는 지적측량수행자와 측량성과 검사를 하는 지방자치단체 간의 손해분담비율을 살펴보면, 일반적으로 공동불법행위자는 채권자에 대한 관계에서는 부진정연대채무를 지되, 공동불법행위자들 내부관계에서는 일정한 부담부분이 있고, 이 부담부분은 손해발생에 대한 기여의 정도 즉 공동불법행위자의 과실의 정도에 따라서 정하여지며,[15] 민법 제424조는 "연대채무자의 부담부분은 균등한 것으로 추정한다"라는 규정을 두고 있는 바 이를 부진정연대채무에 유추적용할 수 있을 것이므로, 그 기여의 정도가 불분명할 때에는 부담부분은 균등하다고 보아야 할 것이다.

실제 하급심 판결례에 따르면, 분할측량의 잘못으로 토지소유자가 손해를 입었는데, 이는 피고 한국국토정보공사 소속 측량기사가 분할측량을 하면서 기지점을 잘못 결정하여 측량성과에 오차를 일으켜 지적도상의 지적선을 실제의 경계선과 다르게 정한 과실과 원고 청원군 소속 공무원이 측량성과의 정확성에 대한 심사를 게을리한 채 이를 그대로 지적공부에 등재한 과실이 경합하여 발생한 것으로 인정되었다는 이유로, 피고의 과실비율은 50%로 봄이 상당하다고 판시한 바 있다.[16]

15) 대법원 2001. 1. 19. 선고 2000다33607 판결; 대법원 2000. 12. 26. 선고 2000다 38275 판결; 대법원 1997. 12. 13. 선고 96다50896 판결 등
16) 청주지방법원 2004. 1. 29. 선고 2003나3974 판결

4
CHAPTER

손해배상청구소송

제1절 손해배상책임의 요건

Ⅰ. 서 설

손해배상청구소송에서 지적소관청이 소속된 지방자치단체나 지적측량수행자가 피고로 된 소송의 대부분을 차지하는 손해배상청구소송은 불법행위 또는 채무불이행으로 인한 손해배상책임을 묻는 것이므로, 결국 손해배상의 요건을 충족하는지 여부가 중요하다.

지적측량수행자 및 지방자치단체의 손해배상책임과 관련된 법령은 다음과 같다.

「공간정보의 구축 및 관리 등에 관한 법률」

제51조 (손해배상책임의 보장) ① 지적측량수행자가 타인의 의뢰에 의하여 지적측량을 함에 있어서 고의 또는 과실로 지적측량을 부실하게 함으로써 지적측량의뢰인이나 제3자에게 재산상의 손해를 발생하게 한

때에는 지적측량수행자는 그 손해를 배상할 책임이 있다.

「민법」

제750조 (불법행위의 내용) 고의 또는 과실로 인한 위법행위로 타인에게 손해를 가한 자는 그 손해를 배상할 책임이 있다.

제756조 (사용자의 배상책임) ① 타인을 사용하여 어느 사무에 종사하게 한 자는 피용자가 그 사무집행에 관하여 제삼자에게 가한 손해를 배상할 책임이 있다. 그러나 사용자가 피용자의 선임 및 그 사무감독에 상당한 주의를 한 때 또는 상당한 주의를 하여도 손해가 있을 경우에는 그러하지 아니하다.

② 사용자에 갈음하여 그 사무를 감독하는 자도 전항의 책임이 있다.

③ 전2항의 경우에 사용자 또는 감독자는 피용자에 대하여 구상권을 행사할 수 있다.

「국가배상법」

제2조 (배상책임) ① 국가나 지방자치단체는 공무원 또는 공무를 위탁받은 사인(이하 "공무원"이라 한다)이 직무를 집행하면서 고의 또는 과실로 법령을 위반하여 타인에게 손해를 입히거나, 「자동차손해배상 보장법」에 따라 손해배상의 책임이 있을 때에는 이 법에 따라 그 손해를 배상하여야 한다. 다만, 군인·군무원·경찰공무원 또는 예비군대원이 전투·훈련 등 직무 집행과 관련하여 전사(戰死)·순직(殉職)하거나 공상(公傷)을 입은 경우에 본인이나 그 유족이 다른 법령에 따라 재해보상금·유족연금·상이연금 등의 보상을 지급받을 수 있을 때에는 이 법 및 「민법」에 따른 손해배상을 청구할 수 없다.

② 제1항 본문의 경우에 공무원에게 고의 또는 중대한 과실이 있으면 국가나 지방자치단체는 그 공무원에게 구상(求償)할 수 있다.

따라서 손해배상청구소송에서는, 첫째 부실한 지적측량행위에 대한 피고의 귀책사유인 고의·과실, 둘째 피고의 책임능력, 셋째 지적측량행위의 위법성, 넷째 원고에게 손해의 발생, 다섯째 피고의 지적측량행위와 손해간의 인과관계라는 요건이 모두 충족되어야 손해배상책임이 인정된다. 이 중 책임능력, 위법성 요건은 크게 문제가 되지 않을 것이다.

Ⅱ. 부실한 지적측량행위에 대한 고의·과실

지적 업무에서 제시한 지적측량의 성과가 잘못된 것으로 판명되더라도 그 행위에 측량자 또는 성과검사자의 귀책사유, 즉 고의·과실이 없다면 피고에게 손해배상책임을 물을 수 없을 것이다. 특히 지적측량상의 고의·과실 여부는 그 기술적, 전문적 성격 때문에 손해배상청구소송에서 가장 중요하면서도 어렵게 느껴지는 부분이다.

여기서는 실제 지적측량과 관련된 판결례를 사안별로 상세하게 분석하여 귀책사유에 관한 구체적인 기준을 제시하기로 한다.

1. 지적측량을 함에 있어 등록당시의 측량방법과 그 후의 측량 방법에 따른 차이로 인하여 성과에 차이가 나는 경우

◈ 사실관계

원고는 사건 임야 지상에 건축을 하기 위하여 구 대한지적공사(현 한국국토정보공사, 이하 "공사"라 한다)에게 경계복원측량을 의뢰하였다. 공사는 주변의 토지 현형과 유사한 기지점을 기준으로 한 경계복원측량(제1측량)을 하여 경계복원측량성과도를 교부하였고(제1성과도), 원고는 제1성과도의 기재에 따라 지상 건축물 및 부대시설을 설치하였다. 이후 사건 임야 인근 토지들에 대하여 경지정리작업이 진행되었고 기존의 기지점들을 활용할 수 없게 되어 경지정리 확정측량을 위한 GPS 관측을 실시하고 이에 따라 도근측량을 실시하여 새롭게 도근점을 정하여 경계복원측량(제2측량)을 한 결과 사건 임야의 경계가 수 미터 차이가 나 위 건축물이 인접 토지의 경계를 침범하는 것으로 드러났다. 원고는 공사를 상대로 위 건축물을 철거함에 따른 철거비용 및 재건축비용 등의 손해배상을 청구하는 소를 제기하였다. 제1심과 제2심은 공사

소속 직원이 경계복원측량 당시 기초측량을 통한 삼각점 내지 도근점을 발견하는 작업 없이 인근 토지의 현형과 등록 당시와 조건이 유사한 주위 기지점만을 참고하여 측량을 한 경우, 공사로서는 최소한 기존의 측량방식에 따른 기초측량을 거쳐 삼각점 내지 도근점을 찾아내고 이를 기초로 측판측량 방법에 의한 세부측량을 할 의무가 있었으며, 등록 당시와 조건이 유사한 주변의 기지점이나 토지의 현형만을 근거로 한 측량은 그로 인한 오류의 가능성이 적어 해당 토지의 경계로 인한 분쟁 가능성이 극히 적다고 판단될 경우에만 허용되고 그러한 사정이 없는 경우에까지 인정될 수는 없으므로, 측량으로 인한 경계의 오류에는 피고의 과실이 존재하여 그로 인하여 원고가 입은 손해를 배상할 책임이 있다고 판시하였다.[1] 이에 대하여 공사가 상고하였다.

◈ 판결요지

지적도상의 경계를 실지에 복원하기 위하여 행하는 경계복원측량은 등록할 당시의 측량 방법과 동일한 방법으로 하여야 하므로, 첫째 등록 당시의 측량 방법에 따르고, 둘째 측량 당시의 기준점을 기준으로 하여야 하며, 비록 등록 당시의 측량방법이나 기술이 발전하지 못하여 정확성이 없다 하더라도 경계복원측량을 함에 있어서는 등록 당시의 측량 방법에 의하여야 하는 것이지 보다 정밀한 측량 방법이 있다 하여 곧바로 그 방법에 의하여 분할측량이 이루어진 경우 등록 당시 기지점(旣知點)을 기준으로 한 측판측량 방법에 의하여 분할측량이 이루어진 경우 등록 당시의 기지점을 기준으로 하여 경계복원측량을 하여야 함이 원칙이나, 등록 당시의 기지점을 찾을 수 없어 등록 당시의 기지점을 기준으로 하여 경계복원측량을 하는 것이 불가능하게 되었다면 분할측량원도를 토대로 등록 당시와 비슷한 조건의 주위 기지점에 의거하여 경계복원측량을 할 수 있는 바, 대상 토지의 사정변경으로 위 방법에 의하여 경계복원측량을 하는 것마저 불가능하게 되었다면 기초측량에 의하여 해당 토지 인근의 도근점을 찾아내어 이를 기준으로 하여 경계복원측량을 할 수 밖에 없다(대법원 2003. 10. 10. 선고 2002다17791, 17807(반소) 판결 등 참조).

위 각 측량을 실시할 당시 위 각 임야의 등록 당시 기지점이 대부분 현존

---

[1] 서울남부지방법원 2005. 7. 21. 선고 2003가합8757 판결; 서울고등법원 2007. 7. 26. 선고 2005나79358 판결

하여 이를 기점으로 하여 위 각 측량이 실시되었다고 볼 여지가 충분함에도 원심은 만연히 사건 임야 인근에 등록 당시의 기지점이 소실된 상태라고 단정한 제1심 판결을 유지하여 합리적인 자유심증의 범위와 한계를 넘어선 위법이 있다.

나아가 원심이 인정한 사실관계에 의하더라도 위 각 임야의 등록 당시 기준점이 소실되어 이를 기점으로 하여 측량을 하는 것이 불가능하게 된 이상 등록 당시와 비슷한 조건의 주위 기지점이 있다면 이에 의거하여 경계복원측량 등을 할 수 있었다고 할 것이므로, 도근점을 기준으로 하여 측량을 하지 않고 위와 같은 방식에 따라 측량을 실시한 것 자체에 어떠한 과실이 있다고 보기는 어렵다.

다만, 이 사건 각 측량 결과의 오차가 적게는 3m 내외에서 많게는 7m 이상의 상당한 차이가 난다는 것이므로 사실심으로서는 현형법에 의한 측판측량에 의한 측량결과의 오차 허용범위 및 위 측량방식에 의한 측량 결과와 도근점을 기준으로 한 측판측량에 의한 측량결과의 허용되는 오차 범위가 어느 정도인지 등을 심리하여 그와 같은 오차가 발생하게 된 원인이 단순히 측량방식의 차이로 인한 것인지 아니면 다른 원인에 의하여 발생하게 된 것인지 등을 규명하여야 할 것이다.[2]

🔷 해설

지적측량에 의하여 경계를 정함에 있어 기지점(旣知點)에 의한 현형측량 방법으로 실시한 경계복원측량성과와 지적기준점(地籍基準點)에 의한 경계복원측량성과가 서로 다른 경우 어느 성과를 채택해야 하는지는 아주 중요한 문제이다.[3]

이러한 문제에 대하여 그동안 판례로 확립된 대원칙 중의 하나는, 경계침범 여부가 문제로 되어 지적도상의 경계를 실지에 복원하기 위하여 행하는 경계복원측량은 등록할 당시의 측량 방법과 동일한 방법으로 하여야 하므로, 첫째 등록 당시의 측량 방법에 따르고, 둘째 측량 당시의 기준점을 기준으로 하

---

2) 대법원 2009. 1. 30. 선고 2007다58346 판결
3) 이러한 측량방법의 구분에 관하여는 앞의 제1장 제2절 Ⅱ. 지적측량의 분류 중 지적측량의 성과결정방법에 따른 분류를 참고하기 바란다.

여야 하며, 비록 등록 당시의 측량 방법이나 기술이 발전하지 못하여 정확성이 없다 하더라도 경계복원측량을 함에 있어서는 등록 당시의 측량 방법에 의하여야 하는 것이지 보다 정밀한 측량 방법이 있다 하여 곧바로 그 방법에 의하여 측량할 수는 없다. 토지의 등록 당시 기지점을 기준으로 한 측판측량 방법에 의하여 분할측량이 이루어진 경우 등록 당시의 기지점을 기준으로 하여 경계복원측량을 하여야 함이 원칙이나, 현재에 이르러 등록 당시의 기지점을 찾을 수 없어 등록 당시의 기지점을 기준으로 하여 경계복원측량을 하는 것이 불가능하게 되었다면 분할측량원도를 토대로 등록 당시와 비슷한 조건의 주위 기지점에 의거하여 경계복원측량을 할 수 있는바, 대상 토지의 사정변경으로 위 방법에 의하여 경계복원측량을 하는 것마저 불가능하게 되었다면 기초측량에 의하여 해당 토지 인근의 도근점을 찾아내어 이를 기준으로 하여 경계복원측량을 할 수밖에 없다는 것이다.[4]

또한 「지적업무처리규정」(국토교통부 예규) 제13조는 지적기준점(도근점) 측량성과와 주위 일대의 기지경계선이 부합하지 아니하는 경우에는 우선 다른 방식으로 지적도근측량성과를 다시 한번 확인하여야 하고, 그 결과로도 양자에 차이가 있는 경우에는 소관청이 기지경계선 등록 당시의 기존의 측량성과를 기준으로 삼아 새로운 지적도근측량성과를 그에 맞추어 사용할 수 있도록 규정하고 있다. 즉 이도 기존의 측량성과에 따른 경계에 관한 법적안정성을 보장하기 위하여 경계복원측량은 보다 정밀한 측량방법이 있다 하더라도 우선적으로 토지의 등록 당시와 동일한 측량방법에 의하여야 한다는 원칙에 따라, 지적기준점측량에 의하는 경우라도 토지의 등록 당시의 측량성과에 맞추도록 한 것이다.

여기서 "등록 당시의 측량방법"의 의미를 살펴보면, 무조건 당해 토지가 맨 처음 등록된 당시의 측량방법인 기준점에 의한 측량이라는 방법상의 문제라기보다는 성과결정상의 문제로서, 등록 당시의 기준점에 의한 성과와 부합하는 원래 경계를 찾아내라는 것으로 해석되며, 이 경우 등록 당시의 측량결과도에 표시되어 있는 기지점 혹은 등록 당시와 비슷한 조건의 주위 기지점에

---

4) 대법원 2003. 10. 10. 선고 2002다17791, 17807 판결; 대법원 1998. 3. 27. 선고 96다34283 판결; 대법원 1997. 2. 14. 선고 96다42451 판결; 대법원 1995. 4. 21. 선고 94다58490, 58506 판결; 대법원 1994. 5. 13. 선고 93다56381 판결 등

의거하여 측량하는 방법이 등록 당시의 측량성과와 가장 부합하는 측량방법이
될 것이다. 이러한 점에서, 앞에서 본 것처럼 등록할 당시의 측량방법이라는
원칙 자체는 그것이 원래 인용하였던 구 「지적법 시행령」 제45조가 삭제되었
고, 경계복원측량이 지적도, 임야도에 등록된 경계를 지상에 복원하기 위한 것
이라면 당시의 측량방법이 아니라 올바르게 등록된 측량성과를 찾아야 할 것
이라는 점에서 문제가 있다. 그럼에도 불구하고 이 사건에서의 결론에 있어서
는 타당성을 인정할 수 있다.

과거의 등록 당시의 측량방법을 판시한 판례들이 주로 사인 간의 경계 관
련 소송에서 감정측량 성과가 기지점 또는 기준점 중 어떤 것이 타당한가의
기준으로 나온 것이었던 반면, 본 판례는 지적측량수행자의 책임 여부를 판단
하는 기준으로서 기존 판례와 지적업무처리규정의 취지에 충실하게 처음의 경
계복원측량 시 주변의 토지 현형과 유사한 기지점을 기준으로 측량을 하였고,
그러한 경우 측량성과가 기준점에 의한 성과와 달라졌다고 하더라도 측량상의
과실이 없다는 내용을 담은 중요한 판례이다.

이후 파기환송심에서는 위 대법원 판결에서 지적한 측량결과의 허용되는
오차 범위가 쟁점이 되었다.

이와 관련하여 「지적측량 시행규칙」 제27조 제1항 제4호 나목은 측량성과
와 검사성과의 연결교차가 일반적인 도해 지역에서 10분의 3M밀리미터(M은
축척분모) 이내인 때에는 원칙적으로 그 측량성과로 결정하도록 규정하고 있
다.5) 위 조항에 따르면 축척이 1/1,200인 일반적인 도해측량에 있어서 그 최

---

5) 지적측량 시행규칙
   제27조 (측량성과의 결정)
   ① 측량성과와 검사성과의 연결교차가 다음 각호의 허용범위 이내인 때에는 그 측
   량성과에 관하여 다른 입증을 할 수 있는 경우를 제외하고는 그 측량성과로 결정
   하여야 한다.
   1. 지적삼각점: 0.20미터
   2. 지적삼각보조점: 0.25미터
   3. 지적도근점
      가. 경계점좌표등록부시행지역: 0.15미터
      나. 그 밖의 지역: 0.25미터
   4. 경계점
      가. 경계점좌표등록부시행지역: 0.10미터
      나. 그 밖의 지역: 10분의 3M밀리미터(M은 축척분모)

대 연결교차는 36센티미터(=3/10×1,200밀리미터)가 된다.

그런데 위 조항의 의미는 지적공부 정리를 요하는 측량성과는 오차 허용범위가 있을 수 없고 항상 단일한 성과가 나와야 하므로 지적측량수행자가 측량성과를 결정함에 있어 일정 허용범위 내에서 임의로 변경할 수는 없고, 다만 소관청이 측량성과를 검사함에 있어 검사성과가 달리 나오는 경우라도 동조항 각호에서 규정해 놓은 허용범위 내라면 측량성과를 그대로 검사성과로 인정한다는 것이다. 즉 이는 측량성과의 결정시의 허용오차가 아니라, 측량성과와 검사성과의 차이를 법률에서 허용하는 범위이다.

따라서 위 조항은 토지의 이동(異動)이 발생하지 않는 측량인 경계복원측량과 지적현황측량에 대하여는 적용되지도 않을 뿐만 아니라, 이동이 발생하는 측량에 있어서도 측량방식에 대한 기술상의 차이로 인하여 종전과 현재의 성과가 각기 다르게 나온 경우 허용오차의 기준이 될 수도 없다. 즉 지적측량성과에 있어서는 원칙적으로 종전의 측량성과와 차이가 없어야 하는 것이나, 측량방식의 기술의 차이로 인하여 경계의 차이가 날 수는 있으며 이는 오차의 허용범위의 문제가 아니라 측량방법이 적정한가에 따라 그 인정 여부가 결정되는 것이다.

과거 행정자치부 질의회시에서도, 경계복원측량 및 건물현황측량 성과에 대한 구「지적법 시행규칙」제34조(현행「지적측량 시행규칙」제27조 제1항)의 적용 여부 질의에 대하여, "지적법시행규칙 제34조의 규정은 지적법 제28조 제2항의 규정에 의하여 설립된 대행법인이 한 측량성과를 지적공부에 등록하기 위하여 소관청이 측량성과를 검사하는 경우에 측량자와 검사자의 측량성과 차이를 인정하는 규정이므로 지적법 시행규칙 제34조의 규정을 적용할 내용이 아니라고 사료됨"이라고 회시한 바 있다.[6)]

그에 따라 파기환송심은 이 사건 각 측량 사이의 오차는 측량 방법의 차이에서 발생한 것으로 보일 뿐, 달리 측량상의 잘못으로 그 결과에 오차가 생긴 것으로 볼 만한 아무런 자료가 없으므로, 이 사건 제1, 2측량에 방법상의 잘못이 있음을 전제로 한 원고들의 주장은 받아들일 수 없다고 판시하였고,[7)] 재상고심은 심리불속행기각으로 이를 확정하였다.[8)]

---

6) 지적측량시 허용오차[지적 22680-668(1987. 1. 20.)]
7) 서울고등법원 2010. 3. 17. 선고 2009나14601 판결

2. 등록전환에 따른 결정면적 감소가 지적법령에서 정한 오차범위 이내인 경우

◆ 사실관계

사건 임야에 대한 매매계약만을 체결한 상태에서 등록전환 측량 결과 지적법 시행령상 허용되는 오차범위 내에서 매도인의 소유인 사건 임야는 면적이 감소되고 매수인의 소유인 인접 임야는 면적이 증가되는 것으로 구적(求積)[9]되었다. 그에 따라 매도인의 인감증명서를 첨부한 매수인의 신청에 따라 지적소관청의 측량성과검사를 거쳐 지적공부와 토지등기부에 등록전환 및 토지분할 내용이 등재되었다. 이후 매매계약이 해제되자, 소유자인 매도인은 위법한 등록전환 및 토지분할로 인하여 사건 임야의 일부를 떼어 인접 임야에 귀속시킨 것이라고 보아 등록전환 전에 비하여 증가된 매수인 소유의 토지면적 부분은 법률상 원인 없는 것이라고 주장하면서 부당이득으로 반환할 것을 청구하였다.

◆ 판결요지

지적법 제37조 제3항, 지적법 시행령 제42조 제1항 제1호 가목에 따르면 등록전환에 있어서 임야대장의 면적과 등록전환 될 면적에 차이가 발생할 수 있는데, 허용되는 오차범위는 $A = 0.026^2 M \sqrt{F}$ (A는 오차허용면적, M은 임야도 축척분모, F는 등록전환될 면적)이고, 오차허용범위를 초과하는 경우에는 임야대장의 면적 또는 임야도의 경계를 정정하는 방법으로 이를 시정하여야 할 것이다. 그러므로 원고 소유 토지의 임야대장상 면적과 토지대장상 면적의 차이가 지적법령에서 정한 오차범위 내인 경우, 등록전환절차로 인하여 원고 소유 토지의 실제상이나 지적도상의 경계에는 변경이 있지도 아니하므로, 등록전환으로 인하여 원고 소유 토지의 임야대장상 면적에 비하여 토지대장상 면적이 감소하였다고 하더라도 이로 인하여 원고가 부당하게 손해를 입은 것이라고 할 수 없으므로 인접 임야 소유자에 대한 부당이득 반환청구는 이유 없다.[10]

---

8) 대법원 2010. 7. 29. 선고 2010다29447 판결
9) 측량성과도 도면 위에 구적기를 올려놓고 각 연결점을 입력하여 면적을 산출하는 것을 말한다.

✛ 해설

"등록전환"이란 임야대장 및 임야도에 등록된 토지를 토지대장 및 지적도에 옮겨 등록하는 것을 말한다(법 제2조 제30호). 임야를 개발하여 대지, 잡종지, 공장 등으로 지목변경을 하기 위하여는, 정밀도가 떨어지는 임야도의 소축척인 1/3,000 또는 1/6,000을 지적도의 대축척인 1/1,200 등으로 바꾸어야 하며, 이를 위하여 임야대장 및 임야도에 등록된 토지를 토지대장 및 지적도에 등록하는 행정처분을 말하는 것이다.

그런데 소축척인 임야도를 대축척인 지적도로 바꾸는 경우 도면을 성밀하게 확대하는 과정에서 불가피하게 오차가 발생할 수 있다. 구 「지적법」 제37조 제3항(현행 「공간정보의 구축 및 관리 등에 관한 법률」 제26조 제2항), 구 「지적법 시행령」 제42조 제1항 제1호 가목(현행 「공간정보의 구축 및 관리 등에 관한 법률 시행령」 제19조 제1항 제1호 가목)에 따르면 등록전환에 있어서 임야대장의 면적과 등록전환될 면적에 차이가 발생할 때 허용되는 오차 범위는 $A = 0.026^2 M \sqrt{F}$ (A는 오차허용면적, M은 임야도 축척분모, F는 등록전환될 면적)이다.

이렇게 등록전환으로 인하여 면적이 감소하는 임야 소유자들이 지적측량수행자, 지적소관청, 또는 그 결과로 공부상의 면적이 늘어나는 자에 대하여 면적만큼의 손해배상 또는 부당이득반환을 요구하는 경우가 종종 발생한다. 그러나 법 시행령에서 정한 오차범위 이내의 등록전환은 법령으로 허용된 것이기 때문에 임야 소유자가 부당하게 손해를 입었다고 볼 수 없는 것이며, 따라서 지적측량수행자에게 측량상의 귀책사유도 인정되지 않는다.

다만 오차범위를 초과하여 면적 산정이 되었다면 이는 법령으로 허용된 것이라고 볼 수 없으며, 이 경우에는 임야도의 경계나 면적이 잘못 등록된 것으로 보아 등록사항정정 절차를 거쳐야 할 것이다.

---

10) 서울고등법원 2004. 3. 3. 선고 2002나5998 판결(※ 대법원 2004. 6. 11. 선고 2004다18712 판결로 심리불속행 기각)

3. 경계복원측량시 등록 당시의 오류로 인한 지적도상 경계와 실제 경계와의 부합 여부를 확인 않은 경우

가. 분할 당시의 오류를 확인하지 않고 경계복원측량을 수행한 경우

◈ 사실관계

원고는 2009. 3. 5. 구 대한지적공사로부터 사건 토지에 대한 경계복원측량을 받아 피고 공사가 복원한 경계점 내에 농가주택 공사를 시작하여 공사를 완료하였다. 원고의 의뢰에 따라 분할측량을 하는 과정에서 공사는 사건 토지의 지적도 경계표시의 오류를 발견하여 원고와 지적소관청에 지적공부등록사항오류 통보를 하였다. 한편 사건 토지 및 인접 토지는 1947년경 작성된 분할측량결과도에는 사건 토지와 인접 토지의 경계가 지그재그로 되어 있었으나, 1948년경 분할등록시 담당공무원의 착오로 지적도에는 양 토지의 경계가 일직선으로 등재되어 지적도상 면적이 토지대장상 면적보다 약 518㎡가 많고, 사건 주택 대부분이 인접 토지 위에 있게 되었다. 원고는 국가와 구 대한지적공사를 상대로 이 사건 주택의 철거 및 그 대지 원상복구비용, 재건축 비용, 임대료 상당의 손해 등에 관하여 손해배상청구의 소를 제기하였다.

◈ 판결요지

피고 대한민국은 구 지적법 제3조에서 규정한 지적공부 등록 및 관리사무의 귀속주체로서 이 사건 토지에 관한 지적도를 작성·관리함에 있어서 토지의 면적, 경계 등이 실체관계와 부합하도록 함으로써 이를 믿고 거래하는 당사자들에게 피해가 발생하지 않도록 해야 함에도 불구하고, 담당공무원의 착오로 이 사건 토지에 관하여 사실과 다른 지적도를 작성하였을 뿐만 아니라 그러한 오류가 있는 지적도를 1948년경부터 오류가 발견된 2009. 6.경까지 방치하여 왔는바, 피고 대한민국의 이러한 과실로 인하여 원고는 잘못 작성된 지적도를 정당한 것으로 오인하여 이 사건 주택을 신축하였으나 그 대부분이 이 사건 인접토지 위에 위치하게 되어 결국 이 사건 주택을 철거하여야 하는 손해를 입게 되었으므로, 피고 대한민국은 원고에게 그 손해를 배상할 책임이 있다.

또한 피고 대한지적공사는 경계복원측량을 함에 있어서 지적소관청으로부터 받은 전산자료 및 컴퓨터 등을 이용하여 전자평판 측량방법으로 측량을 실시하는 경우 사건 토지의 토지대장상의 면적과 지적도에 근거하여 구획한 도형의 면적이 다르다는 것을 쉽게 확인할 수 있었고, 사건 토지의 토지대장상 면적과 지적도상의 면적 차이가 약 518㎡로서 사건 토지 면적의 약 1/5에 해당하여 지적도의 오류 가능성을 쉽게 알 수 있었으며, 「전자평판측량 운영규정」(※ 현재 폐지) 제5조에서는 지적측량수행자가 자료를 조사힐 때 조사대상 자료는 경계 및 면적 등이라고 규정하여 측량의 정확성을 담보하도록 하고 있고, 지적도 중에는 종종 착오로 잘못 작성된 것들이 발견되는데 피고 공사는 지적도의 오류 가능성을 염두에 두고 접근이 용이한 전산자료 등으로 지적도의 오류 가능성을 확인한 후 측량에 임하여야 한다는 점에 비추어 보면, 피고 공사가 경계복원측량을 하면서 선량한 관리자의 주의의무를 게을리한 과실로 지적도상의 경계가 착오로 잘못 등재되었다는 사정을 알지 못하였으므로, 피고 대한민국과 연대하여 원고가 입은 사건 주택을 철거하여야 하는 손해를 배상할 책임이 있다.[11]

나. 등록전환 당시의 오류를 확인하지 않고 경계복원측량을 수행한 경우

◆ 사실관계

구 대한지적공사가 사건 임야에 대하여 경계복원측량을 시행하여 원고의 전 소유자가 창고부지로 사용하기 위하여 개발행위 허가 및 건축 허가를 받았고, 원고는 사건 토지를 창고로 사용하기 위해 매수하였다. 그러나 인접 토지에 대한 경계복원측량 과정에서 인접 토지가 등록전환될 당시 임야도의 경계와 다르게 지적도에 등록되었음을 발견하여 임야도를 기준으로 지적도를 이동

---

11) 대전지방법원 천안지원 2010. 5. 18. 선고 2009가합5431 판결(※ 피고 대한민국은 항소하지 않아 확정되었고, 피고 대한지적공사만이 항소하여, 항소심인 대전고등법원 2010나4323에서는 원고 소유의 사건 토지와 인접 토지의 경계가 지적도상으로 일직선으로 등재되었을 뿐만 아니라, 사실상의 경계도 일직선으로 된 대로 전전매도된 것으로 보이고, 점유취득시효의 완성으로 인하여 원고가 사건 주택이 차지하고 있는 토지에 대하여 소유권을 취득하였을 가능성을 배제하지 못하는 점 등을 참작하여 원고는 피고 공사에 대하여 사건 소를 취하하고 피고 공사는 이에 동의한다는 내용의 화해권고결정을 내려 확정되었다)

시켜 등록사항(위치) 정정을 하였고, 그에 따라 기존 측량성과에 13m 가량 차이가 나고, 사건 임야에 묘지 등이 편입되었다. 그러자 원고는 공사를 상대로 매매가액과 현 토지의 시가 차액 상당의 손해배상을 청구하였다.

✦ 판결요지

측량자가 경계복원측량을 함에 있어 사전에 측량 대상 토지와 그 인근 토지의 이동 내역과 이에 따른 지적도 작성의 연혁 등의 자료조사를 면밀히 하여 이를 종합적으로 검토 분석함으로써 지표상에 복원되는 경계가 실제 경계에 최대한 부합하도록 하여야 할 주의의무를 게을리 하여 사건 임야 일대의 임야도 및 지적도의 각 경계선의 일치 여부를 확인하지 아니하는 등 자료 조사를 제대로 하지 않아 경계선의 불일치를 발견하지 못하고 만연히 지적도의 경계선에 따라 사건 임야의 경계를 복원하는 잘못을 저질렀고, 그 경계복원측량결과에 따라 창고를 신축하기 위한 창고 부지 조성작업이 이루어졌으며, 원고는 1차 측량성과에 따른 토지가 사건 임야로 알고 매수하게 되었으므로, 공사는 원고가 입은 재산상의 손해에 대한 배상을 할 의무가 있다.[12]

다. 해설

지적도나 임야도와 같은 지적공부를 등록함에 있어 지적소관청 담당공무원의 귀책사유로 등록이 잘못되어 토지소유자 등에게 손해가 발생하였다면 국가나 지방자치단체가 손해배상책임을 지는 것은 당연하다.

그런데 한국국토공사와 같은 지적측량수행자도 경계복원측량을 함에 있어서 기준으로 삼는 지적도나 임야도에 오류가 있음에도 등록사항정정 등의 절차를 거침이 없이 측량한 성과가 결과적으로 잘못되었다면 측량자에게 과실이 있어 책임을 져야 하는지가 문제된다.

「지적측량 시행규칙」 제24조 제1항은 "경계점을 지표상에 복원하기 위한 경계복원측량을 하려는 경우 경계를 지적공부에 등록할 당시 측량성과의 착오 또는 경계 오인 등의 사유로 경계가 잘못 등록되었다고 판단될 때에는 법 제84조 제1항에 따라 등록사항을 정정한 후 측량하여야 한다.", 「지적업무처리규정」(국토교통부 훈령) 제20조 제8항은 "지적측량수행자는 지적측량자료조사

---

12) 대전지방법원 2014. 1. 16. 선고 2012가단22942 판결

또는 지적측량결과, 지적공부의 토지의 표시에 잘못이 있음을 발견한 때에는 지체 없이 지적소관청에 관계자료 등을 첨부하여 문서로 통보하고, 지적측량 의뢰인에게 그 내용을 통지하여야 한다."라고 규정하고 있다.

그런데 위 규정들은 지적측량시 지적공부가 잘못되었음을 발견한 경우의 절차를 정한 것일 뿐, 측량자가 지적공부가 잘못되었는지 여부를 조사할 의무를 명시적으로 부여한 것은 아니다. 이러한 논리에 따른다면 측량사는 현재의 유효한 지적공부에 따라 측량성과를 내면 되므로 설사 지적공부에 오류가 있음을 발견하지 못하여 등록사항정정 등의 절차를 거치지 않았다 하더라도 주의의무를 위반한 것이 아니어서 과실이 있다고 볼 수 없게 된다.

그러나 다른 한편으로 「지적업무처리규정」 제19조는 "지적측량 자료조사"라는 제목하에 제3항에서 "지적측량자료부를 작성할 경우에는 측량 전에 토지이동측량결과도, 경계복원측량결과도 및 지적공부 등에 따라 측량대상토지의 토지표시 변동사항, 지적측량연혁, 측량성과 결정에 사용한 기지점, 측량대상토지 주위의 기지점 및 지적기준점 유무 등을 조사하여 측량 시에 활용하여야 한다.", 제4항에서 "지적소관청은 지적측량수행자가 지적측량 자료조사를 위하여 지적공부, 지적측량성과(지적측량을 실시하여 작성한 측량부, 측량결과도, 면적측정부 및 측량성과파일에 등재된 측량결과를 말한다) 및 관계자료 등을 항상 조사할 수 있도록 협조하여야 한다."라고 규정하고 있다. 그렇다면 측량자가 지적측량 자료조사를 위하여 지적공부, 지적측량성과 및 관계자료 등을 조사하여 지적공부에 오류가 있는 경우 이를 확인하여 등록사항정정절차를 거쳐야 하므로, 이를 소홀히 한 경우 귀책사유가 있다고 볼 수도 있다.

본 판결례들은 측량자가 경계복원측량을 함에 있어 사전에 측량 대상 토지와 그 인근 토지의 이동 내역과 이에 따른 임야도 및 지적도 작성 연혁 등의 자료조사를 면밀히 하여 이를 종합적으로 검토 분석함으로써 지표상에 복원되는 경계가 실제 경계에 최대한 부합하도록 하여야 할 주의의무가 있음을 확인하면서, 이를 게을리 하여 사건 임야 일대의 임야도 및 지적도의 각 경계선의 일치 여부를 확인하지 아니하는 등 자료 조사를 제대로 하지 않아 경계선의 불일치를 발견하지 못하고 만연히 지적도의 경계선에 따라 사건 임야의 경계를 복원하는 경우에는 재산상의 손해에 대한 배상을 할 의무가 있다고 판시한 것이다.

4. 임야도와 지적도가 접한 경계에 관하여 대축척 우선의 원칙에 따라 지적도를 기준으로 경계복원측량한 경우

✤ 사실관계

원고 소유의 사건 임야는 임야도에 등록된 토지이고, 인접 토지들은 지적도에 등록된 토지들이다. 한국국토정보공사는 사건 임야 및 인접 토지들에 관하여 수 차례의 경계복원측량을 실시하였고, 원고는 그 측량성과에 따라 인접토지를 침범한 관정(管井) 시설을 이설하는 등의 작업을 하였다. 이후 인접토지들이 과거 임야에서 전(田)으로 등록전환하는 과정에서 경계가 잘못 등록되었음을 이유로 사건 임야에 대하여 등록사항정정이 이루어져 경계 및 면적이 정정되었다. 원고는 한국국토정보공사를 상대로 위 수 차례의 경계복원측량을 할 때 인접 토지들의 등록전환 전 진실한 경계인 임야 경계선을 기준으로 측량을 하지 않은 과실로 기존에 설치했던 관정 시설을 이설하는 등의 손해를 입었다고 주장하면서 손해배상청구의 소를 제기하였다.

✤ 판결요지

동일한 경계가 축척이 다른 도면에 각각 등록되어 있는 때에는 축척이 큰 것에 따르게 된다. 이 사건의 경우 인접 토지들에 대한 등록전환을 거치면서 지적도가 작성되어 이 사건 임야와의 사이에 경계 불부합이 발생하게 됨으로써 이 사건 임야가 등록사항정정 대상토지로 되었는데, 이와 같은 경우 위 대축척 우선의 원칙에 따라 보다 정확하고 자세한 지적도에 따라 경계가 확정되어야 하고, 피고는 이에 따라 이 사건 임야의 인접 토지들에 관하여 작성된 지적도를 토대로 이 사건 각 측량을 실시하였던 것으로 보이므로, 측량 과정에서의 피고의 과실로 인하여 이 사건 임야와 인접 토지들 사이에 진실한 경계와 부합하지 않는 경계복원측량이 이루어졌다고 볼 수 없다.[13)]

✤ 해설

같은 토지경계선이 축척이 서로 다른 두 개 이상의 도면에 그려진 경우

---

13) 광주고등법원(전주재판부) 2016. 12. 22. 선고 2013나3977 판결

어느 도면을 기준으로 할 것인가라는 문제가 발생하게 된다.

이를 해결하기 위한 두 가지 원칙이 있다. 첫째는 선등록 우선의 원칙이고, 둘째는 대축척 우선의 원칙이다.

선등록 우선의 원칙은 지적도나 임야도 중 먼저 등록된 쪽이 우선한다는 원칙이다. 그리고 대축척 우선의 원칙은 축척이 큰 쪽이 우선한다는 원칙이다. 일반적으로 도면의 축척이 작은 것보다 큰 것이 정밀도가 높은 것은 당연하므로 정밀하게 경계를 획정한 대축척이 우선하는 것이다. 축척종대(縮尺從大)의 원칙이라고도 한다.

이러한 원칙은 임야도와 지적도가 겹치는 토지에서 적용된다. 임야도는 보통 1/6,000이 통상의 축척이고, 지적도는 보통 1/1,200이 통상의 축척이므로, 지적도상의 경계가 기준이 된다. 따라서 동일한 경계가 이미 지적도에 등록되어 있는데 임야도 상의 경계와 다른 경우에는 임야도 상의 경계를 등록사항정정할 수 있다.

토지가 축척이 상이한 도면에 등록되었을 때 경계선을 결정하는 기준에 대한 근거는 구 「지적사무처리규정」(1970. 7. 10. 제정 1970. 8. 16. 적용 내무부 예규)으로 거슬러 올라간다. 위 예규는 다음과 같이 규정하고 있다.

"제131조(중복등록지의 처리) 지적도와 임야도에 1지번의 일부 또는 전부가 중복등록 되었을 때에는 먼저 등록한 것을 위주로 하여 다음에 등록한 사항을 정정하여야 한다.

제132조(도상위치의 불부합) ① 지적도나 임야도의 도상위치가 부합되지 않을 때에는 실지조사 또는 측량을 하여서 정정하여야 한다.

② 임야와 토지가 접속된 1지번의 경계가 부합되지 않을 때에는 지적도에 등록된 경계선에 의한다.

③ 축척이 다른 동일경계선은 그 대축척에 속하는 도면에 의한다."

그리고 구 「지적법 시행령」(1976. 5. 7. 대통령령 제8110호로 개정되어 시행) 제21조 제2항은 "동일한 경계가 축척이 다른 도면에 각각 등록되어 있는 때에는 축척이 큰 것에 따른다. 다만, 경계등록에 오류가 있는 경우에는 그러하지 아니하다."라고 규정하여 법령에서 명시적으로 이러한 원칙을 규정하고 있었다. 그러나 개정된 구 「지적법 시행령」(2002. 1. 26. 대통령령 제17497호로 개정되어 2002. 1. 27. 시행)에서 해당 조항이 삭제된 후 현재까지 해당 근거는 법령으로 규정되어 있지 않고, 학설로만 존재한다.

그런데 하나의 원칙이 적용될 사안이라면 아무 문제가 없겠지만, 선등록과 대축척 중 어느 것을 우선적으로 적용하여야 하는지 문제가 되는 사안이 발생할 수도 있다. 즉 임야도가 먼저 사정(査定) 등에 의하여 등록된 후 그 인접 토지에 지적도가 등록된 것과 같은 경우 공통된 경계를 어디를 기준으로 하여야 할지와 같은 경우이다.

국토교통부 유권해석에 따르면, 특정 임야가 등록전환되어 임야도와 등록전환된 토지의 지적도상 위치가 서로 부합되지 않은 경우 등록사항정정처리는, 해당 임야가 1919.2.12. 사정등록된 후 1922.8.30. 등록전환되었으므로 먼저 등록된 임야도의 경계선을 기준으로 하여 지적도상 경계선을 정정하는 것이 타당하다고 하여, 이러한 경우에는 선등록 우선의 원칙을 적용하는 것으로 판단하였다.14)

본 판결은 지적측량을 실시함에 있어 현재 명시적인 법령 근거가 없더라도 이러한 대축척 우선의 원칙이 여전히 유효하게 적용되는 원칙임을 확인한 것이다.

Ⅲ. 손해의 발생

부실한 지적측량에 대해 측량자의 고의·과실이 인정된다고 하더라도 원고에게 손해가 발생하지 않았다면 손해배상책임은 인정되지 않는다.

1. 환지처분으로 지적공부에 면적이 과다하게 잘못 등록되어 등록사항정정이 이루어진 경우

◆ 사실관계

서울시가 토지구획정리사업을 시행하여 사건 대지에 대한 환지처분을 한후 지적도에 등록하였다. 위 대지는 원래는 축척 1/1,200의 인접토지 경계를 기준으로 지구계15)를 결정, 등록하여야 하는 것을 담당공무원의 잘못으로 축

---

14) 지적 22680-3034(1987. 3. 13.)
15) "지구계"란 사업계획에서 정한 사업지구를 구획하는 외곽 경계를 말한다[지적확정측량규정(국토교통부 예규) 제2조 제1호].

척 1/600로 된 지적도에 변경등록함으로써 일부 면적이 인접토지와 중첩되어 과다하게 등록되고, 인접토지와의 경계도 이중으로 등록되었다. 원고는 사건 대지를 매수하여 점유, 사용해 오고 있었다. 이후 사건 대지를 공유물분할하는 과정에서 중첩되어 환지된 사실이 발견되어 원고는 지적소관청에 등록사항(경계)정정신청을 하여 사건 대지의 면적이 줄어들어 등록정정 되었다. 그러자 원고는 서울시를 상대로 감소된 면적만큼의 손해배상을 청구하는 소를 제기하였다.

◆ 판결요지

감소된 면적은 실제로는 이 사건 대지에 관하여 인정되지 않는 면적인데 절차상의 실수로 잘못 기재하여 공부상으로만 존재하던 것이고, 인접토지와 중첩된 경계를 정정한 것은 이 사건 대지에 관하여 환지된 면적, 즉 실제로 존재하는 면적으로 바로잡은 것에 불과한 것이지, 이로 인하여 원고가 공부상 감소된 면적만큼 실제로 토지를 상실하였거나 또는 당연히 취득하였어야 할 토지를 취득하지 못한 것은 아니며, 나아가 원고가 이 사건 대지를 매수할 당시 단위면적을 기준으로 매매대금을 산정함으로써 위 감소된 면적에 해당하는 만큼의 매매대금을 더 지급하였다는 등의 특별한 사정도 인정할 증거가 없으므로 위 지적공부의 정정으로 인하여 손해가 발생하였음을 전제로 한 원고의 주장은 이유 없다.[16)]

2. 분할시 면적이 과다하게 잘못 등록되어 등록사항정정이 이루어진 경우

◆ 사실관계

한국국토정보공사는 분할측량을 하면서 분할 후 사건 토지의 면적을 8,628㎡으로 측량하였고, 이는 지적소관청의 성과검사를 거쳐 임야대장에 등록되었다. 이후 지적공부의 등록사항(경계, 면적)에 오류가 있음이 발견되어 임야대장에 등록사항정정대상토지로 등재가 되었다. 원고는 사건 토지를 매수하여 소유권이전등기를 마친 후 사건 토지의 면적을 8,628㎡에서 7,978㎡로

---

16) 대법원 1996. 11. 15. 선고 96다34702 판결

정정하는 내용의 등록사항정정신청을 하여 면적이 변경되었다. 원고는 사건 토지의 분할 과정에서 한국국토정보공사의 측량상의 과실과 대한민국 및 지적소관청의 임야대장 작성·관리 의무 위반에 따라 축소된 면적인 650㎡에 상당하는 매매대금 상당의 손해를 입었다고 주장하면서 불법행위로 인한 손해배상을 청구하는 소를 제기하였다.

✦ 판결요지

어떤 토지가 1필지의 토지로 지적공부에 등록되면 그 토지는 특별한 사정이 없는 한 그 등록으로써 특정되고 그 소유권의 범위는 현실의 경계와 관계없이 공부상의 경계에 의하여 확정되는 것이고, 지적도상의 경계표시가 분할 측량의 잘못 등으로 사실상의 경계와 다르게 표시되었다 하더라도 그 토지에 대한 매매도 특별한 사정이 없는 한 현실의 경계와 관계없이 지적공부상의 경계와 지적에 의하여 소유권의 범위가 확정된 토지를 매매 대상으로 하는 것으로 보아야 할 것이나, 다만 지적도를 작성함에 있어서 기술적인 착오로 인하여 지적도상의 경계선이 진실한 경계선과 다르게 작성되었기 때문에 경계와 지적이 실제의 것과 일치하지 않게 되었다는 등의 특별한 사정이 있는 경우에는 실제의 경계에 의하여야 할 것이므로, 이와 같은 사정이 있는 경우 그 토지에 대한 매매에 있어서 매매 당사자 사이에 진실한 경계선과 다르게 작성된 지적도상의 경계대로 매매할 의사를 가지고 매매한 사실이 인정되는 등의 특별한 사정이 없는 한 진실한 경계에 의하여 소유권의 범위가 확정된 토지를 매매 대상으로 하는 것으로 보아야 한다.

사건 토지의 실제 면적이 7,978㎡임에도 인접 토지와 경계가 중복되어 임야대장을 비롯한 지적공부상 면적이 8,628㎡으로 등록된 경우, 매수인인 원고는 진실한 경계에 의하여 소유권의 범위가 확정된 토지, 즉 면적이 7,978㎡인 사건 토지를 매매대금 1억 3,000만원에 매수한 것으로 인정된다. 따라서 사건 토지의 지적공부상 면적이 실제 면적인 7,978㎡로 축소되었다고 하더라도 원고는 축소된 면적인 650㎡ 부분을 당초부터 매수하였다고 볼 수 없으므로, 위 650㎡의 면적 상당의 매매대금의 손해를 입게 되었다고 보기 어렵다.[17]

---

17) 대전지방법원 천안지원 2018. 11. 1. 선고 2017가단104428 판결

3. 분할시 토지의 면적이 서로 뒤바뀌어 잘못 등록되어 등록사 항정정이 이루어진 경우

◆ 사실관계

ㄱ 대한지적공사는 분할 전 토지에 대한 분할측량을 실시하여 분필된 3필 지의 경계선을 그어 지번을 260-8, 260-28, 260-29로 지정하고, 그 면적을 각각 124.4㎡, 162.6㎡, 43.1㎡로 표시하여 주었다. 지적소관청은 위 성과에 따라 각각의 토지면적을 토지대장에 기재하여 분할등기가 경료되었다. 그런데 분할 후 지적도상의 경계를 기준으로 새로이 측량을 한 결과 인접 토지인 260-8 토지가 161.6㎡, 사건 토지인 260-28 토지가 124.1㎡로 서로 뒤바뀌 었음이 밝혀졌다. 지적소관청은 각 토지대장에 '등록사항정정대상토지'임을 표 기하고 토지소유자에게 위 사실을 통보하였다. 토지소유자는 위 인접 토지를 제3자에게 매도하였고, 사건 토지는 토지소유자가 사망함에 따라 협의분할을 거쳐 원고들이 공유로 소유권을 취득하였다. 원고들은 분할 당시 사건 토지의 면적은 지적측량성과도면상 162.6㎡로 기재되었고, 토지대장 및 토지등기부상 면적도 그와 동일하게 기재되었는데, 지적도 및 현실경계에 따른 사건 토지의 실제 면적은 124.1㎡에 불과하여 그 면적 차에 해당하는 38.5㎡에 관하여 공 부상의 소유권만을 가지고 있을 뿐 실제로 소유권을 행사하지 못하고 있는바, 이는 당시 지적공부를 잘못 정리한 지적소관청이 속한 피고 지방자치단체의 과실로 인하여 발생한 것이라는 이유로 손해배상청구의 소를 제기하였다.

◆ 판결요지

분할 후 합병 전의 이 사건 인접토지의 면적이 124.4㎡로 기재되었고, 이 사건 토지의 토지대장 및 토지등기부상의 면적도 그와 동일하게 기재되었으 나, 지적도 및 이에 일치되는 현실경계에 의하면 이 사건 토지의 실제 면적은 124.1㎡, 합병 전 이 사건 인접토지의 실제 면적은 161.6㎡인 사실이 인정되 는바, 이처럼 지적도 및 현실경계에 따른 위 양 토지의 각 실제 면적이 위 분 할 당시 작성된 측량성과도면(이에 따라 기재된 토지대장 및 토지등기부도 마 찬가지이다.)상의 상대 토지의 면적과 약간의 오차가 있을 뿐 거의 일치하고 있는 점에 비추어 보면, 위 토지 분할 당시 각 토지들의 경계에 따라 측량이 이루어진 후 위 측량성과도면상에 그 면적을 기재함에 있어 위 문제된 양 토지의 면적이 바꾸어 기재되어 그 후 토지대장과 토지등기부도 그 잘못된 기재를 따른 사실을 추인할 수 있는바, 어떤 토지의 지적도에 따른 면적과 토지대장상 면적이 상이한 경우 현실의 경계에 합치되는 것을 유효한 것으로 인정하여야 할 것이므로, 현실경계 및 지적도와 불합치되는 위 토지대장 및 토지등기부상 토지 면적의 기재는 유효하지 아니하다고 할 것이고, 따라서, 이 사건 토지의 대장 및 등기부상 면적의 기재가 유효함을 전제로 위 토지의 실제 면적과의 차이에 해당하는 부분에 대하여 실제 소유권을 행사하지 못함으로써 손해가 발생하였다고 주장하는 원고들의 청구는 이유 없다.[18)]

4. 해   설

지적 업무를 수행하면서 착오로 면적이 지적공부에 과다 등록되는 경우가 발생할 수 있다. 이러한 경우 행위자의 과실 등 귀책사유가 인정된다는 것에는 의문이 없다.

그런데 이 경우 토지소유자에게 손해가 발생하였는지에 관하여는 다시 따져볼 필요가 있다.

토지가 잘못 등록된 당시의 토지 소유자는 적어도 해당 토지 부분에 대한 손해배상청구를 하기는 어려울 것이다. 왜냐하면 소유자는 실제 존재하지 않는 토지 부분을 공부상으로만 소유하고 있었던 것이므로 그에게 손해가 발생하였다고 볼 수가 없기 때문이다. 그리하여 판례는 토지 소유자가 면적이 과다 등록되어 있는 상태대로 토지를 보유하고 있거나 등록사항정정을 통하여 실제 면적으로 고친 경우에 있어서, 현실경계 또는 현실면적과 합치되는 면적만이 유효한 것이고, 그와 불합치되는 면적은 원래부터 유효한 것이 아니므로, 과다하게 기재된 면적 부분은 토지 소유자가 실제 소유권을 행사할 수도 없어, 손해가 발생하였다고 볼 수

---

18) 서울고등법원 2005. 10. 27. 선고 2005나32892 판결(※ 대법원 2006. 3. 9. 선고 2005다71529 판결에서 심리불속행 기각

없다고 판시하고 있다.

그러나 면적이 과다 등록된 토지를 매수한 자에 대하여는 이와 다르게 보아야 할 것이다. 매수인은 지적공부상의 면적에 상응하는 매매대금을 지급하고 해당 토지를 매수하였기 때문에 그 차이만큼의 손해를 입었다고 볼 수 있기 때문이다.

그런데 판례에 따르면, 어떤 토지가 지적법에 의하여 1필지의 토지로 지적공부에 등록되면 그 토지는 특별한 사정이 없는 한 그 등록으로써 특정되고 그 소유권의 범위는 현실의 경계와 관계없이 공부상의 경계에 의하여 확정되는 것이고, 지적도상의 경계표시가 분할측량의 잘못 등으로 사실상의 경계와 다르게 표시되었다 하더라도 그 토지에 대한 매매도 특별한 사정이 없는 한 현실의 경계와 관계없이 지적공부상의 경계와 지적에 의하여 소유권의 범위가 확정된 토지를 매매 대상으로 하는 것으로 보아야 할 것이나, 다만 지적도를 작성함에 있어서 기술적인 착오로 인하여 지적도상의 경계선이 진실한 경계선과 다르게 작성되었기 때문에 경계와 지적이 실제의 것과 일치하지 않게 되었다는 등의 특별한 사정이 있는 경우에는 실제의 경계에 의하여야 할 것이므로, 이와 같은 사정이 있는 경우 그 토지에 대한 매매에 있어서 매매 당사자 사이에 진실한 경계선과 다르게 작성된 지적도상의 경계대로 매매할 의사를 가지고 매매한 사실이 인정되는 등의 특별한 사정이 없는 한 진실한 경계에 의하여 소유권의 범위가 확정된 토지를 매매 대상으로 하는 것으로 보아야 한다.[19]

따라서 이후 등록사항정정으로 과다하게 등록된 토지의 지적공부상 면적이 실제 면적으로 축소되었다고 하더라도 매수인은 축소된 면적 부분을 당초부터 매수하였다고 볼 수 없다.

---

19) 대법원 1998. 6. 26. 선고 97다42823 판결; 대법원 1991. 2. 22. 선고 90다12977 판결 등

또한, 판례에 따르면 담보권실행을 위한 임의경매에 있어 경매법원이 경매목적인 토지의 등기부상 면적을 표시하는 것은 단지 토지를 특정하여 표시하기 위한 방법에 지나지 아니한 것이고, 그 최저경매가격을 결정함에 있어 감정인이 단위면적당 가액에 공부상의 면적을 곱하여 산정한 가격을 기준으로 삼았다 하여도 이는 당해 토지 전체의 가격을 결정하기 위한 방편에 불과하다 할 것이어서, 특별한 사정이 없는 한 이를 민법 제574조 소정의 '수량을 지정한 매매'라고 할 수 없으므로, 경매목적물 중 사건 대지의 실측면적이 등기부상 표시면적보다 부족한 부분에 대한 손해배상청구는 기각되었다.[20]

이러한 법리는 면적이 과다 등록된 토지를 매수한 자가 등록사항정정으로 공부상 면적을 줄이는 경우에도 마찬가지로 적용된다.

Ⅳ. 지적측량과 손해간의 인과관계

부실한 지적측량행위에 대한 피고의 고의·과실, 손해의 발생 요건이 충족된다고 하더라도, 잘못된 지적측량행위와 손해 간에 인과관계가 인정되지 않으면 손해배상책임은 부정된다.

1. 지적측량 이전에 원고가 사건 임야를 매수한 경우

원고는 피고 구 대한지적공사의 경계복원측량 결과에 따라 사건 임야를 매수하였다고 주장하면서, 이후 피고가 지적측량을 위한 자료조사 과정에서 사건 임야가 모지번(母地番)에서 분할될 당시 그 면적 및 경계가 착오등록되었다는 내용의 통보를 하여 등록사항정정대상토지로 등록되자, 사건 임야의 경계정정으로 인하여 면적이 감소되었다는 이유로 감소된 면적만큼의 시가 상당 손해배상을 청구하였다.

---

20) 대법원 2003. 1. 24. 선고 2002다65189 판결

이에 대하여 법원은 등기원인 일자에 의하면 경계복원측량일 이전에 사건 임야를 매수한 것으로 보이므로, 피고 공사 직원의 측량상의 과실이 인정된다 하더라도 이로 인하여 원고가 사건 임야를 매수함으로써 어떠한 손해를 입었다고 인정하기도 어렵다는 이유로 청구를 기각하였다.[21]

2. 지적측량 이전에 건물의 신축에 착수한 경우

◈ 사실관계

원고는 1991년경 사건 토지에 대한 경계복원측량을 받고 그 지상에 집을 지어 살았다. 당시 1991년에 구 대한지적공사가 경계측량을 하였다는 기록은 없었다. 인접 토지 소유자의 민원에 따라 1993. 5. 19. 대한지적공사로부터 경계복원측량을 받은 결과 기존 경계와 일치한다는 성과가 나왔다. 다시 2005년경 공사의 기준점에 의한 측량성과에 따라 위 건물이 이웃집을 침범한다는 결과가 나왔다. 2006년 인접 토지 소유자는 원고를 상대로 건물철거의 소를 제기하여 건물철거를 명하는 판결이 확정되었다. 그러자 원고는 공사를 상대로 소송비용 등에 대한 손해배상청구의 소를 제기하였다.

◈ 판결요지

피고 공사가 1993. 5. 19. 이 사건 토지에 관하여 경계복원측량을 하였는데 위 경계복원측량은 오류가 있었던 사실이 인정되나, 한편 이 사건 토지 위에 지어진 원고 소유 건물은 1991. 10. 24. 건축허가를 받고 1993. 9. 9. 사용승인을 받은 사실이 인정되는바, 원고가 원고의 주장대로 1991년경 1차 경계측량을 하고 그에 따라 1991. 10. 24. 건축허가를 받아 건물을 짓고 살다가 이웃집에서 측량이 잘못되었다고 하여 다시 1993년 피고에게 측량을 의뢰한 것이라면, 원고 소유 건물이 인접 대지를 침범한 것은 1991년의 경계복원측량에 기인한 것으로 비록 피고의 1993년 경계복원측량이 잘못되었다고 하더라도 1993년의 경계복원측량과 원고의 패소판결로 인한 손해 사이에는 상당인과관계가 있다고 볼 수 없다.[22]

---

21) 대전지방법원 서산지원 2007. 11. 14. 선고 2006가단12352 판결
22) 서울남부지방법원 2011. 9. 27. 선고 2011가단39766 판결

3. 지상구조물이 경계를 침범하여 지어진 후 지적현황측량시 경계 내에 위치한다는 성과가 나온 경우

◆ 사실관계

원고는 사건 토지들 지상에 석축 및 건물을 신축하여 건물 사용승인을 위하여 피고 구 대한지적공사로부터 1998. 11. 3. 지적현황측량을 받아 건물이 경계 내에 있다는 성과를 받았다. 그 후 2011. 9. 8. 인접 토지에 대한 경계복원측량 결과 건물의 처마, 정화조, 오수관, 석축 등이 인접 토지를 일부 침범한 것으로 확인되었다. 원고는 피고 공사의 위 지적현황측량 결과를 신뢰하여 이 사건 건물을 신축하고 이 사건 건물에서 거주해 왔으나, 이 사건 건물의 일부분이 인접 토지를 침범하게 됨으로써, 이 사건 정화조를 철거하고 재시공하는 비용, 이 사건 정화조의 재시공에 따라 이에 연결된 오수배관을 이설하는 비용, 이 사건 인접 토지를 침범한 이 사건 건물의 기초콘크리트 부분 및 제3건물을 철거하고 재시공하는 비용, 이 사건 석축을 철거하고 재시공하는 비용 상당의 손해를 입었다고 주장하면서 손해배상을 청구하였다.

◆ 판결요지

이 사건 건물의 사용승인을 위한 원고의 의뢰에 따라 피고가 위 건물에 대하여 지적현황측량을 실시하였으므로 이 사건 건물이 이미 완공된 후에 위 건물에 대하여 행하여진 측량에 잘못이 있었다 하더라도 그 측량 오류와 이 사건 건물의 경계 침범 사이에 인과관계가 있다고 볼 수 없다. 따라서 원고가 지적현황측량을 기초로 하여 신축한 이 사건 건물이 경계를 침범하였음을 전제로 한 원고의 이 부분 주장은 더 나아가 살필 필요 없이 이유 없다.[23]

◆ 해설

지적현황측량이란 지상건축물 등의 현황을 지적도 및 임야도에 등록된 경계와 대비하여 표시하는 측량을 말한다(법 제23조 제1항 제5호, 시행령 제18조). 즉 이는 이미 존재하는 지상건축물, 담장, 도로, 하천, 구조물 등의 현황

---

[23] 서울고등법원 2014. 6. 19. 선고 2013나2022926 판결

을 실측하여 지적도 및 임야도와 대비하여 도면에 표시하는 측량이다.

「건축물대장의 기재 및 관리 등에 관한 규칙」 제12조 제2항은 건축물의 공사를 완료한 자는 건축물대장 생성·재작성 신청서에 현황측량성과도(경계 복원측량도로 갈음할 수 있다) 등을 첨부하여 특별자치시장·특별자치도지사 또는 시장·군수·구청장에게 신청하도록 규정함으로써 이미 건축 완료된 건물의 준공(사용승인)을 위하여 지적현황측량을 수행하도록 하고 있다.24)

그리고 과거 건축주들은 미리 경계복원측량을 받아 그 성과에 따라 정확하게 경계선에 맞추는 것이 아니라 임의로 설계를 하여 인접 토지를 침범하여 건축을 하는 일이 자주 있었다. 또한 건축허가신청서에 첨부되는 건물배치도는 지적측량에 의한 것이 아니라 건축사가 건축허가를 득하기 위해 임의로 설계도면으로서 작성하는 것으로서 지적측량의 자격을 갖춘 자가 작성한 것이라고 볼 수 없다. 따라서 건축시 지적도상의 경계에 맞추어 설계가 이루어졌다는 주장은 경계의 침범 여부에 있어서는 법적 의미가 없다.

실제로 구 대한지적공사의 경계복원측량 및 분할측량에 따라 토지를 매수하여 지상에 공사를 한 후 토지의 위치가 다른 곳임이 밝혀지자 공사를 상대로 손해배상을 청구한 사례에서, 측량설계회사의 현황측량 당시 구 대한지적공사가 작성한 측량성과도와 기준점을 달리 하여 측량하였음을 인정하고 있는 점, 측량결과 설치되는 경계말목은 쉽게 훼손되거나 유실될 수 있고, 임의로 위치를 옮길 수도 있는 점, 측량 이후 공사 과정에서 토지의 경계에 착오를 일으켰을 가능성을 배제할 수 없는 점 등의 이유로 측량 과정에서 공사의 과실이 있었음을 인정하기 어렵다는 이유로 손해배상청구를 기각한 판결례가 있다.25)

그러므로 완공된 건축물에 대한 지적측량수행자의 지적현황측량에 잘못이

---

24) 건축물대장의 기재 및 관리 등에 관한 규칙
제12조(건축물대장의 생성)
②제1항 외의 건축물의 공사를 완료한 자는 별지 제10호서식의 건축물대장 생성·재작성 신청서에 다음 각 호의 서류를 첨부하여 특별자치시장·특별자치도지사 또는 시장·군수·구청장에게 신청하여야 한다.
1. 대지의 범위와 그 대지의 사용에 관한 권리를 증명하는 서류
2. 건축물현황도
3. 현황측량성과도(경계복원측량도로 갈음할 수 있다)
25) 춘천지방법원 2010. 8. 20. 선고 2009나5050 판결(※ 대법원 2010. 11. 25. 선고 2010다72557 판결로 심리불속행기각)

있었다 하더라도, 건축물의 경계 침범은 그 이전에 건축주의 행위로 인한 것으로 보이므로 측량 오류와 건축물의 경계 침범 사이에 인과관계가 있다고 볼 수 없다.

4. 부실한 지적측량으로 인하여 인접토지소유자 등과 소송을 진행함에 따른 변호사비용 기타 소송비용

변호사비용에 대한 손해배상청구의 경우, 판례에 따르면 일반적인 불법행위로 인한 손해배상의 범위를 정함에 있어서는 불법행위와 손해와의 사이에 자연적 또는 사실적 인과관계가 존재하는 것만으로는 부족하고 이념적 또는 법률적 인과관계 즉 상당인과관계가 있어야 할 것인데, 변호사강제주의를 택하지 않고 있는 우리나라 법제하에서는 불법행위 자체와 변호사비용 사이에 상당인과관계가 있음을 인정할 수 없으므로 변호사비용을 그 불법행위 자체로 인한 손해배상채권에 포함시킬 수 없다.[26]

또한 송달료, 인지대, 감정비용 등의 소송비용의 손해배상청구의 경우에도, 판례는 타인의 불법행위로 인하여 상해를 입었음을 내세워 그로 인한 손해의 배상을 구하는 소송에서 법원의 감정명령에 따라 신체감정을 받으면서 법원의 명에 따른 예납금액 외에 그 감정을 위하여 당사자가 직접 지출한 비용이 있다 하더라도 이는 소송비용에 해당하는 감정비용에 포함되는 것이고, 소송비용으로 지출한 금액은 재판확정 후 민사소송비용법의 규정에 따른 소송비용액 확정절차를 거쳐 상환받을 수 있는 것이므로 이를 별도의 적극적 손해라 하여 그 배상을 소구할 이익은 없다고 하고 있다.[27]

특히 소송당사자가 아니라 소송의 원인을 제공한 자에 대한 소송비

---

26) 대법원 1978. 8. 22. 선고 78다672 판결; 대법원 1996. 11. 8. 선고 96다27889 판결 등

27) 대법원 1995. 11. 7. 선고 95다35722 판결; 대법원 2000. 5. 12. 선고 99다68577 판결 등

용의 손해배상청구 사례에서도, 갑이 을 회사의 이사회의사록을 변조하여 이사회결의 없이 을 회사 소유의 부동산을 병 회사에 매도하여 매수인인 병 회사가 을 회사를 상대로 그 부동산에 대한 소유권이전등기청구의 소를 제기하자 을 회사가 이에 응소하기 위하여 변호사 선임료 등을 지급한 사안에서, 갑이 매매계약의 계약금으로 받은 금원을 곧바로 병 회사에 반환하고 병 회사에 위 매매계약이 이사회결의 없이 체결되어 무효라고 통지까지 하였음에도 병 회사가 소유권이전등기절차의 이행을 구하는 소송을 제기한 점에 비추어 보면, 을 회사가 위 소송에서 변호사 비용을 지급한 것은 병 회사의 부당한 제소로 인한 것이라고는 할 수 있어도 갑이 이사회결의 없이 위 부동산을 매도한 것과 상당인과관계가 있다고 보기는 어렵다고 하여, 갑의 이사회결의 없는 부동산 매도행위와 을 회사의 변호사 비용 지급 사이에 상당인과관계가 있음을 전제로 갑에게 불법행위로 인한 손해배상책임이 있다고 판단한 원심판결을 파기하였다.[28]

지적업무와 관련한 하급심 판결례에 따르면 원고가 지적측량성과 검사자의 부실한 지적측량행위로 인하여 제3자와 소송을 진행함에 따른 변호사선임비용 기타 소송비용의 지출을 지출한 사실이 인정할 수 있으나 이러한 비용지출은 지적측량성과 검사자의 과실이 인정된다 하더라도 그 과실과 상당한 인과관계가 있는 손해로 볼 수 없다고 하였다.[29]

또한 구 대한지적공사 소속 지적기사가 인접 토지에 대하여 기준점(도근점)에 의한 경계복원측량을 하자 사건 토지 및 그 지상 건축물인 사찰 소유자인 원고가 인접 토지 소유자를 상대로 경계확정의 소를 제기하여, 1심에서 기지점에 의한 현형측량 성과에 따른 측량감정결과를

---

28) 대법원 2010. 6. 10. 선고 2010다15363, 15370 판결
29) 청주지방법원 2001. 2. 14. 선고 99가합394 판결(※ 항소심인 대전고등법원 2001나
    1810에서 확정)

채택함으로써 당시 주위 기지점이 현존하였음을 인정하여 원고 주장 내용대로 경계를 확정하였고, 2심에서는 토지의 경계는 1심 내용과 동일하게 확정하고, 소송비용은 각자가 부담하며, 원·피고가 추후 공사에 대하여 측량상의 과실 등을 이유로 손해배상을 청구함에 아무런 영향을 미치지 아니한다는 내용으로 조정으로 종결된 후, 원고가 공사 및 측량자를 상대로 전소에 따른 변호사 선임비용, 감정료 등 소송비용, 불법건축물로 되어 부과된 이행강제금, 인접 토지와의 분쟁, 담장과 축대의 붕괴, 전소 진행 등에 따른 위자료 등의 손해배상을 청구한 사례에서, 변호사 비용은 변호사강제주의를 택하지 않고 있는 우리나라 법제 아래하에서는 불법행위 자체와 변호사 비용 사이에 상당인과관계가 있음을 인정할 수 없고, 감정료 등 소송비용은 소송비용부담의 원칙에 따라 당해 소송에서 돌려받을 수 있으므로 소송비용을 각자 부담하기로 하는 조정이 이루어지면서 이를 포기한 원고가 제3자인 피고들을 상대로 이를 반환하라고 청구할 수는 없으므로, 경계복원측량과 원고가 주장하는 손해 사이에 상당인과관계가 있다고 보기 어렵다고 하였다.30)

그러나 구체적인 사례에 따라서는 손해배상책임이 인정되는 경우도 있다.

갑이 구 대한지적공사 소속직원의 부실측량에 의한 경계를 진정한 경계로 믿고 위 경계선 안쪽으로 사건 제1토지 부분에 대하여 복토작업을 실시하였는데, 이에 대하여 을이 피고의 측량 결과에 이의를 제기하고 갑이 위 을 소유인 사건 제2토지를 침범하여 복토를 하여 손해를 입혔다는 이유로 갑을 상대로 토지인도 및 불법 복토로 인한 손해배상을 구하는 민사소송을 제기하였다. 여기서 갑이 사건 제2토지 중 일부를 침범하여 복토한 사실이 인정됨으로써 위 을이 구한 손해배상청구가 대부

---

30) 서울고등법원 2012. 3. 21. 선고 2011나38419 판결(※ 대법원 2012. 9. 13. 선고 2012다37596 판결로 상고기각되어 확정)

분 인용된 판결이 선고되어 확정되었다. 한편 갑과 을 사이에 위 경계분쟁 과정에서 시비가 되어 갑이 을을 폭행하였다는 등의 이유로 폭행 등에 대한 유죄판결이 선고되었다. 갑은 위 민사소송의 변호사 선임료 및 형사소송의 변호인 선임료 등을 지출하여 측량자 개인을 상대로 그 소송비용 및 위자료 상당의 손해배상청구의 소를 제기하였다. 이에 대하여 법원은 민사소송으로 말미암아 지출한 비용상당액에 대해서는 피고에게 손해배상책임이 있으나, 원고가 위 소외인에 대하여 폭행 등 범죄행위를 저지르고 그로 인하여 형사재판까지 받게 됨으로써 지출하게 된 변호사 비용은 측량사의 위법행위와 상당인과관계 있는 손해라고 볼 수 없으며, 위자료 청구 부분에 있어서도 원고가 소외인에 대하여 폭행 등 범죄행위를 저지르고 그로 인하여 형사재판을 받아 처벌된 사실이 피고의 위법행위와 상당인과관계가 있다고 볼 수는 없으므로 비록 원고가 위와 같은 사유로 정신적 고통을 받았다 하더라도 피고에게 이를 위자할 의무는 없다고 판시하였다.31) 다만 위 사례는 갑이 부실측량에 의한 경계를 진정한 경계로 믿고 복토작업을 실시한데 대하여 을이 갑을 상대로 토지인도 및 불법 복토로 인한 손해배상을 구하는 민사소송을 제기하여 그 청구가 대부분 인용된 후 원고가 수동적으로 지출해야만 했던 소송비용의 손해배상을 측량기사 개인을 상대로 청구한 것이며, 위와 같은 경우에 특별하게 상당인과관계를 인정한 것으로 해석된다.

5. 부실한 지적측량행위로 인한 정신적 손해

판례는 재산권이 침해된 경우에는 재산적 손해의 배상에 의하여 일반적으로 정신적 고통도 회복되는 것으로 보고, 재산적 손해의 배상에 의해서도 회복될 수 없는 정신적 손해는 이를 특별한 사정에 의한 손해

---

31) 대법원 1995. 12. 26. 선고 95다41918 판결

로 보아 가해자가 그러한 사정을 알았거나 알 수 있었을 경우에만 위자료를 청구할 수 있다고 판시하고 있다.32)

부실한 지적측량으로 인한 정신적 손해의 배상을 구하는 경우에도 이러한 법리를 적용할 수 있을 것이다.

다만 따로 재산적 손해의 배상이 인정되지 않은 몇몇 사례에서는 특별한 사정에 의한 손해로서 정신적 손해의 배상을 인정한 경우도 있다.

법원은 구 대한지적공사 소속직원이 사건 토지의 인접토지 소유자의 의뢰에 따라 경계복원측량을 함에 있어서 사전에 측량 대상토지와 그 인근토지의 분할 및 이용 내력과 이에 따른 지적도 작성의 연혁 등을 면밀히 조사하지 아니하고 사실상 경계로서 인식되어 온 담장도 무시한 채 원고 소유의 건물 본체 중 북쪽 일부가 인접토지 위에 놓여 있는 것처럼 경계를 복원하는 잘못을 저질러 양 토지의 실제 경계점에서 원고 소유의 사건 토지쪽으로 최대 0.83m나 떨어진 곳에 경계점을 표시하여 이를 기준으로 사건 인접토지 위에 건물이 신축되도록 함으로써 원고에게 정신상 고통을 가한 경우 공사에게 손해를 배상할 의무를 인정하여 원고의 청구액 100,000,000원에 대하여 7,000,000원의 위자료를 인정하였다.33)

또한 시가 토지구획정리사업에 따른 환지계획을 시행함에 있어 기존 건물들의 실제 경계를 기준으로 환지처분을 하기로 함에 따라 구 대한지적공사 소속 직원이 환지확정을 위한 경계측량을 하였는데, 공사가 소속 측량기사의 거리측정 및 경계점의 위치 판단상의 착오에 따라 실제 경계와는 약 1m 정도 달리 측량하여 측량성과도를 작성해서 시에 제출하였고, 시는 위 토지구획정리사업의 시행자로서 확정된 환지처분과 다른 내용의 측량성과도를 근거로 토지의 경계를 확정하여 공부정리를 완

---

32) 대법원 1998. 7. 10. 선고 96다38971 판결 등
33) 서울고등법원 1995. 6. 23. 선고 95나13496 판결

료함으로써 원고들로 하여금 손해를 입힌 사례에서, 법원은 원고들이 당연히 소유권을 취득할 수 있었던 부분의 소유권을 취득하지 못하였을 뿐 아니라, 인접토지의 소유자로부터 건물철거 및 토지인도의 소를 제기당하여 이로 인한 판결의 강제집행으로 그 지상에 건축된 건물 일부를 철거하여 위 토지를 인도하게 되었는데다가, 위 판결의 강제집행에 있어 과다집행 사태까지 발생하여 이를 복원하는 등 위 소송과 강제집행을 통하여 심한 정신적 고통을 입었음이 인정되므로, 피고시와 피고 공사는 공동불법행위자로서 연대하여 원고들이 입은 정신적 고통으로 인한 손해를 배상할 책임이 있다고 판시하였다.[34]

그리고 구 대한지적공사가 원고의 의뢰에 의하여 실시한 인접토지상의 건물에 대한 현황측량 당시 측판점 이동시 거리측정 착오로 인하여 당해 건물이 원고 소유 사건 토지를 일부 침범한 것으로 성과를 제시하여, 원고가 인접토지 소유자에게 내용증명 등으로 점유부분의 반환을 요구하는 등 분쟁이 야기되었고, 이후 인접토지에 대한 경계복원측량 결과 위 성과의 착오를 발견하여 건물이 사건 토지를 침범하지 않은 것으로 나와 측량성과 상호간에 차이가 발생한 사례에서, 법원은 원고가 분쟁으로 인한 정신적 손해액 15,000,000원의 배상을 요구한데 대하여 위자료로서 1,000,000원을 지급하라고 판시하였다.[35]

6. 감정측량의 잘못으로 인한 손해

판례는 민사소송절차에서 신체감정에 관한 감정인의 감정결과는 증거방법의 하나에 불과하고, 법관은 당해 사건에서 모든 증거를 종합하여 자유로운 심증에 의하여 특정의 감정결과와 다르게 노동능력상실률을 판단할 수 있고, 또한 당사자도 주장·입증을 통하여 그 감정결과의 당

---

34) 창원지방법원 진주지원 1997. 12. 5. 선고 97가합1689 판결
35) 서울남부지방법원 2002. 3. 22. 선고 2001가소265003 판결

부를 다툴 수 있다고 하면서, 교통사고로 인한 손해배상청구소송에서 법원의 신체감정촉탁을 받은 의사가 피해자에게 향후 후유장해가 남지 않을 것이라고 회보하여 이를 기초로 하는 조정에 갈음하는 결정이 확정된 후, 피해자가 후유장애가 존재한다고 주장하면서 의사를 상대로 손해배상청구소송을 제기하고 그 재판과정에서 실시한 신체감정결과 후유장해가 존재한다는 감정결과가 제출된 경우라도, 종전 감정 의사의 손해배상 책임을 부정하였다.[36]

이러한 법리는 감정측량 사례에서도 적용할 수 있을 것으로 해석된다.

제 2 절 손해액의 산정

I. 손해액 산정의 일반적인 원칙

민법상으로는 손해배상의 대상이 되는 손해는 원칙적으로 금전으로 평가하여야 하는 금전배상주의가 확립되어 있다(민법 제394조).

불법행위로 인한 손해는 재산적 손해와 비재산적 손해로 구분된다.

재산적 손해는 원칙적으로 현재의 상태와 손해발생이 없었더라면 있었을 상태를 비교함으로써 산정되며(차액설), 판례는 재산적 손해를 다시 불법행위로 인하여 기존의 이익이 멸실 또는 감소되는 적극적 손해와, 불법행위가 없었더라면 얻을 수 있었는데 불법행위가 발생하였기 때문에 얻을 수 없게 된 이익인 소극적 손해(일실수입, 일실퇴직금 등)로 나눈다.

비재산적 손해는 주로 정신적 고통을 말하는 것으로서, 정신적 손해에 대한 배상은 "위자료"로 표현된다.

통상 지적측량 관련 손해 항목에 있어서는, 인신사고로 인한 손해에

---

36) 대법원 2002. 6. 28. 선고 2001다27777 판결

있어서와는 달리, 지적측량의 잘못으로 인하여 피해자가 그러한 불법행위가 없었더라면 얼마만한 기간 동안 어떠한 노무로 어느 정도의 수입을 올렸을 것인가를 상정하여 계산한 일실수입과 같은 소극적 손해나, 위자료와 같은 정신적 손해가 문제되는 경우가 거의 없다.

Ⅱ. 구체적인 손해액의 산정

1. 시설물의 철거 및 재설치비용 상당의 손해액

◆ 사실관계

원고는 사건 임야 지상에 구 대한지적공사의 주변의 토지 현형과 유사한 기지점을 기준으로 한 경계복원측량성과에 따라 지상 건축물 및 부대시설을 설치하였다. 이후 사건 임야 인근 토지들에 대한 경지정리작업으로 기존의 기지점들을 활용할 수 없게 되어 GPS 관측을 실시하고 도근측량을 실시하여 새롭게 도근점(기초점)을 정하여 경계복원측량(제2측량)을 한 결과 사건 임야의 경계가 수 미터 차이가 나 위 건축물이 인접 토지의 경계를 침범하는 것으로 드러났다. 원고는 공사를 상대로 경계복원측량에 따른 경계의 오류로 인한 오수정화시설과 옹벽의 철거 및 재설치비용, 경계석과 수목 등의 이전비용 상당의 손해배상을 청구하는 소를 제기하였다.[37]

제1심은 측량으로 인한 경계의 오류에는 공사의 과실이 존재하여 그로 인하여 원고가 입은 손해를 배상할 책임이 있다고 판시하였다. 그러면서 손해액의 산정에 있어서는 옹벽의 철거비용 및 현재가치, 오수정화시설의 폐지비용 및 현재가치, 경계석과 수목 등의 이전비용의 합계액을 손해액으로 계산하면서, 위 비용 외에 옹벽이나 오수정화시설의 신축비용 상당액의 지급을 청구한 부분에 대하여는, 불법행위로 인한 손해배상에 있어서 훼손된 물건이 이미 내용연수가 상당히 경과한 낡은 경우 그 물건의 내용연수에 따라 신품을 재조달하기 위하여 적립하는 비용인 감가상각비용을 공제하여야 하는바, 이 사건에 있어서 이러한 감가상각을 공제한 비용은 위 옹벽이나 오수정화시설의 현재가

---

37) 본 판례는 제1절 손해배상책임의 요건 Ⅱ. 부실한 지적측량행위에 대한 고의·과실 항목에서 소개된 것이다.

치 상당액이라 할 것이므로, 위 현재가치 상당액을 넘어 신품에 의한 재설치에 소요되는 비용 일체를 배상할 의무는 없다고 판단하였다.[38]

2심 법원은 역시 공사의 손해배상책임을 인정하였으나, 손해액의 산정에 있어서는 원고가 설치하였던 옹벽을 철거하고 경계선에 맞춰 다시 옹벽을 설치하는 비용, 오수정화시설을 폐지하고 이를 다시 설치하는 비용, 경계석 등의 이전 또는 식재비용, 수목 등의 식재비용 등을 합함으로써, 옹벽이나 오수정화시설의 철거와 신축비용을 각각 한데 묶어 손해배상액을 산정하여 결국 원고가 주장하였던 각 철거 후의 신축비용 상당액을 모두 인정하였다.[39]

🔷 판결요지

설사 피고의 손해배상책임이 인정된다고 하더라도, 사실심 변론종결 당시까지 옹벽과 오수정화시설이 철거 및 재설치되지 않고 있는 이 사건의 경우 피고의 귀책사유가 인정된다면 이로 인한 재산상 손해에는 이 사건 각 측량결과의 오차로 인하여 토지의 경계선에 맞춰 설치하지 못하게 된 옹벽과 타인의 토지를 침범하여 설치하게 된 오수정화시설을 사실심 변론종결시를 기준으로 이전설치하는 데 소요되는 비용이 포함된다고 할 것이다. 그런데 이 사건 옹벽 및 오수정화시설은 철거되면 재사용이 불가능하다는 것이고 위 옹벽 및 오수정화시설은 이미 내용연수가 상당히 경과된 것임에도 그와 같은 내용연수가 경과된 중고자재를 구입할 수 없어 신품자재로서 원상으로 회복시키는 데 소요되는 복구비를 토대로 산정하여야 하는 상황이므로 이러한 경우라면 그 물건의 내용연수에 따라 신품을 재조달하기 위하여 적립하는 비용인 감가상각비용을 공제하여야 한다. 그렇다면 원심은 위 옹벽 및 오수정화시설의 새로운 설치비용에서 각 감가상각비용을 공제하지 않고 그 철거비용과 새로운 설치비용 전액을 손해액으로 인정하고 말았으니 이러한 원심판결에는 손해 산정에 관한 법리를 오해하여 판결에 영향을 미친 위법이 있다.

🔷 해설

지적업무로 인한 손해배상소송에서 손해액의 산정과 관련하여 자주 문제

---

38) 서울남부지방법원 2005. 7. 21. 선고 2003가합8757 판결
39) 서울고등법원 2007. 7. 26. 선고 2005나79358 판결

되는 사례는, 지적측량 성과에 기하여 토지상에 건물 등 구조물을 건축한 다음 측량상의 잘못이 드러나 구조물을 철거해야 할 처지에 있는 경우 그 손해액을 어떻게 산정할 것인가 하는 것이다.

판례에 따르면, 불법행위로 인한 재산상의 손해는 위법한 가해행위로 인하여 발생한 재산상의 불이익, 즉 그 위법행위가 없었더라면 존재하였을 재산상태와 그 위법행위가 가해진 현재의 재산상태의 차이를 말하는 것이다.[40]

이러한 취지에서 교통사고에 있어서 차량이 폐차될 정도로 훼손됨에 따른 손해액은 차량의 사고 당시의 교환가격에서 폐차 대금을 공제하는 방법으로 산출한 금액이고, 사고 당시의 교환가격은 그것과 동일한 차종, 연식, 형, 같은 정도의 사용 상태 및 주행거리 등의 자동차를 중고차시장에서 취득할 때에 드는 가액으로 정해야 한다고 하였다.[41] 또한 훼손된 소유물이 이미 내용연수가 상당히 경과된 낡은 것임에도 그와 같은 내용연수가 경과된 중고자재를 구입할 수 없어 신품자재로써 원상으로 회복시키는 데 소요되는 복구비를 토대로 그 교환가치를 산정함에 있어서는 그 물건의 내용연수에 따라 신품을 재조달하기 위하여 적립하는 비용인 감가상각비용을 공제하여야 한다고 하였다.[42]

따라서 지적측량 성과가 잘못되어 건물 등을 철거해야 하는 경우 건물 등을 새로 짓기 위한 비용을 산정함에 있어서는 철거 대상 건물의 내용연수에 따라 감가상각을 하는 것이 타당하다.

2. 매수토지 면적 부족분 상당의 손해액

지적측량 성과에 기하여 일정 면적을 기준으로 토지를 매수하였으나 이후 경계나 면적이 잘못된 것으로 판명된 경우 그 손해액을 어떻게 산정할 것인가 하는 문제가 있다.

판례는 불법행위로 인한 손해액 산정의 기준시점에 관하여, 타인의 불법행위로 인하여 취득할 수 있었던 목적물을 취득하지 못한 경우에

---

40) 대법원 1992. 6. 23. 선고 91다33070 전원합의체 판결 등
41) 대법원 1996. 6. 11. 선고 95다53300 판결; 대법원 1998. 3. 27. 선고 98다3016 판결 등
42) 대법원 1994. 1. 28. 선고 93다49499 판결

그로 인한 손해액은 특별한 사정이 없는 한 불법행위 당시의 그 목적물의 가격 상당이라고 할 것이고, 여기서 불법행위 당시란 사회통념상 그 목적물을 취득할 수 없게 되어 불법행위가 완성된 때를 가리킨다고 하였다.[43]

그리하여 타인 소유의 토지에 관하여 매도증서, 위임장 등 등기관계 서류를 위조하여 원인무효의 소유권이전등기를 경료하고 다시 이를 다른 사람에게 매도하여 순차로 소유권이전등기가 경료된 후에 토지의 진정한 소유자가 최종 매수인을 상대로 말소등기청구소송을 제기하여 그 소유자 승소의 판결이 확정된 경우, 위 불법행위로 인하여 최종 매수인이 입은 손해는 무효의 소유권이전등기를 유효한 등기로 믿고 위 토지를 매수하기 위하여 출연한 금액, 즉 매매대금이며, 최종 매수인은 처음부터 위 토지의 소유권을 취득하지 못한 것이어서 위 말소등기를 명하는 판결의 확정으로 비로소 위 토지의 소유권을 상실한 것이 아니므로 위 토지의 소유권상실이 그 손해가 될 수는 없으므로, 해당 토지의 소유권을 취득할 수 없게 된 판결이 확정된 때의 토지의 시가상당액이 아니라고 하였다.[44]

또한 토지의 면적 및 경계가 잘못 등재된 지적공부의 기재를 진실한 것으로 믿고 토지를 매수하였다가 그 토지의 일부에 관한 등기부상 소유 명의가 말소되고 토지를 실제 소유자인 대한민국에게 인도하게 되자 매수인이 대한민국 및 지방자치단체를 상대로 손해배상청구의 소를 제기한 사례에서, 손해액은 매도인에게 지급한 매매대금 중 위 토지 일부에 해당하는 금액 상당이고, 지연손해금의 산정에 있어서는 매수인이 대한민국을 상대로 제기한 취득시효 완성을 원인으로 한 소유권이전등기소송에서 패소 확정된 날이 아니라 그 매매대금을 실제로 지급한 날로

---

43) 대법원 1998. 6. 12. 선고 97다29424 판결
44) 대법원 1992. 6. 23. 선고 91다33070 전원합의체 판결

부터 지연손해금을 지급하여야 한다고 하였다.[45)]

이러한 법리를 지적측량 관련 손해배상청구의 경우에 적용시켜 본다면, 경지정리사업 시행시 한국국토정보공사의 면적측정상의 오류로 환지가 잘못되어 부족하게 된 토지면적 부분, 분할측량시 착오로 일부 면적을 다른 토지의 면적에 산입함으로써 부족하게 된 토지면적 부분, 경계복원측량 및 분할측량의 잘못으로 도로 및 하천 부분을 누락함으로 인하여 사용불능이 된 토지면적 부분 상당에 대한 손해액은, 사건 토지의 매매 당시 토지면적만큼의 매매대금 및 그에 대한 민사법정이율을 기준으로 산정하여야 하며, 소제기 당시 혹은 변론종결일 당시 토지면적만큼의 시가를 기준으로 하여서는 아니될 것이다.

Ⅲ. 과실상계

민법 제396조는 "채무불이행에 관하여 채권자에게 과실이 있는 때에는 법원은 손해배상의 책임 및 그 금액을 정함에 이를 참작하여야 한다"라고 규정하고 있고, 민법 제763조는 동 조항을 불법행위로 인한 손해배상에 준용하고 있다.

불법행위로 인한 손해의 발생 또는 확대에 관하여 피해자에게도 과실이 있을 때에 그와 같은 과실상계 사유는 당사자의 주장이 없더라도 법원이 이를 직권으로 심리하여 가해자의 손해배상범위를 정함에 있어 당연히 필요적으로 참작하여야 한다.[46)]

양자의 과실비율을 교량함에 있어서는 손해의 공평부담이라는 제도의 취지에 비추어 사고발생에 관련된 제반상황이 충분히 고려되어야 할 것이며, 과실상계사유에 관한 사실인정이나 그 비율을 정하는 것은 사실

---

45) 대법원 2010. 7. 22. 선고 2010다18829 판결
46) 대법원 1987. 11. 10. 선고 87다카473 판결; 대법원 1997. 2. 28. 선고 96다54560 판결 등

심의 전권사항이므로 상고심에서 그에 대하여 다투는 것은 원칙적으로 허용되지 않는다. 다만 그것이 형평의 원칙에 비추어 현저히 불합리한 경우에는 이를 다툴 수 있다.[47]

지적측량상의 잘못으로 경계나 면적이 달라졌음을 원인으로 예를 들어 토지매수인이 손해배상청구를 하는 경우에도 이러한 과실상계 법리를 적용할 수 있을 것이다. 즉 토지의 거래에 있어서 토지대장 및 등기부에 표시된 면적이 실제의 면적과 부합하지 않는 경우가 많은 것이 현실이고, 통상 매수인이 현지를 답사하여 매매대상인 토지의 경계나 면적을 확인한다는 점 등을 고려하면 원고인 매수인의 과실이 참작될 수 있을 것이다.

유사한 사례를 보면 다음과 같다.

토지 전부가 ○○산도립공원구역에 편입되어 있음에도 불구하고 ○○군이 법령상의 근거나 적법한 측량절차 없이 임의로 작성한 ○○산도립공원구역도와 ○○산도립공원토지기본조사서를 참고하여 원고에게 사건 토지 중 3,520㎡가 위 공원구역에 편입되지 않는다는 내용의 토지이용계획확인서를 발급하였고, 원고는 이를 믿고 위 공원구역 밖의 부분에 대한 형질변경 및 건물신축을 목적으로 사건 토지를 매수하였는데, 이후 해당 토지 부분이 공원구역에 편입된 것으로 확인되자 원고는 ○○군을 피고로 하여 손해배상을 청구하는 소를 제기하였다.

이에 대하여 법원은 피고가 소속 공무원의 위와 같은 허위 내용의 토지이용계획확인서 발급으로 인하여 원고가 입은 손해를 배상할 의무가 있음을 인정하였으나, 다만 과실상계에 있어서, 원고로서는 사건 토지에 관한 매매계약을 체결하기 전에 피고로부터 발급받은 토지이용계획확인서에만 의존할 것이 아니라 관리주체인 ○○산도립공원관리사무소에 사

---

47) 대법원 1994. 4. 12. 선고 93다44401 판결; 대법원 2004. 2. 27. 선고 2003다6873 판결 등

건 토지 중 3,520㎡의 공원구역 편입 여부를 문의하여 그 경계확정도면을 확인하는 등 사건 토지의 공원구역 편입 여부를 좀더 세밀하게 확인해 볼 주의의무가 있음에도 불구하고 이를 게을리한 과실이 있고, 위 과실 또한 원고의 손해발생에 한 원인이 되었다고 할 것이고, 그 비율은 위 계약체결 경위에 비추어 10%로 봄이 상당하다고 판시하였다.[48]

Ⅳ. 손익상계(이득공제)

재산상 손해액을 산정함에 있어서 당해 불법행위를 원인으로 하여 피해자에게 생긴 이익이 있으면 이를 공제하여야 한다.[49]

민법은 손익상계에 관하여 특별한 규정을 두고 있지 않으나 이는 손해액의 산정에 있어 당연히 예정되는 것이다.

이러한 손익상계의 대표적인 예가 보험이다. 한국국토정보공사는 지적측량업무로 인한 손해배상책임 발생시 매년 보험사와 전문직업배상책임보험 계약을 체결하여 특정 기간 이후의 측량성과로 인한 손해에 대해서는 일정 한도액까지 보험사가 지급하도록 하고 있다.

이러한 책임보험계약이 이루어진 경우 피해자는 피보험자가 책임을 질 사고로 입은 손해에 대하여 보험금액의 한도내에서 보험자에게 직접 보상을 청구할 수 있다(상법 제724조 제2항). 따라서 피해자는 가해자(피보험자)인 한국국토정보공사에 대한 손해배상청구권과 보험회사에 대한 손해배상청구권을 동시에 취득하며, 양 청구권을 임의로 선택하여 행사할 수 있으나, 이중의 지급을 받을 수는 없으므로 피해자가 보험금을 지급받은 때에는 가해자에 대한 손해배상 청구권은 그 한도 내에서 감축

---

48) 대구고등법원 2005. 4. 29. 선고 2004나7140 판결(※ 대법원 2006. 2. 24. 선고 2005다29207 판결에서 상고기각으로 확정)
49) 대법원 1973. 10. 23. 선고 73다337 판결; 대법원 1990. 5. 8. 선고 89다카29129 판결

되어야 하는 것이다.

손해 발생으로 이득이 생기고 동시에 피해자에게도 과실이 있는 경우에는 먼저 산정된 손해액에서 과실상계를 한 다음에 손익상계를 하여야 한다.50)

제3절 소멸시효

I. 서 설

법 제51조 제1항은 "지적측량수행자가 타인의 의뢰에 의하여 지적측량을 함에 있어서 고의 또는 과실로 지적측량을 부실하게 함으로써 지적측량의뢰인이나 제3자에게 재산상의 손해를 발생하게 한 때에는 지적측량수행자는 그 손해를 배상할 책임이 있다"라고 함으로써 불법행위에 기한 손해배상책임을 정하는 규정을 두고 있다.

그러나 이는 손해배상책임의 근거만을 규정하고 있을 뿐이고 그 외의 부분, 특히 손해배상청구권의 소멸시효에 관하여는 특별한 규정을 두고 있지 않으므로 결국 일반 민법상의 소멸시효 규정이 그대로 적용된다. 민법 제766조는 불법행위로 인한 손해배상청구권은 피해자나 그 법정대리인이 그 손해 및 가해자를 안 날로부터 3년간 이를 행사하지 아니하거나, 불법행위를 한 날로부터 10년을 경과한 때에는 시효로 인하여 소멸한다고 하고 있는바, 이 조항이 그대로 지적측량으로 인한 손해배상청구권의 소멸시효의 근거규정이 되는 것이다.

이하에서는 우선 민법 제766조의 해석론을 설명하면서 판례의 태도

---

50) 대법원 1990. 5. 8. 선고 89다카29129 판결; 대법원 1996. 1. 23. 선고 95다24340 판결

를 설명하며, 부실한 지적측량으로 인한 손해배상청구 사례에서 그러한 해석론을 소멸시효 기산점에 적용한 사례를 들어보기로 한다.

Ⅱ. 민법 제766조의 해석

1. 소멸시효의 기산점에 관한 근거조항

불법행위로 인한 손해배상청구권의 소멸시효에 관하여 민법 제766조에서는 "① 불법행위로 인한 손해배상의 청구권은 피해자나 그 법정대리인이 그 손해 및 가해자를 안 날로부터 3년간 이를 행사하지 아니하면 시효로 인하여 소멸한다. ② 불법행위를 한 날로부터 10년을 경과한 때에도 전항과 같다."라고 규정하고 있다. 위 조항에서 든 두 가지 요건 중 어느 하나만 충족하면 소멸시효는 완성된다.

그런데 소멸시효 기간은 3년, 10년으로 명확하게 규정되어 있지만 그 기산점이 되는 "손해 및 가해자를 안 날", "불법행위를 한 날"이란 용어는 법적 해석을 필요로 하는 일종의 불확정개념이다. 따라서 위 소멸시효 규정을 적용하기 위해서는 그에 대한 구체적 해석이 필요하다.

2. 민법 제766조 제1항의 해석

민법 제766조 제1항에서 일반채권의 소멸시효기간인 10년에 비해 단기인 3년의 소멸시효를 특별히 규정하고 있는 이유에 대하여, 통설은 첫째 너무 시일이 경과하면 불법행위의 요건의 증명이나 손해액의 산정이 곤란하게 된다는 점, 둘째 세월이 지나면 피해자의 감정이 가라앉게 된다고 생각되므로 그 후에 이르러서 다시 당사자 사이의 관계에 새삼스럽게 분규를 일으키는 것은 타당하지 않다는 점, 셋째 오래도록 내버려 두어서 이를 방치한 자는 권리 위에 잠자는 자이므로 법적으로 보호해 줄 필요가 없다는 점 등을 그 근거로 하고 있다.

"손해 및 가해자를 안 날"을 해석하자면, 우선 가해자를 안다는 것은 피해자가 현실적으로 배상청구권을 행사할 마음만 먹으면 언제든지 이를 행사할 수 있을 정도로 가해자를 구체적으로 인식한다는 의미이다. 따라서 피해자가 가해자의 주소, 성명을 정확히 알지 못하여 손해배상청구권을 행사하는 것이 사실상 불가능한 경우에는 그 상황이 끝나고 피해자가 가해자의 주소, 성명을 확인한 때에 가해자를 안 때로 보아야 한다.

손해를 안다는 것은 손해의 발생뿐만 아니라 그 가해행위가 불법행위인 것까지도 안다는 것을 의미한다. 판례 및 통설에 따르면 손해를 안다는 것은 손해가 발생하였다는 사실을 현실적이고 구체적으로 인식함을 뜻하므로 손해발생의 단순한 추정이나 의문 내지 염려만으로는 부족하다.51) 손해발생의 사실을 모른 때에는 과실로 알지 못하더라도 소멸시효는 진행하지 아니하지만, 손해의 정도나 액수까지 알아야 하는 것은 아니라고 한다.52)

그런데 가해행위와 이로 인한 손해의 발생 사이에 시간적 간격이 있는 불법행위의 경우, 판례는 "가해행위와 이로 인한 현실적인 손해의 발생 사이에 시간적 간격이 있는 불법행위에 기한 손해배상채권에 있어서 소멸시효의 기산점이 되는 불법행위를 안 날이라 함은 단지 관념적이고 부동적인 상태에서 잠재하고 있던 손해에 대한 인식이 있었다는 정도만으로는 부족하고 그러한 손해가 그 후 현실화된 것을 안 날을 의미한다"고 하고 있다.53) 따라서, 사고 당시 피해자가 만 2세 남짓한 유아로서 좌족부의 성장판을 다쳐 의학적으로 뼈가 성장을 멈추는 만 18세가 될 때까지는 위 좌족부가 어떻게 변형될지 모르는 상태였던 사례에서

---

51) 대법원 1995. 11. 14. 선고 95다30352 판결
52) 대법원 1991. 3. 22. 선고 90다8152 판결
53) 대법원 1992. 12. 8. 선고 92다29924 판결

피해자가 고등학교 1학년 재학 중에 담당의사에게 진찰을 받은 결과 비로소 피해자의 좌족부 변형에 따른 후유장해의 잔존 및 그 정도 등을 가늠할 수 있게 되었다면 피해자의 법정대리인도 그때서야 현실화된 손해를 구체적으로 알았다고 보아 그 무렵을 기준으로 3년의 소멸시효가 시작된다고 하였다.54) 이러한 판례의 태도는 나중에 보게 될 민법 제766조 제2항의 "불법행위를 한 날"의 의미에 관한 판례의 태도를 그대로 따른 것이다.

3. 민법 제766조 제2항의 해석

민법 제766조 제2항에서 규정한 "불법행위를 한 날로부터 10년을 경과한 때"를 해석함에 있어서 "불법행위를 한 날"이 언제인가가 특히 중요하다.

동 규정의 존재이유에 대하여, 학설은 동조 제1항의 규정만 있으면 피해자가 가해자 및 손해를 알지 못하는 때에는 소멸시효가 언제까지나 진행하지 않게 되는 불합리가 있고, 3년의 기간의 기산점이 피해자의 인식이라고 하는 주관적 용태에 관한 것인 이상 그 인정은 실제로는 용이하지 않으며, 특히 장기간이 경과할수록 기산점의 확정 그 자체가 어려워지므로 이에 대비하여 동 규정이 있는 것이라고 설명하고 있다.

그런데 동 규정상의 10년의 소멸시효의 기산점인 "불법행위를 한 날"에 대하여 판례는 일관되게 이를 현실적으로 손해의 결과가 발생한 날로 보고 있다. 이러한 태도는 특히 가해행위와 이로 인한 현실적인 손해의 발생 사이에 시간적 간격이 있는 불법행위에 기한 손해배상청구권의 경우에 중요한 의미를 가진다.

구체적 사례를 보면, 화재가 발생한 상가가 붕괴하여 부실시공에 따

---

54) 대법원 2001. 1. 19. 선고 2000다11836 판결

른 손해배상책임 및 소방공무원의 직무집행상의 불법행위로 인한 손해
배상책임의 존부가 다투어진 사안에서, 대법원은 건물의 붕괴는 1층 중
앙 부근에서 발생한 화재에서 촉발되었고 그 후 화재가 주위로 확산되
면서 애초부터 부실하게 시공되어 화재에 대한 안전성을 전혀 갖추지
못한 위 건물의 내부구조물들이 연쇄적으로 붕괴되는 바람에 발생하였
음을 인정한 후, 이 가운데 부실시공에 따른 손해배상책임의 존재 여부
와 관련하여, 소를 제기한 시점이 시공일로부터 10년이 지났지만 사고발
생일로부터는 아직 10년이 경과하지 아니한 경우, 위와 같은 근거를 들
어 부실시공으로 인한 손해의 발생이 현실화된 시점은 사고가 발생한
날이라고 하여 피고들의 소멸시효항변을 배척하였다.55)

Ⅲ. 지적측량 관련 손해배상청구권의 소멸시효 기산점

1. 사   례

아래에서 하급심 판결례에서 구 대한지적공사를 상대로 한 손해배상
청구권의 소멸시효 기산점에 관하여 판시한 사례를 소개하기로 한다.

가. 환지확정을 위한 경계측량 및 환지처분의 공고일로부터 10년 도 과 불인정 사례

◆ 사실관계

○○시는 사건 토지를 포함한 주변 일대의 토지에 대하여 토지구획정리사
업에 따른 환지계획을 시행하게 되었다. 지적측량수행자인 구 대한지적공사는
환지설계 및 측량결과에 따른 환지확정을 위한 경계측량을 의뢰받아 1981.
11. 23. 사건 토지에 관하여 측량을 하였고, 1982. 9. 17. 환지처분의 공고가
있었다. 갑은 그에 기하여 현존 주택의 경계대로 환지처분이 된 것으로 알고
지내고 있었다. 이후 인접토지소유자인 을이 자신의 토지를 측량한 결과 갑

---

55) 대법원 1998. 5. 8. 선고 97다36613 판결

소유의 위 주택이 자신 소유의 대지를 점유하고 있는 것을 발견하고, 갑을 상대로 건물철거 및 대지인도를 구하는 소를 제기하였다. 법원은 갑이 을 소유의 대지를 점유하고 있다는 판단에 기하여 갑에게 건물 일부분을 철거하고 대지를 인도하라는 판결을 내려 1996. 2. 27. 확정되었다.[56]

전소에서 패소한 갑은 1997. 5. 2. ○○시의 잘못된 환지처분과 대한지적공사의 부실한 경계측량행위로 인하여 건물 일부를 철거하고 대지를 인도하게되어 손해를 입었다는 이유로 ○○시와 공사를 상대로 손해배상청구의 소를제기하였다. 이에 대하여 피고 대한지적공사는 항변 중의 하나로서 소를 제기한 일자가 환지처분의 공고가 있었던 1982. 9. 17. 다음날부터 10년이 경과하였으므로 민법 제766조 제2항에 규정한 소멸시효가 완성되었다고 주장하였다.

◆ 판결요지

이 사건 환지처분공고가 1982. 9. 17.에 있은 사실을 인정할 수 있고, 이사건 소가 그로부터 10년이 경과한 후인 1997. 5. 2. 제기된 사실은 기록상분명하나, 한편 불법행위로 인한 손해배상청구권에 있어서 장기소멸시효의 기산점은 "불법행위를 한 날"이고, 불법행위를 한 날이란 불법행위의 요건을 구비한 날을 의미하는 것으로서, 여기서 침해행위를 한 날과 손해가 발생한 날사이에 간격이 있을 경우에는 최초의 원인행위 당시가 아니라 관념적이고 유동적인 상태에서 잠재적으로 머물러 있던 손해가 구체적으로 현실화되었다고볼 수 있을 때로부터 소멸시효기간이 진행되는 것이라고 봄이 상당하다. 이사건을 보면 원고는 환지처분 후 상당기간이 경과하기까지 피고시의 환지처분지침에 따라 건물의 현황경계대로 측량이 이루어지고, 그를 기초로 환지처분이 확정된 것으로 믿고 있던 중 인접토지의 소유자인 을이 뒤늦게 그 대지를측량한 결과 위와 같은 경계침범사실을 확인하고 원고를 상대로 건물의 일부철거 및 그 대지 부분의 인도를 구하는 소송을 제기한 1993. 12.경에야 그 사실을 알게 되었고, 위 소송은 1996. 2. 27. 대법원의 판결에 의하여 원고의 패소로 확정되기에 이르렀는바, 사정이 위와 같다면 원고로서는 환지처분이 당초의 고시에 따라 적법하게 시행된 것으로 믿을 수밖에 없다고 할 것이고, 또그렇게 믿은 것에 무슨 과실이 있다고 보기도 어려우며, 을로부터 철거소송이

---

56) 대법원 1996. 2. 27. 선고 95다47244 판결

제기되었다고 하더라도 피고시는 그 이전인 1994. 5. 2. 이미 경남도지사로부터 경계시정지시를 받고 있던 터이므로 위 대법원 판결이 확정된 때 비로소 위법한 환지처분은 정정이 불가능하게 되었고, 이로 인하여 원고의 손해가 구체적으로 현실화되었다고 봄이 상당하다.

따라서 이 사건 손해배상청구권의 장기소멸시효는 위 대법원 판결이 확정된 1996. 2. 27.의 다음날부터 진행된다고 보는 것이 타당하므로 같은 피고의 위 항변은 이유없다.[57]

나. 분할측량 및 분할등록 후 원고의 경계 중복으로 인한 등록사항정정 인지 후 3년 및 소유권이전등기 후 10년 도과 인정 사례

❖ 사실관계

구 대한지적공사(현 한국국토정보공사)가 1987. 2. 14. 도시계획선 분할측량을 실시하여 지적소관청의 검사를 거쳐 도로 부지 660㎡와 사건 토지 82㎡로 분할등록 되었다. 원고는 1988. 8. 25. 사건 토지를 매수하여 1988. 8. 26. 소유권이전등기를 마쳤는데, 사건 토지의 경계복원측량 과정에서 사건 토지 해당 블록과 도로 부분의 중복이 발견되어 사건 토지의 경계정정으로 32㎡가 줄어들어야 함을 확인하였다. 이후 원고는 등록사항정정신청을 하여 면적을 줄인 후 2015. 2. 11. 한국국토정보공사 등을 상대로 줄어든 면적 32㎡만큼의 매매대금 상당 손해배상청구를 하였다.

❖ 판결요지

1989. 6. 23. 공사가 등록사항정정대상으로 의결 후 지적소관청과 원고에게 통보하였고, 1989. 7. 26. 원고 및 지적소관청 담당 공무원이 참석한 가운데 대책회의가 열려, 소관청 지적과장이 사건 토지가 주위 토지와 접합할 경우 측량이 불부합하는데 그 해결방법은 사건 토지의 등록사항을 정정하는 것이라는 취지로 설명하였고, 등록사항정정이 될 경우 면적이 줄어들게 된다고 답하였으며, 위치를 정정할 경우 남는 토지의 위치 및 대략적인 면적을 답하였고, 정정을 위하여 소유자의 승낙서가 있어야 한다는 말에 원고가 당장 급

---

57) 창원지방법원 진주지원 1997. 12. 5. 선고 97가합1689 판결(※ 피고들이 항소 않아 확정)

한 사항은 아니니 현 상태대로 그냥 지나는 것이 좋겠다는 의견을 밝힌 점 등에 의하면, 원고는 적어도 소관청에서 대책회의가 열린 1989. 7. 26.에는 사건 토지에 관한 분할측량이 잘못되었고, 그에 따라 사건 토지의 등기부상 면적도 잘못 기재되었다는 사실, 그로 인해 원고 자신이 사건 토지를 실제 면적보다 넓은 등기부상 면적을 기준으로 매수함으로써 그 매매대금 차액 상당의 손해를 입었다는 사실을 현실적이고도 구체적으로 인식할 수 있었다고 봄이 타당하므로, 사건 소는 원고가 손해 및 가해자를 안 날로부터 3년이 경과된 후 제기된 것이므로 단기소멸시효가 완성되었다.

또한 원고가 사건 토지를 실제 면적보다 넓은 등기부상 면적을 기준으로 매수함으로써 입은 매매대금 차액 상당의 손해는 적어도 소유권이전등기가 마쳐진 1988. 8. 26.에는 현실적으로 발생하였다 할 것이므로, 원고가 손해의 결과발생을 알았거나 예상할 수 있는가 여부에 관계없이 손해배상청구권의 소멸시효는 그때부터 진행된다고 봄이 타당하여, 사건 소는 피고들이 불법행위를 한 날로부터 10년이 경과된 후 제기된 것이므로 장기소멸시효도 완성되었다.[58]

2. 장기소멸시효 해석상의 문제점

가. 장기소멸시효 제도의 취지에 위배

민법 제766조 제2항 장기소멸시효 제도의 취지는 동조 제1항의 단기소멸시효 제도와는 달리 피해자가 가해자 및 손해를 알지 못하는 때에는 소멸시효가 언제까지나 진행하지 않게 되는 불합리가 있고, 주로 피해자의 인식이라는 주관적 용태를 배제하고 장기간의 경과로 기산점의 확정이 어려워지는 점을 방지하기 위한 것이다.

그럼에도 불구하고 판례의 태도처럼 "불법행위를 한 날"의 의미를 "손해가 발생"한 날로 해석하고, 특히 가해행위와 이로 인한 손해의 발생 사이에 시간적 간격이 있는 불법행위의 경우에는 "관념적이고 유동적인 상태에서 잠재적으로 머물러 있던 손해가 구체적으로 현실화되었

---

58) 서울고등법원 2016. 7. 22. 선고 2015나2065538 판결(※ 대법원 2016. 11. 10. 선고 2016다244330 판결에서 심리불속행기각으로 확정)

다고 볼 수 있는 때"라고 한다면, 손해가 구체적으로 현실화되었다고 볼 수 있는 때란 결국 지적측량성과에 대한 법원의 확정판결이나 지적소관청의 통지 등으로 인하여 피해자가 손해가 발생하였음을 안 때가 될 수밖에 없다.

이러한 경우 피해자의 인식을 기초로 한 3년의 단기소멸시효 이외에 따로 장기소멸시효인 10년을 규정한 취지는 무시될 수밖에 없다.

나. 지적측량 관련 손해배상의 특수성 무시

지적측량의 대부분을 차지하는 도해측량(圖解測量)은 지적도·임야도 등 도면을 작성하거나 그 도면을 근거로 이루어지는 측량으로서, 각 경계점을 시각적인 방법으로 찾아내어 줄자 등으로 측량을 하고 이것을 종이 위에 그려서 표시하는 것이므로 실제 줄자 등을 가지고 다니면서 거리를 읽는 사람이나 종이 위에 표시하는 사람에 따라 그 차이가 있을 수밖에 없는 생래적 한계가 있다. 또한 현재 도면은 7종의 다양한 축척이 있어 현지를 축소하여 등록한 도면의 경계선을 측량자가 확대하여 경계선 길이를 판독하는 과정에서 시각차이로 인한 성과차이가 필연적으로 발생할 수밖에 없다. 나아가 지적도면은 1910~1924년 일제시대 토지조사사업 시기에 종이(한지배접지)로 만들어진 것으로서 오랜 세월 동안 온·습도의 영향 및 잦은 사용으로 훼손·마모되어 도면 간 접합부분의 불일치 등으로 정확한 측량성과를 거두기 어렵고, 6·25전쟁으로 인하여 지적공부가 소실되었을 뿐만 아니라 토지조사사업 당시 설치한 측량기준점의 대부분이 망실되어 단기간의 복구와 낙후된 기술 등의 원인으로 당시 설치한 측량기준점 성과와 부합되지 않아, 결국 지적도와 현실경계가 불일치하는 경우가 많다.

그럼에도 불구하고 지적측량으로 인한 분쟁의 실제에 있어서 지적위원회와 법원 등의 심판기관은 측량성과에 차이가 발생하면 곧바로 지적측량수행자의 책임을 인정하고 있는 경향이다.

3. 개선방안

가. 장기소멸시효를 따로 규정한 법령 규정

「원자력손해배상법」은 2001. 1. 16. 개정법에서 제13조의2 제2항에서 "이 법에 의한 원자력손해배상의 청구권은 원자력사고가 발생한 날부터 10년간 이를 행사하지 아니하면 시효로 인하여 소멸한다. 다만, 신체상해, 질병발생 및 사망으로 인한 원자력손해배상의 청구권의 경우에는 원자력사고가 발생한 날부터 30년간 이를 행사하지 아니하면 시효로 인하여 소멸한다."라는 규정을 신설하였다.

그리고 「제조물책임법」은 제7조 제2항에서 "이 법에 의한 손해배상의 청구권은 제조업자가 손해를 발생시킨 제조물을 공급한 날부터 10년 이내에 이를 행사하여야 한다. 다만, 신체에 누적되어 사람의 건강을 해하는 물질에 의하여 발생한 손해 또는 일정한 잠복기간이 경과한 후에 증상이 나타나는 손해에 대하여는 그 손해가 발생한 날부터 기산한다."라는 규정을 두고 있다.

위 각 조항들은 업무의 성질상 가해자에게 사실상 무과실책임에 가까운 엄격한 손해배상책임을 지우는 대신에, 그 소멸시효의 기산점을 "손해가 발생한 날"이 아니라 각각 "원자력사고가 발생한 날", "제조물을 공급한 날"로 정함으로써 책임기간의 제한을 꾀하고 있다.

특히 "일반적인 재산적 손해"에 대하여는 본문 규정에 따라 가해행위시로부터 10년의 장기소멸시효기간 혹은 제척기간의 원칙이 유지되고 있으며, 다만 "인적 손해" 또는 "일정한 잠복기간이 경과한 후에 증상이 나타나는 손해"에 대한 두터운 보호를 위하여 그에 국한하여서만 특별한 규율이 행해지고 있다.

나. 입법론

지적측량행위의 특수성을 고려해볼 때 법에서 잘못된 지적측량행위로 인한 손해배상책임의 소멸시효, 특히 기산점에 관하여 아무런 규정을 두고 있지 않은 것은 입법적으로 문제가 있다.

입법론적으로는 손해배상청구권의 장기소멸시효로서 측량일로부터 10년을 경과한 때에는 시효로 인하여 소멸하도록 하는 규정을 신설하는 것이 바람직하다.

제 4 절 부제소특약

Ⅰ. 의   의

지적 업무 잘못을 이유로 민사상으로 손해를 배상해달라거나 형사처벌을 요구하는 민원이 발생한 경우, 이를 해결한 후 민원인으로부터 측량결과와 관련하여 한국국토정보공사나 지적소관청에 민・형사상의 책임을 묻지 않는다는 내용의 합의서를 받을 수 있는데, 이러한 합의는 법적 용어로 "부제소특약"이라 불린다.

그런데 이는 단순히 민원인으로 하여금 앞으로 민・형사상 민원이나 소를 제기하지 않겠다는 확인을 받는 것에 불과한 것이 아니라 중대한 법적 효과가 있다.

Ⅱ. 효   력

판례에 따르면, 교통사고로 인한 손해배상청구권을 포기하면서 앞으로 민・형사상의 소송이나 이의를 제기하지 않기로 합의한 경우, 이후 후유장해로 인하여 위 합의에 따른 손해배상금 이상의 손해가 발생하였다고 하여 그 일실수익 및 위자료 상당의 손해배상을 구하는 소는 위 부제소합의에 반하여 제기된 것으로서 권리보호의 이익이 없어 부적법하다고 하였다.[59]

또한 회사를 퇴직하고 퇴직금 등을 수령하면서 근로관계 종료와 관련하여 추후 여하한 이의 제기도 하지 않는다든가 하는 내용의 서약서에 서명한 경우, 근로관계 종료로 인한 모든 법률관계 특히 퇴직금, 가산금 및 특별위로금 등 근로 대가와 관련된 일체의 청구권을 포기한 것이거나 향후 이에 관한 민사상 소송을 제기하지 않겠다는 부제소특약을 한 것으로 보아, 이후 추가적인 금액을 요구하며 소를 제기하더라도 부제소합의에 반하여 권리보호의 이익이 없어 부적법하다고 하고 있다.[60]

즉 부제소합의에 반하여 소를 제기한 경우에는 본안에서 그 내용의 타당성 여부를 심리할 필요 없이 소를 제기하지 않기로 하는 합의에 반한 것으로서 부적법하므로 각하하게 된다.

다만, 불법행위로 인한 손해배상에 관한 합의가 손해발생의 원인인 사고 후 얼마 지나지 아니하여 손해의 범위를 정확히 확인하기 어려운 상황에서 이루어졌고, 후발손해가 합의 당시 예상이 불가능하여 사회통념상 그 합의금액으로는 화해하지 않았을 만큼 손해가 중대한 경우에는 그 배상청구권을 포기한 것이라고 볼 수 없으므로, 교통사고 후에 작성된 합의서의 내용 중 '책임보험 부상 손해보상금 일체'라는 부분이 '부상에 따른 후유장애로 인한 손해' 부분까지도 포함한다고 보기 어렵다는 이유로 위 부제소 합의는 이후의 후유장해로 인한 손해배상청구의 소에는 효력이 미치지 않는다고 하였다.[61]

---

59) 대법원 2000. 1. 14. 선고 99다39418 판결
60) 대법원 1997. 11. 28. 선고 97다11133 판결 등
61) 대법원 2003. 10. 10. 선고 2003다19206 판결

Ⅲ. 지적측량 관련 소송사례

1. 경계복원측량의 잘못으로 인한 건물저촉에 따른 손해배상금의 합의

✦ 사실관계

원고는 1991.경 구 대한지적공사에게 원고 소유의 사건 토지에 대한 경계복원측량을 의뢰하여 그 측량결과에 따라 사건 토지상에 건물을 신축하고 그 지적경계선에 옹벽을 설치하였다. 그러나 지방지적위원회의 지적측량적부심 결과 위 측량이 잘못된 것으로 밝혀지고 사건 토지의 지적경계선이 변경됨에 따라, 기존 건물 및 옹벽구조물을 철거하고 재축조하는데 소요되는 공사비 상당의 재산상 손해를 입게 되었다. 원고는 민원 단계에서 대한지적공사는 원고에게 위 건물저촉에 따른 손해배상금 명목으로 2,500만원을 지급하고 이후 위 측량으로 인한 문제가 발생할 경우에는 원고가 책임지며 공사와 측량자 등에게 어떠한 민·형사상 이의를 제기하지 않는다는 내용의 합의서를 작성하였다. 원고는 공사를 상대로 별도로 옹벽 공사비 및 위자료 상당의 손해배상청구의 소를 제기하였다.

✦ 판결요지

비록 위 합의 당시 원고가 건물 저촉에 따른 손해배상금만을 수령하였다 하더라도 이후 측량자의 위 측량으로 인하여 발생하는 문제에 대하여는 원고 본인이 책임지고 피고 공사에게 어떠한 민·형사상 이의를 제기하지 않기로 합의를 한 이상, 원고가 피고 공사에 대하여 측량자의 위 측량잘못으로 인해 위 옹벽구조물의 철거 및 재축조비용 상당의 손해를 입게 되었다면서 그 배상을 구하는 이 사건 소부분은 위 부제소합의에 위배되어 부적법하다고 할 것이다.[62]

---

62) 광주지방법원 2010. 1. 28. 선고 2008가단58478 판결

2. 경계복원측량의 잘못으로 인한 건물저촉에 따른 손해배상금의 합의

✦ 사실관계

원고는 사건 토지를 매수하는 매매계약을 체결하고 다시 측량 확인한 결과 실제 면적이 공부상 면적보다 26㎡ 감소하고 인접 토지는 29㎡ 증가된 것으로 판명되었다. 이에 원고는 인접 토지 소유자와 실제 면적으로의 등록사항 정정에 합의하고, 지적소관청에 민형사상의 이의를 제기치 않는다는 합의각서와 등록사항정정 승낙서 및 신청서를 제출하여 사건 토지 및 인접 토지의 면적이 정정되었다. 원고는 구 대한지적공사의 측량 착오 및 지적소관청의 공부 등의 관리 소홀로 인한 면적 감소분 상당의 손해배상을 청구하는 소를 제기하였다.

✦ 판결요지

원고가 피고 구청의 이 사건 토지에 관한 측량 착오 및 공부 등의 관리 소홀로 인해 입은 면적 감소분 상당의 손해배상을 구하고 있음에 대해 피고 구청은 이 사건 소는 부제소합의에 반하는 것으로서 부적법하다고 주장하므로 살피건대, 원고는 인접 토지 소유자와 함께 이 사건 토지에 관한 등록사항정 정신청을 하면서 피고 구청에게 향후 이 사건 토지에 관한 등록사항 정정과 관련하여 민형사상의 이의를 제기치 않겠다는 내용의 합의각서를 작성하여 피고에게 제출한 사실은 앞서 기초사실에서 본 바와 같으므로, 원고의 피고 구청에 대한 소는 부제소 합의에 반하여 제기된 것으로서 소의 이익이 없다.[63]

---

63) 대구지방법원 2011. 6. 10. 선고 2011가단17004 판결

5
CHAPTER

지적 업무 관련 형사 분쟁

제 1 절   경계표 훼손에 대한 형사책임

I. 의   의

형법상의 경계는 주로 경계선에 인접한 토지의 소유자들이 경계분쟁으로 타인이 경계표시를 해놓은 물건을 훼손한 경우에 문제가 되는데, 경계표 등의 훼손으로 인한 재물손괴죄(형법 제366조)와 경계표 등의 손괴 등에 따라 토지의 경계를 인식불능하게 함으로 인한 경계침범죄(형법 제370조)의 성립 여부가 문제된다.

II. 재물손괴죄

형법 제366조는 "타인의 재물, 문서 또는 전자기록등 특수매체기록을 손괴 또는 은닉 기타 방법으로 그 효용을 해한 자는 3년 이하의 징역 또는 700만원 이하의 벌금에 처한다"라고 규정하고 있다.

재물손괴죄는 타인의 소유권의 객체가 되는 재물 등을 손괴 또는 은닉 기타 방법으로 그 효용을 해한 자를 처벌함으로써 그 재산권을 보호하는 것을 목적으로 하고 있다.

토지소유자가 수수료를 지불하고 지적측량을 의뢰하였다면 그 결과물 중의 하나인 경계점표지(말목)는 재산적 가치가 있는 재물이 되며, 담장 등 경계를 표시하는 도구들도 재물에 해당됨에는 의문의 여지가 없다. 판례는 재물손괴죄에서의 효용을 해하는 행위에는 일시 물건의 구체적 역할을 할 수 없는 상태로 만드는 경우도 해당하므로, 판결에 의하여 명도받은 토지의 경계에 설치해 놓은 철조망과 경고판을 치워 버림으로써 울타리로서의 역할을 해한 때에는 재물손괴죄가 성립한다고 판시하였다.[1]

따라서 토지소유자가 경계표시를 해놓은 물건을 훼손한 경우 재물손괴죄에 해당할 것이다.

Ⅲ. 경계침범죄

1. 관련 법령조항

형법 제370조는 "경계표를 손괴, 이동 또는 제거하거나 기타 방법으로 토지의 경계를 인식불능하게 한 자는 3년 이하의 징역 또는 500만원 이하의 벌금에 처한다."라고 규정하고 있다.

2. 요   건

경계침범죄에 해당하려면, 첫째, "경계표"에 해당되어야 하고, 둘째, "이를 손괴, 이동 또는 제거하는 등의 방법"을 사용하여야 하며, 셋째, "토

---

1) 대법원 1982. 7. 13. 선고 82도1057 판결

지의 경계를 인식불능하게" 하여야 한다는 요건을 모두 충족해야 한다.

가. 경계표

판례는 경계표는 그것이 어느 정도 객관적으로 통용되는 사실상의 경계를 표시하는 것이라면 영속적인 것이 아니고 일시적인 것이라도 경계침범죄의 객체에 해당하므로, 말뚝과 철조망은 경계표에 해당한다고 하였다.[2]

또한 경계표는 반드시 담장 등과 같이 인위적으로 설치된 구조물만을 의미하는 것으로 볼 것은 아니고, 수목이나 유수 등과 같이 종래부터 자연적으로 존재하던 것이라도 경계표지로 승인된 것이면 경계표에 해당하므로, 경계선 부근에 심어져 있던 조형소나무 등을 뽑아내고 그 부근을 굴착함으로써 그 경계를 불분명하게 한 경우 경계침범죄가 성립된다고 하였다.[3]

한편 경계를 공통으로 하는 토지소유자들이 인지하고 있는 기존 경계가 있던 상태에서 새로이 지적측량으로 경계점표지를 설치한 경우 어떤 것을 경계침범죄에서 보호하는 경계표로 보아야 하는가가 문제된다.

판례는 형법 제370조의 경계침범죄는 토지의 경계에 관한 권리관계의 안정을 확보하여 사권을 보호하고 사회질서를 유지하려는데 그 규정목적이 있으므로 비록 실체상의 경계선에 부합되지 않는 경계표라 할지라도 그것이 종전부터 일반적으로 승인되어 왔다거나 이해관계인들의 명시적 또는 묵시적 합의에 의하여 정하여진 것이라면 그와 같은 경계표는 위 법조 소정의 계표에 해당된다 할 것이고 반대로 기존경계가 진실한 권리상태와 맞지 않는다는 이유로 당사자의 어느 한쪽이 기존경계를 무시하고 일방적으로 경계측량을 하여 이를 실체권리관계에 맞는 경

---

2) 대법원 1999. 4. 9. 선고 99도480 판결
3) 대법원 2007. 12. 28. 선고 2007도9181 판결

계라고 주장하면서 그 위에 계표를 설치하더라도 이와 같은 경계표는 위 법조에서 말하는 계표에 해당되지 않는다고 하였다.[4]

특히, 종래 통용되어 오던 사실상의 경계가 법률상의 정당한 경계인지 여부에 대하여 다툼이 있다고 하더라도 그 사실상의 경계가 법률상 정당한 경계가 아니라는 점이 이미 판결로 확정되었다는 등 경계로서의 객관성을 상실하는 것으로 볼 만한 특단의 사정이 없는 한 여전히 경계에 해당된다고 하였다. 그리하여 기존에 건립된 담벽이 지적도상의 경계와 다르다고 하더라도, 위 담벽이 이해관계인 사이에 사실상 경계선으로 그동안 통용되어 왔다면, 오히려 위 담벽과 이를 기준으로 한 연장선을 지적도상의 경계와의 부합여부에 관계없이 경계침범죄의 객체로서의 경계인 것으로 보아야지, 지적도상의 경계선을 경계침범죄의 객체인 경계로 볼 수는 없다고 하면서, 피고인이 기존에 설치된 담벽이 정당한 경계라고 주장하면서 과거에 경계표시로 나무가 심어져 있던 공터에 위 담벽과 연결하여 추가로 브록크담을 쌓은 사례에서, 나중 그 경계가 잘못되었음이 밝혀졌더라도 사실상의 경계가 아닌 지적도상의 경계선을 경계침범죄의 경계로 보고 이를 전제로 피고인의 판시 행위가 경계침범죄에 해당한다고 본 원심은 위법하다고 하였다(위와 같은 사실상의 경계선이 법률적으로 정당하지 못하다면 피해자가 민사소송으로 권리구제를 받을 수 있는 것에 불과하다고 하였다).[5]

나. 손괴, 이동 또는 제거

다. 토지의 경계 인식불능

경계침범죄는 어떠한 행위에 의하여 토지의 경계가 인식불능하게 됨으로써 비로소 성립되는 것이어서, 가령 경계를 침범하고자 하는 행위가

---

4) 대법원 1986. 12. 9. 선고 86도1492 판결; 대법원 1976. 5. 25. 선고 75도2564 판결 등
5) 대법원 1992. 12. 8 선고 92도1682 판결

있었다 하더라도 그 행위로 인하여 토지경계 인식불능의 결과가 발생하지 않는 한 경계침범죄가 성립할 수 없다.

다음은 그와 같은 취지의 판례들이다.

갑이 그 토지상에 주택을 짓기 위하여 택지조성을 하고 택지경계에 돌담을 둘러 막고 담의 남단과 북단에 각 막대기를 경계표로 꽂아 두었던바, 위 택지 안에 자신의 땅 일부가 들어간 것을 안 을이 위 계표를 뽑아 버리고 갑이 쌓은 담 안의 택지위에 갑이 쌓은 담으로부터 약 1.5m 떨어진 지점에 그 담과 병행으로 돌무더기를 군데군데 쌓았다고 하더라도, 갑이 그의 계표라고 주장하여 쌓아놓은 담이 의연히 존재하는 한 토지의 경계는 인식이 가능하므로 을의 위 행위는 경계침범죄에 해당하지 않는다.[6]

갑 등이 자신들의 가옥과 인근 을의 가옥 사이에 설치된 담벽이 정당한 경계가 아니라는 이유로 담벽을 부수기는 하였으나 그 담벽이 완전히 철거된 것이 아니고 약 50cm의 높이를 그대로 둔 채 구 대한지적공사의 측량대로 그 20cm 밖으로 새로이 담장을 설치한 것이라면, 기존의 담벽에 의한 경계는 여전히 남아 있어 토지의 경계를 인식하는 데는 아무런 영향이 없다고 하여 위 행위로 인하여 토지의 경계가 인식불능하게 된 것은 아니므로 갑 등의 행위는 경계침범죄에 해당하지 않는다.[7]

피고인이 기왕에 건립되어 있던 담벽의 연장선상에 위 담벽과 연결하여 추가로 담벽을 설치하여 피고인이 주장하는 경계를 보다 확실히 하고자 한 경우에는, 이로써 새삼스레 피해자 소유의 토지의 경계에 대한 인식불능의 결과를 초래한다고 볼 수 없으므로 경계침범죄에 해당되지 않는다.[8]

---

6) 대법원 1972. 2. 29. 선고 71도2293 판결
7) 대법원 1991. 9. 10. 선고 91도856 판결
8) 앞의 대법원 1992. 12. 8. 선고 92도1682 판결

건물을 신축하면서 그 건물의 1층과 2층 사이에 있는 처마를 피해자 소유의 가옥 지붕 위로 나오게 한 사실만으로는 양 토지의 경계가 인식 불능되었다고 볼 수 없으므로 경계침범죄의 구성요건에 해당하지 아니한다.9)

피고인이 인접한 피해자 소유의 토지를 침범하여 나무를 심고 도랑을 파내는 등의 행위를 하였다 하더라도, 피고인과 피해자 소유의 토지는 이전부터 경계구분이 되어 있지 않았고 피고인의 행위로 인하여 새삼스럽게 토지경계에 대한 인식불능의 결과를 초래하였다고 볼 수 없는 이상, 경계침범죄가 성립하지 않는다.10)

제 2 절   지적측량도면 허위작성시의 형사처벌

Ⅰ. 서   설

지적측량수행자인 한국국토정보공사의 지적측량결과에 불만을 품은 토지소유자들이 종종 민사상의 손해배상을 요구할 뿐만 아니라, 형사상으로도 고소를 하는 경우가 있다. 특히 지적측량결과도나 지적측량성과도에 대하여 의뢰인이 원하는 결과가 나오지 않는 경우 죄명을 형법상의 직무유기죄, 공문서위조죄, 허위공문서작성죄 등으로 하여 입건되는 경우가 많다.

공사 직원들이 고의로(측량상의 과실만 있는 경우에는 위 범죄에 해당되지 않는다) 측량성과도 등을 허위로 작성하였다고 가정하더라도 위 범죄들에 해당되는지를 살펴보기로 한다.

---

9) 대법원 1984. 2. 28. 선고 83도1533 판결
10) 대법원 2010. 9. 9. 선고 2008도8973 판결

Ⅱ. 직무유기죄, 공문서등의 위조·변조 및 동행사죄, 허위공문서작성 및 동행사죄

1. 관련 법령조항

형법 제122조 (직무유기) 공무원이 정당한 이유없이 그 직무수행을 거부하거나 그 직무를 유기한 때에는 1년 이하의 징역이나 금고 또는 3년 이하의 자격정지에 처한다.

형법 제225조 (공문서등의 위조·변조) 행사할 목적으로 공무원 또는 공무소의 문서 또는 도화를 위조 또는 변조한 자는 10년 이하의 징역에 처한다.

형법 제227조 (허위공문서작성등) 공무원이 행사할 목적으로 그 직무에 관하여 문서 또는 도화를 허위로 작성하거나 변개한 때에는 7년 이하의 징역 또는 2천만원 이하의 벌금에 처한다.

형법 제229조 (위조등 공문서의 행사) 제225조 내지 제228조의 죄에 의하여 만들어진 문서, 도화, 전자기록등 특수매체기록, 공정증서원본, 면허증, 허가증, 등록증 또는 여권을 행사한 자는 그 각 죄에 정한 형에 처한다.

2. 성립 여부

위 범죄들은 모두 "공무원"을 그 주체로 하거나 "공무원 또는 공무소의 문서"를 그 대상으로 하고 있다.

공무원은 경력직공무원과 특수경력직공무원으로 구분하는데, 경력직공무원에는 일반직공무원과 특정직공무원이 있고, 특수경력직공무원에는 정무직공무원과 별정직공무원이 있다(「국가공무원법」 제2조, 「지방공무원법」 제2조). 또한 교육공무원은 교육기관에 근무하는 교원 및 조교, 교육행정기관에 근무하는 장학관 및 장학사, 그리고 교육기관, 교육행정기관 또는 교육연구기관에 근무하는 교육연구관 및 교육연구사를 말한다(「교육공무원법」 제2조 제1항).

"공문서"라 함은 행정기관에서 공무상 작성하거나 시행하는 문서(도면·사진·디스크·테이프·필름·슬라이드·전자문서 등의 특수매체기록을 포함)와 행정기관이 접수한 모든 문서를 말한다(「행정 효율과 협업 촉진에 관한 규정」 제3조 제1호).

이러한 법령 규정을 종합해보면 한국국토정보공사 직원은 「공공기관의 운영에 관한 법률」에 따른 공공기관의 직원이지만 이를 공무원으로 볼 수는 없으며, 그가 작성한 문서도 공문서에 해당한다고 볼 수 없다.

헌법재판소는 구 대한지적공사 직원들이 지적측량결과도를 허위로 작성하였다는 이유로 허위공문서작성죄 및 허위작성공문서행사죄로 고소되었으나 검찰에서 혐의없음 처분을 하자 고소인이 헌법소원을 제기한 사안에서, 대한지적공사의 임·직원을 공무원으로 보는 규정이 없다는 점, 구 「정부투자기관관리기본법」, 「특정범죄가중처벌 등에 관한 법률」 등에서 형법의 뇌물죄 적용에 있어 임직원을 공무원으로 보는 규정을 두고 있으나 공사는 그 적용대상 기관도 아니라는 점, 구 지적법상 처벌 규정에 대한지적공사의 임·직원이 그 업무와 관련하여 허위의 문서를 작성한 경우를 처벌하는 규정이 없다는 점 등을 들어, 대한지적공사를 공무소로 보거나 그 임직원을 공무원으로 볼 수 없으므로 허위공문서작성죄 및 허위작성공문서행사죄에 해당하지 않는다고 판시하였다.[11]

나아가 2007. 4. 1.부터 시행된 「공공기관의 운영에 관한 법률」 제53조는 공공기관의 임직원 등으로서 공무원이 아닌 사람은 「형법」 제129조(수뢰, 사전수뢰) 내지 제132조(알선수뢰)의 적용에 있어서는 이를 공무

---

11) 헌법재판소 2006. 11. 14. 선고 2006헌마1187 결정

원으로 본다고 규정하고 있는데, 이 규정은 수뢰죄의 주체는 공무원이고 공사 직원은 공무원이 아니지만 위 경우에만 공무원으로 간주해서 뇌물 죄로 처벌한다는 의미이므로, 위에서 든 직무유기죄, 공문서위조죄, 허위공문서작성죄 등의 다른 범죄에서는 공사 직원을 공무원으로 보지 않는다는 의미로 해석할 수 있다.

또다른 판결례에서도, 한국국토정보공사 직원이 피고인이 군청 민원실 내에서 공무로 지적측량의뢰서를 접수하던 중 토지 공유자가 직접 방문하여 상담한 후 공유지분분할을 청구한 사실이 없음에도 컴퓨터로 '지적측량의뢰서'를 작성하면서 「상담일 2015-05-27, 신청방법 '방문'」 이라고 작성함으로써 행사할 목적으로 공문서인 '지적측량의뢰서' 1장을 허위로 작성하고, 그 즉시 허위 작성 사실을 모르는 그곳에 상주한 한국국토정보공사 성명을 모르는 직원에게 제출하여 행사하였다는 이유로 허위공문서작성죄 및 허위작성공문서행사죄로 기소된데 대하여, 법원은 한국국토정보공사는 공간정보체계의 구축 지원, 공간정보와 지적제도에 관한 연구, 기술 개발 및 지적측량 등을 수행하기 위하여 국가공간정보기본법에 따라 설립된 법인으로서 그 법적 지위는 민법의 재단법인에 준하나, 그 직원을 공무원으로 본다거나 형법의 적용과 관련하여 위 공사의 직원을 공무원으로 의제하는 규정은 없고, 이와 달리 피고인이 국가공무원법, 지방공무원법, 교육공무원법 소정의 공무원에 해당한다고 인정할 만한 다른 자료나 근거는 없으므로, 피고인은 허위공문서작성죄 및 허위작성공문서행사죄에서의 공문서 작성의 주체인 공무원이라고 볼 수 없으므로, 이 사건 공소사실은 범죄사실의 증명이 없는 경우에 해당한다는 이유로 형사소송법 제325조 후단에 의하여 무죄를 선고하였다.[12)]

다만 지적측량결과도나 성과도가 지적소관청에 접수되어 있는 상태

---

12) 광주지방법원 2016. 8. 18. 선고 2016고단1391 판결

이거나 지적소관청의 공무원이 위조·변조 또는 허위작성을 한 경우는 공문서에 대하여 또는 공무원으로서 행위를 한 것으로서 이와 다르게 보아야 할 것이다.

판례는, 가환지에 관한 경지정리확정지구 원도를 광주시장의 위탁에 의하여 대한지적협회 전라남도지부가 측량 작성하여 전라남도 세정과 지적계 기좌의 검사를 마친 후 광주시에 납품하고 다시 서구청으로 회송되어 온 경우에, 위 도면은 이미 이해관계인의 권리에 관한 사항을 기입한 것으로서 형법 제225조 소정의 공무소가 비치한 도화라고 봄이 상당하다고 하여, 지적소관청의 지적계장인 피고인이 소정의 절차를 거침이 없이 단독으로 그 내용에 변경을 가져오는 기재를 하였다면 같은 도화의 변조죄를 범한 것에 해당한다고 하였다. 특히 측량도면의 정정은 측량기사가 지적측량규정에 따라서 그 작성 또는 정정을 스스로 하는 경우를 말하는 것이고 이 사건에서와 같이 다른 측량기사가 적법히 작성완료한 것을 보관하면서 그 내용을 함부로 변경한다는 것은 비록 피고인이 측량기사라 하더라도 허용될 수 없는 것이라고 판시하였다.[13)

Ⅲ. 사문서등의 위조·변조 및 동행사죄

1. 관련 법령조항

지적측량도면이 공문서가 아니라면 사문서에 해당하게 되며, 관련조항은 다음과 같다.

형법 제231조 (사문서등의 위조·변조) 행사할 목적으로 권리·의무 또는 사실증명에 관한 타인의 문서 또는 도화를 위조 또는 변조한 자는 5년 이하의 징역 또는 1천만원 이하의 벌금에 처한다.

형법 제234조 (위조사문서등의 행사) 제231조 내지 제233조의 죄에

---

13) 대법원 1980. 8. 12. 선고 80도1134 판결

의하여 만들어진 문서, 도화 또는 전자기록등 특수매체기록을 행사한 자
는 그 각 죄에 정한 형에 처한다.

2. 성립 여부

우리 형법은 권한없이 타인 명의의 문서를 작성하는 행위를 주로 벌
하는데, 이를 유형위조(有形僞造)라고 한다. 유형위조로서의 "위조"는 문
서의 정당한 작성권한이 없이 타인 명의를 모용하여 문서를 작성하는
것을 말하고, "변조"는 역시 문서의 정당한 작성권한이 없이 문서 내용
에 동일성을 해하지 않을 정도로 변경을 가하여 새로운 증명력을 작출
케 하는 것을 말한다.

반면에 권한 있는 자가 진실이 아닌 내용의 문서를 작성하는 행위는
원칙적으로 처벌하지 아니하나, 특히 중요한 경우[허위공문서작성등(형법
제227조), 공정증서원본 등의 부실기재(형법 제228조), 허위진단서등의 작
성(형법 제233조)]에 한하여 처벌하며, 이를 무형위조(無形僞造)라고 한다.

즉 형법 규정상 사문서의 경우에는 제231조에 따라 유형위조만을 처
벌하면서 예외적으로 제233조에 따라 무형위조를 처벌하고 있는 것이다.

그리하여 판례에 따르면, 피고인들이 제기한 민사소송에서 대표자의
자격을 증명하기 위하여 회의록을 작성하면서 회의에 참석하지도 않은
자가 참석하고 사회까지 한 것으로 기재한 것은 사문서의 무형위조에
해당할 뿐이어서 사문서의 유형위조만을 처벌하는 현행 형법하에서는
죄가 되지 아니한다.[14]

한국국토정보공사 직원은 지적측량도면의 작성권한이 있으므로 그가
이를 허위로 작성했다고 하더라도 "정당한 작성권한이 없이" 문서를 작
성하였다고 볼 수 없어 사문서 위조·변조죄의 구성요건해당성이 없다.

14) 대법원 1984. 4. 24. 선고 83도2645 판결

Ⅳ. 허위사문서작성죄

형법 제227조 허위공문서작성죄는 공문서의 작성권한이 있는 자가 내용을 허위로 작성한 경우 처벌되는 범죄이다. 그렇다면 사문서의 작성권한이 있는 자가 내용을 허위로 작성한 경우 "허위사문서작성죄"가 성립한다고 생각할 수 있을 것이다.

그러나 형법에 "허위사문서작성죄"라는 죄명은 없다. 즉 앞서 보았듯이 형법은 사문서에 관하여는 권한 있는 자가 진실이 아닌 내용의 문서를 작성하는 소위 무형위조(無形僞造)의 경우 처벌하지 않는다는 태도를 가지고 있다. 우리 형법이 사문서의 무형위조를 처벌하지 않는 것은 공문서와 달리 사적 자치의 영역에는 국가의 형벌권 행사를 최대한 자제하기 위함이다.

다만 형법 제233조는 "의사, 한의사, 치과의사 또는 조산사가 진단서, 검안서 또는 생사에 관한 증명서를 허위로 작성한 때에는 3년 이하의 징역이나 금고, 7년 이하의 자격정지 또는 3천만원 이하의 벌금에 처한다."라고 규정하여, 그 중요성이 큰 사문서인 의사 등이 작성한 진단서, 검안서, 생사증명서 등에 한하여 내용을 허위로 작성할 경우 허위진단서등작성죄로 처벌하고 있을 뿐이다.

그러므로 지적측량도면은 내용을 허위로 작성한 경우라도 "허위사문서작성죄"라는 죄명이 없어 처벌할 수 없다.

Ⅴ. 허위감정죄

형법 제154조는 "법률에 의하여 선서한 감정인, 통역인 또는 번역인이 허위의 감정, 통역 또는 번역을 한 때에는 전2조(위증죄)의 예에 의한다."라고 규정하고 있다.

따라서 한국국토정보공사 직원이 법원의 감정측량 요구에 응하여 선서한 후 고의로 허위 감정측량을 하여 감정서를 작성한 경우에는 허위 감정죄로 처벌받을 수 있다.

Ⅵ. 공간정보의 구축 및 관리 등에 관한 법률 위반죄

「공간정보의 구축 및 관리 등에 관한 법률」 제108조 제2호는 고의로 측량성과를 사실과 다르게 한 자는 2년 이하의 징역 또는 2천만원 이하의 벌금에 처한다고 규정하고 있다.

따라서 한국국토정보공사 직원을 포함한 지적측량수행자가 고의로 측량성과를 사실과 다르게 한 경우에는 공간정보의 구축 및 관리 등에 관한 법률 위반죄로 처벌받을 수 있다.

위 조항은 구 「지적법」(2003. 12. 31. 법률 제7036호로 개정되어 2004. 1. 1.시행) 제51조 제1호로 "제45조의2 제1항의 규정을 위반하여 고의로 지적측량을 잘못한 자"에 대하여 형사처벌 하는 규정을 신설한 이후 현행법에서 계속 유지되고 있다.

Ⅶ. 수뢰죄 및 「부정청탁 및 금품등 수수의 금지에 관한 법률」 위반죄

한국국토정보공사 직원이 지적측량도면의 허위작성과는 별개로 지적측량 업무와 관련하여 금품을 받은 경우 그에 대한 형사처벌은 어떻게 되는지도 문제된다.

형법 제129조에서 제132조까지는 공무원 등의 뇌물 관련 범죄를 처벌하는 규정을 두고 있다.

그런데 한국국토정보공사 직원은 공무원이 아니므로 과거에는 위 조항이 적용되지 않고, 다만 형법 제357조 제1항에 따라 타인의 사무를 처리하는 자가 그 임무에 관하여 부정한 청탁을 받고 재물 또는 재산상의 이익을 취득한 경우로서 배임수재죄로 처벌되었다.

하지만 「공공기관의 운영에 관한 법률」(2007. 1. 19. 법률 제8258호로 제정되어 2007. 4. 1. 시행)이 제정되면서, 제53조에서 "공기업·준정부기관의 임직원, 운영위원회의 위원과 임원추천위원회의 위원으로서 공무원이 아닌 사람은 「형법」 제129조(수뢰, 사전수뢰) 내지 제132조(알선수뢰)의 적용에 있어서는 이를 공무원으로 본다"라고 규정하게 되었다.

따라서 위탁집행형 준정부기관으로서 공공기관에 해당하는 한국국토정보공사의 임직원은 2007. 4. 1. 이후 직무에 관하여 뇌물을 수수, 요구 또는 약속한 때에는 「형법」 제129조부터 제132조까지에 따른 수뢰죄로 처벌받게 된다.

아울러, 「부정청탁 및 금품등 수수의 금지에 관한 법률」(2015. 3. 27. 법률 제13278호로 제정되어 2016. 9. 28. 시행)에 따라, 공사 직원이 직무 관련 여부 등을 묻지 않고 1회 100만원 또는 연간 300만원 초과 금품 등을 받거나 요구 또는 약속하는 경우 3년 이하의 징역이나 3천만원 이하의 벌금형으로 처벌되고(「부정청탁 및 금품등 수수의 금지에 관한 법률」 제8조 제1항, 제22조 제1항 제1호), 1회 100만원 또는 연간 300만원 이하 금품 등을 받은 때에도 직무관련성이 있는 경우 받은 액수의 2~5배의 과태료가 부과된다(「부정청탁 및 금품등 수수의 금지에 관한 법률」 제8조 제2항, 제23조 제5항 제1호).

6
CHAPTER

기타 지적 업무 관련
법적 문제

제1절 확정판결에 의한 분할신청시 지적소관청의 분할거부의 적법성

Ⅰ. 서 설

공유지분권자나 토지소유자가 공유물분할청구의 소, 소유권이전등기 청구의 소 등을 제기하여 승소확정판결을 받은 후 지적소관청에 현황측 량감정도면이 붙은 위 판결을 첨부하여 토지분할신청을 하였는데, 지적 소관청은 도면상 신청인의 점유부분의 면적이 실측 면적을 훨씬 초과하 거나, 확정판결에 따른 분할시 건축법 등 타 법령에 위배되거나, 타 법 령상 개발행위허가 등을 받지 않았다는 이유로 분할을 거부하는 사례가 있다.

구「측량·수로조사 및 지적에 관한 법률 시행령」제65조 제2항의 위임에 따른 구「측량·수로조사 및 지적에 관한 법률 시행규칙」제83

조 제1항은 분할 신청서에 더하여 분할 허가 대상인 토지의 경우에는 그 허가서 사본, 법원의 확정판결에 따라 토지를 분할하는 경우에는 확정판결서 정본 또는 사본을 첨부하도록 규정하여, 분할 허가 등의 요건과 별개로 법원의 확정판결이 있으면 분할을 할 수 있는 것으로 해석되었다.[1] 그러나 개정 「측량·수로조사 및 지적에 관한 법률 시행규칙」 (2011. 10. 10. 국토해양부령 제389호로 개정되어 같은 날 시행) 제83조에서는 법원의 확정판결 요건을 삭제하였고,[2] 이는 현행 「공간정보의 구축 및 관리 등에 관한 법률 시행규칙」 제83조에서 그대로 이어지고 있다.

이러한 법령 규정하에서 분할을 명하는 확정판결을 받았다면 다른 법령에 따른 분할 허가 등 요건을 갖추지 않았다고 하더라도 지적소관청은 분할을 해주어야 하는지 살펴보기로 한다.

Ⅱ. 지적업무 주무기관의 입장

과거 지적업무의 주무기관의 입장은 다음과 같다.

확정판결에 따른 법원의 감정측량면적과 지적공부정리를 위한 분할

---

1) 측량·수로조사 및 지적에 관한 법률 시행령
   제65조(분할 신청)
   ② 토지소유자는 법 제79조에 따라 토지의 분할을 신청할 때에는 분할 사유를 적은 신청서에 국토해양부령으로 정하는 서류를 첨부하여 지적소관청에 제출하여야 한다. 이 경우 법 제79조 제2항에 따라 1필지의 일부가 형질변경 등으로 용도가 변경되어 분할을 신청할 때에는 제67조 제2항에 따른 지목변경 신청서를 함께 제출하여야 한다.
   「측량·수로조사 및 지적에 관한 법률 시행규칙」
   제83조(분할 신청) ① 영 제65조 제2항에서 "국토해양부령으로 정하는 서류"란 다음 각 호의 어느 하나에 해당하는 서류를 말한다.
   1. 분할 허가 대상인 토지의 경우에는 그 허가서 사본
   2. 법원의 확정판결에 따라 토지를 분할하는 경우에는 확정판결서 정본 또는 사본
2) 측량·수로조사 및 지적에 관한 법률 시행규칙
   제83조(분할 신청) ① 영 제65조 제2항에서 "국토해양부령으로 정하는 서류"란 분할 허가 대상인 토지의 경우 그 허가서 사본을 말한다.

측량면적이 상이한 경우 확정판결에 따라 지적공부를 정리할 수 있는지 여부에 대하여, 확정판결에 의한 면적과 지적공부정리를 위한 분할측량 면적이 상이한 경우에는 지적소관청이 검사한 측량성과도를 첨부하여 법원으로부터 경정결정을 받아 지적공부를 정리하여야 한다.3)

1,200분의1 지적도등록지역에서 "점유취득시효완성을 원인으로 한 소유권이전등기절차를 이행하라"는 확정판결을 받았으나, 분할측량결과 분할면적은 판결내용과 같으나 판결문의 별지도면에 표시된 필지의 점 간거리가 상이한 경우 분할 가능 여부에 대하여, 확정판결에 의한 분할 측량시 판결문의 의결주문에 명시된 위치와 면적이 지적측량결과와 부 합하는 경우에는 분할이 가능하다.4)

또한 현재 지적업무의 주무기관의 위 개정「측량·수로조사 및 지적 에 관한 법률 시행규칙」에 따른 입장은 다음과 같다.

– 법원의 확정판결(화해조서, 조정조서 포함)서의 판결 내용을 정확 히 파악하여 아래와 같이 토지분할 업무를 처리하시기 바랍니다.

• 관계법령의 내용을 심사하여 판결한 공유분할 판결(제소후 법원의 조정조서 포함)은 판결문에 따라 분할 가능

– 국토계획법의 개발행위(토지분할)허가 등

– 개발제한구역의 지정 및 관리에 관한 특별조치법의 행위(토지분 할)허가 등

– 건축법의 대지의 분할제한 등

• 민법 제245조에 의한 취득시효 완성을 원인으로 한 소유권이전등 기 절차를 이행하라는 판결이 있는 경우는 판결문에 따라 분할 가능

• 제소전 화해조서(공유물분할)의 경우는 반드시 개발행위(토지분할) 허가를 득한 경우에만 분할 가능

---

3) 지적 13500-1194(1997. 9. 30.)
4) 지적 13507-141(1998. 2. 24.)

- 자연녹지 및 비도시지역 안에서 인가·허가 등을 받지 아니한 경우
- 건축법 제57조 제1항에 따른 분할제한면적 미만으로 분할하는 경우
- 관계법령에 의한 허가·인가 등을 받지 아니하고 행하는 너비 5미터 이하로 분할하는 경우5)

Ⅲ. 판례의 입장

1. 분할거부처분의 행정소송 대상 여부

지적소관청이 확정판결에 의한 분할신청을 거부하는 경우 우선 이것이 행정소송의 대상이 되는지가 문제된다.

판례는 지적소관청이 지적공부에 일정한 사항을 등록하거나 등재사항을 변경하는 행위가 행정사무집행의 편의와 사실증명의 자료로 삼기 위한 것에 불과한 경우에는 그 등재 또는 변경으로 인하여 권리관계에 영향이 없으므로 행정소송의 대상이 될 수 없는 것이지만, 토지소유자가 구 지적법 제17조 제1항, 같은법 시행규칙 제20조 제1항 제1호의 규정에 의하여 1필지의 일부가 소유자가 다르게 되었음을 이유로 토지분할을 신청하는 경우, 1필지의 토지를 수필로 분할하여 등기하려면 반드시 지적법이 정하는 바에 따라 분할의 절차를 밟아 지적공부에 각 필지마다 등록되어야 하고 이러한 절차를 거치지 아니하는 한 1개의 토지로서 등기의 목적이 될 수 없기 때문에 만약 이러한 토지분할신청을 거부한다면 토지소유자는 자기 소유 부분을 등기부에 표창할 수 없고 그 부분의 처분도 할 수 없게 된다는 점을 고려할 때 지적소관청의 위와 같은 토지분할신청에 대한 거부행위는 국민의 권리관계에 영향을 미친다고 할 것이므로 이를 항고소송의 대상이 되는 처분으로 보아야 한다고 하였다.6)

---

5) 지적기획과-2512(2011. 10. 24.)

그러므로 분할을 거부당한 신청인은 지적소관청을 상대로 분할거부처분을 취소하라는 취지의 행정심판이나 행정소송을 제기할 수 있다.

2. 분할거부처분의 적법성

가. 확정판결에 따라 건물을 관통하는 분할을 신청한 경우

판례에 따르면, 지적관계법령을 살펴보아도 지적소관청은 토지소유자의 분할신청내용에 대하여 실질심사를 하도록 규정하고 있지는 아니하므로 토지소유자가 토지분할신청을 하여 온 경우에는 신청인의 신청내용이 법령에 위배되는 경우 또는 신청취지가 불분명하거나 명백한 오류가 있는 등의 경우가 아닌 이상 그 신청내용에 따라 분할하여 줄 의무가 있다. 또한 과거에는 「지적업무처리지침」이 측량성과를 사실심사의 방법에 의하여 결정하도록 하고 또 건물을 관통하는 분할을 할 수 없게 규정하였으나, 「지적업무처리지침」은 예규로서 행정 내부의 지침에 불과하여 일반 국민이나 법원을 구속하지 못한다.[7][8]

나. 확정판결에 따라 실측한 면적이나 경계와 다르게 분할을 신청한 경우

판례는, 등기부상 토지가 공유로 되어 있으나 실질적으로는 특정하여 구분 소유하면서 점유·사용해 오던 자가 다른 공유자를 상대로 점유 부분에 대하여 소유권이전등기절차를 이행하라는 소를 제기하여 승소확정판결을 받은 후 지적소관청에 현황측량감정도면이 붙은 위 판결

---

6) 대법원 1992. 12. 8. 선고 92누7542 판결; 대법원 1993. 3. 23. 선고 91누8968 판결
7) 대법원 1975. 9. 23. 선고 75누167 판결; 대법원 1993. 3. 23. 선고 91누8968 판결
8) 이후 개정 「지적법 시행령」(1995. 4. 6. 대통령령 제14568호로 개정되어 같은 날 시행) 제26조 제2항은 "분할에 따른 경계는 지상건물을 걸리게 하거나 관통하게 설정할 수 없다. 다만, 법원의 확정판결이 있는 경우와 제22조 제2항의 규정에 의하여 분할하는 경우에는 그러하지 아니하다."라고 규정하여, 법령으로 법원의 확정판결에 따라 건물을 관통하는 분할을 허용하게 되었으며, 현행 「공간정보의 구축 및 관리 등에 관한 법률 시행령」 제55조 제4항도 마찬가지의 규정을 두고 있다.

을 첨부하여 토지분할신청을 하였는데, 지적소관청은 도면상 원고의 점유부분의 면적이 실측 면적을 훨씬 초과한다는 이유 등으로 분할신청을 거부한 사례에서, 지적관계법령을 살펴보아도 지적소관청은 토지소유자의 분할신청내용에 대하여 실질심사를 하도록 규정하고 있지는 아니하므로 토지소유자가 토지분할신청을 하여 온 경우에는 신청인의 신청내용이 법령에 위배되는 경우 또는 신청취지가 불분명하거나 명백한 오류가 있는 등의 경우가 아닌 이상 그 신청내용에 따라 분할하여 줄 의무가 있다고 할 것인바, 확정판결에 첨부된 측량도면의 분할경계선이 실제 현황과 차이가 있다고 하여도 이는 관계당사자가 민사소송절차에서 다투었어야 할 사항으로서 판결경정사유에 해당하는 명백한 오류가 있는 경우라고도 볼 수 없다 할 것이므로 이를 이유로 토지분할신청을 거부할 수 없다고 하였다.9)

또한, 피고의 토지 점유 부위와 그 면적이 측량감정인의 잘못으로 피고의 실제 점유 부위 및 면적과 다르게 감정되었음에도 불구하고, 원고나 법원이 이를 간과하고 그 감정 결과에 따른 청구취지대로 판결이 선고된 것이라고 하더라도, 그와 같은 오류가 명백하다고 볼 수도 없을 뿐만 아니라, 원고가 구하는 취지대로 판결경정에 의하여 피고의 점유 면적을 증가시키는 내용으로 그 점유 부위와 면적의 표시를 고치는 것은 판결 주문의 내용을 실질적으로 변경하는 경우에 해당하여 허용될 수 없다고 하였다.10)

다. 확정판결에 따라 건축법에 위배되는 내용의 분할을 신청한 경우

원고는 소외 회사로부터 사건 토지 대 250.2㎡ 중 원고가 특정하고 있는 부분 대 151.7㎡를 그 지상의 건물과 함께 매수하여, 소외 회사를

---

9) 대법원 1993. 3. 23. 선고 91누8968 판결
10) 대법원 1999. 4. 12. 자 99마486 결정

상대로 그 소유권이전등기절차 등의 이행을 구하는 소송을 제기하여 승소확정판결을 받았다. 원고는 위 토지 부분에 관한 토지분할 및 소유권이전등기를 하기 위하여 구 대한지적공사 출장소장에게 분할측량을 의뢰하였고, 공사 출장소장은 원고의 의뢰에 따라 분할측량을 완료하여 지적소관청인 피고에게 측량원도 등 측량성과에 관한 자료를 제출하면서 그 측량성과를 검사한 후 측량성과도를 교부하여 줄 것을 신청하였다. 피고는 위 토지 부분을 분할할 경우 건축법 제47조에서 정하고 있는 대지면적에 대한 건축면적의 비율(건폐율)의 최대한도 및 같은 법 제50조에서 정하고 있는 건축물을 건축하는 경우 건축선 및 인접 대지경계선으로부터 띄어야 하는 거리 확보 등에 관한 각 규정에 위반되어 토지를 분할할 수 없는 경우에 해당된다는 이유로 위 출장소장을 통하여 원고가 신청한 측량성과도 교부신청을 반려하였다. 이에 대하여 법원은 지적 관계법령을 살펴보아도, 지적소관청은 측량성과도를 교부함에 있어 대행법인의 측량성과의 정확성만을 검사·확인하도록 규정하고 있을 뿐, 대행법인의 측량성과의 정확성 이외에 다른 사항을 검사 또는 확인하거나 측량성과를 이용하여 토지를 분할하는 경우의 법령상의 저촉사항 여부를 검토하여 이에 위배되는 경우 측량성과도의 교부를 거부하거나 교부신청을 반려할 수 있도록 하는 등의 실질검사를 하도록 규정하고 있지는 아니하므로, 토지소유자가 측량성과도 교부신청을 하여 온 경우에는 측량성과의 정확성을 확인할 수 있는 이상 그 신청 내용에 따라 측량성과도를 교부하여 주어야 할 것이므로, 사건 토지를 분할할 경우 건축법 제49조 제2항에서 분할의 제한사유로 들고 있는 같은 법 제47조, 제50조 등의 규정에 위반된다 하여 이를 이유로 측량성과도 교부신청을 반려할 수는 없다고 하였다.[11]

---

11) 대법원 1997. 9. 9. 선고 97누1792 판결

또한 확정판결에 의한 분할신청에 대하여 지적소관청이 사건 토지를 분할할 경우 사건 토지의 경계와 인접 대지상에 건축되어 있는 건물과의 거리가 건축법 시행령 제81조 소정의 최소거리 0.5m에 미달하게 되어 사건 토지를 분할할 수 없는 경우에 해당된다는 이유로 구 대한지적공사 출장소장을 통하여 원고가 신청한 측량성과도 교부신청을 반려한 사례에서, 지적관계법령을 살펴보아도 지적소관청은 측량성과도를 교부함에 있어 대행법인의 측량성과의 정확성만을 검사·확인하도록 규정하고 있을 뿐 대행법인의 측량성과의 정확성 이외에 다른 사항을 검사 또는 확인하거나 위 측량성과를 이용하여 토지를 분할하는 경우의 법령상의 저촉사항 여부를 검토하여 이에 위배되는 경우 측량성과도의 교부를 거부하거나 교부신청을 반려할 수 있도록 하는 등의 실질심사를 하도록 규정하고 있지는 아니하므로, 토지소유자가 측량성과도 교부신청을 하여온 경우에는 위 측량성과의 정확성을 확인할 수 있는 이상 그 신청 내용에 따라 측량성과도를 교부하여 줄 의무가 있다고 할 것인바, 사건 토지를 분할할 경우 사건 토지의 경계와 인접 대지상에 건축되어 있는 건물과의 거리가 건축법 시행령 제81조 소정의 최소거리 0.5m에 미달하게된다 하여 이를 이유로 측량성과도 교부신청을 반려할 수는 없다고 하였다.[12]

그리고 건축법 제49조의 규정은 대지 평수에 대한 그 위의 건물크기의 비율 등에 관한 제한규정일 뿐 그 대지 자체의 적법한 원인에 의한 분할과 소유권이전까지 제한하는 취지는 아니므로, 도시계획구역 안에서 건축법령 및 건축조례와 도시계획법령이 정하는 대지면적 최소한도, 건폐율, 대지 안의 공지, 분할토지의 너비 등에 관한 제 기준에 미달되게 토지를 분할하고자 할 경우에는 원칙적으로 미리 시장·군수의 허가를

---

12) 대법원 1994. 1. 14. 선고 93누19023 판결

받도록 하되, 다만 법원의 확정판결에 의한 토지분할의 경우에는 대상토지가 그와 같은 관계 법령상의 기준에 미달된다 할지라도 시장·군수의 별도의 허가를 받을 필요 없이 그 분할이 가능하다고 하였다.[13)

라. 확정판결에 따라 관계법령상 토지의 개발행위허가를 받지 않고 분할을 신청한 경우

법원의 확정판결 요건을 삭제한 개정 「측량·수로조사 및 지적에 관한 법률 시행규칙」(2011. 10. 10. 국토해양부령 제389호로 개정되어 같은 날 시행) 제83조가 시행되기 전의 법령 적용이 문제된 사건에서 법원은 다음과 같이 판결하고 있다.

개발제한구역 내 임야의 공유물분할에 관한 조정이 성립된 후 조정조서의 내용대로 임야의 분할을 신청하였으나 시장·군수·구청장이 이를 거부한 사안에서, 법원은 구 「개발제한구역의 지정 및 관리에 관한 특별조치법」 제11조 제1항 제6호, 같은 법 시행령 제16조 본문에 의하면, 개발제한구역에서는 원칙적으로 토지의 분할을 할 수 없고 다만 시장·군수·구청장의 허가를 받아 분할된 후 각 필지의 면적이 200㎡ 이상인 경우에만 토지를 분할할 수 있도록 규정하고 있어 이러한 절차를 거치지 않은 분할신청은 개발제한구역의 지정 및 관리에 관한 특별조치법령에 위배되는 신청이라는 점, 위 법상의 토지분할의 제한은 건축법상 대지 면적이 최소한도 미만으로 분할되는 것을 제한하고 있는 것과 달리 도시의 무질서한 확산 등을 방지하기 위한 것으로서 공유물분할 등에 관한 조정 과정에서 그러한 사정에 관한 검토가 이루어진다고 보기 어려운 점 등에 비추어, 당사자들 사이의 합의에 따라 작성된 조정조서는 지적법 시행규칙 제24조 제1항 제2호에 정한 '확정판결'로서 위 특별조치법상의 토지분할에 관한 허가를 대체하는 것으로 보기 어렵다는 등

---

13) 대법원 1996. 11. 12. 선고 96누7519 판결

의 이유로 임야분할신청을 받아들이지 않은 거부처분이 적법하다고 하였다.[14]

그리고 「국토의 계획 및 이용에 관한 법률」 제56조 제1항, 같은법 시행령 제51조 제5호는 녹지지역 안에서 관계법령에 따른 인가·허가 등을 받지 아니하고 행하는 토지의 분할은 시장 등으로부터 개발행위허가를 받아야 한다고 규정하고 있으므로, 녹지지역 안에서의 토지분할은 개발행위허가대상에 해당하여 토지분할시 그 허가서 사본을 첨부하여야 하므로, 토지소유자들이 법원의 판결이나 조정을 받아 토지분할신청시 분할허가서 사본을 첨부하지 아니하였음을 이유로 분할신청을 반려한 처분은 적법하다고 판시하였다.[15]

또한 「측량·수로조사 및 지적에 관한 법률」, 같은 법 시행령 및 같은 법 시행규칙에서 토지분할 신청시에 분할허가 대상인 토지의 경우에는 허가서 사본을, 법원의 확정판결에 따라 토지를 분할하는 경우에는 확정판결서 정본 또는 사본을 첨부하도록 한 것은, 개발행위허가 등의 공법상 규제요건과 확정판결 등의 사법상 권리변동요건의 충족 여부를 각 제출서류에 의하여 심사함으로써 국토의 효율적 관리와 국민의 소유권 보호라는 입법목적을 조화롭게 달성하려는 것이므로, 국토계획법상 개발행위허가 대상인 토지에 대하여 분할을 신청하려면 반드시 그 허가서 사본을 제출하여야 하고, 공유물분할 등 확정판결이 있다고 하여 달리 볼 것은 아니어서, 개발행위허가권자는 신청인이 토지분할 허가신청을 하면서 공유물분할 판결 등의 확정판결을 제출하더라도 국토계획법에서 정한 개발행위 허가기준 등을 고려하여 거부처분을 할 수 있으며, 이러한 처분이 공유물분할 판결의 효력에 반하는 것은 아니므로, 지적소

---

14) 대법원 2009. 10. 15. 선고 2008두3920 판결
15) 대구지방법원 2009. 6. 3. 선고 2008구합3731 판결(※ 항소심 대구고등법원 2009누 1243에서 항소취하로 확정)

관청인 피고가 국토계획법상 농림지역 및 관리지역에 속한 임야에 관하여 원고들이 임야에 관한 공유물분할 판결을 받아 그 판결이 확정된 사정을 고려하지 아니한 채 국토계획법상 토지분할 허가신청을 거부한 것은 정당하다고 하였다.[16)]

Ⅳ. 판례에 대한 검토

1. 판례의 정리

개정 「측량·수로조사 및 지적에 관한 법률 시행규칙」(2011. 10. 10. 국토해양부령 제389호로 개정되어 같은 날 시행) 제83조 이전의 사건에서, 판례에 따르면 타 법령에서 분할 자체를 할 수 없거나 분할에 허가를 받도록 규정하였는데 분할을 명하는 확정판결 내용이 이에 위배되는 경우에는 확정판결과 달리 소관청이 분할을 거부하는 것이 적법하다. 그러나 토지소유자 등이 확정판결에 따라 지적소관청에 현황측량감정도면이 붙은 위 판결을 첨부하여 토지분할신청을 하였는데, 소관청이 도면상 신청인의 점유부분의 면적이 실측 면적이나 경계와 다르다거나, 특히 확정판결에 따른 분할시 건축법령상의 제한사항에 위배된다는 이유로 분할을 거부하는 것은 위법하다.

2. 확정판결에 의한 분할을 명한 판례의 문제점

가. 개정 「측량·수로조사 및 지적에 관한 법률 시행규칙」 관련 조항에 반함

판례는 지적관계법령에서 지적소관청은 측량성과도를 교부함에 있어 대행법인(현 지적측량수행자)의 측량성과의 정확성만을 검사·확인하도록 규정하고 있을 뿐 다른 사항을 검사 또는 확인하거나 법령상의 저촉사

---

16) 대법원 2013. 7. 11. 선고 2013두1621 판결

항 여부를 검토하는 등의 실질심사를 하도록 규정하고 있지는 아니하다는 점을 주된 논거로 삼고 있다.

분할 요건에 관한 법령 조항의 변천을 살펴보면, 분할은 지적법 제정 당시부터 토지소유자가 필요한 경우 신고에 의하여 할 수 있었고, 확정판결에 따른 분할에 대한 제한을 허용하지 않았던 판례들이 많이 나왔던 1990년대 이후 2009년 「측량·수로조사 및 지적에 관한 법률」 시행 당시까지도 특별한 법령상의 제한 없이 소유권이전, 매매 등이나 토지이용상 불합리한 지상 경계 시정 등을 위하여 필요한 경우에 신청에 따라 할 수 있었다. 그러자 기획부동산 등이 「개발제한구역의 지정 및 관리에 관한 특별조치법」에 따른 개발제한구역이나 「국토의 계획 및 이용에 관한 법률」에 따른 개발행위 허가 대상 토지, 또는 「건축법」 제55조에서 제57조까지의 제한 대상 토지로서 토지이용이 불가능한 쓸모없는 땅을 다수의 공유지분 형태로 매수하게 한 후 분할허가 제한을 회피하기 위하여 공유물분할소송의 형태로 소를 제기한 후 화해 또는 조정결정을 받아 확정판결서만을 첨부하여 무분별한 택지식 분할 정리를 하는 폐해가 끊이지 않았다. 그리하여 개정 「측량·수로조사 및 지적에 관한 법률 시행규칙」(2011. 10. 10. 국토해양부령 제389호로 개정되어 같은 날 시행) 제83조에서 확정판결서 정본 또는 사본을 분할 신청 관련 서류에서 제외하게 되었다. 위 시행규칙의 "개정이유 및 주요내용"에서는, "민원인의 불편을 해소하기 위하여 토지소유자가 법원의 확정판결에 따라 토지를 분할하는 경우에 법원의 확정판결서 정본 또는 사본을 첨부하도록 하는 규정을 삭제하여 토지분할과 관련한 조문을 합리적으로 개정하려는 것임"이라고 되어 있다. 그러나 이러한 개정 내용은 절차적인 요건만을 개정하는데 불과하여, 2014. 1. 18. 시행된 개정 「측량·수로조사 및 지적에 관한 법률 시행령」 제65조 제1항은 별도로 관계 법령에 따라 해당 토지에 대한 분할이 개발행위 허가 등의 대상인 경우에는 개발행위 허가 등을 받은 이후에 분할을 신청할 수 있도록 개정되었던 것이다.

즉 종래 「지적법 시행규칙」 제20조 제1항, 「공간정보의 구축 및 관리 등에 관한 법률 시행규칙」 제83조 제1항 등에서는 분할 신청시 첨부하여야 할 서류로서 법원의 확정판결에 따라 토지를 분할하는 경우에는 확정판결서 정본 또는 사본을 독립적으로 규정함에 따라, 법원의 확정판결이 있는 경우에는 다른 요건을 고려할 필요 없이 분할이 가능하다는 해석이 가능하였으나, 2011. 10. 10. 개정 시행된 「측량·수로조사 및 지적에 관한 법률 시행규칙」 제83조는 법원의 확정판결을 독립적인 분할 사유로 할 수 있는 근거를 삭제하였으므로, 더 이상 법원의 확정판결 그 자체만으로 분할을 할 수 있는 근거로 삼을 수 없으며, 분할에 대한 별개의 요건인 법령상의 허가가 필요하게 되었다고 해석할 수 있다.

나아가 종래 「지적법 시행규칙」 제33조 제2항, 제55조 제4항, 「지적측량 시행규칙」 제28조 제2항 제3호 등은 분할 등의 등록을 함에 있어서 단순히 지적소관청은 측량성과가 정확하다고 인정되는 때에는 지적측량성과도를 지적측량수행자에게 교부하여야 하며, 지적측량수행자는 측량의뢰인에게 그 측량성과도를 지체없이 교부하여야 한다고만 규정함에 따라, 지적소관청에게 법령상의 저촉 여부를 검토하도록 허용하는 근거 규정이 별도로 없었으나, 개정 「지적측량 시행규칙」(2014. 1. 17. 국토교통부령 제64호로 개정되어 2014. 1. 18. 시행) 제28조 제2항 제3호는 "지적소관청은 「건축법」 등 관계 법령에 따른 분할제한 저촉 여부 등을 판단하여 측량성과가 정확하다고 인정하면 지적측량성과도를 지적측량수행자에게 발급하여야 하며, 지적측량수행자는 측량의뢰인에게 그 지적측량성과도를 포함한 지적측량 결과부를 지체 없이 발급하여야 한다."라고 규정하여, 법령에서 명시적으로 지적소관청이 「건축법」 등 관계 법령에 따른 분할제한 저촉 여부 등을 판단하여 분할 절차를 진행하도록 규정하고 있다.

법제처의 법령해석사례에서도, 공간정보의 구축 및 관리 등에 관한 법률은 지적소관청이 토지소유자의 분할신청 내용에 대하여 실질심사를 하도록 규정하고 있지는 않으나, 그렇다고 하더라도 신청 내용이 법령에 위배되는 경우 또는 신청취지가 불분명하거나 명백한 오류가 있는 등의 경우에는 신청 내용에 따라 분할하여 줄 의무가 없고, 「측량·수로조사 및 지적에 관한 법률 시행규칙」이 2011년 10월 10일 국토해양부령 제389호로 일부개정되면서 법원의 확정판결에 따라 토지를 분할하는 경우 확정판결서 정본 또는 사본을 첨부하여 토지분할 신청이 가능하도록 한 같은 규칙 제83조 제1항 제2호가 삭제되었으며, 토지분할에 관한 사법상의 권리관계가 판결을 통해 확정되었다고 하여 이에 대한 공법적인 규제의 적용까지 면제받는 것은 아니라는 점 등을 종합해 볼 때, 건축물이 있는 대지의 일부를 분할하는 내용의 확정판결이 있더라도 그에 따라 분할되는 토지의 면적이 「건축법」 제57조 제1항에 따른 최소면적 기준에 미달한다면 지적소관청이 공간정보관리법 제79조 제1항에 근거하여 지적공부상의 필지를 나누어 등록할 수는 없다고 하였다.[17)]

따라서 2011. 10. 10. 「측량·수로조사 및 지적에 관한 법률 시행규칙」 제83조의 개정 이후에는 지적관계법령에서 지적소관청이 측량성과도를 교부함에 있어 법령상의 저촉사항 여부를 검토하는 등의 실질심사를 하도록 규정하고 있는 것으로 보아야 할 것이다.

나. 「지적사무처리규정」에 따른 실질심사 허용의 간과

2011. 10. 10. 「측량·수로조사 및 지적에 관한 법률 시행규칙」 제83조의 개정 이전에도 지적소관청의 실질심사의 근거는 존재하였다고 볼 수 있다.

분할은 지적소관청의 등록으로 완료가 되므로, 지적소관청이 분할등

---

17) 법제처 법령해석총괄과-557(2016. 11. 3.)

록을 함에 있어서는 「건축법」, 「국토의 계획 및 이용에 관한 법률」 등 분할과 관련된 모든 법령에 대하여 검토를 하여 분할 여부를 판단하여야 하며, 「공간정보의 구축 및 관리 등에 관한 법률」이라는 직접적인 분할등록 관련 법령만을 가지고 검토할 수는 없다.

기존 판례들이 적용되던 사실관계에서도 과거 「지적사무처리규정」 (1995. 9. 26 내무부예규 제773호) 제63조는 "규칙 제33조 제2항의 규정에 의한 측량성과의 검사는 다음 각호에 의한다."라고 하면서, "2. 세부측량" 항목에서 "다. 기지점간 지상경계와의 부합여부 라. 경계점간 계산거리(도상거리)와 실측거리의 부합여부 마. 면적측정의 정확여부 바. 관계법령의 저촉여부" 등을 규정하고 있어, 지적소관청이 분할측량성과를 검사할 때는 실측한 거리나 면적, 관계법령의 분할제한 등과 저촉되는지를 검사할 수 있도록 하고 있다.[18]

「지적사무처리규정」은 예규의 형식을 취하고 있으나, 위 조항은 구 「지적법 시행규칙」(1995. 4. 26. 내무부령 제646호로 개정되어 같은 날 시행) 제28조 제3항 "제1항 및 제2항의 규정에 의한 측량성과의 검사방법·측량성과도 작성방법 등에 관하여 필요한 사항은 내무부장관이 정한다"에 따라, 법령으로부터 지적측량성과의 검사방법 등 전문적·기술적 사항에 관하여 구체적으로 위임을 받은 소위 "법령보충규칙"으로 보아야 할 것이므로, 단순히 행정조직 내부의 사무처리기준을 정한 행정규칙이라기보다는 법규성을 인정할 수 있다.[19]

다. 확정판결의 기속력에 대한 오해

판례는 확정판결의 기속력에 따라 행정청인 지적소관청이 분할 신청에 대한 처분을 하여야 한다는 논리에 기한 것으로 보인다.

---

18) 현행 「지적업무처리규정」(국토교통부 훈령) 제26조도 동일한 규정을 두고 있다.
19) 행정규제기본법 제4조 제2항 단서, 대법원 1993. 11. 23. 선고 93도662 판결; 대법원 1994. 4. 26. 선고 93누21668 판결 등

그러나 기속력은 법원이 판단한 동일한 이유에 기하여 동일한 내용의 처분을 금하는 것이므로, 별도의 이유에 기하여 동일한 내용의 처분은 가능하다.

분할 신청의 근거가 되는 확정판결은 분할 신청이 지적측량수행자의 측량성과의 정확성이 인정되어 분할이 가능하다는 것을 판단한 것에 불과한 것이지, 허가 요건을 충족하였는지 여부에 관하여 판단한 것이 아니다.

이러한 취지에서, 2011. 10. 10. 「측량·수로조사 및 지적에 관한 법률 시행규칙」 제83조의 개정 이전에도, 「개발제한구역의 지정 및 관리에 관한 특별조치법」에 따른 개발제한구역이나 「국토의 계획 및 이용에 관한 법률」에 따른 개발행위 허가 대상 토지에 대하여 분할을 명한 확정판결이 있더라도 관계 법령상의 허가를 받지 않은 경우에는 분할을 거부한 처분이 적법하다고 판시하였음은 앞서 본 바와 같다.[20]

라. 소 결

이런 점들을 종합해보면, 분할을 명한 확정판결에 따른 분할신청이 있는 경우에, 도면상 신청인의 점유부분의 면적이 실측 면적이나 경계와 다르다거나, 건축법령상의 제한사항에 위배된다는 이유로 분할을 거부하는 것이 위법하다는 종래의 판례는 수정되어야 할 것이다.

---

20) 앞의 대법원 2009. 10. 15. 선고 2008두3920 판결; 대법원 2013. 7. 11. 선고 2013두1621 판결

제 2 절 부동산 점유취득시효

I. 취득시효 제도의 의의

취득시효란 권리를 행사하고 있는 외관이 일정 기간 계속된 경우에 권리취득의 효과가 생긴 것으로 하는 제도를 말하며, 부동산에 대하여는 점유취득시효와 등기부취득시효를 구별하여 규정하고 있다.

점유취득시효란 20년간 소유의 의사로 평온·공연하게 부동산을 점유하는 자가 등기함으로써 그 소유권을 취득하도록 하는 제도를 말한다(민법 제245조 제1항).

등기부취득시효란 부동산의 소유자로 등기한 자가 10년간 소유의 의사로 평온·공연하게 선의이며 과실 없이 그 부동산을 점유한 때에 소유권을 취득하도록 하는 제도를 말한다(민법 제245조 제2항).

II. 지적측량과 취득시효 제도와의 관계

지적소관청이 지적도에 경계를 잘못 등록하거나 지적측량수행자의 잘못된 측량으로 오류가 있는 경계를 기준으로 토지를 점유해 온 사람은 점유취득시효를 주장할 수 있다.

또한 판례에 따르면, 토지소유자들이 지적공부상 경계와 다르게 타인 토지를 점유한 사실이 발견되자, 지적소관청이 일대 토지의 지적도상 경계를 점유현황과 일치시키기 위하여 지적측량을 하여 경계등록정정을 하여 대금을 정산하였으나, 일부 특정 토지의 경계를 점유현황과 달리 공부상 경계로 정하였고, 그 점유자가 공부상 경계와 다른 부분을 20년 이상 점유하게 된 경우 민법상의 부동산 점유취득시효를 주장하여 구제

를 받을 수 있다.21)

한편 등기부취득시효와 관련하여, 판례는 토지에 관한 지적도가 착오로 작성된 경우 구 「지적법」 제38조(현 「공간정보의 구축 및 관리 등에 관한 법률」 제84조)에 따른 정정의 대상에 불과하여, 등기는 결국 그 지적도의 기재에도 불구하고 정당한 위치 및 면적에 따른 토지만을 표상한다고 보아야 할 것인바, 그 등기가 그 등기 면적에 해당하는 부분의 토지를 유효하게 표상하고 있는 이상 그 등기 면적을 넘어 지적도상 착오로 기재된 토지 부분까지도 표상한다고는 볼 수 없다는 이유로 그 부분에 대한 등기부취득시효를 부인하였다.22)

Ⅲ. 점유취득시효의 요건

1. 객체 – 부동산

가. 의 의

부동산이라 함은 토지 및 그 정착물을 말하므로(민법 제99조 제1항), 건물도 포함된다.

나. 자기 소유의 부동산

과거 판례에 따르면, 취득시효에 있어서 점유물건의 타인성은 그 요건이 되지 못하니 … 시효취득은 남의 소유권을 계승하는 것이 아닌 원시취득이요, 취득시효가 누구의 소유이냐는 덮어놓고 사실상태를 권리상태로 높이려는 데 그 존재이유가 있는 점에서 보면 물건의 타인성은 별 문제가 되지 못함을 알 수 있으며, 점유로 인한 부동산의 취득기간을 규정한 민법 제245조가 「타인의 물건인 점」을 규정에서 빼놓은 법의도 같은 취지라고 이해할 수 있다고 판시하였다.23)

---

21) 대법원 2006. 6. 29. 선고 2006다19269, 19276 판결
22) 대법원 1995. 10. 12. 선고 95다11252 판결

그러나, 현재는 자기 소유의 부동산을 점유하고 있는 상태에서 다른 사람 명의로 소유권이전등기가 된 경우 자기소유 부동산을 점유하는 것은 취득시효의 기초로서의 점유라고 할 수 없고 그 소유권의 변동이 있는 경우에 비로소 취득시효의 기초로서의 점유가 개시되는 것이므로 그 점유가 자주점유라면 취득시효의 기산점은 소유권의 변동일(소유권이전등기일)이 되어야 할 것이라고 하였다.24)

나아가, 갑이 을로부터 사건 부동산을 매수하고 소유권이전등기를 마쳐 점유하고 있는 상태에서, 국가가 을에 대한 조세채권을 피보전권리로 하여 갑을 상대로 사해행위취소 등을 구하는 소송에서 승소하여 갑과 을 사이의 매매계약을 취소하고 갑이 국가에게 위 소유권이전등기의 말소등기절차를 이행하라는 판결이 확정되었고, 국가가 소유권이전등기의 말소등기를 마친 다음 사건 부동산에 관하여 을에 대한 조세채권에 기하여 압류등기를 마치자, 갑이 사건 부동산을 매수하여 점유하기 시작한 때부터 소유의 의사로 점유하였고 점유를 개시한 때부터 10년이 경과하여 등기부취득시효가 완성되었다는 이유로 압류등기는 제3자의 재산을 대상으로 한 것이어서 무효라고 주장한데 대하여, 부동산에 관하여 적법·유효한 등기를 하여 소유권을 취득한 사람이 당해 부동산을 점유하는 경우에는 특별한 사정이 없는 한 사실상태를 권리관계로 높여 보호할 필요가 없고, 부동산의 소유명의자는 부동산에 대한 소유권을 적법하게 보유하는 것으로 추정되어 소유권에 대한 증명의 곤란을 구제할 필요 역시 없으므로, 그러한 점유는 취득시효의 기초가 되는 점유라고 할 수 없다고 하여, 원칙적으로 자기 소유의 부동산에 대한 시효취득이

---

23) 대법원 1973. 7. 24. 선고 73다559 판결; 대법원 1973. 8. 31. 선고 73다378 판결
24) 대법원 1989. 9. 26. 선고 88다카26574 판결; 대법원 1997. 3. 14. 선고 96다55860 판결; 대법원 2001. 4. 13. 선고 99다62036, 62043 판결; 대법원 2002. 9. 4. 선고 2002다22083, 22090 판결; 대법원 2008. 6. 26. 선고 2007다7898 판결

인정되지 않는 것임을 확인하였다.[25)

다. 1필의 토지 일부

공부상 아직 분필되지 않은 1필의 토지 일부에 대하여도 점유취득시효가 가능하다.[26)] 이 경우 점유자는 해당 토지 부분에 관하여 공부상 토지소유자를 상대로 시효취득을 원인으로 한 소유권이전등기청구소송에서 승소확정판결을 받은 후, 그에 기하여 토지소유자를 대위하여 토지대장상 분할절차를 마친 다음 자신의 명의로 소유권이전등기를 하면 된다.

그런데 취득시효기간이 만료된 토지의 점유자는 그 기간만료 당시의 그 토지소유자에 대하여 시효취득을 원인으로 하는 소유권이전등기청구권을 가짐에 그치는 것이고 취득시효기간 만료 후에 새로이 그 토지의 소유권을 취득한 사람에 대하여는 시효취득으로 대항할 수 없다. 이는 취득시효기간 만료 후에 새로이 그 토지의 소유권을 취득한 제3취득자가 취득시효 완성 사실을 알면서 소유자로부터 그 부동산을 매수하여 소유권이전등기를 마친 자라고 하더라도 마찬가지이다. 그러므로 이러한 경우 1필의 토지 일부에 대하여 시효취득을 주장하는 점유자는 본안소송에 앞서 토지소유자가 매매 기타 처분행위를 하지 못하도록 하는 처분금지가처분을 신청하여 결정을 받을 필요가 있다.

처분금지가처분결정도 등기가 되어야 하는데, 일물일권주의(一物一權主義, 하나의 물권의 목적물은 한 개의 물건일 것을 요한다는 원칙)에 따라 1필지의 일부에는 가처분등기를 할 수 없으므로 우선 그에 대한 분할이 선행되어야 한다. 이에 대하여 법원실무제요에서는 1필의 토지 일부에 대하여 시효취득을 주장하는 점유자가 본안소송에 앞서 처분금지가처분 결정을 받은 경우에도 이를 대위원인으로 하여 대위분할등기신청을 하여

---

25) 대법원 2016. 11. 25. 선고 2013다206313 판결
26) 대법원 1965. 1. 19. 선고 64다1254 판결; 대법원 1989. 4. 25. 선고 88다카9494 판결

분할등기를 한 다음 곧이어 가처분의 기입등기를 할 수 있다고 한다.27)

지적 업무의 주무기관에서도 부동산처분금지가처분결정을 받은 채권자는 구 「측량·수로조사 및 지적에 관한 법률」(현행 「공간정보의 구축 및 관리 등에 관한 법률」) 제87조 제4호에 따른 채권자에 해당하므로 취득시효 완성을 원인으로 하는 소유권이전등기에 관한 확정판결을 받기 전이라도 채권자가 법원의 부동산처분금지가처분결정문을 첨부하여 토지분할 대위신청을 할 수 있다는 유권해석을 내렸다.28)

라. 공유지분

공유자의 공유지분도 취득시효의 대상이 된다.29)

환지처분된 종전 토지의 일부를 점유하여 취득시효가 완성된 후 그 토지 전체가 환지된 경우에는 환지된 토지상의 당해 특정 부분을 시효취득하였다고는 할 수 없고, 종전 토지 중 특정 부분의 전체면적에 대한 비율에 상응하는 공유지분을 시효취득한 것으로 본다.30)

마. 지적공부에 등록되지 아니한 토지

지적공부에 등록되지 아니한 토지도 감정 등에 의하여 그것을 특정할 수 있는 이상 지적공부에의 등록과 그에 관한 소유권보존등기를 경료하는 것이 불가능한 것은 아니므로, 비록 당해 토지 부분이 지적공부에 등록되어 있지 아니하고 소유권보존등기도 경료되어 있지 아니한 상태라고 하더라도 이를 특정할 수 있다면, 점유자가 토지 부분의 소유자를 상대로 취득시효의 완성을 원인으로 한 소유권이전등기절차의 이행을 소구하는 것이 부적법하다고 할 수는 없다.31)

---

27) 법원실무제요, 부동산등기실무(Ⅲ) p.106
28) 지적기획과-858(2011. 4. 5.)
29) 대법원 1975. 6. 24. 선고 74다1877 판결; 대법원 1979. 9. 25. 선고 79다1080 판결
30) 대법원 1989. 9. 26. 선고 88다카18795 판결; 대법원 1988. 12. 13. 선고 87다카 1418 판결

바. 국유재산, 공유재산

「국유재산법」 제6조에 따르면, 국유재산은 행정재산과 일반재산으로 구분하는데, "행정재산"에는 공용재산, 공공용재산, 기업용재산, 보존용 재산이 있고, "일반재산"은 행정재산 외의 모든 국유재산을 말한다. 그 런데「국유재산법」 제7조 제2항은 행정재산은 「민법」 제245조에도 불구 하고 시효취득의 대상이 되지 아니한다고 규정하고 있으므로, 반대해석 상 일반재산은 취득시효의 객체가 된다.

「공유재산 및 물품 관리법」 제5조 및 제6조 제2항도 같은 내용의 규 정을 두고 있다.

일제하 토지조사사업 당시 지적원도상 지목이 도로, 구거 등으로 표 시되어 있으나 지번이 부여되지 아니하였을 뿐만 아니라 소유권의 조사 가 이루어져 토지조사부 또는 임야조사서에 등재되거나 토지·임야대장 에 등록되지도 않았던 토지가 그 후 지번을 부여받고 국가 명의로 소유 권보존등기가 되었다가 공용폐지된 경우, 그 토지는 임야조사사업 당시 는 물론 그 후 공용폐지되기 전까지는 국유의 공공용재산으로서 시효취 득의 대상이 되지 않는 행정재산이다.[32]

2. 점 유

점유에는 직접점유뿐만 아니라 간접점유도 포함되므로, 농지소유자 가 소작을 준 경우 소작인들을 점유매개자로 하여 간접적으로 이를 점 유하고 있음을 인정할 수 있어 농지소유자의 점유가 인정된다.[33]

---

31) 대법원 1997. 11. 28. 선고 96다30199 판결
32) 대법원 2010. 11. 25. 선고 2010다58957 판결; 대법원 2009. 12. 10. 선고 2006다 11708 판결; 대법원 1997. 9. 12. 선고 95다25886 판결
33) 대법원 1991. 10. 8. 선고 91다25116 판결

3. 소유의 의사(자주점유)

가. 구별기준

소유의 의사는 점유자의 내심의 의사에 의하여 결정되는 것이 아니라 점유 취득의 원인이 된 권원의 성질이나 점유와 관계가 있는 모든 사정에 의하여 외형적·객관적으로 결정되어야 한다.34)

나. 자주점유

매매계약의 매수인,35) 교환에 의한 점유취득자,36) 증여받은 자37) 등은 권원의 성질상 자주점유자이다.

다. 타주점유

토지임차인,38) 토지의 관리인,39) 소작계약에 의한 토지점유자,40) 데릴사위로서 처가의 토지를 경작한 자,41) 명의수탁자42) 등은 권원의 성질상 타주점유자이다.

공유부동산은 공유자 한 사람이 공유토지 전부를 점유하고 있다고 하여도 권원의 성질상 다른 공유자의 지분비율의 범위 내에서는 타주점유이며,43) 공동상속인의 경우에도 마찬가지이다.44)

---

34) 대법원 1997. 8. 21. 선고 95다28625 전원합의체 판결
35) 대법원 1990. 11. 27. 선고 90다27280 판결 등
36) 대법원 1969. 3. 4. 선고 69다5 판결
37) 대법원 1972. 10. 31. 선고 72다1540 판결
38) 대법원 1965. 10. 5. 선고 65다1427 판결; 대법원 1982. 5. 25. 선고 81다195 판결
39) 대법원 1966. 10. 18. 선고 66다1256 판결; 대법원 1980. 10. 27. 선고 80다1969
    판결; 대법원 1989. 10. 24. 선고 88다카11619 판결
40) 대법원 1976. 1. 27. 선고 75다236 판결
41) 대법원 1984. 3. 27. 선고 83다카2406 판결
42) 대법원 1975. 9. 23. 선고 74다2091 판결; 대법원 1987. 11. 10. 선고 85다카1644
    판결
43) 대법원 1996. 7. 26. 선고 95다51861 판결
44) 대법원 1997. 6. 24. 선고 97다2993 판결

그러나 구분소유적 공유관계에서 어느 특정된 부분만을 소유·점유하고 있는 공유자가 매매 등과 같이 종전의 공유지분권과는 별도의 자주점유가 가능한 권원에 의하여 다른 공유자가 소유·점유하는 특정된 부분을 취득하여 점유를 개시하였다고 주장하는 경우에는 그 취득 권원이 인정되지 않는다고 하더라도 그 사유만으로 자주점유의 추정이 번복된다거나 그 점유권원의 성질상 타주점유라고 할 수 없으므로, 제2토지가 공유로 등기되어 있었지만 윗부분과 아랫부분으로 나뉘어 구분소유되어 있었고, 점유자가 그 소유의 제1토지와 제2토지 중 다른 공유자의 지분과의 교환 약정을 통하여 그 지분에 해당하는 윗부분을 점유하게 되었다고 주장한 경우, 위 교환 약정이 있었음을 인정하기 어렵다고 하더라도 자주점유 인정이 가능하다.45)

라. 자주점유의 타주점유로의 변경

매수인 등이 법령상 주무관청의 허가가 있는 경우에 한하여 처분이 허용되는 부동산에 대하여 처분허가가 없다는 것을 안 경우 점유개시 당시에 그 부동산에 대하여 소유자의 소유권을 배제하고 자기의 소유물처럼 배타적 지배를 행사한다는 의사가 있었다고 볼 수 없으며,46) 매매계약이 해제된 경우,47) 점유자가 관계서류를 위조하는 등으로 무효원인에 적극 가담한 경우48) 등에는 소유의 의사가 있다고 볼 수 없다.

진정 소유자가 자신의 소유권을 주장하며 점유자 명의의 소유권이전등기는 원인무효의 등기라 하여 점유자를 상대로 토지에 관한 점유자 명의의 소유권이전등기의 말소등기청구소송을 제기하여 그 소송사건이

---

45) 대법원 2013. 3. 28. 선고 2012다68750 판결
46) 대법원 1996. 11. 8. 선고 96다29410 판결; 대법원 1995. 11. 24. 선고 94다53341 판결; 대법원 1998. 5. 8. 선고 98다2945 판결 등
47) 대법원 1972. 2. 22. 선고 71다2306 판결
48) 대법원 1971. 3. 9. 선고 70다2790 판결

점유자의 패소로 확정되었다면, 그 점유자는 민법 제197조 제2항의 규정에 의하여 그 소송의 제기시부터는 토지에 대한 악의의 점유자로 간주되고, 또 이러한 경우 토지 점유자가 소유권이전등기 말소등기청구소송의 직접 당사자가 되어 소송을 수행하였고 결국 그 소송을 통해 대지의 정당한 소유자를 알게 되었으며, 나아가 패소판결의 확정으로 점유자로서는 토지에 관한 점유자 명의의 소유권이전등기에 관하여 정당한 소유자에 대하여 말소등기의무를 부담하게 되었음이 확정되었으므로, 단순한 악의점유의 상태와는 달리 객관적으로 그와 같은 의무를 부담하고 있는 점유자로 변한 것이어서 점유자의 토지에 대한 점유는 패소판결 확정 후부터는 타주점유로 전환되었다고 보아야 할 것이다.49)

부동산을 타인에게 매도하여 그 인도의무를 지고 있는 매도인의 점유는 특별한 사정이 없는 한 타주점유로 변경된다.50)

그러나 부동산을 매수하여 이를 점유하게 된 자는 그 매매가 무효가 된다는 사정이 있음을 알았다는 등의 특단의 사정이 없는 한 그 점유의 시초에 소유의 의사로 점유한 것이라고 할 것이며, 가사 후일에 그 매도자에게 처분권이 없었다는 등의 이유로 그 매매가 무효로 되어 진실한 소유자에 대한 관계에서 그 점유가 결과적으로는 불법으로 되었다고 하더라도 매수자의 소유권취득의 의사로 한 위와 같은 점유의 성질은 변하지 않는다고 할 것이다.51)

또한 점유의 시초에 자신의 토지에 인접한 타인 소유의 토지를 자신 소유의 토지의 일부로 알고서 이를 점유하게 된 자는 나중에 그 토지가

---

49) 대법원 2000. 12. 8. 선고 2000다14934, 14941 판결
50) 대법원 1992. 12. 24. 선고 92다26468, 26475 판결; 대법원 1996. 6. 28. 선고 94다 50595, 50601 판결; 대법원 1997. 4. 11. 선고 97다5824 판결; 대법원 1997. 12. 12. 선고 97다40100 판결 등
51) 대법원 1972. 12. 12. 선고 72다1856 판결; 대법원 1976. 7. 13. 선고 75다1675 판결; 대법원 1978. 7. 25. 선고 78다279 판결; 대법원 1994. 12. 27. 선고 94다25513 판결

자신 소유의 토지가 아니라는 점을 알게 되었다고 하더라도 그러한 사정만으로 그 점유가 타주점유로 전환되는 것은 아니다.[52]

점유자는 소유의 의사로 평온 공연하게 점유하는 것으로 추정되는데 소유자가 사건 토지에 대한 경계측량을 하여 소유자와 점유자 사이에 그 경계에 대한 시비가 있었던 사실만으로는 점유자의 자주점유의 추정을 뒤집기에 부족하다.[53]

지적측량 결과 대지의 등기부상 소유자로 밝혀진 자가 점유자를 상대로 그 지상건축물의 철거 및 대지의 인도를 요구하는 등 경계문제로 상호분쟁이 있었다는 사정만으로 점유자의 자주점유가 타주점유로 바뀌었다든가 점유의 평온, 공연성이 상실되었다고 할 수는 없다.[54]

마. 권원의 성질이 불분명한 경우

민법 제197조 제1항에 의하면 물건의 점유자는 소유의 의사로 점유한 것으로 추정되므로 점유자가 취득시효를 주장하는 경우 소유의 의사가 없는 점유임을 주장하여 점유자의 취득시효의 성립을 부정하는 자에게 그 입증책임이 있다. 그런데 점유자의 점유가 소유의 의사 있는 자주점유인지 아니면 소유의 의사 없는 타주점유인지의 여부는 점유자의 내심의 의사에 의하여 결정되는 것이 아니라 점유 취득의 원인이 된 권원의 성질이나 점유와 관계가 있는 모든 사정에 의하여 외형적·객관적으로 결정되어야 하는 것이기 때문에, 점유자가 성질상 소유의 의사가 없는 것으로 보이는 권원에 바탕을 두고 점유를 취득한 사실이 증명되었거나, 점유자가 타인의 소유권을 배제하여 자기의 소유물처럼 배타적 지배를 행사하는 의사를 가지고 점유하는 것으로 볼 수 없는 객관적 사정, 즉 점유자가 진정한 소유자라면 통상 취하지 아니할 태도를 나타내거나

---

52) 대법원 2001. 5. 29. 선고 2001다5913 판결
53) 대법원 1991. 2. 26. 선고 90다12267 판결
54) 대법원 1989. 5. 23. 선고 88다카17785, 88다카17792 판결

소유자라면 당연히 취했을 것으로 보이는 행동을 취하지 아니한 경우 등 외형적·객관적으로 보아 점유자가 타인의 소유권을 배척하고 점유할 의사를 갖고 있지 아니하였던 것이라고 볼 만한 사정이 증명된 경우에도 그 추정은 깨어진다. 그러므로 점유자가 점유 개시 당시에 소유권 취득의 원인이 될 수 있는 법률행위 기타 법률요건이 없이 그와 같은 법률요건이 없다는 사실을 잘 알면서 타인 소유의 부동산을 무단점유한 것임이 입증된 경우, 특별한 사정이 없는 한 점유자는 타인의 소유권을 배척하고 점유할 의사를 갖고 있지 않다고 보아야 할 것이므로 이로써 소유의 의사가 있는 점유라는 추정은 깨어진다. 그러므로 소유자 명의로 등기되어 있는 잡목이 자라고 있던 공터에 대하여 인접 토지 소유자가 그 사이에 설치되어 있던 철조망을 임의로 제거하고 위 대지를 점유한 경우에는 소유의 의사로 점유한 것이라는 추정은 깨어져 그의 점유는 타주점유라고 할 것이다.[55]

현행 우리 민법은 법률행위로 인한 부동산 물권의 득실변경에 관하여 등기라는 공시방법을 갖추어야만 비로소 그 효력이 생긴다는 형식주의를 채택하고 있음에도 불구하고 등기에 공신력이 인정되지 아니하고, 또 현행 민법의 시행 이후에도 법생활의 실태에 있어서는 상당기간 동안 의사주의를 채택한 구 민법에 따른 부동산 거래의 관행이 잔존하고 있었던 점 등에 비추어 보면, 토지의 매수인이 매매계약에 의하여 목적 토지의 점유를 취득한 경우 설사 그것이 타인의 토지의 매매에 해당하여 그에 의하여 곧바로 소유권을 취득할 수 없다고 하더라도 그것만으로 매수인이 점유권원의 성질상 소유의 의사가 없는 것으로 보이는 권원에 바탕을 두고 점유를 취득한 사실이 증명되었다고 단정할 수 없을 뿐만 아니라, 매도인에게 처분권한이 없다는 것을 잘 알면서 이를 매수

---

55) 대법원 1997. 8. 21. 선고 95다28625 전원합의체 판결

하였다는 등의 다른 특별한 사정이 입증되지 않는 한, 그 사실만으로 바로 그 매수인의 점유가 소유의 의사가 있는 점유라는 추정이 깨어지는 것이라고 할 수 없고, 민법 제197조 제1항이 규정하고 있는 점유자에게 추정되는 소유의 의사는 사실상 소유할 의사가 있는 것으로 충분한 것이지 반드시 등기를 수반하여야 하는 것은 아니므로 등기를 수반하지 아니한 점유임이 밝혀졌다고 하여 이 사실만 가지고 바로 점유권원의 성질상 소유의 의사가 결여된 타주점유라고 할 수 없다.56)

바. 인접 토지 소유자의 경계침범시 소유의 의사 유무

지상 건물과 함께 그 대지를 매수·취득하여 점유를 개시함에 있어서 매수인이 인접 토지와의 경계선을 정확하게 확인하여 보지 아니하여 착오로 인접 토지의 일부를 그가 매수·취득한 대지에 속하는 것으로 믿고 점유를 하여 왔다고 하더라도 위 인접 토지의 일부를 현실적으로 인도받아 점유하고 있는 이상 인접 토지에 대한 점유 역시 소유의 의사에 기한 것이라고 본다. 그러나 부동산을 매수하려는 사람은 통상 매매계약을 체결하기 전에 그 등기부등본이나 지적공부 등에 의하여 소유관계 및 면적 등을 확인한 다음 매매계약을 체결하므로, 매매대상 대지의 면적이 등기부상의 면적을 상당히 초과하는 경우에는 특별한 사정이 없는 한 계약 당사자들이 이러한 사실을 알고 있었다고 보는 것이 상당하며, 그러한 경우에는 매도인이 그 초과 부분에 대한 소유권을 취득하여 이전하여 주기로 약정하는 등의 특별한 사정이 없는 한, 그 초과 부분은 단순한 점용권의 매매로 보아야 하고 따라서 그 점유는 권원의 성질상 타주점유에 해당한다.57)

---

56) 대법원 2000. 3. 16. 선고 97다37661 전원합의체 판결
57) 대법원 1991. 2. 22. 선고 90다12977 판결; 대법원 1992. 5. 26. 선고 92다2844, 2851, 2868 판결; 대법원 1997. 1. 24. 선고 96다41335 판결; 대법원 1998. 11. 10. 선고 98다32878 판결 등

토지를 매수·취득하여 점유를 개시함에 있어서 매수인이 인접 토지와의 경계선을 정확하게 확인하여 보지 아니하여 착오로 인접 토지의 일부를 그가 매수·취득한 토지에 속하는 것으로 믿고서 점유하고 있다면 인접 토지의 일부에 대한 점유는 소유의 의사에 기한 것이므로, 자신 소유의 대지 위에 건물을 건축하면서 인접 토지와의 경계선을 정확하게 확인해 보지 아니한 탓에 착오로 건물이 인접 토지의 일부를 침범하게 되었다고 하더라도 그것만으로 그 인접 토지의 점유를 소유의 의사에 기한 것이 아니라고 단정할 수는 없다고 할 것이나, 일반적으로 자신 소유의 대지 위에 새로 건물을 건축하고자 하는 사람은 건물이 자리잡을 부지 부분의 위치와 면적을 도면 등에 의하여 미리 확인한 다음 건축에 나아가는 것이 보통이라고 할 것이므로, 그 침범 면적이 통상 있을 수 있는 시공상의 착오 정도를 넘어 상당한 정도에까지 이르는 경우에는 당해 건물의 건축주는 자신의 건물이 인접 토지를 침범하여 건축된다는 사실을 건축 당시에 알고 있었다고 보는 것이 상당하다고 할 것이고, 따라서 그 침범으로 인한 인접 토지의 점유는 권원의 성질상 소유의 의사가 있는 점유라고 할 수 없다.[58]

구체적 사례를 보면, 매매대상 대지의 공부상 면적이 228㎡이고 인도받은 토지의 면적이 270㎡로서 공부상 면적의 118.4% 정도이고 토지의 주변이 경사지인 사안에서 매수인이 인도받은 대지의 면적이 공부상의 면적을 초과하여 사건 토지를 침범하고 있다는 사실을 알고 있었다고 볼 특별한 사정이 있다고 하기는 어려우므로 소유의 의사가 있었다고 본다.[59]

환지예정지를 인도받아 그 지상에 공장건물을 신축하면서 인접 토지를 침범한 경우, 침범한 인접 토지의 위치와 형상이 환지예정지의 변에

---

58) 대법원 2001. 5. 29. 선고 2001다5913 판결
59) 대법원 1998. 11. 10. 선고 98다32878 판결

인접하여 긴 직사각형의 모양을 하고 있고, 그 면적이 환지확정된 토지의 7%에 불과하여 그 침범 면적이 통상 있을 수 있는 시공상의 착오 정도를 넘어 선다고 볼 수 없어 점유개시 당시 인접 토지를 침범한 사정을 알았다고 보기는 어렵다.[60]

그러나 매매대상 대지의 면적이 각각 40㎡, 36㎡, 43㎡인데 초과부분 면적이 각각 40㎡, 23㎡, 8㎡인 경우 각각 상당부분을 초과하였다 하여 모두 타주점유로 인정되며,[61] 매수한 2필지의 공부상 면적은 합계 162㎡인데 반하여 매도인으로부터 인도받아 점유하는 면적은 제3자 소유의 토지 부분을 포함하여 합계 202㎡인 경우 인도받은 토지 면적이 공부상 면적을 상당히 초과한다고 보아 위 초과 부분에 대한 매수인의 점유는 타주점유로 된다.[62]

4. 평온 · 공연성

평온(平穩)한 점유란 점유자가 그 점유를 취득 또는 보유하는데 법률상 용인할 수 없는 강포(強暴)행위를 쓰지 아니하는 점유이고, 공연(公然)한 점유란 은비(隱祕)의 점유가 아닌 점유를 말하는 것이므로, 그 점유가 불법이라고 주장하는 자로부터 이의를 받은 사실이 있거나 점유물의 소유권을 둘러싸고 당사자 사이에 분쟁이 있었다 하더라도 그러한 사실만으로 곧 점유의 평온, 공연성이 상실된다고 할 수는 없다.[63]

점유의 평온 · 공연성은 추정되므로(민법 제197조 제1항), 이를 다투는 자가 평온 · 공연한 점유가 아님을 입증하여야 하며,[64] 점유의 평온 · 공

---

60) 대법원 2001. 5. 29. 선고 2001다5913 판결
61) 대법원 1997. 1. 24. 선고 96다41335 판결
62) 대법원 2000. 4. 25. 선고 2000다348 판결
63) 대법원 1982. 9. 28. 선고 81사9 판결; 대법원 1992. 4. 24. 선고 92다6983 판결; 대법원 1994. 12. 9. 선고 94다25025 판결
64) 대법원 1986. 2. 25. 선고 85다카1891

연성을 부정한 예는 거의 없다.

5. 점유기간 – 20년

가. 기산점

취득시효기간의 계산에 있어 취득시효를 주장하는 자는 점유기간 중에 소유자의 변동이 없는 토지에 관하여는 취득시효의 기산점을 임의로 선택할 수 있고, 취득시효를 주장하는 날로부터 역산하여 20년 이상의 점유 사실이 인정되면 취득시효를 인정할 수 있다.65)

그러나 점유기간 중에 당해 부동산의 소유권자의 변동이 있는 경우에는 취득시효를 주장하는 자가 임의로 기산점을 선택하거나 소급하여 20년 이상 점유한 사실만 내세워 시효완성을 주장할 수 없고, 법원이 당사자의 주장에 구애됨이 없이 소송자료에 의하여 인정되는 바에 따라 진정한 점유의 개시시기를 인정하고, 그에 터잡아 취득시효 주장의 당부를 판단하여야 한다.66)

나. 점유기간의 계산

전후 양시에 점유한 사실이 있는 때에는 그 점유는 계속한 것으로 추정한다(민법 제198조).

점유자의 승계인은 자기의 점유만을 주장하거나 자기의 점유와 전점유자의 점유를 아울러 주장할 수 있다(민법 제199조 제1항). 따라서 점유가 순차로 여러 사람으로 승계된 경우에 자기의 전 점유자의 점유를 아울러 주장할 때 그 직전의 점유자의 점유만을 주장하는 것도 가능하며, 다만 이 경우에는 그 점유시초를 전 점유자의 점유기간 중의 임의시점

---

65) 대법원 1990. 1. 25. 선고 88다카22763 판결; 대법원 1992. 9. 8. 선고 92다20941, 20958 판결; 대법원 1993. 1. 15. 선고 92다12377 판결 등
66) 대법원 1992. 11. 10. 선고 92다29740 판결; 대법원 1993. 10. 26. 선고 93다7358, 93다7365(반소) 판결; 대법원 1995. 5. 23. 선고 94다39987 판결

을 택하여 주장할 수는 없다.67)

전 점유자의 점유를 아울러 주장하는 경우에는 전 점유자가 소유의 의사가 없거나 평온·공연한 점유가 아닌 것과 같은 하자도 계승한다 (민법 제197조 제2항).

점유권은 상속인에 이전하므로(민법 제193조), 상속인은 피상속인의 점유기간을 승계한다. 따라서 선대의 점유가 타주점유이면 상속에 의하여 점유를 승계한 자의 점유는 자주점유로는 될 수 없고, 자주점유로 되기 위하여서는 점유자가 점유를 시킨 자에게 소유의 의사가 있는 것을 표시하거나 또는 신권원에 의하여 다시 소유의 의사로써 점유를 시작하여야만 하므로,68) 시효취득을 위한 상속인의 대지에 대한 점유가 자주점유에 해당하는지 여부는 결국 피상속인의 점유의 성질 내지 태양을 따져 결정할 수밖에 없다.69)

Ⅳ. 효 과

1. 등기청구권의 발생

민법 제245조 제1항에서 점유자는 등기함으로써 그 소유권을 취득한다고 규정하고 있기 때문에 취득시효 기간이 완성되면 시효취득자는 바로 소유권을 취득하는 것이 아니라 소유자에 대하여 소유권이전등기를 청구할 수 있는 채권적 등기청구권을 취득한다.70)

점유자가 취득시효기간이 완성된 후에 점유를 상실하였다 하더라도 취득시효기간의 완성으로 인하여 이미 취득한 이전등기청구권은 소멸되

---

67) 대법원 1980. 3. 11. 선고 79다2110 판결
68) 대법원 1975. 5. 13. 선고 74다2136 판결; 대법원 1987. 2. 10. 선고 86다카550 판결; 대법원 1995. 2. 10. 선고 94다22651 판결
69) 대법원 1987. 2. 10. 선고 86다카550 판결
70) 대법원 1966. 9. 27. 선고 66다977 판결

지 아니한다.[71] 그러나 부동산에 대한 점유취득시효 완성을 원인으로 하는 소유권이전등기청구권은 채권적 청구권으로서 취득시효가 완성된 점유자가 그 부동산에 대한 점유를 상실하면 그 때로부터 10년간 이를 행사하지 아니하면 소멸시효가 완성한다.[72] 하지만 이러한 소유권이전등기청구권은 그 토지에 대한 점유가 계속되는 한 시효로 소멸하지 아니한다.[73]

아직 등기하지 않은 시효취득자는 채권자로서 취득시효 완성 당시의 소유자를 대위하여 제3자의 명의로 경료된 원인무효의 소유권이전등기의 말소등기 등을 청구할 수 있다.[74] 이 경우, 「채권자대위에 의한 등기절차에 관한 사무처리지침」(제정 2001.04.13 등기예규 제1019호)에 따르면 대위에 의한 등기를 신청하는 채권자는 대위원인을 증명하는 서면(매매계약서, 금전소비대차계약서 등)을 첨부하여야 하나, 취득시효 완성을 주장하는 자는 대위원인을 증명하는 서면이 없으므로 원소유자의 동의서 혹은 판결서 등이 있어야 할 것이다.

2. 취득시효완성 후 등기 전의 법률관계

가. 취득시효기간 만료 전 소유자가 변경된 경우

점유자의 취득시효기간 만료 전에 소유명의자가 변경되고 이후 취득시효기간이 지난 때에는 점유자는 등기부상 소유명의를 넘겨받은 제3자에 대하여도 시효취득을 주장할 수 있다.[75]

---

71) 대법원 1992. 11. 13. 선고 92다14083 판결; 대법원 1995. 2. 24. 선고 94다18195 판결
72) 대법원 1995. 12. 5. 선고 95다24241 판결
73) 대법원 1990. 11. 13. 선고 90다카25352 판결; 대법원 1991. 7. 26. 선고 91다8104 판결; 대법원 1992. 3. 10. 선고 91다24311 판결; 대법원 1995. 2. 10. 선고 94다28468 판결
74) 대법원 1990. 11. 27. 선고 90다6651 판결
75) 대법원 1977. 8. 23. 선고 77다785 판결; 대법원 1989. 4. 11. 선고 88다카5843, 88

점유로 인한 부동산소유권의 시효취득에 있어 취득시효의 중단사유
는 종래의 점유상태의 계속을 파괴하는 것으로 인정될 수 있는 사유라
야 할 것인바, 취득시효기간의 완성 전에 등기부상의 소유명의가 변경되
었다 하더라도 이로써 종래의 점유상태의 계속이 파괴되었다고 할 수
없으므로 이는 취득시효의 중단사유가 될 수 없다.[76]

◆ 설명도

점유자 A는 소유명의자 을에 대해 취득시효 주장 가능

나. 취득시효기간 만료 후 소유자가 변경된 경우

취득시효기간 만료 후에 소유명의자가 변경된 경우에는 점유자는 등
기부상 소유명의를 넘겨받은 제3자에 대하여 시효취득을 주장할 수 없
다.[77] 이는 취득시효기간 만료 후에 등기부상 소유명의를 넘겨받은 제3
자가 취득시효 완성 사실을 알면서 소유자로부터 그 부동산을 매수하여
소유권이전등기를 마친 자라고 하더라도 마찬가지이다.[78]

다카5850 판결
76) 대법원 1993. 5. 25. 선고 92다52764, 52771(반소) 판결
77) 대법원 1968. 5. 28. 선고 68다554, 68다555 판결; 대법원 1977. 3. 22. 선고 76다
242 판결; 대법원 1991. 4. 9. 선고 89다카1305 판결; 대법원 1997. 4. 11. 선고 96
다45917, 45924 판결
78) 대법원 1967. 10. 31. 선고 67다1635 판결; 대법원 1994. 4. 12. 선고 93다50666,
50673 판결; 대법원 1995. 5. 9. 선고 94다22484 판결

◈ 설명도

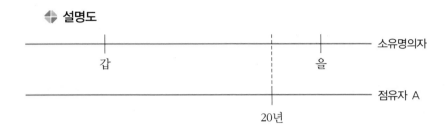

점유자 A는 소유명의자 을에 대해 취득시효 주장 불가능

그러나 소유자가 취득시효가 완성된 사실을 알고 그 부동산을 제3자에게 처분하여 소유권이전등기를 넘겨줌으로써 취득시효 완성을 원인으로 한 소유권이전등기의무가 이행불능에 빠짐으로써 시효취득을 주장하는 자가 손해를 입었다면 불법행위를 구성한다고 할 것이며, 부동산을 취득한 제3자가 부동산 소유자의 이와 같은 불법행위에 적극 가담하였다면 이는 사회질서에 반하는 행위로서 무효이다.79)

또한 취득시효완성으로 인한 등기를 하기 전에 소유명의를 넘겨받은 제3자 명의의 등기가 취득시효완성 당시의 소유명의자 사망 후의 매매,80) 취득시효완성당시의 소유명의자 사망 후의 소송에 의한 판결,81) 원래 농지를 경락받은 취득시효완성 당시의 소유명의자가 농민이 아니고 당해 부동산을 자경 또는 자영할 능력이나 의사가 없는 자이어서 농지개혁법상의 요건 불충족,82) 취득시효완성 당시의 소유명의자와 그 아들과의 통정허위표시에 의한 가장매매,83) 부동산을 매수하였다는 내용의 허위의 보증서를 발급받아 부동산소유권이전등기등에관한특별조치법에 의한 소유권이전등기 경료84) 등의 사유로 원인무효의 등기라면 시효

---

79) 대법원 1991. 7. 26. 선고 91다8104 판결; 대법원 1993. 2. 9. 선고 92다47892 판결; 대법원 1995. 6. 30. 선고 94다52416 판결
80) 대법원 1986. 8. 19. 선고 85다카2306 판결
81) 대법원 1988. 4. 25. 선고 87다카2003 판결
82) 대법원 1989. 1. 31. 선고 87다카2561 판결
83) 대법원 1990. 11. 27. 선고 90다6651 판결

취득자는 그에 대항할 수 있다.

취득시효기간 만료 후 제3자 명의의 등기가 상속 등의 포괄승계와 같이 시효취득자에 대한 소유권이전등기의무를 그 앞 등기명의자로부터 승계하여 부담하고 있는 경우라든가 또는 그 앞 등기자와 동일시해야 할 법률적 의무를 부담하는 경우에는 시효취득자는 그에 대항할 수 있다.[85]

부동산에 대한 점유취득시효가 완성된 후 취득시효완성을 원인으로 한 소유권이전등기를 하지 않고 있는 사이에 제3자 명의의 소유권이전등기가 경료된 경우라 하더라도 당초의 점유자가 계속 점유하고 있고 소유자가 변동된 시점을 기산점으로 삼아도 다시 취득시효의 점유기간이 경과한 경우에는 점유자로서는 제3자 앞으로의 소유권 변동시를 새로운 점유취득시효의 기산점으로 삼아 2차의 취득시효의 완성을 주장할 수 있다.[86]

◆ 설명도

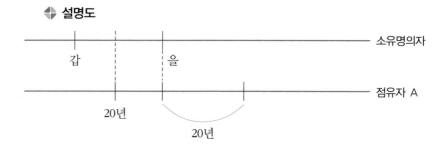

점유자 A는 소유명의자 을에 대해 취득시효 주장 가능

그리고 새로이 2차의 취득시효가 개시되어 그 취득시효기간이 경과하기 전에 등기부상의 소유명의자가 다시 변경된다고 하더라도 그 사유

---

84) 대법원 1993. 9. 14. 선고 93다12268 판결

85) 대법원 1995. 5. 9. 선고 94다22484 판결

86) 대법원 1994. 3. 22. 선고 93다46360 전원합의체 판결; 대법원 1995. 2. 28. 선고 94다18577 판결

만으로는 점유자의 종래의 사실상태의 계속을 파괴한 것이라고 볼 수
없어 취득시효를 중단할 사유가 되지 못하므로 시효완성자는 그 소유명
의자에게 시효취득을 주장할 수 있다.[87]

◆ 설명도

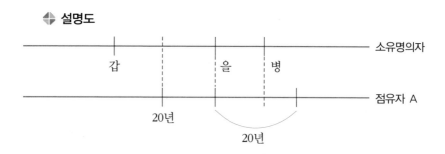

점유자 A는 소유명의자 병에 대해 취득시효 주장 가능

3. 취득시효로 인한 소유권의 취득

취득시효로 인한 소유권취득의 효력은 점유를 개시한 때에 소급한다
(민법 제247조).

따라서 시효취득자는 취득시효 기간 동안에 얻은 과실 기타의 이익
을 정당한 권원에 의하여 얻은 것으로 되어 원소유자에게 이를 반환할
필요가 없다. 또한 원소유자는 자기의 소유권을 주장하여 점유자를 상대
로 부동산의 인도나 그 지상건물의 철거를 청구할 수도 없으며,[88] 불법
점유를 이유로 하는 손해배상을 청구할 수도 없다.[89]

---

87) 대법원 2009. 7. 16. 선고 2007다15172, 15189 전원합의체 판결
88) 대법원 1975. 9. 23. 선고 74다2169 판결; 대법원 1988. 5. 10. 선고 87다카1979 판결
89) 대법원 1966. 2. 15. 선고 65다2189 판결; 대법원 1966. 9. 20. 선고 66다1125 판결

V. 취득시효의 중단 및 취득시효이익의 포기

1. 취득시효의 중단

가. 근   거

소멸시효는 1. 청구, 2. 압류 또는 가압류, 가처분, 3. 승인 등의 사유로 인하여 중단되며(민법 제168조), 시효가 중단된 때에는 중단사유가 종료한 때로부터 새로이 소멸시효가 진행되는데(민법 제178조 제1항), 민법 제247조 제2항에서 취득시효의 중단에 관하여는 소멸시효의 중단에 관한 규정을 준용하도록 하고 있으므로, 이러한 내용이 취득시효의 중단에도 그대로 준용된다.

나. 재판상 청구

재판상의 청구라 함은 통상적으로는 권리자가 원고로서 취득시효를 주장하는 자를 피고로 하여 소송물인 권리를 소의 형식으로 주장하는 경우를 가리키지만, 이와 반대로 취득시효를 주장하는 자가 원고가 되어 소를 제기한 데 대하여 권리자가 피고로서 응소하고 그 소송에서 적극적으로 권리를 주장하여 그것이 받아들여진 경우에도 시효중단 사유의 하나로 규정하고 있는 재판상 청구에 포함된다.[90]

시효를 주장하는 자가 원고가 되어 소를 제기한 경우 피고가 응소행위를 하였다고 하여 바로 시효중단의 효과가 발생하는 것은 아니고, 변론주의 원칙상 시효중단의 효과를 원하는 피고로서는 당해 소송 또는 다른 소송에서의 응소행위로서 시효가 중단되었다고 주장하지 않으면 아니 되고, 피고의 응소행위가 있었다는 사정만으로 당연히 시효중단의 효력이 발생한다고 할 수는 없으나, 응소행위로 인한 시효중단의 주장은 취득시

---

90) 대법원 1993. 12. 21. 선고 92다47861 전원합의체 판결; 대법원 1997. 12. 12. 선고 97다30288 판결; 대법원 2003. 6. 13. 선고 2003다17927, 17934 판결

효가 완성된 후라도 사실심 변론종결 전에는 언제든지 할 수 있다.[91]

민법 제174조는 최고는 6월내에 재판상의 청구, 파산절차참가, 화해를 위한 소환, 임의출석, 압류 또는 가압류, 가처분을 하지 아니하면 시효중단의 효력이 없다고 규정하고 있는데, 토지소유자가 그 토지의 일부를 점유하고 있는 자에게 경계의 재측량을 요구하고 그 재측량 결과에 따른 경계선 위에 돌담을 쌓아올리는 것을 점유자가 제지한 것이 시비가 되어 토지소유자의 아버지가 점유자를 상대로 상해, 재물손괴죄 등으로 고소를 제기하였다면 이는 민법 제247조 제2항에 의하여 준용되는 민법 제174조 소정의 최고로 못 볼 바 아니며, 그로부터 6개월 이내에 이 사건 토지인도청구의 소가 제기되었다면 경계시비 시에 취득시효가 중단되었다고 볼 것이다.[92]

다. 승 인

점유자가 승낙 없이 건물을 무단 건축해 온 것을 사과하고 철거지시가 있을 때에는 보상을 요구하지 않고 자진 철거할 것을 약속한 경우에는 승인에 의한 취득시효의 중단사유로 인정된다.[93]

그러나 취득시효이익의 포기 사례와 같이 승인의 의사표시로 볼 수 없는 경우도 많다.

점유자가 분쟁의 대상이 된 토지의 등기부상 소유자에게 그 토지를 제외한 나머지 점유대지의 매수제의를 하였다는 사실만으로 분쟁토지에 대한 등기부상 소유자의 소유권을 확정적으로 승인한 것이라고 단정할 수 없다. 또한 토지의 점유자와 등기부상 소유자 사이에 후자의 건물준공 허가를 얻기 위한 방편으로 그 토지를 사용하도록 하는 점유매개관

---

91) 대법원 1997. 2. 28. 선고 96다26190 판결; 대법원 2003. 6. 13. 선고 2003다17927, 17934 판결
92) 대법원 1989. 11. 28. 선고 87다273, 274 87다카1772, 1773 판결
93) 대법원 1997. 6. 27. 선고 96다49735, 49742 판결

계(사용대차)가 성립되어 전자는 간접점유자로서 후자는 직접점유자이기는 하나 타주점유자로서 잠시 점유했다가 다시 전자의 직접점유로 회복되었다면 이를 취득시효의 중단이라고 할 수 없다.[94]

라. 압류 또는 가압류

압류 또는 가압류는 금전채권의 강제집행을 위한 수단이거나 그 보전수단에 불과하여 취득시효기간의 완성 전에 부동산에 압류 또는 가압류 조치가 이루어졌다고 하더라도 이로써 종래의 점유상태의 계속이 파괴되었다고는 할 수 없으므로 이는 취득시효의 중단사유가 될 수 없다.[95]

2. 취득시효이익의 포기

가. 근 거

취득시효에는 소멸시효의 경우와 다르게 취득시효 완성 후 시효이익의 포기에 관한 규정이 없으나, 민법 제184조 제1항 "소멸시효의 이익은 미리 포기하지 못한다."라는 조항을 유추적용하여 취득시효 완성 후의 포기가 인정된다.

나. 포기를 인정한 예

토지에 관한 취득시효 완성 후에 토지를 실측하여 경계선을 확정하고 쌍방의 공동부담으로 블록담을 축조하기로 합의하는 것은 그 토지에 관한 시효이익을 포기한 것으로 본다.[96]

대지에 관하여 시효취득을 원인으로 한 소유권이전등기절차 이행청구소송을 제기한 자가 그 소송계속 중 대지에 대한 상대방의 소유를 인

---

94) 대법원 1989. 5. 23. 선고 88다카17785, 17792 판결
95) 대법원 2019. 4. 3. 선고 2018다296878 판결
96) 대법원 1961. 12. 21. 선고 4293민상297 판결

정하여 상대방과 합의한 다음 소를 취하한 경우에는 시효이익을 포기하는 의사표시를 한 것이다.97)

국유지 점유자의 취득시효기간이 만료된 후 점유자는 토지에 관한 연고권을 주장하지 아니한다는 내용을 추가한 국유재산대부계약을 체결하였고, 점유자가 위 대부료와 대부계약 전까지 토지를 권원없이 점용한 데 대한 변상금을 납부하였다면 점유자는 취득시효완성의 이익을 포기하는 적극적인 의사표시를 한 것으로 봄이 상당하다.98)

다. 포기를 부정한 예

점유자가 취득시효기간이 경과한 후에 상대방에게 토지의 매수제의를 한 일이 있더라도 시효의 이익을 포기한다는 의사표시로 볼 수 없다.99)

점유자가 취득시효기간 완성 후 계쟁토지에 대한 점유사실이나 토지의 존재사실 조차 모른 채 다른 토지들을 매매하는 기회에 계쟁토지에 대한 점유까지 이전하여 주었다면 묵시적으로도 시효이익을 포기하였다고는 인정되지 아니한다.100)

국유재산의 점유자가 시효취득 후 국가와의 사이에 점유토지에 관하여 대부계약을 체결하고 소정의 대부료를 지급하였다 하더라도, 점유자가 달리 시효완성에 따른 등기청구권을 포기하겠다는 등의 적극적인 의사표시를 하지 않았다면 시효이익을 포기하였다고 볼 수 없다.101)

---

97) 대법원 1973. 9. 29. 선고 73다762 판결
98) 대법원 1993. 8. 27. 선고 93다21330 판결; 대법원 1994. 10. 25. 선고 94다30966 판결; 대법원 1995. 4. 14. 선고 95다3756 판결; 대법원 1995. 9. 29. 선고 94다 60301 판결
99) 대법원 1986. 2. 25. 선고 85다카771 판결; 대법원 1988. 4. 25. 선고 87다카2003 판결
100) 대법원 1992. 11. 13. 선고 92다14083 판결
101) 대법원 1992. 12. 22. 선고 92다46097 판결; 대법원 1993. 11. 26. 선고 93다30013 판결; 대법원 1996. 11. 12. 선고 96다32959 판결

점유자의 취득시효완성 후 소유자가 토지에 대한 권리를 주장하는 소를 제기하여 승소판결을 받은 사실이 있다고 하더라도 그 판결에 의하여 시효중단의 효력이 발생할 여지는 없고, 점유자가 그 소송에서 토지에 대한 시효취득을 주장하지 않았다고 하여 시효이익을 포기한 것이라고도 볼 수 없다.[102]

지방자치단체 재산을 관리하는 공무원이 아닌 지방세부과를 담당하는 공무원이 등기부에 의거하여 그 등기명의자에게 종합토지세를 부과하거나 이미 부과한 종합토지세에 대한 과오납금 환급통고를 한 경우 그러한 사실만으로 점유취득시효를 주장하는 지방자치단체가 시효이익을 포기하겠다는 취지의 공적인 의사표명을 한 것으로 인정할 수는 없다.[103]

제 3 절 분묘기지권

I. 의   의

토지소유자와 분묘소유자가 다르게 된 때에는 일정한 경우에 분묘소유자에게 일정한 권리를 취득하게 함으로써 분묘자체의 존립과 아울러 분묘소유자의 조상에 대한 숭경의 미덕 등을 보호하여야 할 사회적·도덕적 필요가 있다.

이를 위하여 분묘를 수호하고 봉제사하는 목적을 달성하는 데 필요한 범위 내에서 타인의 토지를 사용할 수 있는 권리로서 "분묘기지권(墳墓基地權)"이 인정되고 있는데, 이는 우리 판례에 의하여 관습법상의 지상권의 일종으로 확립된 것이다.[104]

---

102) 대법원 1996. 10. 29. 선고 96다23573, 23580 판결
103) 대법원 1997. 4. 8. 선고 97다2078 판결
104) 대법원 1993. 7. 16. 선고 93다210 판결; 대법원 1994. 4. 12. 선고 92다54944 판

Ⅱ. 분묘기지권이 성립하는 경우

1. 타인소유의 토지에 승낙을 얻어 분묘를 설치한 경우

판례는 타인의 토지에 합법적으로 분묘를 설치한 자는 관습상 그 토지위에 지상권에 유사한 일종의 물권을 취득한다고 한다.105)

승낙은 명시적인 승낙은 물론 묵시적인 승낙도 포함한다. 판례는 종산에 대한 종중원의 개인적 분묘설치의 경우에 종산에 대한 분묘설치행위는 단순한 사용수익에 불과한 것이 아니고, 관습에 의한 지상권 유사의 물권을 취득하게 되는 처분행위에 해당되므로 총유체인 종중의 결의가 필요하다고 하였다.106)

2. 자기소유의 토지에 분묘를 설치한 후 그 토지를 타에 양도한 경우

판례는 자기소유 토지에 분묘를 설치하고 이를 타에 양도한 경우에는 그 분묘가 평장되어 외부에서 인식할 수 없는 경우를 제외하고는 당사자 간에 특별한 의사표시가 없으면 판 사람은 분묘소유를 위하여 산 사람의 토지에 대하여 지상권 유사의 물권을 취득한다고 하였다.107)

또한 자기 소유 토지 위에 분묘를 설치하고 그 후 그 토지가 강제경매에 의하여 소유자를 달리하게 된 경우에 특히 그 분묘를 파 옮긴다는 조건이 없는 한 분묘의 소유자는 그 토지 중에 분묘소유를 위한 지상권 유사의 물권을 취득한다고 하였다.108)

결 등
105) 대법원 1962. 4. 26. 선고 61다1451 판결 등
106) 대법원 1967. 7. 18. 선고 66다1600 판결
107) 대법원 1967. 10. 12. 선고 67다1920 판결
108) 대법원 1976. 10. 26. 선고 76다1359, 1360 판결 등

3. 타인의 토지에 승낙 없이 분묘를 설치한 때에는 20년간 평온 · 공연하게 그 분묘기지를 점유한 경우(시효취득)

판례는 타인의 토지에 그 승낙을 얻지 않고 분묘를 설치하고 20년간 평온, 공연하게 분묘의 기지를 점유한 때에는 시효로 인하여 지상권에 유사한 일종의 물권을 취득한다고 하였다.[109]

이 경우 분묘설치자가 관계법령에 따라 처벌된다고 할지라도 그 분묘기지에 대하여 지상권 유사의 물권을 취득함에는 아무 영향이 없다고 하였다.[110]

다만 분묘의 기지를 점유한 자는 시효에 의하여 그 토지위에 지상권 유사의 물권인 분묘기지권을 취득하는 것이지, 그 토지에 대한 소유권을 취득하는 것이 아니라고 한다.[111]

Ⅲ. 분묘의 개념

분묘란 「장사 등에 관한 법률」 제2조 제6호에 따르면 시체나 유골을 매장하는 시설을 말하는데, 판례는 그 내부에 사람의 유골, 유해, 유발 등 시신을 매장하여 사자를 안장한 장소를 말한다고 한다.[112]

분묘기지권의 대상이 되는 분묘는 형식적으로 봉분 등이 설치되어 외부에서 보아 분묘로서의 형태를 갖추고 있어야 함은 물론 실질적으로도 시신 등이 매장되어 있어야 한다.

판례는 분묘기지권이 성립하기 위하여는 봉분 등 외부에서 분묘의 존재를 인식할 수 있는 형태를 갖추고 있어야 하고, 평장되어 있거나 암

---

109) 대법원 1957. 10. 31. 선고 4290 민상 539 판결; 대법원 1963. 7. 25. 선고 63다 157 판결; 대법원 1995. 2. 28. 선고 94다37912 판결 등
110) 대법원 1973. 2. 26. 선고 72다2464 판결
111) 대법원 1969. 1. 28. 선고 68다1927, 1928 판결
112) 대법원 1991. 10. 25. 선고 91다18040 판결

장되어 있어 객관적으로 인식할 수 있는 외형을 갖추고 있지 아니한 경우에는 분묘기지권이 인정되지 아니한다고 한다.[113]

그리고 가묘 등과 같이 현재 그 분묘 내에 시신이 안장되어 있지 아니한 이상 실제 분묘라 할 수 없으므로 그 소유를 위하여 지상권 유사의 물권이 생기지 않는다고 한다.[114]

Ⅳ. 분묘기지권의 취득자

판례는 종래 분묘의 기지에 관하여 관습상 인정되는 지상권 유사의 일종의 물권은 그 분묘를 소유하기 위한 것이므로 이를 소유할 수 없는 자는 사실상 그 분묘를 장기간 관리하였다고 하더라도 이 물권을 시효에 의하여 취득할 수 없으며, 조선의 분묘에 대한 소유권은 관습상 종손에 속하고 방계자손에 속하지 아니한다고 판시해 왔다.[115]

그러나 이후 판례는 제사주재자는 우선적으로 망인의 공동상속인들 사이의 협의에 의해 정하되, 협의가 이루어지지 않는 경우에는 제사주재자의 지위를 유지할 수 없는 특별한 사정이 없는 한 망인의 장남(장남이 이미 사망한 경우에는 장손자)이 제사주재자가 되고, 공동상속인들 중 아들이 없는 경우에는 망인의 장녀가 제사주재자가 된다고 하였으며, 사람의 유체·유골은 민법 1008조의3에 정해진 제사용 재산인 분묘와 함께 제사주재자에게 승계된다고 하였다.[116]

---

113) 대법원 1991. 10. 25. 선고 91다18040 판결; 대법원 1996. 6. 14. 선고 96다14036 판결
114) 대법원 1976. 10. 26. 선고 76다1359, 1360 판결
115) 대법원 1959. 4. 30. 선고 4291 민상 182 판결; 대법원 1959. 5. 28. 선고 4293민상259 판결; 대법원 1979. 10. 16. 선고 78다2117 판결
116) 대법원 2008. 11. 20. 선고 2007다27670 전원합의체 판결

V. 분묘기지권의 인정범위

판례에 따르면 분묘기지권은 그 분묘의 기지뿐만 아니라 그 분묘의 설치목적인 분묘의 수호 및 제사에 필요한 범위 내에서 분묘기지 주위의 공지를 포함한 지역에까지 미치며,[117] 그 확실한 범위는 각 구체적인 경우에 개별적으로 정하여야 한다고 하였다.[118]

그리하여 사성(莎城, 무덤 뒤를 반달형으로 둘러쌓은 둔덕)이 조성되어 있다 하여 반드시 그 사성 부분을 포함한 지역에까지 분묘기지권이 미치는 것은 아니라고 하였다.[119]

관련 법령과의 관계에서 판례는 구 「매장 및 묘지 등에 관한 법률」 제4조 제1항 후단 및 같은 법 시행령 제2조 제2항의 규정이 분묘의 점유면적을 1기당 20평방미터로 제한하고 있으나, 여기서 말하는 분묘의 점유면적이라 함은 분묘의 기지면적만을 가리키며 분묘기지 외에 분묘의 수호 및 제사에 필요한 분묘기지 주위의 공지까지 포함한 묘지면적을 가리키는 것은 아니므로 분묘기지권의 범위가 위 법령이 규정한 제한면적 범위내로 한정되는 것은 아니라고 하였으나,[120] 한편으로는 구 「매장 및 묘지 등에 관한 법률」의 시행 전에 가지고 있던 분묘기지권의 범위가 위 법률의 시행에 따라 위 법률이 규정한 묘지 및 분묘의 면적 제한 범위내로 변경되는 것은 아니라고 하더라도 위 법률이 허용하는 한도의 묘지면적 등을 아울러 감안하여 분묘기지권의 범위를 판단하여야 한다고 하였다.[121]

---

117) 대법원 1986. 3. 25. 선고 85다카2496 판결; 대법원 1965. 3. 23. 선고 65다17 판결
118) 대법원 1994. 8. 26. 선고 94다28970 판결; 대법원 1994. 12. 23. 선고 94다15530 판결
119) 대법원 1997. 5. 23. 선고 95다29086, 29093 판결
120) 대법원 1994. 8. 26. 선고 94다28970 판결
121) 대법원 1994. 4. 12. 선고 92다54944 판결

이후 하급심 판례에서는 「장사 등에 관한 법률」 제16조 제2항, 제26조, 제38조는 개인 묘지가 30㎡를 넘지 못하도록 규정하고 이를 어기는 경우 상당한 제재를 부과하고 있으므로 그 취지에 따라 분묘기지권 역시 이 범위로 제한함이 상당하다 하여 각 분묘에 대한 분묘기지권을 분묘 1기 당 30㎡ 범위 내에서 인정한 사례가 있다.[122)

그리고 판례는 분묘기지권자가 토지에 석축공사를 시행하는 행위, 망두석 등 석물들을 설치하는 행위는 선대분묘를 수호하고 봉사하는 목적을 달성하는데 필요한 범위내의 것이라고 할 수 없다고 하였다.[123) 또한 분묘기지권에는 그 기지에 새로이 분묘를 설치하거나 기타 별개의 목적을 위하여 이를 사용할 권능은 포함되지 않는다고 하였다.[124)

그러나 집단분묘가 설치된 경우는 그 분묘기지권에 기하여 보전되어오던 분묘들 가운데 일부가 그 분묘기지권이 미치는 범위 내에서 이장되었다면 그 이장된 분묘를 위하여서도 그 분묘기지권의 효력이 그대로 유지된다고 보아야 할 것이고, 다만 그 이장으로 인하여 더 이상 분묘수호와 봉제사에 필요 없게 된 부분이 생겨났다면 그 부분에 대한 만큼은 분묘기지권이 소멸한다고 하였다.[125)

쌍분의 설치에 있어서 분묘기지권은 분묘를 수호하고 봉제사하는 목적을 달성하는 데 필요한 범위 내에서 타인의 토지를 사용할 수 있는 권리를 의미하는 것으로서, 분묘기지권에는 그 효력이 미치는 지역의 범위 내라고 할지라도 기존의 분묘 외에 새로운 분묘를 신설할 권능은 포함되지 아니하는 것이므로, 부부 중 일방이 먼저 사망하여 이미 그 분묘가 설치되고 그 분묘기지권이 미치는 범위 내에서 그 후에 사망한 다른

122) 대법원 2007. 6. 28. 선고 2005다44114 판결의 원심법원인 서울고등법원 2005.7.8. 선고 2004나80900 판결
123) 대법원 1993. 7. 16. 선고 93다210 판결; 대법원 1994. 4. 12. 선고 92다54944 판결
124) 대법원 1958. 6. 12. 선고 4290민상771 판결
125) 대법원 1994. 12. 23. 선고 94다15530 판결

일방의 합장을 위하여 쌍분 형태의 분묘를 설치하는 것도 허용되지 않는다고 하였다.[126]

VI. 분묘기지권의 효력

분묘기지권은 지상권에 유사한 일종의 물권이므로 그 분묘부분이 침해당할 때에는 그 침해의 배제를 청구할 수 있는 동시에 그 수호자는 그 수호를 이유로 그 분묘에 인접한 타인의 분묘를 침범하는 행위를 할 수 없으므로,[127] 토지 소유자가 분묘이장을 요구할 경우에도 분묘기지권자는 이를 거부할 권리가 있다.

토지소유자나 제3자가 정당하게 성립된 분묘기지권을 침해한 때에는 분묘기지권자는 그로 인한 손해배상을 청구할 수 있으므로, 분묘의 축대까지 흙을 파냄으로써 그 분묘의 축대가 무너질 위험이 있게 되었다면 그 위험방지에 필요한 축대설치 등에 소요되는 비용 상당의 손해를 배상받을 수 있고,[128] 강제이장시 불법행위로 인한 분묘의 원상복구비용 및 위자료 상당의 손해를 배상받을 수 있다.[129]

나아가 형법 제160조는 분묘를 발굴하면 분묘발굴죄로 5년 이하의 징역에, 제161조는 시신이나 유골을 손괴·유기·은닉하면 유골손괴죄 등으로 7년 이하 징역에 각각 처하도록 규정하고 있으므로, 분묘기지권자의 동의없이 타인이 분묘를 발굴한 경우에 위 죄로 처벌 가능하다.

VII. 지   료

과거 판례는 분묘기지권이 성립한 경우 토지소유자와 사용료(지료)에

---

126) 대법원 1997. 5. 23. 선고 95다29086, 29093 판결
127) 대법원 1959. 10. 8. 선고 4292민상770 판결; 대법원 1962. 4. 26. 선고 4294민상 1451 판결
128) 대법원 1972. 2. 13. 선고 78다2338 판결
129) 대법원 2007. 6. 28. 선고 2005다44114 판결

관하여 약정을 할 수 있지만, 민법상 지상권의 성립에는 지료가 필수요소가 아니므로 약정이 이루어지지 않은 이상 의무적으로 지료를 지급할 필요는 없다고 하였다.[130]

그러나 최근 대법원 전원합의체는 분묘기지권자가 토지 소유자의 이의 없이 대가를 지급하지 않고 장기간 분묘기지를 평온·공연하게 점유하여 분묘기지권을 시효로 취득한 경우 분묘기지권자는 토지 소유자가 토지 사용의 대가를 청구하면 그때부터 지료 지급의무를 부담한다고 판시하여 이를 변경하였다.[131]

또한 자기 소유 토지에 분묘를 설치한 사람이 그 토지를 양도하면서 분묘를 이장하겠다는 특약을 하지 않음으로써 분묘기지권을 취득한 경우에도, 특별한 사정이 없는 한 분묘기지권자는 분묘기지권이 성립한 때부터 토지 소유자에게 그 분묘의 기지에 대한 토지사용의 대가로서 지료를 지급할 의무가 있다.[132]

Ⅷ. 분묘기지권의 존속 및 소멸

분묘기지권의 존속기간에 관하여는 당사자 사이에 약정이 있는 등 특별한 사정이 있으면 그에 따를 것이나, 그러한 사정이 없는 경우에는 권리자가 분묘의 수호와 봉사를 계속하며 그 분묘가 존속하고 있는 동안 존속한다고 해석함이 상당하며, 민법 제281조, 제280조에 따라 존속기간을 약정하지 아니한 지상권으로서 5년간이라고 보아야 할 것은 아니다.[133]

또한 분묘가 멸실된 경우라고 하더라도 유골이 존재하여 분묘의 원

---

130) 대법원 1995. 2. 28. 선고 94다37912 판결
131) 대법원 2021. 4. 29. 선고 2017다228007 판결
132) 대법원 2021. 5. 27. 선고 2020다295892 판결
133) 대법원 1982. 1. 26. 선고 81다1220 판결; 대법원 1994. 8. 26. 선고 94다28970 판결; 대법원 1992. 6. 9. 선고 92다4857 판결

상회복이 가능하여 일시적인 멸실에 불과하다면 분묘기지권은 소멸하지 않고 존속하고 있다고 해석한다.[134]

분묘기지권이 당사자 사이의 약정에 의하여 성립하는 경우 그 약정에 따른 소멸사유의 발생으로 분묘기지권은 소멸한다. 또한 분묘기지권자가 의무자인 토지소유자 등에게 권리를 포기하겠다는 의사를 표시함으로써 소멸한다.[135]

자기 소유의 토지 위에 분묘를 설치한 후 토지의 소유권이 경매 등으로 타인에게 이전되면서 분묘기지권을 취득한 자가, 판결에 따라 분묘기지권에 관한 지료의 액수가 정해졌음에도 판결확정 후 책임 있는 사유로 상당한 기간 동안 지료의 지급을 지체하여 지체된 지료가 판결확정 전후에 걸쳐 2년분 이상이 되는 경우에는 민법 제287조를 유추적용하여 새로운 토지소유자는 분묘기지권자에 대하여 분묘기지권의 소멸을 청구할 수 있다. 분묘기지권자가 판결확정 후 지료지급 청구를 받았음에도 책임 있는 사유로 상당한 기간 지료의 지급을 지체한 경우에만 분묘기지권의 소멸을 청구할 수 있는 것은 아니다.[136] 그리고 특별한 사정이 없는 한 취득시효형 분묘기지권의 지료에 관하여도 같은 법리가 적용될 수 있다.[137]

Ⅸ. 법령에 의한 분묘기지권의 제한

2001. 1. 13.부터 「장사 등에 관한 법률」(2000. 1. 12. 법률 제6158호로 개정되어 2001. 1. 13. 시행)이 시행되어, 제23조 제3항에서 토지 소유자의 승낙없이 당해 토지에 설치한 분묘 또는 묘지 설치자 또는 연고자의 승낙없이 당해 묘지에 설치한 분묘의 연고자는 당해 토지 소유자·묘지 설

---

134) 대법원 2007. 6. 28. 선고 2005다44114 판결
135) 대법원 1992. 6. 23. 선고 92다14762 판결
136) 대법원 2015. 7. 23. 선고 2015다206850 판결
137) 대법원 2021. 4. 29. 선고 2017다228007 판결

치자 또는 연고자에 대하여 토지 사용권 기타 분묘의 보존을 위한 권리를 주장할 수 없도록 하였다(현행 「장사 등에 관한 법률」도 제27조 제4항에서 동일한 내용의 규정을 두고 있다). 그러나 같은 법 부칙 제2조에서 위규정은 법 시행 후 최초로 설치되는 분묘부터 적용하도록 하고 있으므로, 2001. 1. 13. 전에 분묘기지권을 취득한 분묘에 대해서는 적용되지 않는다.

판례는 타인 소유의 토지에 분묘를 설치한 경우에 20년간 평온, 공연하게 분묘의 기지를 점유하면 지상권과 유사한 관습상의 물권인 분묘기지권을 시효로 취득한다는 점은 오랜 세월 동안 지속되어 온 관습 또는 관행으로서 법적 규범으로 승인되어 왔고, 이러한 법적 규범이 장사법(법률 제6158호) 시행일인 2001. 1. 13. 이전에 설치된 분묘에 관하여 현재까지 유지되고 있다고 보아야 한다고 하였다.[138]

제4절 개인 소유 토지가 도로로 이용되는 경우의 법적 문제

I. 토지소유자의 국가 또는 지방자치단체를 상대로 한 부당이득 반환 청구

1. 의 의

국가 또는 지방자치단체가 적법한 취득절차 없이 개인 소유의 토지에 도로를 개설하여 점유한 경우, 그 도로의 소유자는 재산권을 행사할수 없게 된다는 이유로 사용료 상당의 부당이득 반환청구를 할 수 있다.

2. 점 유

지방자치단체 등이 「도로법」, 「국토의 계획 및 이용에 관한 법률」

---

138) 대법원 2017. 1. 19. 선고 2013다17292 전원합의체 판결

등에 따라 도로개설 절차를 거쳐 도로사용개시를 공고하거나, 그렇지 않다고 하더라도 오래전부터 자연스럽게 도로로 형성되어 사용되고 있는 토지에 대해 통행에 제공하여 사용 관리하는 경우에는 점유를 인정할 수 있다.

3. 소의 제기

도로 부지 소유자는 지방자치단체 등을 상대로 피고의 점유종료일 또는 원고의 소유권상실일까지 월 사용료 상당의 부당이득을 반환하라는 내용의 소를 제기할 수 있다.

국가나 지방자치단체를 상대로 한 금전채권은 5년의 소멸시효를 가지므로(「국가재정법」 제96조 제2항, 「지방재정법」 제82조 제2항), 원고는 소멸시효의 중단 사유가 되는 재판상의 청구일로부터 5년 이내의 사용료 상당만 청구할 수 있다.

4. 부당이득반환청구가 인정되지 않는 경우

가. 지방자치단체 등의 시효취득

지방자치단체 등이 도로부지를 20년 이상 점유한 때는 시효취득이 가능할 수 있다.

판례에 따르면, 부동산의 점유권원의 성질이 분명하지 않을 때에는 「민법」 제197조 제1항에 의하여 점유자는 소유의 의사로 선의, 평온 및 공연하게 점유한 것으로 추정되는 것이며, 이러한 추정은 지적공부 등의 관리주체인 국가나 지방자치단체가 점유하는 경우에도 마찬가지로 적용된다. 그리고 국가나 지방자치단체가 취득시효의 완성을 주장하는 토지의 취득절차에 관한 서류를 제출하지 못하고 있다 하더라도, 그 토지에 관한 지적공부 등이 6·25 전란으로 소실되었거나 기타의 사유로 존재하지 아니함으로 인하여 국가나 지방자치단체가 지적공부 등에 소유자로 등재된 자가 따로 있음을 알면서 그 토지를 점유하여 온 것이라고 단정할 수 없고, 그 점유의 경위와 용도 등을 감안할 때 국가나 지방자치단체가 점유 개시 당시 공공용 재산의 취득절차를 거쳐서 소유권을 적법하게 취득하였을 가능성도 배제할 수 없다고 보이는 경우에는, 국가나 지방자치단체가 소유권 취득의 법률요건이 없이 그러한 사정을 잘 알면서 토지를 무단점유한 것임이 증명되었다고 보기 어려우므로, 위와 같이 토지의 취득절차에 관한 서류를 제출하지 못하고 있다는 사정만으로 그 토지에 관한 국가나 지방자치단체의 자주점유의 추정이 번복된다고 할 수는 없다. 따라서 피고가 사건 토지를 도로편입 예정지에 포함할 당시 작성된 도로부지매입대장에 사건 토지의 보상내역이 기재되어 있고, 보상금 사정내역이 "3개 노선도로 편입용지 보상금 사정"이라는 제목의 문서로 따로 작성되어 있으며, 위 도로부지매입대장의 보상내역란에 각 토지별 보상비수령자에게 1차 및 2차로 특정한 개별 일자에 일정한 금액이 지급된 것으로 기재되어 있는 점 등을 종합하면 위 대장은 이미 지급한 보상비에 관한 내역을 기재하여 놓은 것으로 보아야 할 것이고, 이에 원고가 이 사건 토지가 도로로 편입된 이래 20년이 넘도록 아무런 이의를 제기하지 않았던 점을 더하여 보면, 원고와 피고 사이에 사건 토지에 관하여 보상협의가 이루어져 그 보상금이 모두 지급되었다고 봄이 상당하다는 이유로, 취득시효를 인정하였다.[139]

다만 이러한 경우와 달리 점유자가 점유 개시 당시에 소유권 취득의 원인이 될 수 있는 법률행위 기타 법률요건이 없이 그와 같은 법률요건이 없다는 사실을 잘 알면서 타인 소유의 부동산을 무단점유한 것임이 입증된 경우, 특별한 사정이 없는 한 점유자는 타인의 소유권을 배척하고 점유할 의사를 갖고 있지 않다고 보아야 하므로, 이로써 소유의 의사

---

139) 대법원 2009. 4. 23. 선고 2009다3173, 3180 판결

가 있는 점유라는 추정은 깨어지고, 또한 지방자치단체나 국가가 자신의
부담이나 기부채납 등 지방재정법 또는 국유재산법 등에 정한 공공용
재산의 취득절차를 밟거나 그 소유자들의 사용승낙을 받는 등 토지를
점유할 수 있는 일정한 권원 없이 사유 토지를 도로부지에 편입시킨 경
우에도 자주점유의 추정은 깨어진다고 보아야 한다는 이유로, 대부분의
경우에는 사실상 시효취득을 인정하지 않고 있다.[140]

나. 토지 소유자의 독점적이고 배타적인 사용·수익권 행사의 제한

토지 소유자가 그 소유의 토지를 도로, 수도시설의 매설 부지 등 일
반 공중을 위한 용도로 제공한 경우에, 소유자가 토지를 소유하게 된 경
위와 보유기간, 소유자가 토지를 공공의 사용에 제공한 경위와 그 규모,
토지의 제공에 따른 소유자의 이익 또는 편익의 유무, 해당 토지 부분의
위치나 형태, 인근의 다른 토지들과의 관계, 주위 환경 등 여러 사정을
종합적으로 고찰하고, 토지 소유자의 소유권 보장과 공공의 이익 사이의
비교형량을 한 결과, 소유자가 그 토지에 대한 독점적·배타적인 사
용·수익권을 포기한 것으로 볼 수 있다면, 타인[사인(私人)뿐만 아니라
국가, 지방자치단체도 이에 해당할 수 있음]이 그 토지를 점유·사용하
고 있다 하더라도 특별한 사정이 없는 한 그로 인해 토지 소유자에게
어떤 손해가 생긴다고 볼 수 없으므로, 토지 소유자는 그 타인을 상대로
부당이득반환을 청구할 수 없고, 토지의 인도 등을 구할 수도 없다.[141]

그리고 원소유자의 독점적·배타적인 사용·수익권의 행사가 제한되
는 토지의 소유권을 경매, 매매, 대물변제 등에 의하여 특정승계한 자는,
특별한 사정이 없는 한 그와 같은 사용·수익의 제한이라는 부담이 있
다는 사정을 용인하거나 적어도 그러한 사정이 있음을 알고서 그 토지

---

140) 대법원 2009. 9. 10. 선고 2009다32553 판결; 대법원 2001. 3. 27. 선고 2000다
64472 판결; 대법원 1998. 5. 29. 선고 97다30349 판결
141) 대법원 2019. 1. 24. 선고 2016다264556 전원합의체 판결

의 소유권을 취득하였다고 봄이 타당하므로, 그러한 특정승계인은 그 토지 부분에 대하여 독점적이고 배타적인 사용·수익권을 행사할 수 없음. 이때 특정승계인의 독점적·배타적인 사용·수익권의 행사를 허용할 특별한 사정이 있는지 여부는 특정승계인이 토지를 취득한 경위, 목적과 함께, 그 토지가 일반 공중의 이용에 제공되어 사용·수익에 제한이 있다는 사정이 이용현황과 지목 등을 통하여 외관에 어느 정도로 표시되어 있었는지, 해당 토지의 취득가액에 사용·수익권 행사의 제한으로 인한 재산적 가치 하락이 반영되어 있었는지, 원소유자가 그 토지를 일반 공중의 이용에 무상 제공한 것이 해당 토지를 이용하는 사람들과의 특별한 인적 관계 또는 그 토지 사용 등을 위한 관련 법령상의 허가·등록 등과 관계가 있었다고 한다면, 그와 같은 관련성이 특정승계인에게 어떠한 영향을 미치는지 등의 여러 사정을 종합적으로 고려하여 판단하여야 한다.[142)]

또한 종전부터 자연발생적으로 또는 도로예정지로 편입되어 사실상 일반공중의 통행로로 사용되어 온 토지의 소유자가 그 독점적이고 배타적인 사용수익권을 포기한 것으로 볼 경우에도, 일반공중의 통행을 방해하지 않는 범위 내에서는 토지소유자로서 그 토지를 처분하거나 사용수익할 권능을 상실하지 않는다고 할 것이므로, 그 토지를 불법점유하고 있는 제3자에 대하여 물권적 청구권을 행사하여 토지의 반환 내지 방해의 제거, 예방을 청구할 수 있다고 할 것이나, 특별한 사정이 없는 한 토지소유자는 그 이후에도 토지를 독점적, 배타적으로 사용수익할 수는 없고, 따라서 제3자가 그 토지를 불법점유하였다 하더라도 이로 인하여 토지소유자에게 어떠한 손실이 생긴다고 할 수 없어 그 점유로 인한 부당이득의 반환을 청구할 수는 없다.[143)]

---

142) 위 대법원 2016다264556 전원합의체 판결
143) 대법원 2001. 4. 13. 선고 2001다8493 판결

그러나 토지 소유자의 독점적·배타적인 사용·수익권 행사의 제한
은 해당 토지가 일반 공중의 이용에 제공됨으로 인한 공공의 이익을 전
제로 하는 것이므로, 토지 소유자가 공공의 목적을 위해 그 토지를 제공
할 당시의 객관적인 토지이용현황이 유지되는 한도 내에서만 존속한다
고 보아야 한다. 따라서 토지 소유자가 그 소유 토지를 일반 공중의 이
용에 제공함으로써 자신의 의사에 부합하는 토지이용상태가 형성되어
그에 대한 독점적·배타적인 사용·수익권의 행사가 제한된다고 하더라
도, 그 후 토지이용상태에 중대한 변화가 생기는 등으로 독점적·배타적
인 사용·수익권의 행사를 제한하는 기초가 된 객관적인 사정이 현저히
변경되고, 소유자가 일반 공중의 사용을 위하여 그 토지를 제공할 당시
이러한 변화를 예견할 수 없었으며, 사용·수익권 행사가 계속하여 제한
된다고 보는 것이 당사자의 이해에 중대한 불균형을 초래하는 경우에는,
토지 소유자는 그와 같은 사정변경이 있은 때부터는 다시 사용·수익
권능을 포함한 완전한 소유권에 기한 권리를 주장할 수 있다고 보아야
한다. 이때 그러한 사정변경이 있는지 여부는 해당 토지의 위치와 물리
적 형태, 토지 소유자가 그 토지를 일반 공중의 이용에 제공하게 된 동
기와 경위, 해당 토지와 인근 다른 토지들과의 관계, 토지이용 상태가
바뀐 경위와 종전 이용상태와의 동일성 여부 및 소유자의 권리행사를
허용함으로써 일반 공중의 신뢰가 침해될 가능성 등 전후 여러 사정을
종합적으로 고려하여 판단하여야 한다.[144]

---

144) 대법원 2013. 8. 22. 선고 2012다54133 판결; 위 대법원 2016다264556 전원합의체
판결

Ⅱ. 토지소유자의 교통 방해시 일반교통방해죄

1. 의   의

판례에 따르면, 어떠한 토지가 일반 공중의 통행에 제공되는 상태에 있다는 사유만으로 이를 통행하고자 하는 사람이 그 통행을 방해하는 사람에 대하여 당연히 지장물의 제거 등을 포함하여 방해의 배제를 구할 수 있는 사법상 권리를 갖게 되는 것은 아니고, 다만 통행의 방해가 특정인에 대하여만 이루어지고 그로 인하여 일상생활에 지장을 초래하는 때와 같이 통행방해 행위가 특정인의 통행의 자유에 대한 위법한 침해로서 민법상 불법행위를 구성한다고 평가될 정도에 이른 경우에는 그 금지를 구하는 것이 허용될 수도 있다.[145]

또한 자기 소유의 토지가 도로, 통행로 등으로 제공되는 상태에서 이를 방해하는 행위를 하는 경우 형법상의 일반교통방해죄로 처벌이 가능하다.

2. 관련 법령조항

「형법」 제185조(일반교통방해) 육로, 수로 또는 교량을 손괴 또는 불통하게 하거나 기타 방법으로 교통을 방해한 자는 10년 이하의 징역 또는 1천500만원 이하의 벌금에 처한다.

3. 요   건

가. 육로, 수로 또는 교량

육로는 공중의 왕래에 사용되는 육상의 도로를 말한다.

주민들에 의하여 통행로로 오랫동안 이용되어 온 폭 2m의 골목

---

145) 대법원 2013. 2. 14.자 2012마1417 결정

길,146) 영농을 위한 경운기나 리어카 등의 통행을 위한 통로로 개설된 도로가 일반공중의 왕래에 공용되는 도로로 된 경우147) 등도 육로에 해당한다.

또한 육로인 도로 전부 혹은 일부가 개인 소유인 경우 그 소유자가 교통방해 행위를 하였더라도 이에 해당한다.148)

나. 손괴 또는 불통 기타 방법

불통이란 장애물을 사용하여 왕래를 방해하는 일체의 행위를 말한다. 기타 방법에는 허위의 표지를 세우거나 폭력으로 통행을 차단하는 것 등이 있다.

판례에 따르면, 불특정 다수인의 통행로로 이용되어 오던 도로의 중간에 바위를 놓아두거나 이를 파헤침으로써 차량의 통행을 못하게 한 행위는 일반교통방해죄에 해당한다.149)

다. 교통 방해

형법 제185조의 일반교통방해죄는 일반 공중의 교통안전을 그 보호법익으로 하는 범죄이다.

따라서 도로행진시위가 사전에 구 「집회 및 시위에 관한 법률」에 따라 옥외집회신고를 마쳤어도, 신고의 범위와 위 법률 제12조에 따른 제한을 현저히 일탈하여 주요도로 전차선을 점거하여 행진 등을 함으로써 교통소통에 현저한 장해를 일으켰다면 일반교통방해죄를 구성한다.150)

그러나 공항 여객터미널 버스정류장 앞 도로 중 공항리무진 버스 외

---

146) 대법원 1994. 11. 4. 선고 94도2112 판결
147) 대법원 1995. 9. 15. 선고 95도1475 판결
148) 위 대법원 94도2112 판결; 대법원 95도1475 판결; 대법원 2002. 4. 26. 선고 2001 도6903 판결
149) 위 대법원 2001도6903 판결
150) 대법원 2008. 11. 13. 선고 2006도755 판결

의 다른 차의 주차가 금지된 구역에서 밴 차량을 40분간 불법주차하고 호객행위를 한 경우, 주차한 장소의 옆 차로를 통하여 다른 차량들이 충분히 통행할 수 있었을 것으로 보이고, 피고인의 위와 같은 주차행위로 인하여 공항리무진 버스가 출발할 때 후진을 하여 차로를 바꾸어 진출해야 하는 불편을 겪기는 하였지만 통행이 불가능하거나 현저하게 곤란하지는 않았던 것으로 보이므로, 다른 차량들의 통행을 불가능하거나 현저히 곤란하게 한 것으로 볼 수 없어 형법 제185조의 일반교통방해죄를 구성하지 않는다.[151]

제 5 절 공로로 통하지 않는 맹지의 통행로 이용을 위한 권리

I. 주위토지통행권

1. 의   의

주위토지통행권이란 어느 토지와 공로사이에 그 토지의 용도에 필요한 통로가 없는 경우에 그 토지소유자가 주위의 토지를 통행 또는 통로로 하지 아니하면 공로에 출입할 수 없거나 과다한 비용을 요하는 때에 그 주위의 토지를 통행하거나 통로를 개설할 수 있는 권리를 말한다(민법 제219조 제1항 본문).

2. 법적 성질

이는 당사자의 의사에 관계없이 피포위지 그 자체로부터 법률상 당연히 발생하는 권리이다.

주위토지통행권은 물권적 성격을 가지므로 이 권리를 방해하는 사람

---

151) 대법원 2009. 7. 9. 선고 2009도4266 판결

이 있을 경우 그가 주위토지소유자이든 그 이외의 누구이든 불문하고 이에 대하여 자기에게 통행권이 있음을 확인하고 또 물권적청구권으로서의 방해 행위의 금지 및 배제를 청구할 권리를 가진다.

3. 요   건

가. 주위토지통행권자

소유권자, 지상권자(민법 제290조), 전세권자(제319조), 지역권자에게 인정된다.

이는 물권적방해배제청구권의 성질을 갖기 때문에 임차권자(다만 소유자의 주위토지통행권을 대위 행사할 수 있다), 불법점유자[152]에게는 인정되지 않는다.

나. 어느 토지와 공로사이에 그 토지의 용도에 필요한 통로가 없는 경우

공로는 일반인이 통행하고 있는 도로로서, 공도뿐만 아니라 사도도 포함된다.[153]

어느 토지가 타인 소유의 토지에 둘러싸여 공로에 통할 수 없는 경우뿐만 아니라, 별도의 진입로가 이미 있다고 하더라도 그 진입로가 당해 토지의 이용에 부적합하여 실제로 통로로서의 충분한 기능을 하지 못하거나 통로를 개설하는 데 과다한 비용을 요하는 때에는 주위토지통행권이 인정될 수 있다.[154]

구체적인 사례를 보면, 피고 소유의 건물이 있는 판시 토지에서 공로로 나갈 수 있는 통로는 피고가 통행하여 온 원고 소유의 이 사건 판

---

152) 대법원 1976. 10. 29. 선고 76다1694 판결
153) 조선고등법원 1929. 6. 11. 판결 민집 16권 132면, 판례총람 A 490면
154) 대법원 1992. 12. 22. 선고 92다36311 판결; 대법원 2003. 8. 19. 선고 2002다53469 판결 등

시 토지부분과 판시 제방을 따라 난 길의 두 가지 뿐인데, 판시 제방을 따라 난 길은 첫째 제방의 폭이 좁아 한 사람이 통행하더라도 몸을 비껴가야 할 곳이 군데군데 있고, 둘째 위와 같은 관계로 심한 비바람이 닥치거나 겨울철에 얼음이 언 경우는 물론 평소에라도 야간에 그 곳을 통행하다가는 제방 아래로 미끄러져 다칠 위험이 많으며(더구나 가로등 시설도 되어 있지 않다), 셋째 이 지역은 상습침수지역이어서 장마가 지거나 폭우가 쏟아질 경우 일시에 많은 물이 판시 하천으로 유입되어 하천이 범람하는 경우가 많은 반면에, 제방의 높이는 2미터 정도에 불과하여 위와 같은 경우에 위 제방으로의 통행이 불가능하므로, 이 사건 판시 토지부분과 같이 그 폭이 1.3내지 1.5미터 정도의 통로는 피고 소유 토지의 이용을 위하여 필요한 범위내의 통로라 할 수 있다.[155]

이 사건 토지에 대하여는 그 토지에서 공로에 이르는 기존의 소로가 있으나, 그 통로는 지게를 지고 한 사람이 겨우 다닐 수 있는 오솔길에 불과하여 그 기존의 통로는 공장용지로 사용되고 있는 이 사건 토지의 용도에 적당하지 않다고 할 것이고, 이 사건 토지의 전전소유자였던 김○○이 이 사건 375 등 토지의 일부를 통행로로 사용한 이래 위 통행로를 이용하여 경운기, 차량 등이 통행하여 왔고, 위 통행로에 연결되어 위 ○○리 377, 378번지 상에 개설된 도로를 통과하지 아니하면 이 사건 토지뿐만 아니라 원고 소유의 이 사건 375 등 토지에서도 공로에 이를 수 있는 통로로서 자동차가 통행할 수 있는 통행로가 없는 점 등에 비추어 보면 피고가 이 사건 375 등 토지의 일부 상에 주위토지통행권을 가진다.[156]

피고가 이 사건 토지 아닌 별도의 통행로로서 주장하는 이른바 '중말도로'는 여러 필지의 임야나 대지, 밭 등으로 구성되어 있고 그 부지 소

---

155) 대법원 1992. 3. 31. 선고 92다1025 판결
156) 대법원 2003. 8. 19. 선고 2002다53469 판결

유자들도 각기 다른 데다가, 그 위치와 경사도, 굴곡도, 주변 현황 등에 비추어 중말도로에 원고가 통로를 개설하는 데는 과다한 비용이 소요될 것으로 보이고, 또한 원고가 경기 ○○군 ○○면 ○○리 산 000 임야에 통로를 개설하는 것도 과다한 비용이 들거나 설령 개설된다고 하더라도 원고 토지의 이용에 부적합하여 통로로서의 충분한 기능을 하지 못할 것이라고 판단되어, 원고에게 피고 소유의 이 사건 토지의 가장자리 부분에 대하여 주위토지통행권이 있다.157)

주위토지통행권은 어느 토지가 타인 소유의 토지에 둘러싸여 공로에 통할 수 없는 경우뿐만 아니라, 이미 기존의 통로가 있더라도 그것이 당해 토지의 이용에 부적합하여 실제로 통로로서의 충분한 기능을 하지 못하고 있는 경우에도 인정된다고 할 것이다. 이 경우 「지방재정법」 제74조 제1항, 제82조 제1항에 의하면 공유재산은 지방자치단체의 장의 허가 없이 사용 또는 수익을 하지 못하고, 또 그중 행정재산에 관하여는 사권을 설정할 수 없게 되어 있음은 물론이나, 민법상의 상린관계의 규정은 인접하는 토지 상호간의 이용관계를 조정하기 위하여 인지소유자에게 소극적인 수인의무를 부담시키는 데 불과하므로, 그중의 하나인 민법 제219조 소정의 주위토지통행권이 위에서 말하는 사권의 설정에 해당한다고 볼 수 없고, 또 그러한 법정의 통행권을 인정받기 위하여 특별히 행정당국의 허가를 받아야 하는 것이라고도 할 수 없다.158)

그러나 기존 통로보다 더 편리하다는 이유만으로는 주위토지통행권이 인정되지 않는다.

통행권을 주장하는 계쟁통로부분 외에 폭 1.5미터인 공지와 연결된 골목길이 있다면 위 공지가 통행권을 주장하는 자의 가옥의 뒷면에 부설한 광 및 부엌 때문에 가옥에의 출입이 불편하다고 하더라도 계쟁토

---

157) 대법원 2005. 12. 9. 선고 2004다63521 판결
158) 대법원 1994. 6. 24. 선고 94다14193 판결

지부분에 대한 통행을 주장할 권리는 없다.[159]

　　왕복 4차선의 공로에 접하여 있는 원고 소유의 이 사건 대지의 한 쪽 면이 길이 약 29미터, 폭 4.1 내지 2.1미터의 골목길(이하 동쪽통로라 한다)의 일부를 이루고 있고, 위 동쪽 통로의 서쪽 끝부분은, 길이 약 75 미터, 폭 3.0 내지 1.0미터의 골목길(이하 남쪽통로라 한다)의 북쪽 끝부 분과 직각으로 연결되어 있는데, 피고들(반소원고)은 위 길이 약 75미터 의 남쪽 통로에 접하여 있는 토지의 소유자들로서 위 남쪽 통로의 남쪽 방향으로 가다가 그 통로 끝부분에서 우측으로 약 45미터 돌아나간 다 음 다시 168미터 정도 더 진행하여야 가장 가까운 버스정류장을 이용할 수 있음에 반하여, 위 남쪽 통로의 북쪽 방향으로 가다가 그 통로 끝부 분과 연결된 위 동쪽 통로를 이용하게 되면 곧바로 공로에 연결되고 버 스정류장도 동쪽 통로 끝으로부터 19.7미터밖에 떨어져 있지 않은 경우 피고들이 위 동쪽 통로의 부지에 대하여 주위토지통행권을 갖는다고 볼 수 없다.[160]

　　원심은 이 사건 공장부지와 공로를 연결하는 통로로 이 사건 계쟁 토지 외에도 별도의 진입로가 있으나, 그 진입로는 채무자가 약 3년 전 에 이 사건 공장부지에 식재된 조경수를 옮기는 작업을 위해서 임시로 개설한 것으로 지반이 정비되어 있지 않아 자동차가 통행하기 어려우므 로, 채권자는 민법 제219조에 근거하여 이 사건 공장부지로부터 공로에 출입하기 위하여 이 사건 계쟁 토지를 통행할 권리가 있다고 판단하였 으나, 이 사건 계쟁 토지 이외에도 별도의 진입로가 있는 이 사건 공장 부지의 이용과 관련하여 주위토지통행권이 인정되기 위해서는 그 진입 로가 통로로서 충분한 기능을 하지 못하거나 통로를 개설하는 데 과다 한 비용을 요하는 때에 해당하여야 할 것인데, 위 진입로의 폭은 공사용

---

159) 대법원 1982. 6. 22. 선고 82다카102 판결
160) 대법원 1995. 6. 13. 선고 95다1088, 95다1095 판결

차량 및 건설기계의 통행이 가능한 정도이고 그 노면도 공사용 차량 및 건설기계의 통행이 가능할 정도로 정비되어 있는 사정을 알 수 있어, 원심이 들고 있는 사정만으로 위 별도의 진입로가 통로로서 충분한 기능을 하지 못하거나 통로를 개설하는 데 과다한 비용을 요한다고 단정할 수는 없다.[161]

다. 손해가 가장 적은 장소와 방법

주위토지통행권자는 손해가 가장 적은 장소와 방법을 선택하여야 한다(민법 제219조 제1항 단서).

주위토지통행권의 범위는 통행권을 가진 자에게 필요할 뿐 아니라 이로 인한 주위토지 소유자의 손해가 가장 적은 장소와 방법의 범위 내에서 인정되는 것이므로 사람이 주택에 출입하여 다소의 물건을 공로로 운반하는 등의 일상생활을 영위하는데 필요한 범위의 노폭까지 인정되고, 토지의 이용방법에 따라서는 자동차 등이 통과할 수 있는 통로의 개설도 허용되지만 단지 생활상의 편의를 위해 다소 필요한 상태라고 여겨지는 정도에 그치는 경우까지 자동차의 통행을 허용할 것은 아닌바, 이 사건 통로 중 피고 창고 옆의 원심판결 별지 도면표시 ㉮부분 옆의 노폭은 2미터로서 원고 가족이 별다른 방해나 지장을 받지 않고 통행하기에 충분한 범위이고, 원고 소유의 토지는 그 지상에 가옥 소유 이외에 다른 목적은 없어 자동차 통행이 피고에게 미치는 영향이 심대한 데 비추어 그것이 허용되지 않는 경우의 원고의 불편의 정도는 그리 크지 않으므로 피고가 원고 차량의 통행까지 용인할 의무는 없다.[162]

원고는 이 사건 토지를 건축물의 부지로 사용하려 한다는 것이고, 이 경우 건축법 제33조 제1항 및 제8조의 규정에 의하면 이 사건 토지

---

161) 대법원 2013. 2. 14.자 2012마1417 결정
162) 대법원 1994. 10. 21. 선고 94다16076 판결

가 2m 이상 도로에 접하여야 건축허가를 받을 수 있으므로, 원고로서는 노폭 2m의 통행로를 확보하여야 할 필요성이 절실하다 할 것이고, 피고도 장차 원고가 이 사건 토지 상에 건물을 신축할 것에 대비하여 노폭 2m의 통행로를 남겨두고 건축허가를 받은 것으로 보여지므로, 통행로의 노폭이 건축허가에 필요한 요건을 충족하느냐의 여부는 원고의 주위토지통행권의 범위를 결정함에 있어 중요한 참작 요소가 된다 할 것이고, 여기에 이 사건 기록에 나타난 원·피고 소유 토지 및 통행로의 위치와 면적, 현재의 토지이용 상황을 덧붙여 보면 이 사건 토지에 필요한 통행로의 노폭을 2m로 본 원심의 판단을 수긍할 수 있다.163)

원심이 ○○동 1의 6 도로(산복도로)는 폭 약 7 내지 8미터의 편도 1차선 포장도로이고, 위 도로에서 ○○빌라로 진입함에 있어서는 전체적으로 경사 약 25도 정도의 비탈길이며, 위 제2도면 (가) 표시 부분(○○동 방면)쪽이 같은 도면 (다) 표시 부분(○○○ 방면)쪽보다 경사가 훨씬 급한데다 ○○동 방면에서 ○○빌라로 진입하는 경우 급커브로 돌게 되어 있어 단번에 안전하게 진입하기가 쉽지 않고, 현재 ○○빌라 거주민들의 소유차량이 승용차가 15대이며, 그 밖에 ○○빌라 입주민들의 일상생활과 위생을 유지하기 위하여 이사용 트럭, 청소차량, 분뇨수거차량 등이 위 통로를 이용하고 있고, 여기에다 주민의 안전을 위하여 소방자동차의 출입을 확보하여야 하는 점 등과 그 판시와 같은 쌍방 토지의 지형적, 위치적 형상 및 이용관계, 부근의 지리상황, 원·피고들의 이해득실, 현재의 통로의 상황 및 통행의 실정 등에 관한 사실을 인정한 후, 이러한 제반사정들을 참작하여 주위토지통행권의 범위는 위 제2도면 (다) 표시 부분 북쪽경계선에서부터 폭 5미터로 한 합계 74.1㎡로 봄이 상당하다고 판단한 조치는 정당하다.164)

---

163) 대법원 1996. 5. 14. 선고 96다10171 판결
164) 대법원 1995. 9. 29. 선고 94다43580 판결

　이 사건 (나) 부분 토지의 주위 토지 중 북쪽인 이 사건 (가) 부분 토지의 서쪽 가장자리 부분으로 피고의 통행을 허용하는 것이 그 위치상 이로 인한 원고의 손해가 가장 적다 할 것인데, 이 사건 통로는 오직 피고의 한 가족만 사용하고 있는 등의 이 사건 토지의 이용관계, 당사자의 이해득실, 이 사건 토지의 주위의 환경 등을 고려힐 때 사람이 출입하고, 일상생활을 영위할 가재도구 등의 운반이 가능한 폭 2m 정도로 정함이 상당하다고 판단한 후, 나아가 위 통행로의 폭이 자동차의 출입이 가능하고 노후된 이 사건 주택의 재건축시 건축법상의 규정에 맞는 폭 6m 정도로 인정되어야 한다는 피고의 주장에 대하여, 위 통행로가 오로지 피고 소유의 토지의 편익을 위하여만 제공되는 것이고, 주위토지 통행권은 토지 소유자 간의 이해를 조정하는 데 목적이 있는 것이므로, 주위토지 소유자의 손해가 가장 적은 장소와 방법을 선택하면 되는 것이고, 이에 더 나아가 위요지 소유자에게 장래 그 토지에 건축을 할 것에 대비하여 건축허가에 필요한 폭의 통행로를 미리 보장하고 이를 주위토지 소유자로 하여금 수인하도록 하는 것까지를 그 내용으로 하는 것은 아니라는 이유로 피고의 위 주장을 배척한 원심의 위 인정판단은 모두 수긍이 간다.[165]

　민법 제219조에 규정된 주위토지통행권은 공로와의 사이에 그 용도에 필요한 통로가 없는 토지의 이용이라는 공익목적을 위하여 피통행지 소유자의 손해를 무릅쓰고 특별히 인정되는 것이므로, 그 통행로의 폭이나 위치 등을 정함에 있어서는 피통행지의 소유자에게 가장 손해가 적게 되는 방법이 고려되어야 할 것이고, 어느 정도를 필요한 범위로 볼 것인가는 구체적인 사안에서 사회통념에 따라 쌍방 토지의 지형적·위치적 형상 및 이용관계, 부근의 지리상황, 상린지 이용자의 이해득실 기

---

165) 대법원 1996. 11. 29. 선고 96다33433, 33440 판결

타 제반 사정을 기초로 판단하여야 하며, 토지의 이용방법에 따라서는 자동차 등이 통과할 수 있는 통로의 개설도 허용되지만 단지 토지이용의 편의를 위해 다소 필요한 상태라고 여겨지는 정도에 그치는 경우까지 자동차의 통행을 허용할 것은 아니다. 통행권의 범위에 관한 원고의 주장, 즉 원고 선친들의 가족묘지로 사용되고 있는 위 토지에서 성묘, 벌초, 벌초 후의 초목 반출, 분묘의 설치 및 이장, 비석과 상석의 설치, 식목조경 등의 작업을 위해서는 차량의 출입이 필수적이라는 주장에 대하여, 공로에서부터 제3자 소유의 토지 및 피고 소유의 토지를 차례로 거쳐 원고 소유 토지에 이르기까지의 거리가 약 100m 정도로 가깝고(원심에서의 측량감정 결과에 의하면, 그 중에서 피고 소유 토지 부분은 약 44m에 불과하다) 위 각 토지가 평지인 점 등에 비추어 볼 때 도보로도 충분히 그 목적을 달성할 수 있으며, 그로 인한 비용이 크게 늘어나는 것도 아닐 뿐더러, 위와 같은 작업들이 상시적으로 있는 것이 아닌 점, 이 사건 토지들 주변은 제주시 소유의 공동묘지로서 분묘들이 산재하여 있고 피고도 묘지를 설치하기 위하여 토지를 구입한 점 등 이 사건 각 토지의 이용관계 및 현황, 당사자의 이해관계, 주위환경을 고려할 때, 원고에게 피고 소유의 토지 중 청구취지 기재와 같은 폭 3m의 통로를 차량을 이용하여 통행할 권리는 인정되지 아니하고, 다만 도보를 통하여 출입하는데 필요한 범위 내에서만 주위토지통행권이 인정된다.[166)]

건축 관련 법령에 정한 도로 폭에 관한 규정만으로 당연히 피포위지 소유자에게 그 반사적 이익으로서 건축 관련 법령에 정하는 도로의 폭이나 면적 등과 일치하는 주위토지통행권이 생기는 것은 아니고, 그러한 법령의 규제내용도 그 참작사유로 삼아 피포위지 소유자의 건축물 건축을 위한 통행로의 필요도와 그 주위토지 소유자가 입게 되는 손해의 정

---

166) 대법원 2006. 6. 2. 선고 2005다70144 판결

도를 비교형량하여 주위토지통행권의 적정한 범위를 결정하여야 할 것
이고(대법원 1992. 4. 24. 선고 91다32251 판결; 대법원 1994. 2. 25. 선고 93
누20498 판결 등 참조), 그 범위는 현재의 토지의 용법에 따른 이용의 범
위에서 인정되는 것이지 더 나아가 장차의 이용상황까지 미리 대비하여
통행로를 정할 깃은 아니다(대법원 1996. 11. 29. 선고 96다33433, 33440 판
결 참조). 이 사건에서 사실관계가 원심이 인정한 바와 같다면, 원고에게
그 주장과 같은 아파트 건축에 객관적 상당성이 인정되지 않고 장래의
이용상황도 불투명하여 원고의 아파트 건축을 위한 폭 6m의 통행로의
필요도는 그다지 크지 않다고 보이는 반면, 이미 준공검사까지 받은 아
파트 단지의 옹벽을 헐어내면서까지 폭 6m의 통행로를 확보하여 주는
것은 주위토지의 소유자인 피고에게 지나친 손해를 강요하는 것이 됨은
명백하므로, 원심이 원고에게 이 사건 토지를 위하여 피고 소유의 주위
토지통행권을 인정하면서 그 범위를 원고가 주장하는 폭 6m 전부로 정
하지 아니하고 피고 소유의 주위토지에 설치된 옹벽 바깥 부분만으로
정한 조치에, 주위토지통행권의 범위에 관한 법리를 오해하여 그 범위를
너무 적게 인정한 잘못이 있다고 할 수 없다.[167]

　　주위토지통행권은 통행을 위한 지역권과는 달리 그 통행로가 항상
특정한 장소로 고정되어 있는 것은 아니고, 주위토지통행권확인청구는
변론종결시에 있어서의 민법 제219조에 정해진 요건에 해당하는 토지가
어느 토지인가를 확정하는 것이므로, 주위토지 소유자가 그 용법에 따라
기존 통행로로 이용되던 토지의 사용방법을 바꾸었을 때에는 대지 소유
자는 그 주위토지 소유자를 위하여 보다 손해가 적은 다른 장소로 옮겨
통행할 수밖에 없는 경우도 있다. 따라서 인접 토지의 일부를 통행로로
이용하던 중 그 토지 위에 연립주택이 건축된 사안에서, 연립주택 단지

---

167) 대법원 2006. 10. 26. 선고 2005다30993 판결

내 기존 통행로는 연립주택 주민들 전체의 주거공간이므로, 공로로 통할 수 있는 다른 인접 토지가 있다면 별도의 통행로를 개설하는 비용이 들더라도 그 인접 토지를 통하여 공로로 나가는 것이 연립주택 단지 내의 주거의 평온과 안전에 대한 침해를 최소화할 수 있으므로, 기존 통행로에 대한 주위토지통행권을 인정한 원심판결을 파기하였다.[168]

4. 효   과

가. 토지의 통행 또는 통로 개설

1) 주위토지통행권자의 시설물 설치

주위토지통행권자는 주위의 토지를 통행하거나 통로를 개설할 수 있는 권리를 가진다(민법 제219조 제1항 본문). 그런데 이에 더하여 통행지에 시설물을 설치할 수 있는지가 문제된다.

판례에 따르면, 주위토지통행권자는 필요한 경우에는 통행지상에 통로를 개설할 수 있으므로(민법 제219조), 모래를 깔거나, 돌계단을 조성하거나, 장해가 되는 나무를 제거하는 등의 방법으로 통로를 개설할 수 있으며 통행지 소유자의 이익을 해하지 않는다면 통로를 포장하는 것도 허용된다고 할 것이고, 주위토지통행권자가 통로를 개설하였다고 하더라도 그 통로에 대하여 통행지 소유자의 점유를 배제할 정도의 배타적인 점유를 하고 있지 않다면 통행지 소유자가 주위토지통행권자에 대하여 주위토지통행권이 미치는 범위 내의 통로 부분의 인도를 구하거나 그 통로에 설치된 시설물의 철거를 구할 수 없다. 더 나아가 토지소유자는 타인의 토지를 통과하지 아니하면 필요한 수도, 유수관, 가스관, 전선 등을 시설할 수 없거나 과다한 비용을 요하는 경우에는 타인의 토지를 통과하여 이를 시설할 수 있다고 할 것이므로(민법 제218조) 통행지 소유자

---

168) 대법원 2009. 6. 11. 선고 2008다75300, 75317, 75324 판결

는 위와 같은 요건이 갖추어진 수도 등 시설에 대하여 그 철거를 구할 수도 없다.169)

그러나 다른 사람의 토지에 대하여 상린관계로 인한 통행권을 가지는 사람은 그 통행권의 범위내에서(가장 손해가 적은 장소와 방법을 가려) 그 토지를 사용할 수 있고, 토지소유자는 이를 수인할 의무가 있다 할 것이나, 이 경우 통행지에 대한 소유자의 점유까지 배제되는 것은 아니므로, 통행권자가 통행지를 통행함에 그치지 아니하고 이를 배타적으로 점유하고 있다면, 통행지 소유자는 통행권자에 대하여 그 인도를 청구할 수 있다 할 것이다(대법원 1980. 4. 8. 선고 79다1460 판결; 대법원 1977. 4. 26. 선고 76다2823 판결 등 참조). 따라서 원심이, 판시 (아)부분 토지(계단을 쌓아 출입로로 이용하고 있는 부분)에 대하여 피고에게 주위토지통행권이 있다는 소론 사유만으로 소유권에 기한 원고의 이 사건 철거 및 인도청구를 거부할 수 없다고 판단한 것은 옳다.170)

2) 통행지 소유자가 설치한 시설물의 철거청구

주위토지통행권자가 통행지에 통행지 소유자가 설치한 시설물의 철거를 청구할 수 있는지도 문제된다.

주위토지통행권의 본래적 기능발휘를 위해서는 그 통행에 방해가 되는 담장과 같은 축조물도 위 통행권의 행사에 의하여 철거되어야 한다. 따라서 원심이 원고에게 피고 소유의 토지 중 도보를 통하여 출입하는 데 필요한 범위에 대하여 주위토지통행권이 인정된다고 하는 한편, 토지경계에 설치된 담장은 통행에 방해가 되는 장애물이라고 하면서도 그 담장의 철거청구를 배척한 조치는 위법하다.171)

주위토지통행권자가 민법 제219조 제1항 본문에 따라 통로를 개설하

---

169) 대법원 2003. 8. 19. 선고 2002다53469 판결
170) 대법원 1993. 8. 24. 선고 93다25479 판결
171) 대법원 2006. 6. 2. 선고 2005다70144 판결

는 경우 통행지 소유자는 원칙적으로 통행권자의 통행을 수인할 소극적 의무를 부담할 뿐 통로개설 등 적극적인 작위의무를 부담하는 것은 아니고, 다만 통행지 소유자가 주위토지통행권에 기한 통행에 방해가 되는 담장 등 축조물을 설치한 경우에는 주위토지통행권의 본래적 기능발휘를 위하여 통행지 소유자가 그 철거의무를 부담한다. 그리고 주위토지통행권자는 주위토지통행권이 인정되는 때에도 그 통로개설이나 유지비용을 부담하여야 하고, 민법 제219조 제1항 후문 및 제2항에 따라 그 통로개설로 인한 손해가 가장 적은 장소와 방법을 선택하여야 하며, 통행지 소유자의 손해를 보상하여야 한다. 따라서 원심판결이 주위토지통행권을 인정하면서 통행지 소유자에게 통행지에 설치된 배수로의 철거의무까지 있다고 판단한 것에 대하여, 먼저 그 배수로가 과연 철거를 명할 정도로 통행에 방해를 줄 것인지 여부를 심리하여야 할 것이고, 나아가 통행에 방해가 된다고 인정된다 하더라도 배수로의 원래의 기능이 무엇이며 이를 철거하는 경우에 피고가 받는 불이익이 무엇인지도 심리·교량한 다음, 그 배수로를 철거하지 않고 교량을 설치하든가 이를 복개하는 방법으로 통행 장애를 극복할 방법이 있다면 그러한 방법을 택함이 합리적일 것이며, 궁극적으로 배수로를 철거하지 않으면 통행을 하기 어렵다고 판단되는 경우에도 이를 철거하는 비용을 과연 피고로 하여금 부담하게 할 것인지 여부도 매우 의문이므로 이 점에 관해서도 더 심리가 필요하다.[172)

나. 통행지 소유자의 손해 보상 의무

주위토지통행권자는 통행지소유자의 손해를 보상하여야 한다(민법 제219조 제2항).

주위토지통행권자가 단지 공로에 이르는 통로로서 통행지를 통행함

---

172) 대법원 2006. 10. 26. 선고 2005다30993 판결

에 그치고 통행지 소유자의 점유를 배제할 정도의 배타적인 점유를 하고 있지 않다면 통행지 소유자가 통행지를 그 본래 목적대로 사용·수익할 수 없게 되는 경우의 손해액이라 할 수 있는 임료 상당액 전부가 통행지 소유자의 손해액이 된다고 볼 수는 없다. 따라서 주위토지통행권자가 통행지 소유자에게 보상해야 할 손해액은 주위토지통행권이 인정되는 당시의 현실적 이용상태에 따른 통행지의 임료 상당액을 기준으로 하여, 구체적인 사안에서 사회통념에 따라 쌍방 토지의 토지소유권 취득시기와 가격, 통행지에 부과되는 재산세, 본래 용도에의 사용 가능성, 통행지를 공동으로 이용하는 사람이 있는지를 비롯하여 통행 횟수·방법 등의 이용태양, 쌍방 토지의 지형적·위치적 형상과 이용관계, 부근의 환경, 상린지 이용자의 이해득실 기타 제반 사정을 고려하여 이를 감경할 수 있고, 단지 주위토지통행권이 인정되어 통행하고 있다는 사정만으로 통행지를 '도로'로 평가하여 산정한 임료 상당액이 통행지 소유자의 손해액이 된다고 볼 수 없다. 사건 토지 부분은 지목이 대지이고 원고가 유료 주차장으로 사용하는 '(지번 3 생략)' 토지의 일부인 사실을 알 수 있으므로 소외인 등의 예에 따라서 이 사건 토지 부분에 관하여 피고에게 주위토지통행권이 인정된다 하더라도 피고가 이 사건 토지 부분을 공로에 이르는 통로로서 통행함에 그치고 원고의 점유를 배제할 정도의 배타적인 점유를 하고 있지 아니한 이상 피고의 통행으로 인한 원고의 손해액은 이 사건 토지 부분의 현실적 이용상태인 '주차장 부지'로서의 임료 상당액을 기준으로 하여, 원고·피고 쌍방의 토지소유권의 취득시기, 이 사건 토지 부분에 부과되는 재산세, 이 사건 토지 부분을 공동으로 이용하는 사람들의 통행 횟수·방법 등의 이용태양, 상업지구에 인접한 주차장과 숙박업소로서의 상호 이용관계, 원고·피고의 이해득실 기타 제반 사정을 고려하여 적절하게 감경하여 정해져야 하고, 단지 이 사건 토지 부분에 관하여 피고에게 주위토지통행권이 인정된다고 하여 이

사건 토지 부분을 '도로'로 평가하여 원고의 손해액을 산정할 수 없다.[173]

5. 주위토지통행권의 소멸

주위토지통행권은 법정의 요건을 충족하면 당연히 성립하고 요건이 없어지게 되면 당연히 소멸한다. 따라서 포위된 토지가 사정변경에 의하여 공로에 접하게 되거나 포위된 토지의 소유자가 주위의 토지를 취득함으로써 주위토지통행권을 인정할 필요성이 없어지게 된 경우에는 통행권은 소멸한다.[174]

6. 주위토지통행권확인 판결과 건축법상의 접도의무

구 「건축법」(1991. 5. 31. 법률 제4381호로 전문 개정되기 전의 것) 제2조 제15호, 제5조 제1항, 제27조 제1항 및 같은 법 시행령(1992. 5. 30. 대통령령 제13655호로 전문 개정되기 전의 것) 제64조 제1항의 각 규정에 의하면, 건축물의 대지는 2m 이상을 폭 4m 이상의 도로에 접하여야 하고 건축법상 "도로"라 함은 보행 및 자동차 통행이 가능한 폭 4m 이상의 도로로서 건축허가시 시장, 군수가 위치를 지정한 도로를 말하며, 시장, 군수가 도로를 지정하고자 할 때에는 당해 도로에 대하여 이해관계를 가진 자의 동의를 얻어야 하고, 한편 도시계획구역 안에서 건축허가를 받으려면 대지가 2m 이상 도로에 접하도록 당해 도로에 대하여 이해관계인의 동의를 얻어야 한다 할 것인바, 이 경우 공로로 통하는 대지에 대하여 주위토지통행권이 있음을 확인하는 내용의 승소판결로써 동의에 갈음할 수 없다.[175]

---

173) 대법원 2014. 12. 24. 선고 2013다11669 판결
174) 위 대법원 2013다11669 판결
175) 대법원 1993. 5. 25. 선고 91누3758 판결

다만, 원토지로부터 분할된 갑 소유의 A 토지가 같이 분할된 피고 을 소유의 B 토지를 통로로 이용하기 위해 B 토지의 지분을 매수하고 도로사용 승인 특약을 한 후, A 토지와 B 토지 지분이 함께 병에게 매도된 경우, B 토지의 나머지 지분을 그대로 보유하고 있는 을로서는 갑에 대하여 그 전체가 위 통로로 사용되는 것을 승낙하여야 할 것이고, 갑으로부터 그 권리를 양수한 원고 병에 대하여도 같은 의무를 부담하며, 통행로에 대한 사용승낙의무가 있는 토지 소유자 을을 상대로 '건축허가신청을 위한 토지사용승낙의 의사표시'를 구한 경우, 그 취지는 '건축법상 건축허가에 필요한 도로를 개설하기 위한 범위 내에서 이해관계인의 동의'를 구하는 취지로 보아야 할 것이다.[176]

7. 무상 주위토지통행권

가. 의 의

무상 주위토지통행권이란 분할 또는 일부양도로 인하여 공로에 통하지 못하는 토지가 있는 경우 그 토지소유자가 보상의 의무 없이 공로에 출입하기 위하여 다른 분할자의 토지를 통행할 수 있는 권리를 말한다 (민법 제220조).

나. 인정범위

동일인 소유 토지의 일부가 양도되어 공로에 통하지 못하는 토지가 생긴 경우에 포위된 토지를 위한 주위토지통행권은 일부 양도 전의 양도인 소유의 종전토지에 대하여만 생기고 다른 사람 소유의 토지에 대하여는 인정되지 아니하며, 또 무상의 주위토지통행권이 발생하는 토지의 일부 양도라 함은 1필의 토지의 일부가 양도된 경우뿐만 아니라 일단으로 되어 있던 동일인 소유의 수필지의 토지 중의 일부가 양도된 경

---

176) 대법원 1998. 3. 10. 선고 97다50121 판결

우도 포함된다. 또한 양도인이 포위된 토지의 소유자에 대하여 위 무상의 주위토지통행을 허용하지 아니함으로써 포위된 토지의 소유자가 할 수 없이 주위의 다른 토지의 소유자와 일정기간 동안 사용료를 지급하기로 하고 그 다른 토지의 일부를 공로로 통하는 통로로 사용하였다고 하더라도 포위된 토지의 소유자가 민법 제220조 소정의 무상의 주위토지통행권을 취득할 수 없게 된다고 할 수 없다.[177)

분할 또는 토지의 일부 양도로 인하여 공로에 통하지 못하는 토지가 생긴 경우에 분할 또는 일부 양도 전의 종전 토지 소유자가 그 포위된 토지를 위하여 인정한 통행사용권은 직접 분할자, 일부 양도의 당사자 사이에만 적용되는 것이라 할 것이므로, 포위된 토지 또는 피통행지의 특정승계인의 경우에는 주위토지통행권에 관한 일반원칙으로 돌아가 그 통행권의 범위를 따로 정하여야 한다.[178)

무상주위통행권에 관한 민법 제220조의 규정은 토지의 직접 분할자 또는 일부 양도의 당사자 사이에만 적용되고 포위된 토지 또는 피통행지의 특정승계인에게는 적용되지 않는바, 이러한 법리는 분할자 또는 일부 양도의 당사자가 무상주위통행권에 기하여 이미 통로를 개설해 놓은 다음 특정승계가 이루어진 경우라 하더라도 마찬가지라 할 것이다.[179)

Ⅱ. 지역권(地役權)의 취득

1. 계약에 의한 취득

가. 근거 법령

민법 제291조 (지역권의 내용) 지역권자는 일정한 목적을 위하여 타

---

177) 대법원 1995. 2. 10. 선고 94다45869, 45876 판결
178) 대법원 1996. 11. 29. 선고 96다33433, 33440 판결; 대법원 2009. 8. 20. 선고 2009다38247, 38254 판결
179) 대법원 2002. 5. 31. 선고 2002다9202 판결

인의 토지를 자기토지의 편익에 이용하는 권리가 있다.

나. 개 념

요역지(要役地)란 편익을 받는 토지를, 승역지(承役地)란 편익을 제공하는 토지를 말한다.

다. 등 기

부동산에 관한 법률행위로 인한 물권의 득실변경은 등기하여야 그 효력이 생긴다(민법 제186조). 「부동산등기법」은 지역권을 등기할 수 있는 권리 중의 하나로 규정하고 있고(「부동산등기법」 제3조 제3호), 지역권에 관한 등기사항을 자세히 규정하고 있다(「부동산등기법」 제70조 및 제71조).

따라서 지역권의 취득은 등기를 함으로써 효력이 발생한다.

2. 시효취득

가. 근거 법령

민법 제294조 (지역권취득기간) 지역권은 계속되고 표현된 것에 한하여 제245조의 규정을 준용한다.

나. 계속되고 표현된 것

지역권은 계속되고 표현된 것에 한하여 민법 제245조의 규정을 준용하도록 되어 있으므로, 통행지역권은 요역지의 소유자가 승역지 위에 도로를 설치하여 승역지를 사용하는 객관적 상태가 민법 제245조에 규정된 기간 계속된 경우에 한하여 그 시효취득을 인정할 수 있다.[180]

원고가 피고 소유의 원심 판시 별지도면 표시 ㉙ 부분 38㎡를 통행

---

[180] 대법원 1995. 6. 13. 선고 95다1088,1095 판결; 대법원 2001. 4. 13. 선고 2001다8493 판결 등

로로 이용하였을 뿐 이를 스스로 자신 소유의 대지를 위한 통행로로 개설한 사실이 인정되지 않는다면 통행지역권을 시효취득할 수 없다.[181]

주식회사 ○○이 1985년경 이 사건 통행로를 개설한 이래 피고가 2001. 12.경 ○○으로부터 이 사건 공장용지를 취득한 후에도 이 사건 통행로를 계속 사용하고 있는 객관적인 상태가 20년 이상 표현되었고, 원고 주식회사 ○○○○○, 원고 2와 소외인이 승역지인 이 사건 제1, 2 토지에 관한 각 공유지분을 취득한 시기는 그 20년이 경과하기 전이므로, 2005년 말경에는 이 사건 제1, 2 토지에 관한 통행지역권의 취득시효가 완성되었다.[182]

다. 등 기

지역권을 시효취득한 자는 등기함으로써 그 지역권을 취득하는 것이라고 보아야 할 것인데 원고가 지역권을 등기한 바 없고 그 대지는 취득시효 기간이 지난 뒤에 피고가 소유자로부터 매수하여 소유권이전등기까지 경료하였다면 원고가 지역권을 승계취득하였다고 하더라도 피고에 대하여 이를 주장할 수 없다.[183]

라. 대가의 지급

도로 설치에 의한 사용을 근거로 영구적인 통행지역권이 인정되는 통행지역권의 취득시효에 관한 여러 사정들과 아울러 주위토지통행권과의 유사성 등을 종합하여 보면, 종전의 승역지 사용이 무상으로 이루어졌다는 등의 다른 특별한 사정이 없다면 통행지역권을 취득시효한 경우에도 주위토지통행권의 경우와 마찬가지로 요역지 소유자는 승역지에 대한 도로 설치 및 사용에 의하여 승역지 소유자가 입은 손해를 보상하

---

181) 대법원 2010. 1. 28. 선고 2009다74939, 74946 판결
182) 대법원 2015. 3. 20. 선고 2012다17479 판결
183) 대법원 1990. 10. 30. 선고 90다카20395 판결

여야 하므로, '지역의 대가'나 손해에 대한 보상을 지급해야 한다.[184]

제 6 절   지적측량 위한 토지출입 방해에 대한 법적 대응

I. 서   설

「공간정보의 구축 및 관리 등에 관한 법률」 제101조 제1항 및 제7항
은 "① 이 법에 따라 측량을 하거나, 측량기준점을 설치하거나, 토지의
이동을 조사하는 자는 그 측량 또는 조사 등에 필요한 경우에는 타인의
토지·건물·공유수면 등(이하 "토지등"이라 한다)에 출입하거나 일시 사
용할 수 있으며, 특히 필요한 경우에는 나무, 흙, 돌, 그 밖의 장애물(이
하 "장애물"이라 한다)을 변경하거나 제거할 수 있다....

⑦ 토지등의 점유자는 정당한 사유 없이 제1항에 따른 행위를 방해
하거나 거부하지 못한다."라고 규정하고 있다.

위와 같은 규정에도 불구하고 지적측량시 당해 토지의 소유자와 경
계분쟁이 있는 인접 토지 소유자 등이 인접 토지에 출입을 못하게 하여
측량업무를 할 수 없게 하는 경우 측량을 방해한 자에 대한 법적 대응
방법이 있는지 여부가 문제된다.

다만 지적측량수행자가 유의해야 할 것은, 법 제101조 제2항은 "제1
항에 따라 타인의 토지등에 출입하려는 자는 관할 특별자치시장, 특별자
치도지사, 시장·군수 또는 구청장의 허가를 받아야 하며, 출입하려는
날의 3일 전까지 해당 토지등의 소유자·점유자 또는 관리인에게 그 일
시와 장소를 통지하여야 한다. 다만, 행정청인 자는 허가를 받지 아니하
고 타인의 토지등에 출입할 수 있다."라고 규정하여, 측량을 위하여 출

---

184) 대법원 2015. 3. 20. 선고 2012다17479 판결

입하려는 자가 지켜야 할 허가 및 통지 절차를 규정하고 있다는 점이다.

국토교통부의 유권해석에 의하면, 구 대한지적공사는 국가로부터 비영리사업인 지적측량업무를 위탁받아 수행하고 있고, 위탁집행형 준정부기관인 공공기관으로서 행정절차법상 행정청에 해당하므로, 소속 측량기술자는 측량·수로 조사자 증표를 지참하여 허가 없이 출입이 가능하다.[185] 그러나 이 때에도 허가와 별개로 3일전의 통지 절차는 지켜야 하는 것으로 해석된다.[186]

참고로 구 「지적법 시행령」(1995. 4. 6. 대통령령 제14568호로 개정되어 같은 날 시행)은 경계복원측량결과로 인한 인접토지소유자 간의 분쟁을 미연에 방지하고자 제45조의2 제1항에서 "경계복원측량을 신청하고자 하는 자는 경계복원측량사유를 기재한 신청서에 인접토지소유자의 측량참여동의서 또는 측량집행동의서를 첨부하여 대행법인에게 제출하여야 한다. 이 경우 인접토지소유자의 거부 또는 부재 등 부득이한 사유로 인하여 측량참여동의서 또는 측량집행동의서의 첨부가 불가능한 때에는 그 사유서를 첨부하여야 한다."라고 규정함으로써 경계복원측량신청시 인접토지소유자의 측량참여동의서 또는 측량집행동의서를 첨부하여 제출하도록 하였다. 그러나, 이러한 규정은 모법에 위임 근거가 없고 측량의뢰인등에게 과다한 부담을 주는 규정이라는 이유로 민원이 끊이지 않아 개정 지적법 시행령(1999. 2. 26. 대통령령 제16124호로 개정되어 1999.

---

185) 지적기획과-1372(2011. 6. 3.)

186) 측량자가 타인의 주거나 관리하는 건조물 등에 동의 없이 들어가 측량을 하는 경우 이러한 절차와는 별개로 형법 제319조 제1항의 주거침입죄에 해당하는지가 문제될 수 있다. 실제로 구 대한지적공사 직원이 경계복원측량시 타인의 주택의 대문 쪽문을 통해 약 50센티미터 정도 마당 안쪽에 있는 경계지점을 들어가 붉은색 페인트로 점을 표시하여 주거침입죄로 고소되었는데, 행위의 동기나 목적의 정당성에 있어 사회상규에 위배되지 아니하여 형법 제20조 "정당행위"에 해당한다는 이유로 혐의없음 결정이 난 사례가 있다(창원지방검찰청 2007. 4. 3. 결정 2007형제16480호).

4. 19. 시행)에서 관련 조항을 삭제하여 현재에 이르고 있다.

현 지적법령에는 지적측량과 관련하여 인접토지소유자가 관여할 수 있는 근거가 없으며, 「지적업무처리규정」(국토교통부 훈령) 제20조 제1항은 "지적측량을 할 때에는 토지소유자 및 이해관계인을 입회시켜 측량에 필요한 질문을 하거나 참고자료의 제시를 요구할 수 있다."라고 규정하고 있으나, 인접토지소유자를 동 조항상 이해관계인에 포함시킨다고 하여도 이는 측량을 위한 자료수집의 차원일 뿐이며, 실무상 인접토지소유자에게 측량을 통지해 주는 것은 경계분쟁 소지를 막기 위하여 편의상 이루어지는 것이다.

Ⅱ. 업무방해죄

형법 제314조 제1항은 허위의 사실을 유포하거나 위계 또는 위력으로써 업무를 방해한 경우 5년 이하의 징역 또는 1천500만원 이하의 벌금에 처할 수 있도록 규정하고 있다.

따라서 인접 토지소유자가 폭행 등으로 측량업무를 방해하는 경우 위력으로써 업무를 방해한 것으로서 업무방해죄에 해당될 수 있으며, 지적측량수행자는 직접 피해자로서 고소를, 측량의뢰인은 제3자로서 고발을 각각 수사기관에 할 수 있을 것이다.

판례에 따르면, 위력으로써 지적측량을 못하게 한 경우에는 업무방해죄가 성립한다는 전제에 서면서도, 피고인이 혼자 측량을 반대하며 구 대한지적공사 소속 측량기사에게 이 사건 토지는 자신과 관련된 땅이고 측량을 신청한 사람들과는 관련이 없다고 하면서 측량을 하지 말라고 하고 종중원들과 서로 욕을 하면서 소리치며 말다툼을 하였고, 측량기사는 피고인과 종중원들이 위와 같이 시비하는 것을 보고 이 사건 토지는 종중 소유로 피고인과 종중원들 사이에 합의가 이루어지지 않은 것으로 판단하고 측량신청인에게 오늘은 측량을 할 수 없다고 하자 신청인이 연기신청을 하여 철수를 하였고, 측량기사가 두번째도 현장에 가보니 피고인과 종중원들 사이에 합의가 이루어지지 않았다고 하고 서로 말다툼을 하자 문제가 있는 토지로 생각하고 철수를 하였다면, 피고인이 측량기사에게 측량을 하지 말라고 말을 하였다고 하더라도 측량기사가 측량을 하지 않은 것은 종중원들간의 분쟁에 휘말리는 것을 꺼려한 것일 뿐, 이로써 피고인이 측량기사의 측판설치를 방해하였다고 할 수 없을 뿐 아니라, 피고인은 1923.생으로서 사건 당시 만 74세를 넘긴 노인인 점과 주위에 종중원들 및 마을 주민들 10여 명과 지적공사 직원 3명이 모여 있는 데 나타나서 혼자 측량을 반대한 점 등을 보태어 보면 피고인이 측량신청인에게 소리치며 시비를 하였다고 하여 측량기사의 자유의사를 제압하기에 족한 위력을 행사한 것이라고 할 수 없다고 하였다.[187]

위의 업무방해죄는 사후적인 구제책에 불과하고, 지적측량을 수행하려 하거나 수행하는 도중에 방해를 받은 경우 경찰의 도움을 요청할 수도 있겠지만, 이는 특별한 근거가 있는 것이 아니라 임의로 할 수 있는 사항이다.[188]

Ⅲ. 과태료 처분

「공간정보의 구축 및 관리 등에 관한 법률」 제111조 제1항 제18호에 따르면 정당한 사유 없이 제101조 제7항을 위반하여 토지등에의 출입 등을 방해하거나 거부한 자에게는 300만원 이하의 과태료에 처하도록 되

---

187) 대법원 1999. 5. 28. 선고 99도495 판결
188) 참고로 민사상의 강제집행을 하는 집행관의 경우, 「민사집행법」 제5조는 "① 집행관은 집행을 하기 위하여 필요한 경우에는 채무자의 주거·창고 그 밖의 장소를 수색하고, 잠근 문과 기구를 여는 등 적절한 조치를 할 수 있다. ② 제1항의 경우에 저항을 받으면 집행관은 경찰 또는 국군의 원조를 요청할 수 있다."라는 별도의 규정을 두고 있으므로, 그에 근거하여 경찰 등의 도움을 요청할 수 있다.

어 있고, 이러한 과태료의 부과 권한은 같은법 시행령 제103조 제1항 제46호에 따라 국토지리정보원장에게 위임하고 있으며, 시행령 제105조 [별표 13] "과태료의 부과기준"에 따라 과태료 부과 금액은 1차 25만원, 2차 50만원, 3차 이상 100만원으로 되어 있다.

따라서 정당한 사유 없이 측량업무를 기부 또는 방해하는 자가 있는 경우 지적측량수행자나 측량의뢰인은 그러한 사유를 들어 국토지리정보 원장에게 과태료 부과처분을 요구할 수 있을 것이다.

Ⅳ. 토지출입 및 측량방해 금지 가처분

측량의뢰인 또는 지적측량수행자는 지적측량에 방해를 받은 경우 법 원에 토지출입 및 측량방해 금지 가처분을 신청할 수 있다.

가처분결정을 받으면 공사는 법원 집행관의 도움을 받아 측량을 할 수 있고, 상대방이 그에 위반한 경우 가처분신청인은 이후 간접강제로써 위반행위에 대해 일정액을 지급하도록 할 수도 있다.

채무자가 위 가처분에 위반하여 출입 및 측량을 방해한 경우 형법 제140조 공무상비밀표시무효죄로 처벌할 수 있는가가 문제되는데, 판례 는 형법 제140조 제1항의 공무상 표시무효죄는 공무원이 그 직무에 관 하여 봉인, 동산의 압류, 부동산의 점유 등과 같은 구체적인 강제처분을 실시하였다는 표시를 손상 또는 은닉하거나 기타 방법으로 그 효용을 해함으로써 성립하는 범죄이므로, 집행관이 법원으로부터 피신청인에 대 하여 부작위를 명하는 가처분이 발령되었음을 고시하는 데 그치고 나아 가 봉인 또는 물건을 자기의 점유로 옮기는 등의 구체적인 집행행위를 하지 아니하였다면, 단순히 피신청인이 위 가처분의 부작위명령에 위반 하였다는 것만으로는 공무상표시의 효용을 해하는 행위에 해당한다고 볼 수 없다고 하였다. 그리하여, 신청인이 현수막 설치대를 고안의 명칭으로 하는 실용신안권에 관한 침해금지·예방청구권을 피보전권리로 하여 피신청인을 상대로 현수막 설치대를 생산·양도하거나 양도의 청약을 하여서는 아니 되고, 피신청인은 자신의 본·지점 사무소, 영업소, 공장, 창고 등에 보관중인 사건 제품에 대한 점유를 풀고 신청인이 위임하는 집행관은 이를 보관하여야 하며, 집행관은 위 명령의 취지를 적당한 방법으로 공시하여야 한다는 내용의 가처분 결정을 받아 신청인으로부터 그 집행위임을 받은 집행관이 사건 제품에 대한 생산 등을 금지하는 가처분이 발령되었다는 내용의 고시문을 게시하였을 뿐 나아가 사건 제품에 대하여 자기의 점유로 옮기는 보관처분을 하지는 아니한 경우, 집행관이 사건 제품의 생산 등을 금지하는 부작위명령을 고시하였을 뿐 구체적인 집행행위는 하지 아니한 점 등에 비추어 볼 때 피신청인이 단순히 위 가처분에 의하여 부과된 부작위명령을 위반하였다는 이유만으로 공무상 표시의 효용을 해하는 행위를 하였다고 볼 수 없다고 하였다.[189]

이러한 취지에 따르면 가처분채무자가 가처분에 위반하여 토지출입 및 측량을 방해한 경우에는 단순히 부작위 명령을 위반한 것에 불과하므로 형법 제140조 공무상비밀표시무효죄로 처벌하기는 어려울 것이다.

V. 토지출입 및 사용 동의 의사표시 청구소송

판례에 따르면, 「국토의 계획 및 이용에 관한 법률」 제130조 제1항, 제3항은, 도시·군계획시설사업의 시행자는 도시·군계획 등에 관한 기초조사, 도시·군계획시설사업에 관한 조사·측량 또는 시행 등을 하기 위하여 필요하면 타인의 토지를 재료적치장 또는 임시통로로 일시 사용할 수 있고, 이에 따라 타인의 토지를 일시 사용하려는 자는 토지의 소유자·점유자 또는 관리인의 동의를 받아야 한다고 규정하고 있는데, 법

---

189) 대법원 2008. 12. 24. 선고 2006도1819 판결

제130조의 체계와 내용, 입법목적과 함께 공익사업의 성격을 종합하면, 도시·군계획시설사업의 사업시행자가 사업구역에 인접한 특정 토지를 재료적치장 또는 임시통로 용도로 한시적으로 이용할 필요가 있는 경우, 사업시행자는 위 규정에 따라 해당 토지 소유자 등의 동의를 받아야 하고, 토지 소유자 등은 이를 거부할 정당한 사유가 없는 한 사업시행자의 '일시 사용'을 수인하고 동의할 의무가 있다고 할 것이며, 토지 소유자 등이 사업시행자의 일시 사용에 대하여 정당한 사유 없이 동의를 거부하는 경우, 사업시행자는 해당 토지의 소유자 등을 상대로 동의의 의사표시를 구하는 소를 제기할 수 있고, 이와 같은 토지의 일시 사용에 대한 동의의 의사표시를 할 의무는 국토계획법에서 특별히 인정한 공법상의 의무이므로, 그 의무의 존부를 다투는 소송은 '공법상의 법률관계에 관한 소송으로서 그 법률관계의 한쪽 당사자를 피고로 하는 소송', 즉 행정소송법 제3조 제2호에서 규정한 당사자소송이라고 보아야 한다.[190)]

이러한 판례의 취지에 따르면, 지적측량수행자도 인접 토지 소유자 등이 출입을 못하게 하는 경우 그를 상대로 행정소송인 당사자소송으로 토지출입 및 사용 동의 의사표시 청구의 소를 제기할 수 있을 것이다.

제 7 절 감정측량

I. 의   의

감정(鑑定)이란 법관의 판단능력을 보충하기 위하여 전문적 지식과 경험을 가진 자로 하여금 법규나 경험칙 또는 이를 구체적 사실에 적용하여 얻은 사실판단을 법원에 보고하게 하는 증거의 조사방법 중 하나

---

190) 대법원 2019. 9. 9. 선고 2016다262550 판결

이다. 따라서 감정의 결과를 현실적으로 증거로 채용하느냐는 다른 증거
와 마찬가지로 법관의 자유심증에 의한다(「민사소송법」 제202조). 판례도
법원의 감정촉탁에 대한 의료기관의 회보결과는 사실인정에 관하여 특
별한 지식과 경험을 요하는 경우에 법관이 그 특별한 지식, 경험을 이용
하는데 불과한 것이며, 의료과오가 있었는지 여부는 궁극적으로는 그 당
시 제반 사정을 참작하여 경험칙에 비추어 규범적으로 판단할 수밖에
없으므로, 위 각 회보결과에 의료과오의 유무에 관한 견해가 포함되어
있다고 하더라도 법원이 의사에게 과실이 있는지 여부를 판단함에 있어
서 그 견해에 기속되지 아니한다고 한다.[191]

감정측량(鑑定測量)이란 토지분쟁 등으로 법원에 소가 제기된 경우
법원의 요청으로 실시하는 토지분할측량, 경계복원측량, 현황측량, 그
밖의 일반측량 등을 말한다. 따라서 감정측량은 현행 「공간정보의 구축
및 관리 등에 관한 법률」에 지적측량의 실시 종목으로 규정되어 있지는
않다. 과거 지적 업무 주무기관의 유권해석도, 구 「지적법」 제32조 제2
항 제4호에 의한 지적측량성과와 법원이 확정판결을 위하여 실시한 법
원감정측량성과의 다툼에 대하여는 지방지적위원회의 지적측량 적부심
사 대상으로 볼 수 없다고 하여,[192] 감정측량성과를 정식 지적측량성과
로 보고 있지 않다.

Ⅱ. 측량감정인

법원으로부터 감정을 명령받은 사람을 감정인이라 한다.

측량감정에 있어서는 「공간정보의 구축 및 관리 등에 관한 법률」에
따른 지적측량 대상지역의 업무범위 기준에 의하여 감정을 할 수 있는

---

191) 대법원 1998. 7. 24. 선고 98다12270 판결
192) 지적과-2880(2004. 7. 23.)

감정인이 정해진다. 즉 지적측량 중 경계점좌표등록부가 비치된 지역(수치지역)에서의 지적측량은 한국국토정보공사에 감정을 촉탁하거나 지적측량업자 중에서 『감정인선정전산프로그램』을 이용하여 감정인을 선정하고, 경계점좌표등록부가 비치되지 않은 지역(도해지역)에서의 지적측량은 한국국토정보공사에 전담시켜 감정을 촉탁한다[「감정인등 선정과 감정료 산정기준 등에 관한 예규」(재일 2008-1) 제17조 제2항].

그러나 「감정인등 선정과 감정료 산정기준 등에 관한 예규」는 "법규명령"이 아니라 행정조직 내부에서 행정의 사무처리기준으로 제정된 일반적·추상적 규범인 "행정규칙"으로서 국민이나 법원에 대한 대외적 구속력이 없다. 따라서 도해지역에서의 감정측량에 있어서도 재판당사자가 공사의 감정측량을 불신하거나 공사가 재판당사자인 경우 일반 지적측량업자를 감정인으로 선정하는 사례가 종종 있다.

하지만 현행 법령상 지적측량의 대부분을 차지하는 도해지역의 지적측량은, 토지의 경계를 도면위에 표시하는 특성상 한 필지에 대한 측량성과가 다른 필지의 측량성과에도 영향을 미치는 등 측량이 독립적이지 않아 지적측량의 통일성과 법적안정성을 위하여 한국국토정보공사가 전담하도록 하고 있다. 그럼에도 불구하고 경계분쟁 시 법원의 판결에 결정적인 영향을 미치게 될 감정측량 과정에서 이러한 도해지역의 지적측량을 일반 지적측량업자가 수행하고, 더구나 한국국토정보공사와 다른 성과를 결정하는 경우 국민의 재산권 분쟁 및 사회적 혼란을 야기할 수 있다. 실제 소송에서도 지적측량업자가 도해지역의 감정측량을 수행하여 그 결과로 판결이 이루어져 지적 업무에 혼란이 야기된 사례들이 있다.[193]

---

193) 대법원 2012. 1. 12. 선고 2011다72066 판결; 제주지방법원 2017. 8. 9. 선고 2015나3396 판결(※ 대법원 2017. 11. 23. 선고 2017다36680 판결로 심리불속행기각되어 확정) 등

따라서 도해지역에 대한 감정측량은 특별한 경우가 아닌 한 지적측량업자에게 맡기는 것을 지양하고 가급적 한국국토정보공사에 촉탁함으로써 지적측량의 통일성과 지적제도의 법적안정성을 확보하는 것이 필요하다.

지적측량업자를 감정인으로 선정하는 경우 이는 법원행정처에서 운영하는 『감정인선정전산프로그램』에 의하여 무작위로 이루어지나, 양쪽 당사자가 합의하여 특정 감정인에 대한 감정인 선정 신청을 하거나『감정인선정전산프로그램』에 의하여 선정할 수 없는 경우에는 그러하지 아니하다(위 예규 제4조 제1항). 법원행정처는 매년 12월 측량감정명단에 지적측량업자 또는 그 소속 지적기술사·지적기사·지적산업기사를 측량감정을 할 수 있는 감정인명단에 등재한다. 감정인명단에 등재되고자 하는 자는 법원행정처장(소관: 사법지원실)이 주관하는 『온라인감정인신청시스템』을 통하여 감정인후보자 등재 신청을 한다. 법원행정처장은 신청인의 동의를 받아 범죄경력조회 등 자격심사를 한 후 감정인 후보자 명단을 각급 법원 및 지원에 송부한다. 각급 법원 및 지원에서는 감정인 후보자에 대한 평정기준표에 의하여 감정인 적정 여부를 평가하여 법원행정처장에게 등재 요청한다. 법원행정처장은 등재 요청된 감정인 후보자를 승인하여 『감정인선정전산프로그램』의 감정인 명단에 등재한다(위 예규 제5조 제1항, 제2항).

이에 반하여 한국국토정보공사로 하여금 측량감정을 하게 하는 경우에는 감정촉탁에 의한다. 즉 법원이 필요하다고 인정하는 경우에는 공공기관·학교, 그 밖에 상당한 설비가 있는 단체 또는 외국의 공공기관에 감정을 촉탁할 수 있고, 이 경우에는 선서에 관한 규정을 적용하지 아니한다(「민사소송법」 제341조 제1항).

Ⅲ. 감정측량의 수행

「지적업무처리규정」 제20조 제9항은 "법원의 감정측량을 할 때에는 별표 2의 법원감정측량 처리절차에 따른다"라고 규정하고 있고, 별표 2에서는 측량기간은 규칙 제25조 제3항의 규정을 준용하고, 지상경계의 결정은 영 제55조 제4항 단서의 규정을 적용하되 지번·경계 및 면적 등은 공간정보의 구축 및 관리 등에 관한 법령이 정한 규정에 따라 결정하며, 법원감정측량결과도의 작성 및 보관은 「지적업무처리규정」 제25조의 규정을 적용하고, 법원감정측량성과도의 작성은 제28조의 규정을 준용하도록 하는 등 크게 4가지 항목에 관하여 정하고 있다(「지적업무처리규정」 [별표 제2호] "법원감정측량 처리절차" 1. 지적측량수행자).

시효취득 또는 상호명의신탁관계의 해지를 원인으로 한 소유권이전등기사건, 공유물분할사건 등에서 지적공부상의 이동정리(예를 들어 분할, 신규등록 등)를 수반하는 지적측량을 한 감정인 또는 한국국토정보공사는 측량성과에 관한 자료를 「공간정보의 구축 및 관리 등에 관한 법률」이 규정하는 지적소관청에 제출하여 그 성과의 정확성에 관한 검사를 받고, 감정서와 함께 소관청으로부터 교부받은 측량성과도를 법원에 제출하여야 한다(「감정인등 선정과 감정료 산정기준 등에 관한 예규」 제18조). 지적공부의 정리를 수반하는 측량은 위 예규에 의하여 측량성과도를 지적소관청이 검사한 경우에 한하여 지적공부를 정리할 수 있다(「지적업무처리규정」 [별표 제2호] "법원감정측량 처리절차" 3. 공통사항).

감정측량에서 가장 문제되는 쟁점 중의 하나는, 판례가 경계침범 여부가 문제로 되어 지적도상의 경계를 실지에 복원하기 위하여 행하는 경계복원측량은 등록할 당시의 측량 방법과 동일한 방법으로 하여야 한다고 설시하고 있음에 따라 소송당사자나 재판부가 "등록 당시의 측량

방법"으로 측량을 해달라거나 기지점과 기준점 측량성과를 각각 내달라는 요구를 하는 경우 그에 따라야 하는가이다. 그러나 위 판례에 따른 경계복원측량의 방법은 그 자체가 현행 지적법령과도 맞지 않을뿐더러 내용에도 불명확한 점이 있어 수정되어야 할 필요가 있다. 자세한 내용은 제1장 제2절 Ⅱ. 지적측량의 분류 4. 성과결정방법에 따른 분류를 참고하기 바란다.

감정측량을 위하여 타인의 토지나 건물 그 밖의 시설물 안에 출입할 필요가 있는 때가 있는데, 감정인의 출입에 반대의 이해관계가 있는 당사자나 제3자에 의하여 감정인이 그 토지나 건물 등에 들어가지 못하게 되면 감정이 불가능하게 된다. 이러한 경우에 대비하여 민사소송법은 감정인이 감정을 위하여 필요한 경우에는 법원의 허가를 받아 남의 토지, 주거, 관리중인 가옥, 건조물, 항공기, 선박, 차량 그밖의 시설물 안에 들어갈 수 있고, 이 경우 감정인이 저항을 받았을 때에는 국가경찰공무원에게 원조를 요청할 수 있도록 하고 있다(민사소송법 제342조).

Ⅳ. 감정측량 종목

1. 분할측량

공유물분할청구소송, 취득시효 완성을 이유로 한 토지 일부에 관한 소유권이전등기청구소송 등은 토지의 일부를 분할하기 위한 것이므로 감정측량 종목으로서 분할측량을 실시한다.

2. 지적현황측량

지상구조물의 침범을 이유로 한 지상구조물철거, 부당이득반환 및 토지인도청구소송 등에서는 점유자의 점유 부분, 점유 면적 등을 확인하기 위하여, 주위토지통행권확인소송에서는 통행로로 활용함에 필요한 토지의 위치와 면적을 특정하기 위하여 각각 지적현황측량을 실시한다.

또한 위에서 본 공유물분할청구소송, 취득시효 완성을 이유로 한 소유권이전등기청구소송 등에서도 소송 결과가 불확실하므로 우선 지적현황측량을 실시하여 점유 부분, 면적 등을 확인한 후 판결이 확정되면 분할측량을 실시할 수 있다. 이렇게 지적현황측량을 실시한 후 그 성과에 따라 분할로 지적공부를 정리할 경우에는, 「지적측량수수료 산정기준 등에 관한 규정」(국토교통부 예규) 제19조 제4항에 따라 분할될 필지의 지적경계선, 분할선 및 현황이 변경되지 않아 추가측량 및 면적 재산정 등의 공정이 필요하지 않은 경우에 한하여 종목변경 시점의 수수료와 기 납부한 수수료의 차액만을 납부하고 분할측량으로 종목을 변경할 수 있다.

3. 경계복원측량

경계확정소송은 지상의 경계점을 확인하기 위한 것이므로 경계복원측량을 실시한다. 또한 지상구조물의 침범을 이유로 한 지상구조물철거 및 토지인도청구소송, 주위토지통행권확인소송 등에서는 지적현황측량과 별개로 경계복원측량을 실시할 수 있다.

V. 감정료의 지급

측량감정의 감정료는, 지적공부상의 이동정리(異動整理)를 수반하는 측량감정의 경우에는 『지적측량수수료 산정기준 등에 관한 규정』에 따른 기준에 따르고, 그 이외의 지적측량감정의 경우(지적현황측량 및 경계복원측량)에는 『지적측량수수료 산정기준 등에 관한 규정』에 따른 기준 소정의 금액에 70%를 곱한 금액을 적용한다(「감정인등 선정과 감정료 산정기준 등에 관한 예규」 제29조 제1항). 즉 측량감정에서는 대부분의 측량 종목이 이동정리를 수반하지 않는 지적현황측량 또는 경계복원측량이므로, 감정료로서 실질적으로 지적측량수수료의 70%만 부담하는 것이다.

통상적으로 감정인은 예상감정료산정서를 법원에 제출하며, 법원은 이에 관하여 감정신청인으로부터 적절성에 관한 의견을 들은 후 감정료의 예납액을 정한다(위 예규 제42조, 제43조). 감정인이 감정을 완료한 후 감정서와 감정료산정서 및 감정료청구서를 제출하면, 재판장은 감정서 내용의 충실도, 감정서 제출의 지연 여부, 감정인등의 감정절차 협조 정도, 감정인등이 제출한 감정료산정서의 근거, 감정료에 대한 당사자의 의견 및 그 밖의 구체적 사정을 참작하여 감정료를 결정한다(위 예규 제44조).

또한 재판장은 지정한 회신기간이 경과하거나 감정인 신문기일 또는 감정촉탁서 도달일로부터 6개월이 경과하였음에도 감정인등이 정당한 사유 없이 감정결과를 제출하지 아니하는 경우에는 10분의 2 이내에서 감정료를 감액할 수 있고, 그 밖에 구체적 사정을 고려하여 감정료를 적절히 가감할 수 있다(위 예규 제27조).

위 조항들에 따라 재판장이 측량감정의 감정료를 50%까지 감액하는 사례가 종종 있다. 그러나 다른 감정 종류와는 달리 측량감정의 감정료의 기준인 지적측량수수료는 「공간정보의 구축 및 관리 등에 관한 법률」 제106조 제3항 및 「지적측량수수료 산정기준 등에 관한 규정」에 따라 국토교통부장관이 매년 12월 31일까지 노임단가, 현장여비, 기계경비, 재료소모품비 등을 고려하여 산출된 금액으로 고시하는 단가로 정해져 있으며, 같은 법 제52조 제1항 제13호는 지적측량업자가 지적측량수수료를 고시한 금액보다 과다 또는 과소하게 받은 경우 측량업의 등록을 취소하거나 1년 이내의 기간을 정하여 영업의 정지를 명할 수 있도록 규정하고 있으므로, 지적측량수수료에 대하여는 지적법령상으로 가감이 허용되지 않는다. 또한 측량감정의 대부분을 수행하고 있는 한국국토정보공사는 「공공기관의 운영에 관한 법률」에 따른 위탁집행형 준정부기관으로서 이윤을 추구하는 기관이 아니다. 더구나 앞서 보았듯이 측량감정의 대부분을 차지하는 지적현황측량 또는 경계복원측량의 감정료는 지적측량수수료의 70%만 부담하고 있다.

이러한 점을 감안하면 측량감정의 감정료를 감액하는 것은 신중하게 판단해야 할 것이다.

Ⅵ. 등록사항정정대상토지의 감정측량

등록사항정정대상토지는 지적공부, 특히 경계나 면적 등의 등록사항에 잘못이 있어 이를 정정해야 하는 것으로 등재된 토지이다. 이러한 토지가 경계분쟁의 대상이 된 경우 감정측량을 할 수 있는지가 문제된다.

판례에 따르면, 피고들이 사건 토지가 '등록사항정정대상토지'인데 지적소관청의 정정이 아직 완료되지 않았으므로 정정을 위한 지적측량을 제외한 모든 지적측량이 정지됨에도 제1심 감정인들이 사건 토지에 대하여 측량감정을 실시한 것은 위법하다고 주장한데 대하여, 대법원은 (구)지적법과 그 시행령 및 시행규칙에서 지적공부의 소관청이 등록사항을 정정한 경우 측량을 수반하는 토지표시사항의 오류 정정이 완료될 때까지 정정을 위한 지적측량을 제외한 모든 지적측량을 정지시킬 수 있도록 규정하고 있으나, 사건 토지에 관하여는 소관청이 등록사항정정의 절차를 밟지 아니하고 있을 뿐만 아니라 그 정정이 완료될 때까지 지적측량을 정지한 일도 없는 이상, (구)대한지적공사의 지적측량협의회의 등록사항정정대상토지 결정만으로는 사건 토지가 등록사항정정대상토지로 확정되었다고 할 수 없으므로 측량감정은 적법하다고 판단하였다.[194] 따라서 등록사항정정 업무를 담당하는 지적소관청의 등록사항정정절차를 진행하면서 시행령 제82조 제3항에 따라 지적측량을 정지시키

---

194) 대법원 2004. 3. 11. 선고 2003다58829 판결

지 않은 이상 감정측량을 할 수 있다.

또한 이를 반대해석하면 지적소관청이 등록사항정정절차 중 지적측
량을 정지시켰다면 감정측량을 할 수 없다고 볼 수 있다. 다만 감정측량
은 전문적 지식과 경험을 가진 지적측량수행자가 사실판단을 법원에 보
고하는 증거의 조사방법 중 하나로서 정식 지적측량이 아니라는 점과
경계분쟁에서 판단의 자료가 되는 결정적인 증거자료가 된다는 점을 감
안하면, 예를 들어 경계에 변동이 없이 면적만 정정해야 하거나, 정정대
상 토지의 경계선과 다른 경계선이 분쟁 대상인 경우처럼 정정 대상과
무관한 사항에 대하여는 감정측량을 할 수 있을 것이다.

제 8 절   이해관계인의 범위

I. 서   설

「공간정보의 구축 및 관리 등에 관한 법률」 제24조는 토지소유자 등
이해관계인이 지적측량을 할 필요가 있는 경우에 지적측량수행자에게
지적측량을 의뢰하여야 하고, 지적측량수행자는 지적측량 의뢰를 받으면
지적측량을 하여 그 측량성과를 결정하도록 규정하고 있다.195) 여기서

---

195) 공간정보의 구축 및 관리 등에 관한 법률
　　　제24조(지적측량 의뢰 등) ① 토지소유자 등 이해관계인은 제23조 제1항 제1호 및
　　　제3호(자목은 제외한다)부터 제5호까지의 사유로 지적측량을 할 필요가 있는 경우
　　　에는 다음 각 호의 어느 하나에 해당하는 자(이하 "지적측량수행자"라 한다)에게
　　　지적측량을 의뢰하여야 한다.
　　　1. 제44조 제1항 제2호의 지적측량업의 등록을 한 자
　　　2. 「국가공간정보 기본법」 제12조에 따라 설립된 한국국토정보공사(이하 "한국국
　　　　　토정보공사"라 한다)
　　　② 지적측량수행자는 제1항에 따른 지적측량 의뢰를 받으면 지적측량을 하여 그
　　　측량성과를 결정하여야 한다.

지적측량수행자에게 지적측량을 의뢰하여 측량성과도를 교부받을 수 있는 자의 범위에 토지소유자가 포함됨은 당연하지만, 그 밖에 "이해관계인"의 범위가 어디까지인가가 문제가 되는데, 그에 대하여는 법령상 명시적인 정의 규정이 없으므로 해석상의 문제가 된다.

한편 「공공기관의 정보공개에 관한 법률」 제3조는 "공공기관이 보유·관리하는 정보는 이 법이 정하는 바에 따라 공개하여야 한다"라고 규정하고 있으므로, 같은 법 제2조 제3호 및 같은 법 시행령 제2조에 따라 "공공기관"에 포함되는 한국국토정보공사는 청구가 있으면 원칙적으로 정보를 공개해야 한다. 다만 같은 법 제9조 제1항은 일정 정보에 대하여는 비공개로 할 수 있는 근거를 마련하고 있는데, 특히 문제가 되는 것은 지적측량 신청내역, 측량성과도, 측량결과도 등의 정보이다. 이에 관하여 같은 법 제9조 제3항은 공공기관이 제1항 각 호의 범위에서 해당 공공기관의 업무 성격을 고려하여 비공개 대상 정보의 범위에 관한 세부 기준을 수립하고 이를 공개하도록 하고 있다. 한국국토정보공사의 「정보공개지침」 <별표 1>은 비공개 대상정보의 기준을 마련하고 있는데, 비공개대상 정보 중의 하나로, "지적측량 신청내역 및 결과, 경계·현황측량성과도, 경계·현황측량결과도, 지적측량 의뢰 현황. 다만 토지소유자 등 이해관계인이 요구한 경우는 제외하며, 이 경우 인접 필지 소유자는 경계복원측량 관련정보에 한한다."라고 규정하고 있다.

따라서 지적측량수행자에게 지적측량을 의뢰할 수 있고, 지적측량이 완료된 이후 지적측량 신청내역, 측량성과도, 측량결과도 등의 정보공개 청구를 할 수 있는 "토지소유자 등 이해관계인"의 범위가 어디까지인지를 확정할 필요가 있다.

Ⅱ. 토지소유자

1. 의   의

지적측량을 의뢰할 권한이 있는 자인 "이해관계인"에 포함되는 "토지소유자"는 법령에서 규정을 두고 있는 경우가 많다.

「민법」 제186조는 "부동산에 관한 법률행위로 인한 물권의 득실변경은 등기하여야 그 효력이 생긴다."라고 규정하여, 물권인 소유권에 관한 등기를 한 자가 토지소유자가 되는 것이 원칙이다. 그러나 「민법」 제187조 본문은 "상속, 공용징수, 판결, 경매 기타 법률의 규정에 의한 부동산에 관한 물권의 취득은 등기를 요하지 아니한다"라고 규정하여, 상속, 공용징수, 판결, 경매 기타 법률의 규정에 의한 경우에는 등기를 하지 않은 자도 토지소유자가 된다.

2. 구체적인 경우

가. 상속인

「민법」 제997조는 "상속은 사망으로 인하여 개시된다"라고 규정하고 있다.

따라서 피상속인이 사망하면 상속인은 피상속인의 토지에 대하여 등기 없이도 소유권을 취득한다.

나. 수용, 협의 성립 확인시 사업시행자

「공익사업을 위한 토지 등의 취득 및 보상에 관한 법률」 제45조 제1항에 따르면 사업시행자는 수용의 개시일에 토지나 물건의 소유권을 취득하고, 제29조 제4항에 따르면 사업시행자와 토지소유자 및 관계인 간에 협의가 성립되어 관할 토지수용위원회가 협의 성립의 확인을 한 경우 재결이 이루어진 것으로 본다.

따라서 사업시행자는 수용이 있는 경우에는 수용의 개시일에, 협의 취득의 경우에는 협의 성립 확인이 있는 때에 협의에서 정한 날에 소유권이전등기와 상관없이 소유권을 취득하게 된다. 참고로 "수용의 개시일"은 토지수용위원회의 재결이 있은 날이 아니라, 그 재결에서 수용의 개시일로 정한 날이다.

다만 판례에 따르면, 협의취득을 할 경우 협의성립의 확인이 없는 이상 그 취득행위는 어디까지나 사경제 주체로서 행하는 사법상의 취득으로서 원시취득이 아니라 승계취득이라 할 것이고 따라서 소유권을 취득하기 위하여는 법률행위로 인한 부동산물권변동의 일반원칙에 따라 소유권이전등기를 마쳐야 한다.[196)]

그리고 토지 수용의 대가로 사업시행자가 보상금을 지급하거나 공탁을 하게 되는데, 같은 법 제42조 제1항은 사업시행자가 수용 또는 사용의 개시일까지 관할 토지수용위원회가 재결한 보상금을 지급하거나 공탁하지 아니하였을 때에는 해당 토지수용위원회의 재결은 효력을 상실한다고 규정하고 있으므로, 이러한 소유권 취득의 효력은 사업시행자의 보상금 지급 또는 공탁을 정지조건으로 발생한다.

다. 소유권 등을 취득하는 판결을 받은 자

「민법」 제187조 본문은 판결에 의한 부동산에 관한 물권의 취득은 등기를 요하지 아니한다고 규정하고 있다.

따라서 확정판결을 받은 자는 등기 여부와 상관없이 소유권을 취득하게 된다.

주의할 것은, 판례에 따르면 민법 제187조에서 규정하는 등기를 요하지 아니하는 물권취득 방법으로서 판결은 그 판결 자체에 의하여 부동산물권취득의 형성적 효력을 가져오는 형성판결에 한하며 이행판결이

---

196) 부산고등법원 1999. 1. 28. 선고 98누1567 판결

나 확인판결은 이에 해당하지 않는다는 것이다.197) 예를 들어 소유권이 전등기절차를 이행하라는 내용의 소에서 원고가 승소하였다면, 그 판결 자체만으로 소유권이전의 효력이 생기는 것이 아니라 별도로 승소판결에 따라서 소유권이전등기를 해야 하며, 이는 소유권확인판결에 있어서도 마찬가지이다.

라. 경매절차의 매수인

「민사집행법」 제135조는 "매수인은 매각대금을 다 낸 때에 매각의 목적인 권리를 취득한다."라고 규정하고 있다.

따라서 경매절차 참가자가 낙찰자로서 매수인으로 정해진 다음 대금을 납부하게 되면 소유권이전등기와 상관없이 소유권을 취득하게 된다.

마. 공매절차의 매수인

「국세징수법」 제77조 제1항은 "매수인은 매수대금을 납부한 때에 매각재산을 취득한다", 「지방세징수법」 제94조 제1항은 "매수인은 매수대금을 납부한 때에 매각재산을 취득한다"라고 규정하고 있다.

따라서 세금체납으로 인한 공매절차 참가자가 낙찰자로서 매수인으로 정해진 다음 대금을 납부하게 되면 소유권이전등기와 상관없이 소유권을 취득하게 된다.

바. 합 병

합명회사에 있어서 「상법」 제234조는 "회사의 합병은 합병후 존속하는 회사 또는 합병으로 인하여 설립되는 회사가 그 본점소재지에서 전조의 등기를 함으로써 그 효력이 생긴다.", 제235조는 "합병후 존속한 회사 또는 합병으로 인하여 설립된 회사는 합병으로 인하여 소멸된 회

---

197) 대법원 1998. 7. 28. 선고 96다50025 판결; 대법원 1982. 10. 12. 선고 82다129 판결; 대법원 1971. 3. 23. 선고 71다234 판결 등

사의 권리의무를 승계한다"라고 규정하고 있고, 이는 제269조에 따라 합자회사의 합병에, 제530조 제2항에 따라 주식회사의 합병에, 제603조에 따라 유한회사의 합병에 준용된다.

따라서 일반적인 상법상의 회사에 있어서 합병등기가 이루어지면, 합병후 존속한 회사 또는 합병으로 인하여 설립된 회사는 소유권이전등기와 상관없이 소유권을 취득하게 된다.

Ⅲ. 이해관계인

1. 의   의

통상 이해관계인이라 함은 법률상으로 보호되는 이익이 있는 자를 말한다. 예를 들어, 판례는 부재자에 대하여 실종선고를 청구할 수 있는 이해관계인은 그 실종선고로 인하여 일정한 권리를 얻고 의무를 면하는 등의 신분상 또는 재산상의 이해관계를 갖는 자에 한하므로, 부재자의 종손자로서 부재자가 사망할 경우 제1순위의 상속인이 따로 있어 제2순위의 상속인에 불과한 자,[198] 부재자의 자매로서 제2순위 상속인에 불과한 자[199]는 부재자에 대한 실종선고의 여부에 따라 상속지분에 차이가 생긴다고 하더라도 이는 부재자의 사망 간주시기에 따른 간접적인 영향에 불과하고 부재자의 실종선고 자체를 원인으로 한 직접적인 결과는 아니므로 부재자에 대한 실종선고를 청구할 이해관계인이 될 수 없다고 하였다. 그리고 구「도시재개발법」제22조에 따라 설립된 재개발조합의 조합원은 조합의 운영에 이해관계를 가지고 있다고 할 것이나 이는 단순히 일반적이고 사실적인 것에 불과할 뿐 구체적인 법률상의 이해관계를 가진다고는 할 수 없으므로, 조합원이 직접 또는 재개발조합을 대위

---

198) 대법원 1992. 4. 14.자 92스4, 92스5, 92스6 결정
199) 대법원 1986. 10. 10.자 86스20 결정

하여 법인인 재개발조합과 제3자와의 거래관계에 개입하여 조합의 대표
기관이 체결한 계약의 무효를 주장할 수는 없을 뿐만 아니라, 조합원 개
인의 자격으로 그 계약의 무효확인을 구하는 것이 분쟁을 해결함에 있
어 반드시 유효·적절한 수단이라고 인정할 수도 없다고 하였다.[200]

이와 동일한 취지에서 국토교통부는 지적측량을 의뢰할 수 있는 이
해관계인의 범위에 관하여,

지적측량을 의뢰할 수 있는 자는 원칙적으로 당해 토지 소유자이며,

1) 당해 토지에 대하여 이해관계가 있는 자(사망자의 재산에 관한 포
괄적 권리의무를 승계하는 상속인 또는 지적측량의 실시로 인하여 권리나 의
무를 취득 또는 상실하거나, 권리의 행사·의무의 이행이 가능하게 되거나 또
는 불가능하게 되는 자)

2) 구 「지적법」 제26조(현행 「공간정보의 구축 및 관리 등에 관한 법률」
제86조)의 규정에 의한 사업시행자

3) 구 「지적법」 제28조(현행 「공간정보의 구축 및 관리 등에 관한 법률」
제87조)의 규정에 의한 대위신청자도 지적측량을 의뢰할 수 있으나, 측
량대상 토지와 직접 관련이 없고 단순히 사실상 또는 감정상으로 이익
을 얻거나 곤란을 받는 자는 제3자의 소유토지에 대한 지적측량을 의뢰
할 수 없는 것으로 유권해석하고 있다.[201]

2. 지적측량을 의뢰할 수 있는 이해관계인 여부

가. 측량대상 토지의 인접토지소유자

인접토지소유자는 당해 토지에 아무런 권리를 가지고 있지 않고 측
량수수료도 지불하지 않은 자로서 법률상 이해관계에 있는 자로 볼 수
없어 지적측량을 의뢰할 수 없는 것으로 본다.

---

200) 대법원 2005. 4. 29. 선고 2005다9463 판결
201) 지적팀-2807(2006. 6. 12.)

다만 지적측량 신청내역, 측량성과도, 측량결과도 등의 정보공개청구에 있어서는 뒤에서 보는 바와 같이 경계복원측량에 한하여 인접토지소유자를 이해관계인으로 보고 있다.

나. 측량대상 토지의 전소유자

판례는 구「경매법」제30조 제3항(현행「민사집행법」제90조)의 부동산경매절차의 이해관계인을 해석함에 있어 경매신청기입등기 후에 소유자가 목적 부동산을 제3자에게 매도하여 그 매수인이 소유권이전등기를 경료하고 경매법원에 그 권리를 신고하여 이해관계인이 된 경우에 위매도한 전소유자는 소유권의 상실과 동시에 이해관계인의 지위도 상실한다고 한다.[202] 또한 확정된 경락허가결정에 대하여 준재심을 청구할수 있는 자는 그 경락허가 결정에 대한 이해관계인으로서 불복을 신청할 수 있었던 당사자에 한정된다고 보아야 할 것이고, 경매신청서에 표시된 소유자가 아닌 전소유자는 가사 그 부동산에 관하여 그 소유권이있다 하여도 구「경매법」제30조 제3항 제2호(현행「민사집행법」제90조제2호)의 소유자라 할 수 없고 같은 항 제3호의 부동산 위의 권리자라할 것임으로, 같은 호 규정에 따라 경매기일까지 그 권리를 증명하지 아니하면 그 경매사건의 이해관계인이라 할 수 없다고 하였다.[203]

이러한 취지에 비추어 토지를 타인에게 매도한 전소유자는 측량을 의뢰함으로써 그 결과에 따라 법률적으로 권리를 얻는다거나 의무를 면한다고 볼 수가 없어 이해관계인에 해당된다고 볼 수 없다고 본다.

다. 공유토지의 지분권자

공유관계에 있는 토지에 대하여 공유자가 측량을 의뢰하고자 할 때단독으로 할 수 있는지, 혹은 어느 정도의 지분을 가지고 있어야 하는지

---

202) 대법원 1967. 8. 31.자 67마615 결정
203) 대법원 1957. 10. 17. 고지, 4290민재항68 결정; 대법원 1970. 2. 28.자, 70마20 결정

가 문제된다.

「민법」 제264조는 공유자는 다른 공유자의 동의없이 공유물을 처분하거나 변경하지 못한다고 규정하고, 제265조는 공유물의 관리에 관한 사항은 공유자의 지분의 과반수로써 결정하나, 보존행위는 각자가 할 수 있다고 규정하고 있다. 즉 공유물의 처분·변경은 공유지분권자 전원의 동의를 요하고, 공유물의 관리는 공유지분권자 과반수의 동의를 요하며, 공유물의 보존은 공유지분권자 단독으로 할 수 있다.

여기서 공유물의 처분이란 공유물을 양도하거나 그 위에 물권을 설정하는 등의 행위를 말하며, 공유물의 변경이란 공유물에 대하여 사실상의 물리적인 변화를 가하는 것을 말한다.[204]

공유물의 관리란 공유물의 처분이나 변경에까지 이르지 아니한 정도로 공유물을 이용·개량하는 행위를 말하며, 그 중 이용은 공유물을 그 자체의 경제적 용도에 따라 활용하는 것을 말하고, 개량은 공유물의 사용가치 내지 교환가치를 증대시키는 것을 말한다고 설명된다. 학설·판례상 관리행위로 예시되는 주요한 것으로는 공유물을 사용·수익하는 구체적인 방법의 결정,[205] 공유물의 임대행위,[206] 계약의 해제·해지[207] 등이다.[208]

공유물의 보존이란 공유물의 멸실·훼손을 방지하고 그 현상을 유지하기 위하여 하는 사실적·법률적 행위를 말한다. 예컨대, 공유건물의 손괴를 방지하기 위하여 수리를 한다든가, 부패의 염려가 있는 공유물을 매각하여 금전으로 보관하는 것, 제1순위 저당권이 소멸한 경우에 제2순위 저당권의 준공유자의 1인이 제1순위 저당권등기의 말소를 청구하는 것, 공유지분에 기한 방해배제청구, 공유물반환청구[209] 등이 이에 해당한다.[210]

---

204) 민법주해(Ⅴ)-물권(2), 박영사, 2006(민일영 집필부분), p.568~569
205) 대법원 1979. 6. 12. 선고 79다647 판결 등
206) 대법원 1966. 10. 25. 선고 66다1388 판결 등
207) 대법원 1964. 9. 22. 선고 64다288 판결
208) 민법주해(Ⅴ)-물권(2), 박영사, 2006(민일영 집필부분), p.571~574

이러한 법리에 따라 공유토지에 대한 지적측량의뢰를 할 수 있는 공유지분권자의 수를 살펴보면, 토지의 이동(異動)이 발생할 때 실시하는 측량, 즉 신규등록측량(법 제23조 제1항 제3호 나목, 제2조 제29호), 등록전환측량(법 제23조 제1항 제3호 다목, 제2조 제30호), 분할측량(법 제23조 제1항 제3호 리목, 제2조 제31호), 지적확정측량(법 제23조 제1항 제3호 아목) 등은 토지를 새로 지적공부에 등록하거나, 기 등록된 토지의 지번, 지목, 경계, 좌표, 면적을 변경하는 측량으로서 공유물을 변경하는 것으로 볼 수 있으므로, 그에 대한 의뢰는 「민법」 제264조에 따라 공유자 전원의 동의를 얻어야 가능하다.

분할에 관한 국토교통부 질의회시에서도, "민법 제269조 제1항에 공유토지의 분할에 관하여 협의가 성립되지 아니한 때에는 공유자는 법원에 그 분할을 청구할 수 있으며, 같은 법 제264조에 의하면 공유자는 다른 공유자의 동의없이 공유물을 처분하거나 변경하지 못하도록 규정하고 있음. 따라서 공유 토지를 분할하기 위해서는 공유자의 동의를 받거나 법원에서 공유물분할 판결을 받아야 할 것으로 판단됨"이라고 하였다.[211] 다만 구 「공유토지분할에 관한 특례법」은 공유토지로서 공유자 총수의 3분의 1 이상이 그 지상에 건물을 소유하는 방법(제3자로 하여금 건물을 소유하게 하는 경우를 포함)으로 1년 이상 자기지분에 상당하는 토지부분을 특정하여 점유하고 있는 토지(제3조 제1항)에 대하여, 공유자 총수의 5분의 1 이상 또는 공유자 20명 이상의 동의를 받은 경우(제14조 제1항) 일정 절차를 거쳐 분할이 가능하도록 하였다.[212]

---

209) 대법원 1982. 3. 9. 선고 81다464 판결 등
210) 민법주해(Ⅴ)-물권(2), 박영사, 2006(민일영 집필부분), p.574
211) 지적팀-6129(2007. 11. 15.)
212) 「공유토지분할에 관한 특례법」은 현행 법령상 공유 토지의 경우 공유자 전원의 동의가 있어야 공유토지에 대한 분할을 신청할 수 있을 뿐만 아니라, 「건축법」, 「국토의 계획 및 이용에 관한 법률」, 「집합건물의 소유 및 관리에 관한 법률」에 따라 기준면적에 미치지 못하게 분할할 수 없거나 아파트 등 집합건물의 대지에 대해서

이에 비하여 토지의 이동이 발생하지 않는 측량, 즉 경계복원측량(법 제23조 제1항 제4호) 및 지적현황측량(법 제23조 제1항 제5호, 시행령 제18 조)은 지적공부를 정리하지 아니하고 불분명한 경계를 현장에 확인해주 거나, 지상건축물 등의 현황을 도면에 표시해주는 데에 불과하므로, 공유물의 처분, 변경에 해당하지 않음은 물론, 공유물을 이용·개량하는 행위인 관리에도 해당하지 않는다. 따라서 위 측량들에 대한 의뢰는 「민법」 제265조 단서에 따라 공유물의 보존행위에 준하여 공유자 각자가 할 수 있는 것으로 본다.

한편 공유토지에 대하여 지적측량, 특히 분할측량 등 토지의 이동이 발생하는 측량을 의뢰하고자 할 때, 공유토지 전체 또는 지분에 대한 가압류권자, 가처분권자, 압류권자, 저당권자가 있을 경우 그의 동의를 받아야 하는지가 문제된다.

「민법」 제263조는 "공유자는 그 지분을 처분할 수 있고 공유물 전부를 지분의 비율로 사용, 수익할 수 있다"라고 규정하고 있다. 즉 공유지분권자는 공유물의 일부에 대한 소유권을 가지는 것이 아니라 공유물 전부에 대하여 지분 비율만큼의 소유권을 가지고 있는 것이다.

따라서 공유물 전부나 지분에 가압류, 가처분, 압류, 저당권 등의 등기가 되어 있는 경우, 공유물 전부나 공유물 전부에 대한 지분 비율만큼 가압류 등의 등기가 이루어진 것이므로, 이후 공유물분할이 이루어지더라도 위 가압류 등의 등기는 각 필지에 "전사(轉寫)"되어 모두 유효하게 존속한다.

이러한 취지에서, 등기선례는 갑과 을이 공유하고 있는 토지에 대하여 갑의 지분에만 국세(또는 지방세)처분에 의한 압류등기가 경료된 상태

는 엄격한 분할요건이 적용되는 등 공유자들이 권리행사에 상당한 제약을 받고 있어, 1986년부터 1991년까지, 1995년부터 2000년까지, 2004년부터 2006년까지, 그리고 2012년부터 2020년까지 총 네 차례에 걸쳐 간소한 요건으로 공유토지를 분할할 수 있게 한시적으로 시행한 법이다. 향후에도 한시법으로 시행될 것으로 전망된다.

에서 위 토지를 2필지로 분할하여 이를 갑과 을이 각 단독으로 소유하는 공유물분할등기를 하는 경우, 을이 단독으로 소유하게 된 토지의 등기용지에도 위 압류등기가 전사되어 그 효력이 인정되는 것이므로 그 압류등기를 말소하기 위하여는 통상의 압류등기말소절차에 의하여야 한다고 하였고,213) 지적업무 주무기관의 유권해석에 따르면, 가처분 등의 등기를 경료하였어도 등기부상 소유권자는 변동이 없으므로 구 「지적법」 제17조, 같은 법 시행령 제17조 및 같은 법 시행규칙 제20조의 규정에 의거 가처분권자의 동의없이 토지소유자(공유자)의 신청에 의거 토지분할이 가능하다고 하였다.214)

그러므로 공유토지의 지적측량 및 지적공부 정리에는 가압류권자, 가처분권자, 압류권자, 저당권자 등의 동의가 필요 없다.

라. 금전채권자

「공간정보의 구축 및 관리 등에 관한 법률」 제87조 제4호에 따르면 「민법」 제404조의 규정에 의한 채권자는 토지소유자가 하여야 하는 신청을 대위할 수 있다고 하고, 국토교통부는 그러한 대위권자가 측량을 신청할 수 있는 이해관계인에 해당한다고 유권해석하고 있다.

채권자대위권이란 채권자가 자기의 채권을 보전하기 위하여 그의 이름으로 채무자에게 속하는 권리를 대위하여 행사할 수 있는 권리를 말한다. 민법 제404조는 "① 채권자는 자기의 채권을 보전하기 위하여 채무자의 권리를 행사할 수 있다. 그러나 일신에 전속한 권리는 그러하지 아니하다. ② 채권자는 그 채권의 기한이 도래하기 전에는 법원의 허가 없이 전항의 권리를 행사하지 못한다. 그러나 보전행위는 그러하지 아니하다."라고 하여 채권자대위권의 근거 규정을 두고 있다.

---

213) 1994. 11. 24. 등기 3402-1357 질의회답
214) 지적 13500-123(1994. 3. 2.)

여기서 "대위(代位)"란 제3자가 다른 사람의 법률적 지위를 대신하여 그가 가진 권리를 얻거나 행사하는 일로서, 채권자가 채무자의 권리를 대신 행사하는 일 따위라고 정의되고 있다.[215) 주의할 점은 대위권의 행사에 있어서는 권리를 행사할 자의 동의나 위임을 받을 필요가 없다는 것이다. 즉 대위라는 말의 의미는 권리자가 어떤 이유로든지 스스로 권리를 행사하지 않는 경우에 그와 일정한 관계에 있는 자가 대신하여 강제로 권리를 행사할 수 있도록 한다는 것이다.

위 민법 규정에 따른 채권자대위권 행사의 요건으로는 "채권을 보전할 필요성", "채무자의 권리의 불행사", "채권이 원칙적으로 이행기에 도달할 것", "채권자대위권의 목적인 권리(객체)" 등이 있다. 여기서 다른 요건은 해석상 크게 문제되지 않고, "채권을 보전할 필요성" 요건이 중요하다.

금전채권자가 「공간정보의 구축 및 관리 등에 관한 법률」 제87조 및 「민법」 제404조의 채권자대위권자로서 이해관계인에 해당하여 지적측량을 의뢰할 수 있는지를 살펴보기로 한다.

채권자대위권 행사의 요건 중 "채권을 보전할 필요성"이란 채권자가 채무자의 권리를 대위하여 행사하지 않으면 자기의 채권이 완전한 만족을 얻을 수 없게 될 위험이 있음을 뜻한다. 판례는 채권을 보전할 필요성을 판단함에 있어 대위에 의하여 보전될 채권자의 채무자에 대한 권리(피보전채권, 被保全債權)가 "금전채권"인 경우에는 원칙적으로 채무자가 채무를 변제할 자력(資力)이 없음을 요구한다는 의미로 본다.[216) 그러나 채무자의 자력과는 관계없는 특정의 채권을 보전하려는 경우 채무자의 권리행사가 채권의 보전에 적절하고 또한 필요한 때에는 대위권의

---

215) 국립국어원, 표준국어대사전(인터넷판), 2013
216) 대법원 2009. 2. 26. 선고 2008다76556 판결; 대법원 1993. 10. 8. 선고 93다28867 판결 등

행사를 허용하고 있다.[217]

따라서 금전채권자는 채무자인 토지 소유자가 변제자력이 있는 한 채무자를 대위하여 지적측량 의뢰를 할 수 없는 것으로 해석할 수 있다.

또한 분할측량 및 분할등록과 관련하여, 판례는 채권자가 자신의 금전채권을 보전하기 위하여 채무자를 대위하여 부동산에 관한 공유물분할청구권을 행사하는 것은, 책임재산의 보전과 직접적인 관련이 없어 채권의 현실적 이행을 유효·적절하게 확보하기 위하여 필요하다고 보기 어렵고 채무자의 자유로운 재산관리행위에 대한 부당한 간섭이 되므로 보전의 필요성을 인정할 수 없으며, 또한 특정 분할방법을 전제하고 있지 않는 공유물분할청구권의 성격 등에 비추어 볼 때 그 대위행사를 허용하면 여러 법적 문제들이 발생하므로, 극히 예외적인 경우가 아니라면 금전채권자는 부동산에 관한 공유물분할청구권을 대위행사할 수 없다고 보아야 한다고 판시하였다.[218]

마. 저당권자 등 담보물권자

금전채권자로서 채무자 소유 토지에 저당권 등의 담보물권을 가지고 있더라도, 이는 토지의 이용 목적이 아니라 교환가치를 파악하여 채권을 담보하는 것에 불과하므로 금전채권자의 경우와 마찬가지로 채무자인 토지 소유자가 변제자력이 있는 한 채무자를 대위하여 지적측량 의뢰를 할 수 없다.

바. 가압류권자

가압류란 본안소송 승소시 강제집행을 위하여 채무자의 재산을 동결시켜 채무자의 처분권을 잠정적으로 빼앗는 것에 불과하고, 가압류의 피

---

217) 대법원 1976. 10. 12. 선고 76다1591, 1592 판결; 대법원 1998. 3. 27. 선고 96다 10522 판결 등
218) 대법원 2020. 5. 21. 선고 2018다879 전원합의체 판결

보전권리(被保全權利)는 금전채권이므로, 가압류권리자에게 토지에 대한 측량을 할 수 있는 이해관계가 없다.

사. 경매신청자

경매신청자는 통상 금전채권자로서 채권자대위권의 요건 중 "채권을 보전할 필요성" 요건, 즉 채무자의 무자력이 인정되지 않으면 지적측량 의뢰를 할 수 없다고 볼 수도 있다.

그러나 경매신청 후 경매개시결정이 이루어져 등기부에 기재되어 있는 경우 적어도 지적측량의 실시로 인하여 권리의 행사가 가능하게 되는 자에 해당하는 것으로 해석하여 이해관계인으로 볼 수 있을 것이다. 다만 이 경우라도 분할측량과 같이 책임재산의 보전과 직접적인 관련이 없고 채무자의 자유로운 재산관리행위에 대한 부당한 간섭이 되는 경우에는 이해관계인으로 볼 수 없다.

아. 경매절차 참가자

경매 절차에 참가하여 토지를 매수하려는 자는 경매절차에서 단순히 매수의 의사만을 표시한 자로서 측량의뢰를 할 수 있는 이해관계인으로 보기는 어렵다.

그러나 입찰표 및 보증금액을 집행관에게 제출함으로써 입찰 단계까지 나아간 자는 지적측량의 실시로 인하여 권리의 행사가 가능하게 되는 자에 해당하여 이해관계인으로 볼 여지가 있고, 앞서 본 바와 같이 매수인으로 결정되어 매각대금까지 지급한 자는 「민사집행법」 제135조에 따라 등기 없이도 부동산의 소유권을 취득하므로 소유자로서 당연히 지적측량을 의뢰할 수 있다.

자. 매매계약을 체결한 매수인

유사한 제도로서 부동산등기신청에 있어서의 채권자대위를 살펴보면, "갑"이 "을"로 부터 부동산을 매수한 경우에는 매매의 효력으로서 "을"에게 위 부동산에 대한 소유권이전등기 절차이행청구권이 있고 "을"은 "갑"으로부터 대금지급이 있을 때까지 그 의무이행을 거절할 수 있을 뿐이니 "갑"은 "을"에 대한 소유권이전등기 청구권을 보전하기 위하여 채권자대위권을 행사할 수 있다고 하고 있다.[219]

그리고 채권자대위에 의한 등기절차에 관한 사무처리지침(등기예규 제1019호)은 특정의 등기청구권을 가진 채권자 및 금전채권자를 포함한 채권자가 민법 제404조 및 부동산등기법 제52조의 규정에 의하여 채무자에 대위하여 등기를 신청하는 방법에 관하여 자세히 기술하고 있는데, 대위원인을 증명하는 서면의 첨부에 있어서, 대위의 기초인 권리가 특정 채권인 때에는 당해 권리의 발생원인인 법률관계의 존재를 증명하는 서면(예: 매매계약서 등)을, 금전채권인 때에는 당해 금전채권증서(예: 금전 소비대차계약서 등)를 첨부하여야 하며, 이 때의 매매계약서 등은 공정증서가 아닌 사서증서라도 무방하다고 하고 있다. 또한 등기선례 6-160에 의하면, 예를 들어 부동산에 대하여 소유권이전등기절차를 명하는 승소의 확정판결을 받은 갑이 그 판결에 따른 소유권이전등기절차를 취하지 않는 경우, 갑에 대한 금전채권이 있는 자는 대위원인을 증명하는 서면인 소비대차계약서 등을 첨부하여 위 판결에 의한 갑명의의 소유권이전등기를 갑을 대위하여 신청을 할 수 있다고 하고 있다.

이러한 취지에 따라 토지에 대하여 매매계약을 체결하여 소유권이전등기청구권을 가진 단계에서 아직 소유권이전등기를 경료받지 않은 자라도, 법 제87조 제4호, 민법 제404조의 규정에 의한 채권자로서 지적측량을 신청할 수 있는 이해관계인에 해당되어 토지소유자가 하여야 하는 지적측량신청을 대위할 수 있는 것으로 해석할 수 있다. 이 경우 채권자

---

219) 대법원 1976. 10. 12. 선고 76다1591, 1592 판결; 대법원 1983. 4. 26. 선고 83다카 57 판결

는 신청서에 채권자와 채무자, 대위원인, 그리고 대위원인을 증명하는
서면(계약서 등)을 첨부하여야 할 것이다.

차. 임차권자, 사용승낙 받은 자, 도로점용권자

이들은 토지의 교환가치를 지배하기 위한 권리가 아니라 사용가치를
지배하기 위한 채권을 가진 자이다.

판례는 임차인은 목적물사용수익권을 보전하기 위하여 임대인의 제3
자에 대한 목적물인도청구권을 대위할 수 있고,[220] 도로점용허가를 받은
자는 지하도 상가운영을 위한 점포사용청구권을 보전하기 위하여 점포
소유자가 불법점유자들에 대하여 가지는 명도청구권을 대위행사 할 수
있다고 한다.[221]

이러한 판례의 취지에 비추어보면, 임차권자, 사용승낙 받은 자, 도
로점용권자와 같은 채권자들은 그 사용 한도 내에서 채권의 보전의 필
요성이 인정되는 경우에는 그 채무자가 소유한 토지에 대하여 채권자대
위권에 기하여 지적측량을 의뢰할 수 있다고 해석할 수 있다.

이 경우에도 지적측량 의뢰 권한은 경계복원측량 및 지적현황측량 등
지적공부 정리 불요분의 의뢰에 한정되고, 분할측량 등 지적공부 정리를
요하는 측량에 대하여는 채무자의 재산권행사에 불이익을 가져오거나
자유로운 재산관리행위에 대한 부당한 간섭으로서 채권을 보전할 필요성
이 없어 채권자대위권에 기한 지적측량 의뢰 권한을 인정하기 어렵다.

카. 지상권자, 지역권자, 전세권자

지상권자란 타인의 토지에 건물 기타 공작물이나 수목을 소유하기
위하여 그 토지를 사용하는 권리를 가진 자(「민법」 제279조부터 제290조
까지)를, 전세권자란 전세금을 지급하고 타인의 부동산을 점유하여 그

---

220) 대법원 1964. 12. 29. 선고 64다804 판결
221) 대법원 1995. 5. 12. 선고 93다59502 판결

부동산의 용도에 좇아 사용·수익하며, 그 부동산 전부에 대하여 후순위 권리자 기타 채권자보다 전세금의 우선변제를 받을 권리를 가진 자(「민법」 제303조부터 제319조까지)를, 지역권자란 일정한 목적을 위하여 타인의 토지를 자기토지의 편익에 이용하는 권리를 가진 자(「민법」 제291조부터 제302조까지)를 말한다.

이들은 토지의 사용가치를 지배하기 위한 물권을 가진 자로서 경계복원측량 및 지적현황측량 등 지적공부 정리 불요분의 의뢰에 대하여는 측량을 의뢰할 수 있는 이해관계가 있다고 볼 수 있다.

타. 시효취득자

판례는 취득시효 완성을 주장하는 자는 소유권이전등기를 청구할 수 있는 특정채권자로서 채권자대위권에 기한 등기청구를 할 수 있다고 한다.[222]

다만 지적측량수행자가 취득시효 완성에 대한 법적 판단을 하여 소유권을 인정해 줄 수는 없으므로, 취득시효 주장자는 소유자의 동의서나 취득시효완성을 원인으로 하여 소유권을 인정받을 수 있는 확정판결서 등 객관적인 자료를 첨부해야만 지적측량 의뢰가 가능할 것이다.

파. 가처분권리자

가처분이란 금전 이외의 특정 물건이나 특정 권리를 대상으로 하는 청구권을 가진 자가 강제집행시까지 다툼의 대상에 대하여 현상을 동결시키거나, 현재 다툼이 있는 권리 또는 법률관계에 대한 확정판결이 있기까지 잠정적으로 임시의 지위를 주는 것이므로, 일반적인 가처분권리자가 가처분의 피보전권리를 보전하기 위하여 채무자의 부동산에 대한 측량 의뢰를 하는 것은 허용되지 않는다.

그러나 부동산에 대한 가처분권리자의 측량 의뢰 및 그에 기한 지적

---

222) 대법원 1990. 11. 27. 선고 90다6651 판결

공부 정리를 원천적으로 금지하게 되면 실무상 곤란한 문제가 발생하는
경우가 있다.

공부상 아직 분필되지 않은 1필의 토지 일부에 대하여도 점유취득시
효가 가능한데,[223] 이 경우 점유자는 본안소송에서 해당 토지 부분에 관
하여 공부상 토지소유자를 상대로 시효취득을 원인으로 한 소유권이전
등기청구소송에서 승소확정판결을 받은 후, 그에 기하여 토지소유자를
대위하여 토지대장상 분할절차를 마친 다음 자신의 명의로 소유권이전
등기를 하여야 한다. 그런데 시효취득을 주장하는 점유자는 본안소송에
앞서 토지소유자가 해당 토지에 대한 매매 등 처분행위를 하여 판결을
무력화시키는 것을 방지하기 위하여 처분금지가처분을 신청하여 결정을
받을 필요가 있다. 본안소송에 앞서 처분금지가처분 결정을 받은 경우,
일물일권주의(一物一權主義, 하나의 물권의 목적물은 한 개의 물건일 것을 요
한다는 원칙)에 따라 1필지의 일부에는 가처분등기를 할 수 없다. 따라서
우선 가처분권리자가 해당 토지에 대한 분할측량을 받아 그에 기하여
토지소유자를 대위하여 토지대장상 분할절차를 마친 다음 등기부에 처
분금지가처분등기를 하여야 할 필요가 있다.

이 경우 가처분권자인 점유자가 분할측량 및 토지대장의 분할등록을
신청할 수 있는 이해관계인에 해당하는지가 문제된다.

법원실무제요에서는 1필지의 토지의 특정된 일부에 대하여 소유권이
전등기의 말소를 명하는 판결을 받은 등기권자는 그 판결에 따라 토지
의 분할을 명하는 주문기재가 없더라도 그 판결에 기하여 등기의무자를
대위하여 그 특정된 일부에 대한 분필등기절차를 마친 후 소유권이전등
기를 말소할 수 있다는 판례[224]를 응용하여, 채권자가 가처분결정을 대

---

223) 대법원 1965. 1. 19. 선고 64다1254 판결; 대법원 1989. 4. 25. 선고 88다카9494
    판결
224) 대법원 1987. 10. 13. 선고 87다카1093 판결

위원인으로 하여 대위분할등기신청을 하여 분할등기를 한 다음 곧이어 가처분의 기입등기를 할 수 있다고 한다.[225]

이에 반하여 과거 지적소관청의 실무는 가처분은 확정된 본안판결이 아니므로 그에 기하여 분할을 할 수 없다는 입장을 가지고 있었다. 그러나 이후 국토교통부는 1필의 토지 일부에 대하여 처분금지가처분결정을 받은 채권자의 토지분할신청을 지적소관청에서 거부하면, 채권자가 처분금지가처분결정을 받았음에도 불구하고 법원의 판결이 사실상 집행불능 상태에 빠지게 되고, 토지의 분할등기가 이루어지지 않는 한 등기부상 그에 대한 처분금지가처분등기를 할 수 없다는 문제점을 지적하면서, 1필의 토지 일부에 대하여 매매, 증여, 저당권설정 그 밖의 일체의 처분행위를 금지하는 가처분을 받은 채권자는 구 「측량·수로조사 및 지적에 관한 법률」 제87조 제4호(현행 「공간정보의 구축 및 관리 등에 관한 법률」 제87조 제4호)에 따른 채권자에 해당하므로 취득시효 완성을 원인으로 하는 소유권이전등기에 관한 확정판결을 받기 전이라도 채권자가 법원의 부동산처분금지가처분결정문을 첨부하여 토지분할 대위신청을 할 수 있다고 하였다.[226]

하. 건물이 인접토지 침범시 건물소유자

타인 소유 토지를 침범한 건물소유자가 해당 토지에 대한 지적현황측량을 의뢰할 수 있는지가 문제되는데, 이 경우 본인 소유 건물의 침범여부를 확인할 수 있어, 권리나 의무를 취득 또는 상실하거나, 권리의 행사, 의무의 이행이 가능하게 되거나 또는 불가능하게 되는 자로서 이해관계인에 해당하는 것으로 보인다.

---

225) 법원실무제요, 부동산등기실무(Ⅲ), p.106
226) 지적기획과-858(2011. 4. 5.)

거. 대리인의 지적측량 의뢰

앞에서 본 바와 같이 지적측량을 의뢰할 수 있는 이해관계인은 당해 토지의 소유권자에 준하는 지위를 가진 자로 엄격하게 해석되지만, 지적 측량의 의뢰는 법률행위이므로 민법상 법률행위의 대리에 관한 규정이 적용된다. 민법 제114조 제1항은 "대리인이 그 권한내에서 본인을 위한 것임을 표시한 의사표시는 직접 본인에 대하여 효력이 생긴다"라고 규정하고 있으므로, 소유자 등 이해관계인이 대리인을 통하여 지적측량을 의뢰할 수 있다.

위 조항의 해석상 본인이 대리인에게 대리권을 수여하는 방식에는 제한이 없으므로 구두 또는 위임장에 의할 수 있으며, 이 경우 위임장은 대리권의 성립요건이나 효력요건이 아니라 단지 대리권을 수여하였음을 증명하는 증거문서로서 기능한다.[227]

과거 구 대한지적공사의 지적측량 실무나 지적측량 절차를 규율하는 「지적사무처리규정」에서는 제3자가 대리인으로서 지적측량을 의뢰하는 데 대하여 특별히 위임장을 첨부하도록 하는 근거 규정이 없었다. 그러다가 2012년부터 시행된 「지적업무처리규정」(2011. 11. 30. 국토해양부 훈령 제762호로 제정되어 2012. 1. 1. 시행) 제18조 제1항 단서는 소유자로부터 위임을 받은 자가 의뢰를 할 경우에는 소유자의 날인이 첨부된 위임장을 지적측량수행자에게 제출하여야 한다고 규정하여, 위임장 징구의 근거가 만들어졌다.

3. 지적측량 신청내역, 측량성과도, 측량결과도 등의 정보공개청구를 할 수 있는 이해관계인 여부

지적측량 신청내역, 측량성과도, 측량결과도 등의 정보공개청구를 할

---

227) 민법주해(Ⅲ) 총칙(3), 2006, 박영사, p.34

수 있는 이해관계인은 원칙적으로 지적측량을 의뢰할 수 있는 이해관계인에 대한 설명이 그대로 적용된다. 다만 실무나 행정심판에서 다르게 적용되는 부분이 있어 아래에서 살펴보기로 한다.

가. 지적측량시 인접토지소유자의 측량성과도 원본 교부 요구

지적측량성과도란 지적측량결과도에 의하여 작성한 측량성과도면으로서 측량의뢰인에게 교부하는 것을 말한다(「지적측량 시행규칙」 제28조 제2항 제3호, 「지적업무처리규정」 제28조 제1항, 제29조). 지적측량을 함에 있어서 측량 의뢰를 하지 않은 인접 토지 소유자 등 제3자가 본인 소유 토지의 경계와 관련된다는 이유로 측량성과도를 교부해 달라고 요구하는 경우가 있어, 교부 의무가 있는지가 문제된다. 사실 이는 엄밀히 말하면 정보공개청구의 문제가 아니라 측량성과도를 교부받을 수 있는 권한이 있는 자가 누구인가의 문제라고 할 수 있다.

법제처의 법령해석에 따르면, 지적측량(경계복원측량) 의뢰를 하지 않은 인접토지소유자가 측량성과도를 요구하는 경우에 지적측량수행자가 인접토지 부분에 대한 지적측량성과도를 교부할 의무가 있는지에 대하여, ① 구 「지적법」 제35조(현행 「공간정보의 구축 및 관리 등에 관한 법률」 제24조) 및 같은 법 시행규칙 제55조(현행 「지적측량 시행규칙」 제28조 제2항 제3호)는 경계복원측량을 하는 경우 토지소유자 등 이해관계인이 지적측량수행자에게 해당 지적측량을 의뢰하도록 하고 있고 이 경우 지적측량수행자는 측량의뢰인에게 지적측량성과도를 교부해야 한다고 규정하고 있을 뿐 인접토지소유자에게 교부하도록 규정하고 있지 않으며, ② 구 「지적법」 제50조 제2항(현행 「공간정보의 구축 및 관리 등에 관한 법률」 제106조 제2항) 및 같은 법 시행령 제59조 제2항(현행 「공간정보의 구축 및 관리 등에 관한 법률 시행령」 제116조 제2항)에 따르면 지적측량을 의뢰한 자는 지적측량수행자에게 지적측량수수료를 지급하도록 되어 있는바, 지적측량을 의뢰하고 그에 따른 수수료를 내지 않은 자, 특히 인접토지소유자라고 하더라도 그런 자에게 지적측량성과도를 교부할 의무가 지적측량수행자에게 있다고는 할 수 없으므로, 지적측량수행자는 인접토지 부분에 대한 지적측량성과도를 교부할 의무가 있는 것은 아니라고 하였다.[228]

나. 인접토지소유자의 지적측량 신청내역, 측량성과도, 측량결과도 등 정보공개청구

과거 한국국토정보공사 「정보공개운영지침」 <별표 1> 비공개 대상정보의 기준은 비공개대상 정보 중의 하나로, "지적측량 신청내역 및 결과, 측량성과도, 측량결과도, 지적측량 의뢰 현황. 다만 토지 소유자 등 이해관계인이 요구한 경우는 제외한다."라고 규정하고 있었다.

이와 관련하여 행정심판이 제기되었다.

사실관계를 보면, 토지 소유자의 딸인 청구인은 구 대한지적공사를 상대로 인접토지에 대한 1993년도 및 1996년도 경계복원측량성과도를 공개청구하였는데 이에 대해 공사는 위 정보공개지침에 기하여 청구인이 지적측량의뢰인 및 이해관계인이 아니라는 이유로 정보비공개 결정을 하였다. 그러자 청구인은 구 「지적사무처리규정」 제41조에 의하면 측량시 토지소유자 및 이해관계인을 입회시킬 수 있도록 되어 있고 측량 의뢰 입금표에 기재된 안내사항에 의하면 현지 측량시 인접토지소유자 및 이해관계인을 입회할 수 있도록 되어 있는 것을 종합하면 이해관계인에 인접 토지소유자가 포함되므로 정보비공개결정은 청구인의 권리를 부당하게 침해하는 것으로 위법·부당하다면서 이를 취소하라는 내용의 행정심판을 청구하였다.

---

228) 인접토지소유자의 경계측량성과도 교부요구, 안건번호 09-0065, 회신일자 2009. 4. 21.

이에 대하여 공사는 측량성과도를 발급 받을 수 있는 이해관계인은 구 「지적법」 제1조, 제35조 등의 취지상 소유권자에 준하는 지위를 가진 자이므로 당해 토지에 아무런 권리가 없고 측량수수료도 지불하지 않은 인접토지소유자는 법률상 이해관계인이 아니며, 청구인은 사건 토지 소유자의 딸로서 상속이 개시되지도 않은 상황이므로 이해관계인에 해당하지 않으므로, 정보공개거부처분이 위법·부당하지 않다고 주장하였다.

행정심판위원회는, 구 「지적법」 제35조 및 구 「지적법 시행규칙」 제55조 제4항에 기한 측량의뢰권에 비해 정보공개청구권은 별개의 취지와 목적을 갖는 것으로서 피청구인의 「정보공개운영지침」상 이해관계인의 범위를 항상 구 「지적법」 제35조와 같이 측량 토지의 상속인 등 직접적 권리를 가지고 있는 사람으로 좁게 한정할 필요는 없고 정보공개법령의 취지에 맞게 각 사안의 구체적 타당성을 따져 이해관계인의 범위를 정해야 한다고 하면서, 경계복원측량은 인접토지와의 경계침범 여부가 문제가 되어 지적도상의 경계를 실지에 복원하기 위하여 행사하고, 그 적·부에 따라 인접토지소유자의 토지소유권에 제한이 가해질 수 있으므로, 사회통념상 경계복원측량토지의 인접토지소유자는 측량결과에 이해관계를 가질 수 있으며, 이해관계인에는 법률상 이해관계를 가진 자의 동거 친족과 같이 대리 또는 대표자도 포함되므로 청구인은 경계복원측량의 성과도 등을 청구할 수 있는 이해관계인에 해당되어 정보공개를 거부한 피청구인의 처분은 위법·부당하다고 하여 정보공개 거부처분을 취소한다는 재결을 내렸다.[229)]

이에 따라 한국국토정보공사는, 「정보공개지침」 <별표 1> 비공개 대상정보의 기준을 개정하여 비공개정보의 하나로, "지적측량 신청내역 및 결과, 경계·현황측량성과도, 경계·현황측량결과도, 지적측량 의뢰

---

229) 국무총리 행정심판위원회 2008-22858

현황. 다만 토지 소유자 등 이해관계인이 요구한 경우는 제외하며, 이 경우 인접 필지 소유자는 경계복원측량 관련정보에 한한다."라고 규정하여, 인접 토지 소유자에 대하여는 지적측량 신청내역 및 결과 등은 경계복원측량 관련정보에 한하여 공개하고, 그 외에 지적현황측량 관련 정보는 직접적인 경계침범 여부보다는 지상구조물 등의 점유현황과 관련되어 있으므로 인접토지소유자를 이해관계인으로 보지 않아 정보공개 대상에서 제외하는 것으로 하였다. 또한 기타 지적공부 정리를 수반하는 분할측량 등의 측량결과도 등은 공사에서 보관하고 있지 않으므로 정보공개 대상에서 제외하고 있다.

다. 인접토지소유자 아닌 제3자의 측량결과도에 대한 정보공개청구

측량결과도란 세부측량을 실시한 결과를 작성한 과정이 표시된 도면으로서, 지적공부의 정리를 요하는 세부측량은 소관청이 보관하고 그렇지 않은 측량은 지적측량수행자가 보관한다(「지적측량 시행규칙」제26조, 「지적업무처리규정」제25조 제1항).

행정심판 재결례에 따르면, 측량원도(測量原圖, 과거 측량결과도를 이르는 말)는 지적공부인 지적도 및 임야도에 현장에서 실제 측정한 데이터를 기준으로 성과를 결정한 사실 등을 작성하여 편철 보관하는 도면으로 토지의 소재, 경계 및 면적, 지번, 지목, 구조물, 도로의 현황 등에 관한 실제 정보가 자세히 기록되어 있어 이러한 도면이 일반인에게 공개되는 경우 토지의 경계 등을 둘러싼 분쟁이 불필요하게 확산되어 국민의 재산 보호에 현저한 지장을 초래할 우려가 있으므로 이 사건 정보는 정보공개법 제9조 제1항 제3호의 비공개대상정보라 볼 수 있어 피청구인인 한국국토정보공사의 정보공개거부처분이 위법·부당하다고 할 수 없다고 하였다.[230]

---

230) 중앙행정심판위원회 2011-19000

또한 정보공개청구 대상 토지(A토지)와는 중간에 위치한 인접토지(B토지)를 사이에 둔 토지(C토지) 소유자가 대상 토지(A토지)의 지적측량결과도 등을 정보공개청구한 사례에서, 청구인이 인접토지(B토지)에 대한 지적측량 적부심사를 신청한 신청인이므로 위 토지와 인접한 대상 토지(A토지)에 대하여 이해관계인의 지위에 있고 자신 등의 토지와 맞닿아 있지 않더라도 자신 등의 토지와 가까이에 있는 토지에 대하여는 이해관계인에 해당한다는 취지로 주장하나, ① 지적측량을 신청할 수 있는 자는 원칙적으로 당해 토지의 소유자이고, 예외적으로 당해 토지에 대하여 직접 이해관계가 있는 상속인 등이 해당될 것인데, 피청구인이 비공개한 정보에 해당하는 토지에 대하여 청구인이 직접 이해관계를 가진다고 볼만한 자료를 확인하기 어려운 점, ② 측량결과도에는 토지의 소재, 경계 및 지번, 지목, 구조물, 도로의 현황 등에 관한 실제 정보가 자세히 기록되어 있어 이러한 도면이 일반인에게 공개되는 경우 토지의 경계 등을 둘러싼 분쟁이 불필요하게 확산되어 측량의뢰인 등의 재산 보호에 현저한 지장을 초래할 우려가 있는 점, ③ 달리 이 사건 정보 중 비공개된 정보가 지적측량을 의뢰하지 않은 인근의 토지소유자에게 당연히 공개되어야 하는 정보라고 보기도 어려운 점 등을 고려해 볼 때, 이 사건 정보 중 비공개한 정보는 청구인 등이 소유한 토지와 맞닿아 있지 않은 타인의 토지에 대한 것이고, 청구인이 이러한 비공개된 정보의 토지에 대하여 '정보공개지침' 제8조 제1항 및 [별표 1] 제3호에 따라 측량결과도 등을 공개할 수 있는 토지 소유자 등 이해관계인의 지위를 갖는다고 보기는 어렵다는 이유로, 피청구인이 이 사건 정보 중 비공개한 정보가 정보공개법 제9조 제1항 제3호의 비공개대상정보에 해당한다는 이유로 청구인에게 한 이 사건 처분은 위법·부당하다고 할 수 없다고 하였다.[231]

---

231) 중앙행정심판위원회 2017-14678

라. 재판진행 중 토지에 관한 측량결과도의 정보공개청구

정보공개법의 취지에 비추어 당해 정보가 공개될 경우 진행중인 재판의 심리 또는 재판결과에 영향을 미칠 구체적인 위험성이 있는 경우에 한하여 비공개 가능하다.[232]

행정심판 재결례를 보면, 청구인이 구 대한지적공사에게 본인 소유 토지에 대한 2005년과 2006년 경계복원측량 결과에 대한 열람 및 측량결과도 등에 대한 정보공개청구를 하였으나, 공사가 청구인이 현재 위 토지에 대한 경계복원측량과 관련하여 공사를 상대로 손해배상청구소송을 하고 있어 진행 중에 있는 사건과 관련된다는 이유로 정보비공개 결정을 한 사례에서, 동 정보는 청구인의 의뢰에 따라 실시된 측량의 결과물이어서 청구인은 동 정보를 취득할 당연한 권리가 있을 뿐만 아니라, 청구인이 공개를 청구한 것은 종전에 측량의 의뢰인으로서 이미 취득한 정보의 문서상태가 선명하지 못해 이를 확인하려는 데에 그 목적이 있는 것으로 보이고, 더구나 동 정보는 재판의 한쪽 당사자의 순수한 자기 토지에 대한 과거 측량 결과물에 지나지 않는 것이어서 공개되더라도 공정한 재판의 진행에 영향을 미친다고 할 수 없으므로, 현재 재판중인 사건에 관련된 문서라는 이유로 정보의 공개를 거부한 피청구인의 처분은 위법·부당하다고 하였다.[233]

마. 측량성과도의 정보공개청구

토지소유자 등 이해관계인이 측량성과도의 정보공개청구를 하는 경우, 과거 수작업 방식의 평판측량을 하던 때에 작성, 교부되었던 측량성과도는 측량의뢰인에게 원본을 교부한 후 보관하지 않아 정보부존재를 이유로 정보공개를 할 수 없다.

---

232) 서울행정법원 1999. 2. 25. 선고 98구3692 판결
233) 국무총리 행정심판위원회 2008-22858

행정심판 재결례에서도 지적현황측량성과도는 지적현황을 신청한 자에게 이미 발급하여 공사가 보유·관리하는 정보가 아니라는 이유로, 정보공개청구를 청구의 이익이 없는 부적법한 청구로서 각하하였다.[234]

그러나 2005년경 구 대한지적공사에서 디지털 방식의 전자평판측량을 하면서부터는 측량성과도를 파일로 보관하고 있으므로 정보공개를 하는 것이 타당하다.

바. 지적측량 전산파일(.dat, .gdb 등)의 정보공개청구

행정심판 재결례에 따르면, dat 파일은 지적공부를 정리하는 측량에만 사용되는 파일로서 경계복원측량은 '지적공부를 정리하지 아니하는 측량'에 해당되므로 구 대한지적공사는 dat 파일을 보유·관리하고 있지 않은 점 등을 고려할 때 공사가 해당 파일의 부존재를 이유로 행한 비공개 처분은 위법·부당하다고 할 수 없고, gdb 파일은 공사가 프로그램저작권을 보유하고 있는 '토탈측량시스템(TOSS: Total Survey System)'을 통해서만 구동이 가능한 전자파일로서 해당 프로그램과 함께 피청구인이 보유한 저작재산권의 일부로 볼 수 있고, 만약 위 gdb 파일의 사본을 청구인에게 제공할 경우 공사의 재산 보호 등에 지장을 초래할 우려가 있다고 보이므로, 공사가 정보공개법 제9조 제1항 제3호의 비공개 대상정보에 해당한다는 이유로 행한 비공개 처분은 위법·부당하다고 할 수 없다고 하였다.[235]

---

234) 중앙행정심판위원회 2014-11494
235) 중앙행정심판위원회 2012-22613

제 9 절 농지개혁법에 따른 농지 소유권의 귀속

I. 서   설

해방 후 남한의 경제인구 상당부분은 농업에 종사하고 있었으나 토지의 대부분은 지주가 소유하고 있었고, 자작농의 비율은 극도로 작았다. 거기에다 북한은 1946. 3. 5. 북조선토지개혁령을 발표하여 5정보 이상의 농지를 무상몰수 무상분배 방식으로 농민들에게 분배함으로써 토지개혁을 전격적으로 시행하였다.

이에 1948년 제정헌법 제86조는 농지는 농민에게 분배한다는 원칙을 선언하였다.[236] 그에 따라 1949. 6. 21. 「농지개혁법」(1949. 6. 21. 법률 제31호로 제정되어 같은 날 시행)이 제정되었다. 이후 구 「농지법」(1994. 12. 22. 법률 제4817호로 제정되어 1996. 1. 1.부터 시행)이 제정됨에 따라 부칙 제2조에서 「농지개혁법」 및 「농지개혁사업정리에 관한 특별조치법」은 폐지되었다.

농지개혁법은 해방 이후 정국에서 정치적, 사회적 측면의 의미가 강하였고, 연구 결과도 그러한 내용이 주를 이루고 있다.

하지만 2001년 국토교통부에서 개시한 조상 땅 찾기 서비스로 인하여 후손들이 모르고 있던 조상 소유의 토지에 대한 관심이 높아졌고, 특히 농지개혁법에 따른 농지의 사정명의인, 수분배자 등의 해당 농지에 대한 소유권을 회복하려는 움직임도 많아졌다. 따라서 여기서는 농지개혁법에 따른 소유권 귀속과 관련된 법적 쟁점을 살펴보기로 한다.

---

236) 대한민국헌법[시행 1948. 7. 17] [헌법 제1호, 1948. 7. 17, 제정]
　　제86조 농지는 농민에게 분배하며 그 분배의 방법, 소유의 한도, 소유권의 내용과 한계는 법률로써 정한다.

II. 농지개혁법에 따른 농지분배 절차

1. 농지의 매수

정부는 농가 아닌 자의 농지, 자경하지 않는 자의 농지, 자경 또는 자영하더라도 일가당 3정보(9천평)를 초과하는 농지, 과수원·종묘포(種苗圃)·상전(桑田) 등 숙근성(여러해살이) 작물 재배 농지를 3정보 이상 자영하는 자의 소유인 숙근성작물 재배 이외의 농지는 적당한 보상으로 정부가 매수한다(「농지개혁법」 제5조 제2호, 제6조 제1호).[237] 여기서 농지란 전, 답, 과수원, 잡종 기타 법적지목 여하에 불구하고 실제경작에 사용하는 토지현장에 의한다(제2조 제1항).

그런데 농지의 매수는 매매계약이 아니라 판례에 따르면, 국유 또는 「농지개혁법」 제6조에 정한 것을 제외한 농지는 구 농지개혁법의 공포와 동시에 당연히 정부가 매수하여 소유권을 취득하는 것이고, 국가의 소유권취득은 원시취득으로서 대항요건으로서의 등기를 필요로 하지 아니한다.[238]

그리고 농지가 분배되지 않으면 다시 원소유자에게 환원된다. 즉 「농지개혁법」에 의하여 자경하지 않는 농지를 정부가 매수한 것은 후에 그 농지가 분배되지 않을 것을 해제조건으로 매수한 것이다.[239]

이후 제정된 「농지개혁사업정리에 관한 특별조치법」(1968. 3. 13. 법률 제1993호로 제정되어 같은 날 시행)에 따르면 농지개혁법 제5조 제1호와 제2호에 따라 정부가 취득한 농지로서 이 법 시행 당시 분배되지 아니한 농지 및 농지부속시설은 국유로 등기하여야 한다(「농지개혁사업정리에 관한 특

---

237) 참고로 「농지개혁법」 제6조 제1항 7호는 "분묘를 수호하기 위하여 종전부터 소작료를 징수하지 아니하는 기존의 위토로서 묘 매 1위에 2반보(2反步, 600평) 이내의 농지"는 매수하지 않는다고 규정하였다. 위토에 관한 자세한 내용은 제10절 금양임야 및 묘토 항목에서 설명한다.

238) 대법원 2003. 10. 10. 선고 2002다56666 판결; 대법원 1993. 2. 12. 선고 92다28297 판결; 대법원 1960. 08. 18. 선고 4292민상921 판결 등

239) 대법원 2001. 8. 21. 선고 99다55878 판결; 대법원 1996. 2. 13. 선고 95다41031 판결; 대법원 1974. 10. 8. 선고 74다1390 판결 등

별조치법」 제2조 제1항). 또한 정부는 농지위원회의 결정 또는 법원의 판결에 의하여 정부가 취득한 농지로서 분배되지 아니한 농지나 농지대가보상을 완료한 농지로서 분배되지 아니한 농지는 그 경작자에게 분배하며, 경작자의 분배신청은 이 법 시행일로부터 1년 내에 하여야 한다(「농지개혁사업 정리에 관한 특별조치법」 제2조 제2항 및 제3항).

2. 농지의 분배

정부가 취득한 농지는 자경할 농가에게 분배 소유케 한다(「농지개혁법」 제11조). 농지의 분배는 농지의 종목, 등급 및 농가의 능력 등에 기준한 점수제에 의거하되 1 농가당 3정보를 초과하지 못한다(제12조 제1항).

「농지개혁법 시행령」(시행 1950. 3. 25. 대통령령 제294호로 제정되어 같은 날 시행) 제32조는 "분배농지를 확정하기 위하여 전필수(全筆數)에 긍(亘)하여 농지소표에 의한 대지조사를 행한다. 구청장, 시장 또는 읍, 면장은 전항에 의한 대지조사를 기초로 소재지위원회의 의(議)를 경(經)하여 각 농가별 분배농지일람표를 작성하여 농가소재지의 구, 시 또는 읍, 면에서 10일간 종람케 한다. 전항의 종람기간이 경과하도록 소재지위원회에 이의신청이 없을 때에는 분배농지로써 확정한다."고 규정하고 있다. 따라서 농지의 분배절차는 농지소표(農地小票)에 의한 대지조사(對地調査), 농가별 분배농지일람표(分配農地一覽表) 작성 후 10일 간 종람(縱覽), 이의신청이 없으면 분배농지 확정 등의 순으로 이루어졌다.

농지소표(農地小票)란 농지개혁에서 분배농지를 확정하기 위해 전국의 모든 농지에 대해 필지별로 지주와 경작자를 조사·기록한 길고 좁은 형태의 조사표이다. 농지소표의 양식을 보면, 먼저 '농지소표'라는 표제 오른쪽에 자(自), 소(小), 귀(歸), 위(位) 등 네 글자가 있는데 이는 자작지, 소작지, 귀속농지, 위토를 의미하는 것으로서 조사대상 농지가 그 중 어디에 해당되는지 골라 표시한 것이다. 그 아래 길게 제시된 표에는 농지소재지, 지번, 지목[공부(公簿)·실지(實地)], 지적[공부(公簿)·실지(實地)], 등급, 임대가격, 주재배작물, 지주(주소·성명), 경작자(주소·성명)를 기록하게 되어 있다. 따라서 농지소표의 기재 내용을 보면 그 농지가 자작지·소작지·귀속농지·위토 중 어디에 해당되는지, 지주와 경작자는 누구인지를 알 수 있으며, 궁극적으로 농지개혁에서 분배대상이었는지 아닌지를 알 수 있다.[240]

분배농지부(分配農地簿)는 읍·면 단위로 귀속농지와 일반농지로 나누어 매각 및 분배된 농지의 소재지, 지번, 지목, 면적, 임대가격, 상환액, 분배농가와 지주의 주소·성명, 보상 여부, 등기 여부 등을 기록한 문서이다.

분배농지명세서(分配農地明細書)는 농지개혁에서 분배당한 농지의 목록표로서, 면·리별로 편철되어 있다. 명세서는 토지소재지 면·리, 지번, 지목(①공부, ②실지), 지적(①공부, ②실지), 분배 연월일, 수배자 성명, 관리청 또는 보관청, 분배 또는 부당분배 사유, 비고 등으로 구분되어 있다.

3. 분배받은 농지에 대한 상환

분배받은 농지에 대하여는 해당 농지의 주생산물 생산량의 125%를 5년간 납입하는데, 이는 균분하여 현곡(現穀) 또는 대금(代金)을 정부에 납입하도록 하였다(「농지개혁법」 제13조). 이후 개정된 「농지개혁법」(1960. 10. 13. 법률 제561호로 개정되어 같은 날 시행)은 얼마 남지 않은 미납상환량을 빨리 정리하기 위하여 원칙적으로 상환액을 대금으로 납입하도록 하였다(「농지개혁법」 제13조 제2호).

구청, 시청 또는 읍, 면사무소, 그리고 세무서에는 상환에 필요한 사항을 기재한 상환대장을 비치하였다(「농지개혁법 시행령」 제38조). 그리고 분배받은 농민에게 상환을 증명하기 위하여 상환증서를 교부하였다(「농지개혁법 시행령」 제39조).

상환대장(償還臺帳)은 귀속농지와 일반농지로 구분되어 리별로 편철되어 있다. 상환대장의 문서 양식은 상환증서 번호와 분배받은 농가의 주소·성

---

240) 이하의 농지개혁 관련 문서들에 대한 설명은 행정안전부 국가기록원 지적아카이브 중 농지개혁 관련 사이트 https://theme.archives.go.kr/next/acreage/typeArchive.do?type1＝2&type2＝1&type3＝1에서 참조한 것이다.

명을 기록한 다음 총상환액 정조(正租)와 대맥(大麥)의 분량으로 표시와 1년 상환액, 상환기간(1950~1954년의 5년), 상환변경 사유 등을 적고, 그 아래 표에는 분배받은 모든 농지에 대해 필지별로 농지소재지, 지번, 지목, 지적, 등급, 임대가격, 상환액 곡종(穀種)·수량·벼 환산량, 전 소유자 주소·성명, 비고 등을 기록하며, 그 아래에는 상환액징수내역표로서 상환회수·곡종·총상환액·매회상환액·잔액·상환연월일·증인(證印)·과납(過納)·미납(未納)·비고 등을 기록하였다.

상환증서(償還證書)는 약정과 함께 분배 농지 면적, 상환기간, 납입월일, 납입장소가 명기되어 있으며, "농지개혁법 제11조, 제13조 및 동법 시행령 제39조에 의하여 정부가 분배한 농지의 상환증서로 교부함"이라는 문구가 있다.

4. 보 상

셋째, 농지를 매수당한 지주에게는 평년 주산물 생산량의 150%를 보상하였다(「농지개혁법」 제7조 제1호). 보상의 방법은 정부보증부융통식증권(지가증권, 地價證券)으로 지급하며, 증권에 대하여 5년 균분하여 현금으로 지급하였다(제8조).

보상과 관련된 문서를 살펴보면 다음과 같다.

지주별 농지확인 일람표(地主別 農地確認 一覽表)는 농지를 분배당하게 된 지주의 필지별 분배대상 농지와 사정액을 기록한 다음 그것을 구·시·읍·면장이 확인한 문서로서, 지주에게 분배농지에 대한 보상액을 지급하기 위해 작성한 것이다. 이는 지주가 제출한 '농지보상신청서' 등 농지보상 관련서류가 6.25 사변 중에 멸실되어 지주보상 업무에 차질이 생기게 되자, 임시조치로서 1950년 11월부터 1952년 3월에 걸쳐 하달한 일련의 농림부 장관 통첩(通牒)에 의해 작성되었다.

지가사정원부(地價査定原簿)는 보상신청서와 지가사정조서가 첨부되어 있는데, 지가사정조서(地價査定調書)는 지주에게 사정자와 조사자의 날인이 있고, 보상 신청자의 주소·성명, 농지의 소재지, 지목, 지적(地積), 임대가격, 1환당 석수(石數), 사정액, 비고 등이 기록되어 있으며, 표의 맨 아래에 체감(遞減)의 %와 석수, 보상액, 1년 지불액 등이 기록되어 있다.

지가증권교부대장(地價證券交付臺帳)은 시군·읍면·리별로 농지를 분배당한 지주의 주소·성명, 증권발행번호, 증권번호, 보상수량, 교부연월일 등을 기록한 것이다.

보상대장(補償臺帳)은 농지를 분배당하여 보상 받을 지주가 제출한 지주신고서(地主申告書)를 취합하여, 지주별로 지가증권 번호, 주소·성명, 총보상 수량 및 매년 보상 수량, 보상금 지불 내역, 채무 표시, 명의변경 또는 질권 설정 내역 등을 기록한 것이다.

5. 분배받은 농지의 소유권 취득

농지를 분배받은 농가는 농지개혁법에 따른 상환을 완료하면 분배농지에 대한 소유권을 취득하게 된다. 농지를 분배받아 상환을 완료한 사람은 민법 제187조 소정의 법률의 규정에 의한 부동산에 관한 물권을 취득한 사람으로서 등기를 마치지 아니하여도 소유권을 취득한다.[241]

제정법에서는 상환 완료 후 소유권 취득의 절차에 관한 규정이 없었으나, 개정 「농지개혁법」(1960. 10. 13. 법률 제561호로 개정되어 같은 날 시행)은 상환이 완료되었을 때에는 시, 구, 읍, 면의 장이 수배자 명의로 소유권이전등기를 하도록 하였다(「농지개혁법」 제16조의2).

Ⅲ. 농지의 매매

농지의 분배가 이루어지더라도 이를 다시 매매 등으로 처분하는 경우에는 경자유전의 원칙이라는 농지개혁법의 취지가 몰각될 수 있다. 따라서 농지개혁법은 분배받지 않은 농지 및 매수인이 상환을 완료한 농지는 소재지 관서의 증명을 얻어야만 매매를 할 수 있도록 하였다(「농지개혁법」 제19조

241) 대법원 1991. 5. 14. 선고 91다4973 판결; 대법원 1983. 3. 22. 선고 83다4 판결

제3호).

Ⅳ. 농지의 소유권 귀속에 관한 법적 쟁점

1. 문제의 소재

「농지개혁법」에 따라 농가 아닌 자의 농지나 자경하지 않는 자의 농지 등에 해당되어 국가에 매수된 경우라도 일정 요건에 따라 분배되지 않은 농지는 원소유권자에게 환원된다. 이에 따라 원소유권자가 해당 토지의 소유권을 취득할 수 있는지가 문제된다.

2. 소송 형태

농지가 국가나 타인의 명의로 소유권보존등기된 경우 소송은 소유권보존등기의 말소를 구하거나 진정명의회복을 위한 소유권이전등기의 청구를 구하는 형태로 이루어진다.

3. 농지의 사정명의인의 소유권 귀속

농지의 원소유권자로 인정되기 위하여는 우선적으로 토지조사령에 기하여 행해진 토지조사사업에서 토지소유자로 사정받은 사람의 후손으로서 상속에 의하여 소유권을 승계취득하였음을 인정받아야 한다.

구 토지조사령(1912. 8. 13. 제령 제2호)에 의한 토지조사부에 토지소유자로 등재되어 있는 자는 재결에 의하여 사정내용이 변경되었다는 등의 반증이 없는 이상 토지소유자로 사정받고 그 사정이 확정된 것으로 추정된다.[242] 그리고 구 토지조사령에 의한 토지의 사정명의인은 당해 토지를 원시취득하므로 적어도 구 토지조사령에 따라 토지조사부가 작성되어 누군가에게 사정되었다면 그 사정명의인 또는 그의 상속인이 토지의 소유자가 되고, 따라서 설령 국가가 이를 무주부동산으로 취급하여 국유재산법령의 절

---

242) 대법원 1986. 6. 10. 선고 84다카1773 전원합의체 판결

차를 거쳐 국유재산으로 등기를 마치더라도 국가에게 소유권이 귀속되지 않으며, 그 소유권보존등기의 추정력은 그 토지를 사정받은 사람이 따로 있음이 밝혀진 경우에는 깨어지고 등기명의인이 구체적으로 그 승계취득 사실을 주장·입증하지 못하는 한 그 등기는 원인무효이다.[243]

그러나 사정 이후에 사정명의인이 그 토지를 다른 사람에게 처분한 사실이 인정된다면 사정명의인 또는 그 상속인들에게는 소유권보존등기 명의자를 상대로 하여 그 등기의 말소를 청구할 권원이 없게 되므로 그 청구를 인용할 수 없다.[244]

구 토지대장상 사정명의인과 다른 자가 소유자로 되어 있는 경우 해당 토지가 사정명의인에 의하여 처분되었다고 볼 수 있는가가 문제된다. 1975년 개정 지적법 이전의 토지대장의 권리추정력에 대하여 살펴보면, 6·25 동란으로 인하여 지적공부가 멸실된 뒤 1953년에 이르러 세무서가 과세의 편의상 법령의 근거 없이 작성한 토지대장은 정당한 절차에 따른 소유권의 취득사실을 추정할 수 있는 토지대장으로 볼 수 없어 그 기재에 권리추정력이 없을 뿐만 아니라 그 토지대장에 이름과 주소가 기재되어 있다 하더라도 사고 및 그 연월일이 공란이어서 그 이전의 권리관계에 대한 기재가 없다면 그 토지대장은 사정명의인으로서 임야를 취득한 원시취득자로부터 정당한 절차에 따른 소유권의 취득사실을 추정할 수 있는 토지대장으로 볼 수 없다. 즉 1950. 12. 1.부터 시행된 지적법(법률 제165호) 및 그 시행령에는 멸실된 지적공부의 복구에 관하여 규정한 바 없었고, 1975. 12. 31.부터 시행되었던 지적법(법률 제2801호로 전면 개정) 제13조에 근거한 같은 법 시행령 제10조는 지적공부를 복구할 때는 소관청은 멸실 당시의 지적공부와 가장 부합된다고 인정되는 자료에 의하여 토지표시에 관한 사항을 복구등록하되 소유자에 관한 사항은 부동산등기부나 확정판결에 의하지 않고서는

---

243) 대법원 2007. 10. 25. 선고 2007다46138 판결; 대법원 2005. 5. 26. 선고 2002다43417 판결
244) 대법원 2014. 11. 27. 선고 2011다100367 판결; 대법원 2008. 12. 24. 선고 2007다79718 판결

복구등록할 수 없도록 규정하고 그 부칙 제6조는 이 영 시행 당시 지적공부 중 토지표시에 관한 사항은 복구되고 소유자는 복구되지 아니한 것(소관청이 임의로 소유자표시를 한 것을 포함)에 대하여는 제10조의 규정을 적용한다고 각 규정하였으므로, 이와 같이 복구된 토지대장에 소유자 이름이 기재되어 있다 하더라도 이를 복구된 토지대장이라고 할 수 없고 그와 같이 복구된 토지대장에 권리추정력을 인정할 수 없는 것이다.[245]

4. 분배되지 않은 농지의 원소유권자에게의 환원

원소유자인 사정명의인의 토지에 대하여 구 「농지개혁법」에 의하여 자경하지 않는 농지라는 이유로 정부가 매수한 것은 후에 그 농지가 분배되지 않을 것을 해제조건으로 매수한 것이므로, 구 「농지개혁사업정리에관한특별조치법」 시행 당시에 분배되지 아니한 농지는 특별조치법 제2조 제1항의 규정에 의하여 국유로 등기되거나 확인된 경작자에게 분배할 농지를 제외하고는 특별조치법 시행과 동시에 분배하지 아니하기로 확정되어 원소유자의 소유로 환원되고, 특별조치법 제2조 제1항에 의하여 국유로 등기한 농지라 하더라도 그 후 특별조치법 제2조 제3항의 기간 내에 특별조치법 제2조 제2항에 의거하여 분배된 농지를 제외한 그 외의 농지는 특별조치법 제2조 제3항의 1년의 기간이 경과됨과 동시에 국가의 매수조치가 해제되어 원소유자의 소유로 환원된다.[246]

또한 구 농지법(1994. 12. 22. 법률 제4817호로 제정되어 1996. 1. 1.부터 시행된 것)은 그 부칙 제2조에서 농지개혁법 및 농지개혁사업정리에 관한 특별조치법을 각 폐지하는 한편, 부칙 제3조에서 "이 법 시행 당시 종전의 농지개혁법 및 특별조치법에 의하여 농지대가상환 및 등기 등이 종료되지 아니한 분배농지에 대한 농지대가상환 및 등기 등은 이 법 시행일부터 3년 이내에 종전의 규정에 의하여 완료하여야 한다."고 규정하고 있는데, 이 규

---

245) 대법원 1992. 1. 21. 선고 91다6399 판결; 대법원 1980. 9. 9. 선고 80다1684 판결 등
246) 대법원 2001. 8. 21. 선고 99다55878 판결; 대법원 1996. 2. 13. 선고 95다41031 판결; 대법원 1974. 10. 8. 선고 74다1390 판결 등

정에 의하면 농지법 시행일부터 3년의 기간이 경과함으로써 농지대가상환에 관한 근거 규정이 없어질 뿐만 아니라 그 후에는 농지대가상환을 하더라도 농지개혁법 및 특별조치법의 적용을 받을 수 없어 법률의 규정에 의한 소유권취득이 불가능하게 되므로 농지법 시행일부터 3년 내에 농지대가상환 및 등기를 완료하지 않은 농지에 대하여는 더 이상 분배의 절차인 농지대가상환을 할 수 없고, 따라서 위와 같은 농지는 분배되지 않기로 확정된 것으로 보고 그 소유권이 원소유자에게 환원된다고 해석하여야 한다.[247)

5. 농지분배 관련 서류의 권리추정력 여부

농지개혁법상 농지분배 관련 서류에 지주의 이름이 농지의 사정명의인과 다르게 기재되어 있거나 분배를 받은 자가 있는 경우에 그 효력이 어떻게 되는지가 문제된다.

이에 대하여 판례는, 구 농지개혁법에 의한 농지분배 절차의 근본 서류인 농지소표상에 지주로 기재되어 있다 하여 실체법상 소유권을 가진 자로 추정되는 것도 아니며, 분배농지확정절차가 완료된 후 상환에 필요한 사항을 기재하기 위하여 작성하는 서류인 상환대장부표는 상환대장에 근거하여 그 변동사항을 기재하는 서류이고, 분배농지부는 1960년경 농지개혁사업 마무리 단계에서 작성된 서류로서, 위 서류들의 작성을 위한 기초자료는 결국 농지소표에 의한 것이고, 또 이들은 모두 권리관계를 나타내는 공적 장부가 아니라 분배농지의 대가상환이나 농지개혁사업 마무리 등 다른 용도를 위하여 작성된 장부에 불과하므로, 위 서류들의 지주란 및 피보상자란 기재에 권리변동의 추정력을 인정할 수는 없으므로, 구 토지대장이나 분배농지부 등에 토지의 사정명의인 아닌 사람이 소유자로 등재되어 있다 하더라도 그것만으로 그 명의자가 소유자로 추정된다고 할 수는 없다고 판시하였다.[248)

---

247) 대법원 2019. 6. 13. 선고 2019다211508 판결; 대법원 2002. 5. 28. 선고 2000다45778 판결; 대법원 2014. 6. 26. 선고 2014다13808 판결 등

248) 대법원 2007. 10. 25. 선고 2005다73211 판결; 대법원 2006. 9. 28. 선고 2006다31788 판결 등

특히 농지분배 및 상환에 관련된 농지소표나 상환대장이 현출되지 아니하고 다만 상환대장부표(償還臺帳附表, 상환대장에 근거하여 그 변동사항을 기재하는 서류) 등만이 나타나 있는 사례에서, 분배대상 농지에 대한 지번·면적이 농지개혁법 시행에 따른 농지분배시보다 훨씬 후인 토지분할시 부여된 것인 점, 상환대장부표에 기재된 수배자가 다른 서류와 다르게 기재되어 있는 점, 사실상의 현 소유자의 변동사유의 주서부기나 정정이 전혀 나타나 있지 아니한 점 등을 종합하여 본다면, 상환대장부표는 진정하게 작성된 것이 아니라고 볼 여지가 충분히 있다고 하였다.[249]

또한 구 농지개혁법 시행령 제32조 소정의 절차(농지소표에 의한 대지조사, 농지소재지위원회의 의결, 농가별 분배농지일람표 작성, 10일간의 종람)를 거쳐서 수분배자를 확정하는 절차를 거치지 아니한 농지재분배는 당연무효이므로, 그러한 절차를 거쳤다는 점을 인정할 증거가 없는 경우에는 수분배자가 해당 농지를 적법하게 재분배받은 것으로 인정되지 아니한다고 하였다.[250]

그러나 구 토지대장이나 농지분배 관련 서류들의 기재 내용을 다른 사정들과 종합하여 권리변동에 관한 사실인정의 자료로 삼는 데는 아무런 제약이 없으므로, 농지소표, 분배농지부 등 분배대상 농지를 확인하는 서류나 상환대장 등 상환에 필요한 사항을 기재하는 서류뿐 아니라, 농지를 국가에 매수당한 지주가 보상을 받는 과정에서 작성된 보상신청서, 지주신고서, 지가사정조서, 지가증권 등 보상에 관한 서류에도 소유자 기재가 일치되어 있는 경우라면, 이러한 서류들은 적어도 농지분배 당시에는 그 토지 소유권이 그 명의자에게로 이전되어 있었다는 사실을 인정할 수 있는 유력한 자료가 된다고 할 것이다. 그리고 이러한 경우 위와 같은 유력한 자료의 증명력을 배척하려면, 그에 배치되는 합리적인 다른 사정이 있는지를 면밀히 살펴 신중하게 판단하여야 한다.[251]

---

249) 대법원 1998. 11. 27. 선고 97다41103 판결
250) 대법원 1998. 4. 10. 선고 97다20571 판결; 대법원 1966. 7. 19. 선고 66다913 판결
251) 대법원 2019. 6. 13. 선고 2019다211508 판결; 대법원 2013. 6. 27. 선고 2012다

6. 피고측인 국가의 항변

소송에서 주로 피고로 되는 국가는 사정명의인이 토지를 사정받은 뒤 토지를 다른 사람에게 처분하여 소유권을 상실하였다는 주장, 점유취득시효 또는 등기부취득시효의 항변을 제출할 수 있다. 이 중 전자에 대하여는 사실관계에 따라 판단될 수밖에 없으나, 후자에 대하여는 취득시효가 인정되는지에 관하여 법리상의 문제가 있다.

판례는, 구 농지개혁법에 의하여 정부가 매수한 농지가 농민들에게 분배되지 않는 것으로 확정될 경우 그 소유권은 원소유자에게 복귀되는 것이므로 국가가 구 농지개혁법에 따라 농지를 매수한 것은 이를 자경하는 농민 등에게 분배하기 위한 것이고, 분배하지 아니하기로 확정되는 경우에는 원소유자에게 환원될 것이 매수 당시부터 예정되어 있는 것이므로 국가의 매수농지에 대한 점유는 진정한 소유자의 지배를 배제하려는 의사를 가지고 하는 자주점유라고 볼 수 없고, 권원의 성질상 타주점유로 보아야 할 것이므로, 당해 부동산을 소유의 의사로 점유하였음을 전제로 하는 시효취득 주장도 배척된다고 한다.252)

그런데 국가가 국가의 명의로 소유권보존등기 등을 한 후 이를 제3자에게 처분하여 제3자의 등기부취득시효가 완성되는 경우 원소유자는 해당 농지에 대한 소유권을 주장할 수 없다. 판례는 이 경우, 국가가 구 농지개혁법에 따라 농지를 매수하였으나 분배하지 않아 원소유자의 소유로 환원된 경우에 국가는 이를 임의로 처분할 수 없고 원소유자에게 반환해야 하는데, 만일 이러한 의무를 부담하는 국가의 담당공무원이 농지가 원소유자의 소유로 환원되었음을 제대로 확인하지 않은 채 제3자에게 농지를 처분한 다음 소유권보존등기를 하고 소유권이전등기를 해줌으로써 제3자의 등기부취득시효가 완성되어 원소유자에게 손해를 입혔다면, 이는 특별한 사정이 없

91354 판결 등
252) 대법원 2015. 11. 26. 선고 2015다200852 판결; 대법원 2011. 7. 28. 선고 2011다15094 판결; 대법원 2001. 12. 27. 선고 2001다48187 판결 등

는 한 국가배상법 제2조 제1항 에서 정한 공무원의 고의 또는 과실에 의한 위법행위에 해당한다는 이유로 국가배상책임을 인정하고 있다.[253]

제10절   금양임야 및 묘토

I. 의   의

1. 금양임야

금양임야(禁養林野)란 선조의 분묘를 수호하기 위하여 벌목을 금지하고 나무를 기르는 임야를 말한다.[254]

연혁적으로 보면, 외환을 거친 뒤인 조선시대 중기에 이르러 산야가 황폐화함에 따라 당시 조정에서는 전국의 산을 보호하고 소나무를 기르기 위해 각 도에 국가 수요의 재목 충당을 위하여 소나무의 벌채를 금하는 '봉산(封山)' 282개처와 '송전(松田)' 354개처를 설치하여 보호하였고 이들을 국가가 금양한다는 뜻으로 금산(禁山)이라고 칭하였다. 개인 소유의 산으로서 금양하는 산은 '사양산(私養山)'이라 하여, 소나무의 벌채를 금하는 뜻으로 송금(松禁), 금송(禁松)이라고 하였는데, 금양이라 함은 소나무의 벌채를 금하고 그것을 기른다는 뜻의 '금송배양(禁松培養)'의 준말이라 한다. 당시 금양임야라 함은 국·공유 임야이든 사유임야이든 소나무 벌채를 금하여 기르는 것을 뜻하였는데, 특히 사유임야에서는 묘를 설치하게 되면 묘의 수호를 위하여 금송배양하게 됨으로써 이러한 금양임야를 묘산(墓山), 종산(宗山)이라고 관에서 칭하게 되었던 것이다.[255]

---

253) 대법원 2019. 10. 31. 선고 2016다243306 판결; 대법원 2017. 3. 15. 선고 2013다209695 판결; 대법원 2016. 11. 10. 선고 2014다229009 판결 등
254) 대법원 2004. 1. 16. 선고 2001다79037 판결
255) 박병호, 민법상의 제사용재산의 승계, 가족법연구 제10호, 한국가족법학회, 1996, p.553

2. 묘　토

묘토는 위토(位土), 제전(祭田), 묘전(墓田) 또는 제위토(祭位土)라고도
불린다.

묘토(墓土)인 농지는 분묘의 수호, 관리나 제사용 자원인 토지로서 특정
의 분묘에 속한 것을 말하는바, 이는 그 경작하여 얻은 수확으로 분묘의 수
호, 관리비용이나 제사의 비용을 조달하는 자원인 농토이어야 한다.[256]

민법 제1008조의3에 정한 묘토인 농지는 그 수익으로서 분묘관리와 제
사의 비용에 충당되는 농지를 말하는 것으로서, 단지 그 토지상에 분묘가
설치되어 있다는 사정만으로 이를 묘토인 농지에 해당한다고 할 수는 없으
며, 위 규정에 따라 망인 소유의 묘토인 농지를 제사주재자(또는 구 민법상
의 호주상속인)로서 단독으로 승계하였음을 주장하는 자는, 피승계인의 사망
이전부터 당해 토지가 농지로서 거기에서 경작한 결과 얻은 수익으로 인접
한 조상의 분묘의 수호 및 관리와 제사의 비용을 충당하여 왔음을 입증하여
야 한다.[257]

Ⅱ. 인정범위

판례는 금양임야 및 묘토인 농지의 인정 여부에 대하여 당해 임야나 농
지의 현황과 관리상태 등에 비추어 전체적으로 금양임야나 묘토인 농지에
해당하는지 여부를 판단하여야 한다고 한다.

1. 금양임야의 인정범위

금양임야는 반드시 1필지의 임야로 구성될 필요가 없고, 1필지의 임야
중 일부가 될 수도 있고 수필지에 걸쳐서 존재할 수도 있다.[258]

---

256) 대법원 1997. 5. 30. 선고 97누4838 판결
257) 대법원 2006. 7. 4. 선고 2005다45452 판결
258) 서울지방법원 서부지원 1993. 5. 14. 선고 92가합13523 판결

금양임야는 그 안에 분묘를 설치하여 이를 수호하기 위하여 벌목을 금지하고 나무를 기르는 임야를 의미하는 것으로서, 피상속인의 사망 당시에 당해 임야에 그 선대의 분묘가 없는 경우에는 그 임야를 금양임야라고 볼 수 없다.259) 마찬가지로 임야에 피상속인의 분묘만이 있을 뿐 선조의 묘는 존재하지 아니한다면 이는 제사를 주재하는 자가 승계받은 금양임야라기보다는 상속재산에 포함해야 하는 단순한 임야이다.260)

임야의 일부에 선조들의 분묘가 존재한다고 할지라도, 일대가 이미 개발되어 임야의 양측은 도로에 면해 있고 주변에는 인가와 공장이 들어섰으며 분묘는 도로와의 경계 부분에 있는 사실, 관할 군청의 지원에 따라 원래 식재되어 있던 나무들을 베고 잣나무를 심기도 하였던 사실, 원고는 종손이지만 가정불화 등을 이유로 선대의 제사 및 망 소외인의 부양을 소홀히 하여 피고들과 분쟁을 일으켜 왔던 사실 등을 종합하면 위 임야가 전체적으로 선조의 분묘를 수호하기 위하여 벌목을 금지하고 나무를 기르는 임야로서 민법 제1008조의3이 정한 금양임야라고 인정하기 어렵다.261)

금양임야의 범위를 특정하는 데 있어서는 수호할 분묘를 설치한 피상속인의 의사가 어떠하였는지가 중요하다고 할 것인바, 임야를 매수한 것이 반드시 그 부모의 분묘만을 합장하여 이장할 의사였다기보다는 자신과 그 처의 분묘 나아가 자식들의 분묘 등 일단의 가족묘를 설치할 의사로 매수하였다고 볼 여지도 있는 점 등에 비추어 해당 임야가 원고 조부모 분묘의 수호를 위한 금양임야에 해당한다고 보기 어렵다.262)

원고들이 금양임야라고 주장하는 임야 지상에는 특정 원고의 8대조의 묘만 있을 뿐인데, 원고들은 그 종손이 아니고 원고들이 종원으로 속하는 종중이 다른 임야를 종산으로 하여 시제를 지내는 경우 해당 임야는 금양임야에 해당하지 않는다.263)

---

259) 대법원 2008. 10. 27.자 2006스140 결정; 대법원 2001. 2. 27. 선고 2000두703 판결
260) 국심-2000중396(2000. 10. 19.)
261) 대법원 2004. 1. 16. 선고 2001다79037 판결
262) 대법원 2008. 3. 13. 선고 2005다5614 판결
263) 대법원 1999. 1. 26. 선고 98두14402 판결

피상속인이 생전에 여러 필지에 흩어져 있던 조상의 묘를 개장한 뒤 화장을 하고 쟁점토지에 제실을 설치하여 선조의 위패를 합동으로 모시고 있었으며, 피상속인의 주도 하에 매년 친척들과 모여 제사를 지냈는데, 이후 상속인이 피상속인 생전에 선조의 위패만을 모시고 제사를 지내던 건축물(제실)과 건축물에 속한 토지를 상속받는 경우, 상속받은 토지는 「상속세 및 증여세법」 제12조 제3호 및 같은 법 시행령 제8조 제3항에 따른 비과세 상속재산에 해당하지 아니한다.[264]

2. 묘토의 인정범위

상속세가 비과세되는 묘토인 농지는 피상속인이 제사를 주재하고 있던 선조의 분묘와 인접거리에 있는 것으로 상속개시일 현재 묘제용 재원으로 실제 사용되는 농지를 말한다.[265]

금양임야에 연접한 농지(과수원)로서 해당 농지의 경작으로 얻은 수확으로 제사를 주재하거나 조상묘를 관리하는 비용에 충당하였다면 비과세 상속재산인 묘토로 봄이 타당하다.[266]

묘토는 어느 특정 필지에만 한정되어 있는 것이 아니라 여러 필지의 농지 중에서 납세자가 신청한 묘토의 순으로 600평 이내에서 적용하는 것이 타당하다.[267]

「농지개혁법」 제6조에서 말하는 "위토"는 분묘수호를 위하여 필요한 토지를 지칭하는 것으로서, 비록 직접 자경하지 않고 경작자로부터 소작료를 징수한다고 할지라도 그것이 분묘관리나 제수용에 충당되는 이상 이에 해당한다.[268]

비과세되는 묘토는 상속개시 당시 이미 묘토로서 사용되고 있는 것을 말하고 원래 묘토로 사용되지 아니하던 농지를 상속개시 후 묘토로 사용하

---

264) 양도, 사전-2016-법령해석재산-0079(2016. 4. 20.)
265) 국세청 서면4팀-355(2005. 3. 9.)
266) 조심-2008중4113(2009. 4. 16.)
267) 심사상속-2008-24(2009. 3. 10.)
268) 대법원 1993. 9. 24. 선고 93다24568 판결

기로 한 경우에는 해당하지 않는다.269)

지목이 전으로 되어 있으나 도시계획상 일반 주거지에 편입되어 있고 주변 일대가 완전히 도시화되어 있으며, 타인으로 하여금 콩이나 채소 등을 재배하게 하여 그 경작자가 경작 대가로 단순히 1년에 한두 번 정도 토지 소유자의 조상의 분묘 등 분묘 3기의 벌초를 하여 온 것에 불과하다면, 그 토지를 분묘의 수호, 관리 비용을 조달하기 위한 묘토인 농지라고 볼 수는 없으므로, 상속세 비과세 대상에 해당하지 않는다.270)

해당 토지의 주 용도가 원고 조부모 분묘나 증조부모 분묘 등에 이르는 길의 역할을 하고 있다고 보이는 점, 해당 토지의 일부에서 비닐하우스를 설치하여 작물을 경작하고 있으나 이는 분묘의 수호, 관리 및 제사를 위한 비용 마련과는 무관한 것으로 보이는 점 등에 비추어 분묘의 수호, 봉사를 위한 묘토에 해당하지 않는다.271)

구 민법(1990. 1. 13. 법률 제4199호로 개정되기 전의 것) 제996조 소정의 분묘에 속한 묘토의 범위는 호주상속인(개정 민법이 적용되는 경우에는 제사주재자)을 기준으로 600평 이내의 농지를 의미하는 것이 아니라 봉사의 대상이 되는 분묘 매 1기당 600평 이내를 기준으로 정하여야 한다.272)

그런데 상속세 비과세와 관련하여 조세심판원은 이와 달리 위토의 범위는 본문 매 1기당 600평이 아니라 제사를 주재하는 자를 기준으로 하여 600평을 말하는 것으로 보고 있다.273)

「토지초과이득세법」 제5조 제1항 가목은 대통령령이 정하는 묘지로부터 발생한 토지초과이득에 대하여는 토지초과이득세를 부과하지 아니한다고 규정하고, 같은 법 시행령 제4조 제9호는 민법에 의하여 호주승계인에게 승계되는 묘토 및 금양임야를 비과세대상인 토지로 규정하고 있는바, 유휴토

---

269) 재삼-46014-255(1999. 2. 4.)
270) 대법원 1997. 5. 30. 선고 97누4838 판결
271) 대법원 2008. 3. 13. 선고 2005다5614 판결
272) 대법원 1996. 3. 22. 선고 93누19269 판결; 대법원 1994. 4. 26. 선고 92누19330 판결
273) 국심 1997경0746(1998.02.27.), 국심 1995서3809(1996.06.10.)

지에 대하여 토지초과이득세를 부과하는 입법 목적과 묘토의 승계에 관한 1990. 1. 13. 개정 전 후의 민법 관련조항의 취지에 비추어 분묘관리 등에 소요되는 경비에 충당되기 위하여 설정된 600평 이내의 농지는 특별한 사정이 없는 한 호주승계인 등 제사주재자에게 승계되는 것으로서 당해 농지를 선대로부터 상속받은 경우는 물론, 당대에 이를 매매, 증여 등의 방법으로 신규설정한 경우에도 민법에서 정한 묘토인 농지에 포함된다고 할 것이고, 과세기간 종료일 현재 그 농지가 묘토로 경작되고 있는 이상 그 농지는 토지초과이득세의 비과세대상에 해당된다.[274)]

Ⅲ. 금양임야와 묘토의 법적 효력

1. 민법에 따른 제사주재자의 승계

가. 법령 규정

민법 제1008조의3은 "분묘에 속한 1정보 이내의 금양임야와 600평 이내의 묘토인 농지, 족보와 제구의 소유권은 제사를 주재하는 자가 이를 승계한다."라고 규정하고 있다. 1정보는 3천평(9,900㎡)이다.

묘토의 제한 면적인 600평은 그 연혁이 「농지개혁법」에서 유래한 것이다. 즉 해방 후 지주들의 농지 과다 소유와 소작농 문제 해결을 위하여 유상매수 유상분배의 방식을 취했던 「농지개혁법」(1949. 6. 21. 법률 제31호로 제정되어 같은 날 시행) 제6조 제1항 7호는 "분묘를 수호하기 위하여 종전부터 소작료를 징수하지 아니하는 기존의 위토로서 묘 매 1위에 2반보(2反步, 600평)[275)] 이내의 농지"는 매수하지 않는다고 하였으며, 이러한 취지가 민법 조항에 그대로 계승된 것이다.

이 조항은 전통적으로 유교국가적 관습을 가지고 있었던 우리나라에서

---

274) 대법원 1996. 2. 9. 선고 93누18648 판결

275) 참고로 이 '반보(反步)'라는 말은 원래 일본에서 도량형 단위인 척관법에서의 '단보(段步, たんぶ)'를 '段'의 일본식 약자 '反'을 써서 '反步'로 표기한 것을 북한 사전에서 잘못 보고 '반보(反步)'로 표기하였고, 우리나라에서 그것을 다시 가져다 쓰면서 똑같이 표기하게 된 것이다.

조상을 모시고 기리는 전통적 관습인 제사와 관련하여, 조상묘를 모신 부동산의 권리관계에 제사를 지낼 목적이 없는 상속인이나 제3자가 개입하는 것을 방지하기 위하여 법적으로 제사주재자에게 그에 대한 단독 승계권을 인정하는 것이다.

헌법재판소는 민법 제1008조의3 중 "분묘에 속한 1정보 이내의 금양임야와 600평 이내의 묘토인 농지 ……의 소유권은 제사를 주재하는 자가 이를 승계한다." 부분이 제사주재자가 아닌 다른 상속인들의 상속권 내지 재산권을 침해하지 않고, 종손이 아닌 여자 상속인들이나 제사주재자가 되지 못한 다른 상속인들의 평등권을 침해한다고도 볼 수 없다고 판시하였다.276) 그리고 금양임야 조항은 제사용 재산의 유지, 보존 및 이를 둘러싼 권리관계의 안정이라는 입법목적에 비추어 법관이 구체적으로 문제되는 부동산이 이에 해당하는지 여부를 판단하는 데 자의가 개입될 정도로 불명확하다고 볼 수 없으므로 명확성 원칙에 위배되지 아니한다고 판시하였다.277)

나. 제사주재자

제사주재자는 우선적으로 망인의 공동상속인들 사이의 협의에 의해 정하되, 협의가 이루어지지 않는 경우에는 제사주재자의 지위를 유지할 수 없는 특별한 사정이 있지 않은 한 망인의 장남(장남이 이미 사망한 경우에는 장남의 아들, 즉 장손자)이 제사주재자가 되고, 공동상속인들 중 아들이 없는 경우에는 망인의 장녀가 제사주재자가 된다. 어떤 경우에 제사주재자의 지위를 유지할 수 없는 특별한 사정이 있다고 볼 것인지에 관하여는, 제사제도가 관습에 바탕을 둔 것이므로 관습을 고려하되, 여기에서의 관습은 과거의 관습이 아니라 사회의 변화에 따라 새롭게 형성되어 계속되고 있는 현재의 관습을 말하므로 우리 사회를 지배하는 기본적 이념이나 사회질서의 변화와 그에 따라 새롭게 형성되는 관습을 고려해야 할 것인바, 중대한 질병, 심한 낭비와 방탕한 생활, 장기간의 외국 거주, 생계가 곤란할 정도의

---

276) 헌법재판소 2008. 2. 28. 선고 2005헌바7 결정
277) 헌법재판소 2012. 12. 27. 선고 2011헌바155 결정

심각한 경제적 궁핍, 평소 부모를 학대하거나 심한 모욕 또는 위해를 가하는 행위, 선조의 분묘에 대한 수호·관리를 하지 않거나 제사를 거부하는 행위, 합리적인 이유 없이 부모의 유지(遺志) 내지 유훈(遺訓)에 현저히 반하는 행위 등으로 인하여 정상적으로 제사를 주재할 의사나 능력이 없다고 인정되는 경우가 이에 해당하는 것으로 봄이 상당하다.278)

다. 승계 절차

과거 「농지개혁법 시행규칙」은, 위토의 인정을 받고자 하는 자는 묘주의 주소와 성명, 위토의 표시, 분묘의 소재지, 묘위와 묘주와의 관계, 분묘수호조건, 수호자의 주소와 성명, 위토 설치연월일 등을 기재한 신청서 3통을 농지소재지 읍, 면장을 거쳐 구청장, 시장 또는 군수에게 제출하도록 하였다(「농지개혁법 시행규칙」 제12조 제1항). 위 신청서에는 분묘소재지위원회에서 증명하는 서류와 기타 참고자료를 첨부하여야 하였다(「농지개혁법 시행규칙」 제12조 제2항). 그리고 이러한 신청서의 제출은 시행규칙 공포일로부터 20일 이내에 하여야 하였다(「농지개혁법 시행규칙」 제12조 제3항). 구청장, 시장 또는 군수가 신청을 인허하였을 때에는 위토대장에 등록하였다(「농지개혁법 시행규칙」 제12조 제4항).

따라서 당시에 한시적으로 위토임을 증명하는 위토대장이 작성되었다.279)

현재 종중의 농지 취득 여부에 있어서, 종중은 원칙적으로 농지를 취득할 수 없으므로 위토를 목적으로 새로이 농지를 취득하는 것도 허용되지 아니하며, 다만 농지개혁 당시 「농지개혁법」 제6조 제1항 7호에 따라 소유하

---

278) 대법원 2008. 11. 20. 선고 2007다27670 전원합의체 판결
279) 다만 판례에 따르면, 농지개혁법 자체에서는 토지의 현황이 기존의 위토이기만 하면, 구태여 소관 행정청의 인허처분을 받지 않더라도 당연히 정부에 매수되지 않으며 기존의 위토로서의 성질을 보유하는 것으로 되어있었으므로, 본법에도 없는 계약을 그 하위법규인 시행규칙에 적어놓았다 할지라도 이러한 시행규칙은 본법에 저촉되는 범위에서 그 효력이 없다(대법원 1962. 1. 25. 선고 4294민상9 판결; 대법원 1966. 3. 15. 선고 66다96 판결). 또한 실질적으로 위토의 요건에 해당하면 구 농지개혁법 시행규칙에서 요구하는 위토 인정절차를 거치지 않더라도 정부의 매수 대상에서 제외된다(대법원 1997. 12. 23. 선고 97다32918 판결; 대법원 1993. 9. 24. 선고 93다24568 판결 등).

게 되었고 위토대장에 등재된 기존 위토인 농지에 한하여 당해 농지가 위토대장에 종중 명의로 등재되어 있음을 확인하는 내용의 위토대장 소관청 발급의 증명서를 첨부하여 그 종중 명의로의 소유권이전등기를 신청할 수 있다[「농지의 소유권이전등기에 관한 사무처리지침」(개정 2018. 3. 7. 등기예규 제1635호, 시행 2018. 3. 7.)].

그러한 특수한 경우가 아닌 한, 일반적으로 묘토인 농지에 대하여 제사를 주재하는 자가 승계로 인한 소유권이전등기를 신청하기 위하여는 상속을 증명하는 서면과 당해 토지가 묘토인 농지이고 등기신청인이 제사를 주재하는 자임을 상속인 전원이 인정하는 서면(이 서면에는 신청인을 제외한 상속인 전원의 인감증명을 첨부하여야 함)을 첨부하여야 한다["분묘가 설치되어 있는 농지에 대한 승계로 인한 소유권이전등기신청과 첨부서면"(제정 1997. 5. 21. 등기선례 제5-282호, 시행)].

2. 「상속세 및 증여세법」에 따른 상속세 비과세

「상속세 및 증여세법」 제12조 제3호 및 같은 법 시행령 제8조 제3항은 피상속인의 재산 중 제사를 주재하는 상속인을 기준으로 ① 분묘에 속한 9,900제곱미터 이내의 금양임야, ② 분묘에 속한 1,980제곱미터 이내의 묘토인 농지에 대하여는 합계액 2억원을 한도로 상속세를 비과세하고 있다.

금양임야 등의 소유자가 사망한 후 상속인과 그 금양임야로서 수호하는 분묘의 제사를 주재하는 자가 다를 경우에는 그 금양임야 등은 상속인들의 일반상속재산으로 돌아간다고 보아야 할 것이며 상속인이 아닌 제사를 주재하는 자에게 금양임야 등의 승계권이 귀속된다고 할 수는 없다. 따라서 상속인들인 원고들이 이 사건 임야상에 존재하는 분묘의 제사를 주재하는 자임을 인정할 아무런 증거가 없으므로 이 사건 임야가 일반상속재산으로서 상속세과세대상이 된다고 본 원심의 결론은 정당하다.280)

---

280) 대법원 1994. 10. 14. 선고 94누4059 판결

제사주재권이 없는 사람으로부터 제사용 재산인 금양임야를 증여받는 경우 그 가액을 증여세과세가액에서 제외할 수 없다.[281]

---

281) 대법원 2000. 9. 5. 선고 99두1014 판결

참고문헌

국립국어원, 표준국어대사전(인터넷판), 2013

대한지적공사, 대한지적공사50년사, 1989

대한지적공사, 한국지적백년사(역사편), 2005

민법주해, 박영사, 2006

박병호, 민법상의 제사용재산의 승계, 가족법연구 제10호, 한국가족법학회, 1996

법원실무제요, 부동산등기실무(Ⅲ)

원영희, 한국지적사 3정판, 신라출판사, 1981

조선총독부 임시토지조사국, 조선토지조사사업보고서, 1918

지종덕, 지적측량사 자격제도의 변천, ≪지적≫ Vol.24, No.8, 대한지적공사, 1994

한국국토정보공사, 지적측량용어해설집 상권, 중권, 하권, 2018

한국법제연구원, 지적측량 대행제도의 합리화방안, 2002

행정안전부 국가기록원 지적아카이브 중 농지개혁 관련 사이트 https://theme.archives.go.kr/next/acreage/typeArchive.do?type1＝2&type2＝1&type3＝1

찾아보기

저자약력

- 1990. 서울대학교 법과대학 학사
- 2000. 서울대학교 법과대학원 법학석사(경제법)
- 2002. 제44회 사법시험 합격(사법연수원 제34기)
- 2005. 2. ~ 2006. 2. 안세법률사무소 변호사
- 2006. 3. ~ 현재 한국국토정보공사 사내변호사
- 2013. 2. ~ 2016. 2. 행정안전부 법률고문

지적소송실무

2021년 8월 10일 초판 인쇄
2021년 8월 15일 초판 1쇄 발행

저 자 서 보 형

발행인 배 효 선

발행처 도서출판 法 文 社

주 소 10881 경기도 파주시 회동길 37-29
등 록 1957년 12월 12일 / 제2-76호(윤)
전 화 (031)955-6500~6 FAX (031)955-6525
E-mail (영업) bms@bobmunsa.co.kr
(편집) edit66@bobmunsa.co.kr
홈페이지 http://www.bobmunsa.co.kr
조 판 법 문 사 전 산 실

정가 28,000원   ISBN 978-89-18-91217-2